本书受中央高校基本科研业务费专项资金(No:NR2017051)资助

中国航空立法研究

贺富永 等著

东南大学出版社
SOUTHEAST UNIVERSITY PRESS
·南京·

图书在版编目(CIP)数据

中国航空立法研究 / 贺富永等著. —南京：东南大学出版社，2020.1

ISBN 978-7-5641-8834-4

Ⅰ. ①中… Ⅱ. ①贺… Ⅲ. ①民用航空—航空法—立法—研究—中国 Ⅳ. ①D922.296.4

中国版本图书馆 CIP 数据核字(2020)第 023055 号

中国航空立法研究 Zhongguo Hangkong Lifa Yanjiu

著　　者	贺富永　等
出版发行	东南大学出版社
出 版 人	江建中
社　　址	南京市四牌楼 2 号(邮编:210096)
网　　址	http://www.seupress.com
责任编辑	孙松茜(E-mail:ssq19972002@aliyun.com)
经　　销	全国各地新华书店
印　　刷	江苏凤凰数码印务有限公司
开　　本	700 mm×1000 mm　1/16
印　　张	20.5
字　　数	413 千字
版　　次	2020 年 1 月第 1 版
印　　次	2020 年 1 月第 1 次印刷
书　　号	ISBN 978-7-5641-8834-4
定　　价	68.00 元

(本社图书若有印装质量问题，请直接与营销部联系。电话:025-83791830)

前 言

中国航空立法经历了从无到有、不断完善和发展的过程。目前，已形成了以《中华人民共和国民用航空法》为核心、大量航空行政法规和部门规章为两翼、众多航空地方性法规和航空地方行政规章为补充的较为完备的航空法律体系，对维护中国的领空主权和民用航空权利、保障民用航空活动安全和有秩序地进行、保护民用航空活动当事人各方的合法权益、促进民用航空事业的发展发挥了重大作用。

但从整体上来看，中国现有航空立法尚存及时性、系统性、针对性和有效性不足，中央与地方航空立法主体及其立法权限不甚明晰等问题。这些问题，可能会影响中国航空强国战略实现的进程。本书力图研究并解决这些问题，以期为法治航空目标和航空强国战略的实现尽微薄之力。

基于此，本书受中央高校基本科研业务费专项资金（No：NR2017051）资助，由贺富永、李烨、符苗合作撰写完成。卢光冉在本书的写作过程中，搜集了丰富的域外航空立法的相关资料，助力本书写作的顺利完成。

与现有的其他航空法学相关著作比较，本书的最大特点是系统梳理了中国航空立法的发展脉络，分析比较了不同时期中国航空立法的主要内容和特点，从整体上分析了中国航空立法的现状及存在的问题，并提出了相关建议对策。其中，本书对民国时期、新中国成立后至1979年间中国航空立法成果进行了汇总，分析了其主要内容，归纳了其重要特点，这也是目前同类书籍研究中所没有的。另外，本书还结合2105年修订后的《立法法》的相关规定，浅析了中央与地方航空立法主体及其立法权限。

诚然，在中国不断向航空强国迈进的进程中，如何及时立改废释现有航空法，实现法治航空目标，尚有诸多航空立法理论问题需深入探究。但囿于笔者的研究视角和方法，加之研究资料匮乏和笔者水平不足，书中难免会有疏漏或不妥之处，恳请读者批评指正。

贺富永
2019年12月

目 录

第1章　绪　论

1.1　研究目的

目前，中国已经形成了以《中华人民共和国民用航空法》（下文简称《民用航空法》）为核心、33件航空行政法规和139件航空部门规章为两翼、18件航空地方性法规和40件航空地方政府规章为补充的较为完备的航空法律体系。[①] 这对维护中国的领空主权和民用航空权利，保障民用航空活动安全和有秩序地进行，保护民用航空活动当事人各方的合法权益，促进民用航空事业的发展发挥了重大作用。

但从整体上来看，中国现有航空立法在内容上，存在着及时性、系统性、针对性和有效性不足，不协调、相互冲突的现状较为严重；在立法程序上，科学立法、民主立法和依法立法深入推进力度不够；在立法权限上，中央与地方航空立法主体的立法权限不够明晰。这些问题，已经并且将会影响中国法治航空和航空强国战略目标实现的进度，应该及时加以解决。本书主要研究并试图解决这些问题，根本目的是为加快中国法治航空和航空强国战略目标实现进度提供些许助推力。

此外，根据研究的主要内容，本书研究的具体目的包括：

第一，通过对现有航空立法研究成果的研究，分析国内外航空立法研究成果之状况及研究走向，比较两者研究的异同，探索中国航空立法存在的主要问题及未来立法走向，确立本书的研究框架和主要内容。

第二，通过对中国航空立法发展历程的研究，汇总不同发展阶段中国航空立法的成果，研究其主要内容和重要特点，纵向揭示航空立法成果之间的逻辑关系，总结经验教训，探索航空立法的规律，为立改废释现有航空法提供理由和依据。

第三，加强对现有中国航空法律体系的研究，从整体上查找中国航空立法存在的主要问题，分析这些问题产生的历史背景和主要原因，为构建和谐统一的中国航空法律体系提供方向性指导。

第四，加强对中国航空法立法主体体系研究，分析中国航空法立法主体及其立法权限，考察我国港澳台地区、美国现有航空法立法主体及其权限，以期提出优

---

① 截至2019年3月23日，中国共立35件航空行政法规，其中2件已经失效；228件航空部门规章，其中89件已经失效；航空地方法规和地方政府规章的件数，正在生效的分别为18件和40件。资料来源：根据中国民用航空局官网内容及其他网站内容搜寻整理所得。

化中国航空法立法主体及立法权限的路径。

第五，具体探究了中国航空民商事立法、行政立法、安全保卫立法的现状及存在的主要问题，结合学者们提出的相关对策建议，有针对性地提出了解决这些问题的可行路径，以期全面完善中国航空立法，为中国航空事业持续、健康的发展提供法治助推力。

1.2 研究对象

本书研究对象为中国航空立法、全球性国际航空公约、域外典型国家地区航空立法。中国航空立法是研究重点。对全球性国际航空公约进行研究，是为了探索国际航空立法走向，指导中国航空立法的发展方向。研究域外典型国家地区航空立法，探索他们的经验教训，旨在为中国航空立法提供借鉴。

1.2.1 中国航空立法

在新中国成立前，在中国就已经开启了航空立法之门，并取得了较为丰硕的立法成果。新中国在 1949 年 10 月 1 日成立后，就成为在国际关系中唯一代表中国的合法国际法主体，香港、澳门和台湾地区是中华人民共和国不可分割的重要组成部分。因此，在新中国成立后，中国航空立法实际存在着中国大陆地区、台湾地区、香港地区和澳门地区四个航空立法主体。因而，作为本书研究对象的中国航空立法，若从历史视角来看，则可分为中华民国时期的航空立法和新中国成立后的航空立法。民国时期的航空立法按照历史视角，又分为北京政府时期航空立法和南京国民政府时期航空立法。

新中国成立后，航空立法成果丰硕。这些航空立法成果，整体上可分为专门性航空立法成果和非专门性航空立法成果。专门性航空立法包括中央和地方立法主体专门制定的规范航空活动的法律、法规、地方性法规、部门规章以及地方政府规章。在 20 世纪 90 年代以前，中国专门性航空立法是以中央航空立法为主导的。而地方专门性航空立法，多与中央航空立法重叠，且主要集中于民用机场。因而，中央专门性航空立法是本书研究对象的重点。

根据不同时期航空立法具体成果、航空事业发展实况、航空管理体制等因素，可将新中国成立后的中国大陆地区航空立法划分为四个阶段，1950—1959 年间中国航空立法、1960—1979 年间中国航空立法、1980—1995 年间中国航空立法、1996 年至今的中国航空立法。本书将对这四个阶段的中国航空立法成果数量、主要内容以及重要特点进行研究。

新中国成立后所制定的，且正在生效的专门性具体航空立法内容亦是本书的研究对象。主要包括 2 件法律，即《民用航空法》和《中华人民共和国航空法（草案)》,33 件专门性航空行政法规、139 件部门规章、18 件专门性航空地方性法规和 40 件专门性航空地方政府规章。

作为本书研究对象的非专门航空立法主要有:1979 年《中华人民共和国刑法》(下文简称 1979 年《刑法》)、1986 年《中华人民共和国民法通则》(下文简称《民法通则》)、1995 年《中华人民共和国担保法》(下文简称《担保法》)、1999 年《中华人民共和国合同法》(下文简称《合同法》)、2007 年《中华人民共和国物权法》(下文简称《物权法》)、2009 年《中华人民共和国侵权责任法》(下文简称《侵权责任法》)等。

另外,中国香港、澳门及台湾地区航空的具体航空法规也是本书的研究对象。

1.2.2　全球性国际航空公约

作为本书研究对象的全球性国际航空公约主要包括五个方面。

一是以 1944 年《国际民用航空公约》(下文简称 1944 年《芝加哥公约》)为基础所形成的《芝加哥公约》体系和 1919 年《巴黎国际空中航行管理公约》(下文简称 1919 年《巴黎公约》)。《芝加哥公约》体系包括 1944 年《芝加哥公约》及其 19 个附件、1944 年《国际航空运输协定》、1944 年《国际航班过境协定》。虽然 1919 年《巴黎公约》已经被 1944 年《芝加哥公约》所取代,但是其所宣示的作为国际航空法基础的领空主权原则等重要内容,至今仍有重要意义,故也是本书研究对象。

二是以 1929 年《统一国际航空运输某些规则的公约》(下文简称 1929 年《华沙公约》)为基础所形成的华沙体系和 1999 年《统一国际航空运输某些规则的公约》(下文简称 1999 年《蒙特利尔公约》)。华沙体系包括 1929 年《华沙公约》、1955 年《修改 1929 年 10 月 12 日在华沙签订的统一国际航空运输某些规则的公约的议定书》(下文简称 1955 年《海牙议定书》)、1961 年《统一非缔约承运人所办理国际航空运输的某些规则以补充华沙公约的公约》(下文简称 1961 年《瓜达拉哈拉公约》)、1966 年《蒙特利尔协议》、1971 年《危地马拉议定书》以及 1975 年第一二三四号蒙特利尔附加议定书。①

三是全球性国际航空刑事公约。包括 1963 年《关于禁止在航空器内的犯罪

---

① 1929 年《华沙公约》在 1929 年 10 月 12 日签订于华沙,1933 年 2 月 13 日生效。现有 152 个成员。1958 年 7 月 20 日中国政府递交批准书,是年 10 月 18 日对中国生效。1955 年《海牙议定书》1955 年 9 月 28 日签署,1963 年 8 月 1 日生效,现有 137 个成员。1975 年 8 月 20 日中国政府递交了批准书,1958 年 11 月 18 日对中国生效。详见:https://www. icao. int/secretariat/legal/Lists/Current% 20lists% 20of% 20parties/AllItems. aspx.

1961 年《瓜达拉哈拉公约》是对 1929 年《华沙公约》的修订,1961 年 9 月 18 日签署,1964 年 5 月 1 日生效。现有 86 个成员。1997 年 6 月 2 日,中华人民共和国政府声明:“现适用于香港特别行政区的该公约,在 1997 年 7 月 1 日后继续适用。”详见:https://www. icao. int/secretariat/legal/List% 20of% 20Parties/Guadalajara_EN. pdf.

和其他某些行为的公约》(下文简称 1963 年《东京公约》)、1970 年《关于制止非法劫持航空器的公约》(简称 1970 年《海牙公约》)、1971 年《制止危害民用航空安全的非法行为公约》(下文简称 1971 年《蒙特利尔公约》)、1988 年《制止在用于国际民用航空的机场发生的非法暴力行为以补充 1971 年 9 月 23 日订于蒙特利尔的制止危害民用航空安全的非法行为的公约的议定书》(下文简称 1988 年《机场议定书》)、1991 年《有关注标塑性炸药以便探测的公约》、2010 年《制止与国际民用航空有关的非法行为的公约》(下文简称 2010 年《北京公约》)、2010 年《制止非法劫持航空器公约的补充议定书》(下文简称 2010 年《北京议定书》)、2014 年《关于修订〈关于禁止在航空器内的犯罪和其他某些行为的公约〉的议定书》(下文简称 2014 年《蒙特利尔议定书》)。

四是全球性国际有关航空器权利的公约。包括 1948 年《国际承认航空器权利公约》、2001 年《移动设备国际利益公约》、2001 年《移动设备国际利益公约关于航空器设备特定问题的议定书》。

五是有关航空器对第三方造成损害的赔偿的国际公约。包括 1952 年《有关外国航空器对地(水)面第三方造成损害的公约》(下文简称 1952 年《罗马公约》)、1978 年《蒙特利尔议定书》、2009 年《关于航空器对第三方造成损害的赔偿的公约》。

1.2.3 域外典型国家地区航空立法

作为本书研究对象的域外典型国家地区航空立法包括美国航空法、俄罗斯航空法、日本民用航空法、印度尼西亚航空法以及欧盟航空法。

1.3 国内外研究状况

1.3.1 国内研究状况

1.3.1.1 总评

国内航空立法研究成果从总体上可分新中国成立前和新中国成立后两个部分。新中国成立前的研究成果主要是对国际航空公约进行介绍,比较分析美国、英国、苏联、日本、德国等国航空法的内容,立足于当时中国航空法立法现状,提出了诸多完善建议。

新中国成立后的研究成果又可分为三个阶段,从新中国成立后到中国民航脱离空军管制前,研究成果匮乏;从中国民航脱离空军管制后到 1995 年《民用航空法》通过前,研究成果主要介绍国际航空公约和典型国家地区的航空法,研究了航空法的主要问题,呼吁制定中国自己的航空法。从《民用航空法》通过至今,研究成果一方面继续介绍国际航空公约及典型国家地区航空法;另一方面,研究成果立足于中国航空事业发展中出现的新问题，探究现有航空法存在的不足，提出完善中国航空法立法的具体对策建议。

就研究对象来说，新中国成立后至今，据本书依“中国知网”统计，截至2019年3月21日，研究成果关于华沙体制的共46篇、1999年《蒙特利尔公约》共51篇、国际航空安保公约共95篇、开普敦公约共39篇、对第三人责任公约共35篇、1944年《芝加哥公约》共39篇；研究的成果关于美国的653篇、欧盟189篇、日本134篇、俄罗斯104篇、巴西89篇。

在研究路径上，研究成果主要采用分析现状→查找问题→国外立法经验借鉴→完善中国航空立法的对策建议这样一条具体路径。

在研究方法上，新中国成立前中国航空立法的研究成果，主要采用文献分析法和历史考察法。用文献分析法研究国际航空公约及相关国家国内航空法，用历史考察法考察航空法的一些基本理论形成过程及主要表现。

新中国成立后到1978年以前，研究成果主要采用阶级分析法和文献分析法。采用阶级分析法分析航空法的阶级性，采用文献分析法分析国际航空公约及相关国家航空法。

从1978年至今，随着国际航空立法和中国航空立法不断完善和发展，研究成果采用的研究方法也不断增多，总体上可概括为价值分析法和实证研究方法。价值分析法主要构建应然航空法体系，确立航空立法应当遵循的价值准则体系，依据一定的价值标准，对特定航空法律制度的正义与非正义、善和恶进行评价。实证研究方法主要采用了社会调查方法、历史研究方法、比较研究方法和语义分析方法，其中比较研究方法和历史研究方法运用最多。

1.3.1.2 民国时期中国航空立法研究状况

在清末和民国初元，航空器已被用于作战。发展中国的航空事业，利国利民利军。但航空事业的发展是一个系统工程，建章立制对确保航空事业有条不紊地发展尤为重要。“航空事业，经纬万端，自应分期次第举办，其要尤在对于法章规制，早定宏远之规模，则行政有所遵循，设施不至紊乱。”[①]“航空事业之繁重不亚铁路轮船，划策进行，端赖明定法律规章，以资遵守。”[②]

但当时中国并无专任的统辖空中交通之机关。1919年3月12日，经批准国民政府交通部筹办航空事宜处正式设立，负责与外国公司签订购机合同、拟订航空条例草案、制订全国航空线计划、训练人员、建设机场、审定航路以及外国飞机飞航区域事宜等。[③] 但当时交通部管制中并无涉及航空之条文，乃将部中关于航

---

① 陶叔渊.1930之中国航空[M].南京：飞报社，1931：46.

② 达节庵，程志政.运输须知[M].上海：商务印书馆，1934：58.

③ 孙德富.中国民航行政管理机构设置沿革[N].中国民航报，2015-01-23.

空一事,归航政司承办。[①] 1919年11月11日,中华民国北京政府又设立了航空事务处,直隶于国务总理,掌管全国航空事务。[②] 这在当时中国形成了两个机构争相管理航空事务的情况。有学者指出:"国务院与交通部之航空事务同时并进,权限不清。"[③]

有学者痛心疾首地指出:"吾国与办航空垂二十年,以政治未入正轨,大都各自为政。以言编制,相互歧异,以言系统,更形令难。"[④]

"若不谋统一全国航空行政,则一切计划,势必无从实现。查世界航空先进国航空机关之组织,要皆于分歧而趋于统一,如意大利、英吉利、法兰西等国均已设立航空部管辖全国军用民用之一切航空事业。"[⑤]

虽然随后北京国民政府专设航空署,作为综理航空一切事务的机关,但是由于当时中国的实际情况,地方各自为政发展航空事业之情况普遍存在。

对于民国北京政府的航空立法,研究成果评价不一。有学者认为:"航空署于此,特成立航空法制编审委员会,积极完成各种重要法规,并指定专员,翻译各国航空法令典范,以资借镜焉。"[⑥]还有学者指出:"中国曾根据航空条约,参考英法各国航空规则,拟定航空条例草案。又对航空法律,亦曾厘定,如航空教练所条例、教育纲领、处务规则、航空厂条例、航空医院条例等。"[⑦]但也有学者认为,虽然航空署颁布了众多的航空法规,但是"(这些航空法律法规——本书注)均由政府核准,惟仍有不能完善之处。且事易时移,多待修订。亟宜延聘专家,参照各国之成例,斟酌国内之情形,精订各种主要航律,颁布遵行,庶收整体化一之效而免支离破碎之弊,空运前途实利赖之"。[⑧]

1934年,潘树藩出版了《航空法大要》一书,据本书所能查阅到的资料来看,这是中国第一部专门研究航空法的著作。该书共分三篇,分别为:第一篇国际航空立法之沿革、第二编领空问题与空战法、第三篇中国航空法规。在附录中,该书还收录了国际航空条约,美国、德国、苏联和日本等国的航空立法。书中对领空主权,航空器的国籍、注册、标志、执照核许及人员任用,飞行的一般条件及规则,航空器的检查,飞机场,刑法与公安以及赔偿义务等进行了系统研究。该书较为完整地展示了航空法的研究对象和范围,不仅为当时中国航空立法提供了理论上的借鉴和支持,还为后来学者研究航空法提供了重要的参考资料。

---

① 张心澄.中国现代交通史[M].上海:上海书店出版社,1931:320.
② 张心澄.中国现代交通史[M].上海:上海书店出版社,1931:320.
③ 张心澄.中国现代交通史[M].上海:上海书店出版社,1931:320.
④ 陶叔渊.1930之中国航空[M].上海:飞报社,1931:46.
⑤ 陶叔渊.1930之中国航空[M].上海:飞报社,1931:46.
⑥ 陶叔渊.1930之中国航空[M].上海:飞报社,1931:46.
⑦ 达节庵,程志政.运输须知[M].上海:商务印书馆,1934:58.
⑧ 达节庵,程志政.运输须知[M].上海:商务印书馆,1934:58.

为更好地借鉴国际先进航空立法，发展中国的航空事业以及对外航空关系，1935 年 5 月，上海法学编译社出版了 J. Kroell 著、徐砥平译的《国际航空公法平时》，该书共 5 编，主要对领空主权原则相关理论、空域边界、国家对空域的基本权利和义务、国际联盟会与航空以及空中国际争端之和平解决等进行了详细研究，进一步拓展了中国航空立法研究的国际视野。

这一时期中国航空立法的一些具体成果还散落于各种民国法规汇编之中。如刘熚元等编写的《民国法规集刊》、徐百齐编写的《中华民国法规大全》、中央训练团编写的《中华民国法规辑要》及国民政府文官处编写的《国民政府法规汇编》等，为后来学者研究民国时期航空立法提供了丰富的研究资料。

1.3.1.3　新中国成立后中国航空立法研究状况

1950 年 10 月 13 日，赵理海教授在《世界知识》上发表论文《因美机侵犯苏联领空——谈苏联航空法》[①]，拉开了新中国成立后大陆学者研究航空立法的序幕。到 21 世纪初，航空立法研究达到了高潮。到目前为止，已有大批学术成果，涉及航空立法的主体、内容及程序等，可归为航空法基本理论研究、航空民商事立法研究、航空安全保卫及刑事责任立法研究、航空行政立法研究四类。

1. 航空法基本理论研究

航空立法是制定航空法的一种活动，包括立改废释航空法。通过对现有航空法的研究，对航空立法盲点通过制定航空法加以弥补；对现有不适应航空事业发展的航空法，通过修改加以完善；对现有滞后于或阻碍航空事业发展之航空法，废止其效力；对现有航空法中一些模糊用语，通过解释加以明确。

(1) 航空法概念、性质与特征、功能、作用和价值

立改废释航空法，均应以航空法的基本理论为依据和指导。因而，加强航空法基本理论的研究，意义重大。但现有航空法基本理论之研究成果相对较少，范围较窄，仅涉及航空法的概念、性质与特征、调整对象、渊源和历史发展等内容，对航空法的功能、作用和价值等基本理论问题几无研究成果。

关于航空法概念的研究成果，大致可分为两类。一类是以国际法的视角加以定义，如赵维田教授认为，航空法是一套调整人类航空活动中各种法律关系的规则体系。[②] 另一类是以国内法的视角加以定义，如徐振翼教授认为，航空法是一个国家维护其领空主权，合理和有效地使用空域，管理空中航行，保障飞行安全，促进航空活动得到经济的和有秩序的发展的国家基本法律之一。[③] 刘伟民教授

---

① 该文以美国飞机侵犯苏联领空，被苏联击落为例，介绍了苏联航空法的制定过程和主要内容，并对苏联和西方国家航空立法内容上的差异进行了比较分析。详见：赵理海. 因美机侵犯苏联领空——谈苏联航空法[J]. 世界知识，1950(19)：3.

② 赵维田. 国际航空法[M]. 北京：社会科学文献出版社，2000：2.

③ 徐振翼. 关于航空法的几个主要问题[J]. 上海科学院学术季刊，1988(02)：76.

也是从国内法的视角对航空法进行定义的，他认为，航空法是规定领空主权，管理空中航行和民用航空活动的法律规范的总称。[①]

之所以出现这种情况，是由于学者们对航空法法律性质的认识出现了差异。在国内出版的国际法著作和教材中，基本是将航空法作为国际法的一个分支；在国内的学科分类中，也将航空法作为国际法的一个分支学科。还有学者将航空法作为经济法的一个分支学科。

实际上，无论是将航空法当作国际航空法抑或国内航空法，上述学者的定义都基本准确界定了航空法的调整对象和范围，凸显出航空法的国际法和国内法的双重法律性质，为中国航空立法指明了方向。因为航空活动所涉及的社会关系确实太广，通过一个概念囊括航空法所有调整对象和范围，确实有一定难度。

近年来，随着对航空法基本理论研究的不断深入，有学者综合了现有关于航空法概念的研究成果，对航空法进行了定义。航空法包括国内航空法和国际航空法，国内航空法是指一国制定的，规定领空主权、管理空中航行和民用航空活动的法律规范的总称；国际航空法是指以跨国的航空运输为规范对象的国际法主体(特别是国家)之间所形成的有拘束力的原则、规则和制度的总体。

目前，对航空法的性质和特征，学者们普遍认为，在性质上，航空法兼有公法和私法特性，既是国内法又是国际法；在特征上，航空法具有国际性，囊括公法与私法、平时法等特征。还有学者认为，航空法还具有准军事性、技术性和独立性等特征。

有关航空法性质和特征的研究成果，也可为中国航空立法提供方向性指导。

在有关航空法渊源的研究成果中，有学者从国际法的角度出发，认为航空法渊源(实际上是国际航空法的渊源——本书注)包括国际条约、国际习惯、国际法的一般原则；有学者从国内法的视角出发，认为航空法渊源(实际上是国内航空法的渊源——本书注)包括一国国内所制定的规范航空活动的法律、法规、部门规章、地方性法规和规章等。还有学者认为，航空法包括国内航空法和国际航空法，两者渊源不同，并分别从国内法和国际法的角度界定了两者的渊源。对航空法渊源之研究成果，能协调国内国际航空立法、国内航空立法之间以及国内专门性航空立法与非专门性航空立法的冲突。

立改废释航空法，首先需要回答"为什么"要立改废释航空法；随后应当回答"怎么"立改废释航空法；最后还应回答"为什么"这样立改废释，而不是那样立改废释。对新立航空法而言，需要研究所立之航空法应该发挥哪些作用，即航空法应然作用(航空法的功能)是什么。对于修改和废止现有航空法，需要研究现有航空法在实施过程中是否促进或阻碍了航空事业的发展，即航空法的实然作用发挥

---

① 刘伟民. 航空法教程[M]. 北京：中国法制出版社，2001：5.

状况,这样才能有针对性地修改和废止航空法。对于解释航空法,也应结合航空法的功能、作用及价值等。简言之,立改废释航空法,都应以航空法的功能、作用及价值作为根据。然而,现有航空法功能的研究成果仅有一篇论文,航空法价值的研究成果仅两篇,研究航空法作用的学术成果未见。有关航空法功能、价值和作用研究成果的匮乏,不利于中国航空立法质量的提高。

(2)《航空法》/《民用航空法》的制定

在中国航空法基本理论的研究中,航空法律的制定以及修订是现有研究成果的一条中心主线。

1979年以前,在中国实施的航空法主要是借鉴苏联的航空法。虽然在实践中被证明是不适合中国国情的,但由于航空活动是一个系统工程,改变其中一些规定,就可能会引发连锁反应,不利于航空活动的安全和航空活动有秩序地进行。借鉴国际民用航空组织之规定,制定中国统一的航空法,已成共识。1979年,中国开始了制定《中华人民共和国航空法》的历程,虽然在1995年通过时,名称改为"中华人民共和国民用航空法",但主要内容几无改变。

在《民用航空法》通过前,中国学者纷纷发表文章,对制定中国第一部航空法律的形式、内容和意义发表看法,成果丰硕。

1987年,宋亦松发表了《试论创立中国的航空法》,文中指出,中国航空法的形式到内容,都应结合中国民用航空事业的实际情况,显示出中国法律的特色,创立中国第一部航空法。①

1988年,徐振翼发表了《关于航空法的几个主要问题》,文章认为,应当根据中国自己的各项方针、政策、宪法和其他有关法律,从中国的实际情况出发,来制定有中国特色的社会主义的《中华人民共和国航空法》。对于中国承认、加入或签订的国际公约和民用航空运输协定中所应承担的国际义务,在本法中也应当有适当的规定和反映。② 这与后来制定的《民用航空法》的篇章结构和主要内容基本一致。③

1993年,朱奇武发表了《加快制定航空法,促进航空发展,保证飞行安全》一文。文章指出,"必须积极加快制定航空法,以健全航空法制,发展航空事业"。对"究竟要制定怎样的一部航空法",他说:"应该从中国主权和实际情况出发,参考国际航空法制,按照航空活动的发展规律,确定领空主权,管理空中飞行,调整民用航空运输,建立航空法制。"文章还从几个方面提出"一些制定航空法应该注意的重要原则和问题",分别是:①关于航空法的定义和特点问题。②关于坚持领空主权和确立领空法律制度问题。③关于空域划分和空中交通管理问题。④关于

---

① 宋亦松.试论创立中国的航空法[J].政治与法律,1987(06):39-40.

② 徐振翼.关于航空法的几个主要问题[J].上海社会科学院学术季刊,1988(2):76-82.

③ 徐振翼.关于航空法的几个主要问题[J].上海社会科学院学术季刊,1988(2):82.

保证飞行安全问题。⑤航空运输管理问题。因“航空法是国家的重要的基本法律之一，影响深远，关系重大。”文章指出，应由民航局起草，集思广益，群策群力，共同完成航空立法工作。文章也指出，“管制空域应实行统一的空中交通管制。”[①]

在《民用航空法》通过后，1996 年曹三明和夏兴华主编出版了《民用航空法释义》一书，对《民用航空法》的每一条文逐一从含义、来源和借鉴进行了详细分析，起到了《民用航空法》实施细则的作用，也为宣传《民用航空法》作出了巨大贡献。

在《民用航空法》施行后，仍有学者对该法的制定进行了高度评价，认为作为新中国第一部全面规范民用航空活动的法律，《民用航空法》是中国民用航空发展史的重要里程碑[②]，是民用航空发展的保障。[③]

(3) 航空法的完善

《民用航空法》通过后，中国相继制定了诸多专门性航空行政法规和部门规章，全面规范航空事业的发展，也确实对航空事业发展起到了保驾护航的作用。但随着航空活动的不断发展，一些新问题不断涌现，加之国际航空公约从 20 世纪 90 年代起不断进行现代化和一体化，现有中国航空立法问题不断凸显，如何解决这些问题，成为学者们研究的重点。

①中国航空法现存问题

根据学者们对现有航空法完善的研究成果，可将中国航空法存在的问题概括为“滞后”“庞杂无序”和“缺乏”三个方面。

第一，滞后。学者们普遍认为，中国现有航空法全面滞后于国际航空法。集中体现于航空民商事立法、空域使用和管理立法以及国际航空安保立法。

在航空民商事立法领域，中国航空立法的基础是华沙体制。而对华沙体制进行一体化和现代化的 1999 年《蒙特利尔公约》，在实践中早已取代了华沙体制。因而中国现有民商事立法已严重滞后于国际航空立法。

在空域使用和管理方面，航空发达国家早已通过立法开放了低空空域，为航空事业全面发展提供了法律保障。虽然中国有关空域管理和使用的立法成果丰硕，但是空域管理和使用的体制没有任何变化，特别是对低空空域仍实行严格管制，这种滞后的立法及所形成的管理体制已成为中国航空事业发展的瓶颈。

在航空安全保卫立法方面，中国航空安全保卫立法是以 1963 年《东京公约》、1970 年《海牙公约》、1971 年《蒙特利尔公约》为基础而制定的。上述三个国际航空公约目前也已经完成了现代化，中国航空安全保卫立法已滞后于国际航空安全

---

① 朱奇武. 加快制定航空法，促进航空发展，保证飞行安全[J]. 政法论丛(中国政法大学学报)，1993(02)：84 - 88.

② 刘伟民. 法导民航 蓝天臻祥——纪念《民用航空法》实施 6 周年[J]. 中国民用航空，2002(03)：18.

③ 余成安，闵亮.《民用航空法》——民用航空发展的保障[J]. 江苏航空，1995(Z1)：22.
温英民，崔华平. 民用航空事业发展的重要法律保障[J]. 法学杂志，1996(01)：45.

保卫立法。

第二,庞杂无序。学者们认为,中国现有航空法数量众多但适用无序。目前中国现有专门性航空立法有法律1件、行政法规32件、部门规章139件,地方性法规18件,地方行政规章40件。可谓数量众多。

学者们普遍认为,中国现有航空立法在适用上处于一种无序状况。他们指出,根据立法的一般理论,下位法通常是为执行上位法的规定而制定的,是对上位法的进一步解释,或在上位法没有规定或出现立法漏洞时,进行空白或漏洞的填补。因而在法律适用上,应首先适用上位法。故航空法适用的顺序应为:《民用航空法》→航空行政法规→航空行政规章(航空地方性法规)→航空地方政府规章。但在实践中,航空法的适用顺序却相反,致使作为航空活动领域的基本法《民用航空法》鲜有适用空间,"如果一种国家意志的表达得不到执行,它就是一张空文"。①

第三,缺乏。学者们普遍认为,虽然中国航空立法数量众多,且涉及面广,但在航空重点领域,如通用航空、消费者权益保护、航空反垄断等,航空立法缺乏。

有学者指出,虽然《民用航空法》对通用航空进行了规定,但是对什么是通用航空,以及对通用航空业发展的保障规定等内容欠缺。

现有《民用航空法》在立法时中国航空运输才刚刚进行市场化改革,因而在立法上大多是对航空运输企业进行保护,但随着航空运输业不断发展,航空垄断行为时有发生,消费者权益单靠《消费者权益保护法》已难以得到全面保护。②

这些航空重点领域立法缺乏,不仅阻碍了航空事业的持续健康发展,而且还可能导致群体性事件的发生,不利于社会的和谐与稳定。

②具体完善措施

对如何完善现有航空法,学者们提出了众多具有重要意义的建议措施,归纳起来主要有两种观点。

一种观点认为,只要修订以《民用航空法》为核心的中国现有航空法即可。在修订现有《民用航空法》时,应注意借鉴国外航空立法经验,尤其是美国、欧盟等国家和地区航空立法的先进经验,但应立足国情,不能照抄照搬。在修订《民用航空法》后,还应抓紧法律配套法规的制定工作。③

还有学者认为,应重点突出,循序渐进推进中国民航立法工作。一是抓"重点",继续完善航空法规体系建设;二是抓"难点",进一步提高民航各级机关的依

---

① 何清涟.现代化的陷阱——当代中国的经济社会问题[M].北京:今日中国出版社,1998:76.

② 杨万柳.和谐视域中的中国民用航空法观照——以民航法律体系的完善为视角[J].北京航空航天大学学报(社会科学版),2011,24(05):27-29、31.

③ 杨万柳.和谐视域中的中国民用航空法观照——以民航法律体系的完善为视角[J].北京航空航天大学学报(社会科学版),2011,24(05):27-29、31.

法行政观念；三是抓“长远”，探索民航立法制度，推进民航科学立法、民主立法，提高民航立法水平。①

另有学者认为，应从以下几个方面来具体完善中国航空法的内容。一是围绕着航空运输凭证、承运人责任制度、航空保险等方面，加快《民用航空法》的修订，增加航空安全运输许可证规定和空域管理相关内容。二是细化《民用航空法》相关内容，强化和健全安全管理法规规章。三是加强消费者权益保障航空立法。四是完善经济监管类法规规章。五是完善通用航空法规规章。六是强化航空环境保护立法。②

还有学者根据2008年国务院大部制改革后，中国民用航空总局改名为中国民用航空局，从国务院直属机关改变为交通运输部的一个重要组成部分的实际情况，结合中国现有航空立法存在的主要问题，从四个方面提出了中国民航立法未来的任务和努力的方向。一是应努力向综合交通运输法规体系靠拢。二是应加强军民航法规的协调建设。三是应加强中国低空空域管理法规建设。四是应加强消费者权利保障的立法制度。③

另一种观点认为，中国的航空法律制度建设目前已经取得了较大成就，相关法律制度日趋完备。然而，中国的航空法律体系仍然存在不少问题，特别是缺乏一部统一的航空法。④

他们认为，现有以《民用航空法》为核心的中国航空法律体系，主要调整的是民用航空活动所产生的各种社会关系，但对航空行政管理体制、空中交通管理体制、空域管理权限划分、通用航空发展等重大问题并没有厘清，故需要制定一部规范航空事业发展的《航空法》，才能厘清上述问题。⑤

实际上，从2009年起，中国就开启了《民用航空法》的全面修订和《航空法》制定工作。按照全国人民代表大会2015年的立法工作计划，中国将分别制定《航空法》，修订《民用航空法》。“两法并立”已成事实。

但学理上关于两者关系的争论仍在继续。有学者对修订后的《民用航空法》（草案）和《航空法》（草案）内容进行比较分析后，认为两者在立法目的、立法内容、管理部门职能与管理事项上均存在着重叠。而在国外一个国家只存在一部规范航空活动的法律，要么为《民用航空法》，要么为《航空法》，未出现两部法律并存的情况。若要《航空法》，不必另行制定，只需将《民用航空法》名称中的“民用”二字

---

① 孟庆芬，严春明．中国民航立法六十年[J]．中国民用航空，2009，106(10)：21．

② 中国民航大学法学院课题组．新中国民航立法回顾与展望[J]．法学杂志，2010，31(04)：39－41．

③ 郝秀辉，杨慧，杨万柳．民航立法发展的回顾、反思与展望[J]．社会科学家，2010，158(06)：89－90．

④ 张千帆，龙卫球，董杜娇，等．建立统一的中国航空法体系——理论初探与立法建议[J]．北京航空航天大学学报(社会科学版)，2008，21(02)：43－49．

⑤ 郝秀辉．中国视域下航空法独立性之辩[J]．北京理工大学学报(社会科学版)，2013，15(03)：108－114．

删除，再对原《民用航空法》中调整对象和范围做出修订即可。

还有学者认为，既然“两法并立”已成事实，且为国家所认可，就应当对现有《民用航空法》和《航空法》草案进行进一步完善，使二者各司其职，为中国建设航空大国、强国保驾护航。他们指出，《航空法》和《民用航空法》在调整对象和调整范围上应存在区别，两部法律存在一定的交叉性但不应具有重叠性。从两部法律的类型来看，《航空法》既属于国防法律，又属于行政法律，因此主要侧重调整一切航空活动中的纵向法律关系，应当删除《航空法》(草案)中对于横向法律关系即平等主体之间法律关系调整的条文。除此之外，《航空法》应当侧重于一切航空活动的共性而非特殊性，因此根据民用航空活动的特殊性作出的规定应当放置在《民用航空法》中，例如民用航空运输企业的设立条件、民用航空事故的搜救与调查、民用航空人员的从业条件等。而《民用航空法》应当专于调整民用航空活动及其相关领域所产生的社会关系。因此，应当删除《民用航空法》中调整非民用航空活动法律关系的条文，例如空域管理等。除此之外，还应当删除《民用航空法》中规定刑事法律关系的条文。只有这样，才能避免两部法律的重叠，民航法和航空法各司其职，真正实现航空法律体系的科学化和法治化，为中国建设航空大国、强国保驾护航。①

目前，关于《民用航空法》和《航空法》关系的争论仍在继续，但两法并立已成事实。如何取舍，需要国家顶层设计。

2. 航空民商事立法研究

有关航空民商事立法研究成果在现有航空立法研究成果中占比最大。根据《中国知网》的统计显示，仅航空运输延误的学术论文就达一万多篇。研究对象主要为华沙体制和1999年《蒙特利尔公约》、典型国家地区航空民商事立法以及中国航空民商事立法。其中，航空承运人责任制度研究是现有研究成果的一条中心主线。完善中国航空立法是这些研究成果的最终落脚点。近年来，旅客精神损害赔偿、特殊旅客权益保障、旅客黑名单制度、机票超售、通用航空及无人机等立法完善建成研究热点。

(1) 华沙体制

虽然中国早在1958年就加入了1929年《华沙公约》，但是中国学者们对以该公约为基础所形成的华沙体制进行系统的研究却是在20世纪80年代以后。研究期初是从翻译国外研究成果开始的，在1982年和1983年，刘伟民教授和赵维田教授先后翻译了P. P. C. 哈纳佩尔的《适用华沙公约的死亡案件的起诉权》和R. 波依尔的《华沙(国际航空)公约的过去、现在与未来》。前文介绍了1929年

---

① 袁发强，瞿佳琪. 论我国航空法律体系的科学化[J]. 南京航空航天大学学报(社会科学版)，2017，19(01)：44-49.

《华沙公约》第二十四条制定过程和含义，比较分析了加拿大、法国、英国、西德以及美国对死亡案件起诉权的规定；[①]后文对1929年《华沙公约》及其修订文件制定原因和过程、在美国实施情况及未来走向进行了分析和预测。[②]

学者们普遍认为，在1929年《华沙公约》制定前，由于国际社会缺乏统一的专门立法，解决与航空运输有关的法律问题，依赖各国国内的陆运和海运法规，不但承运人承担的责任不够合理，同时在国际运输中还不可避免地发生大量的法律冲突，因此许多国家感到有制定一项统一的实体法规范的必要。[③]

依据1929年《华沙公约》，承运人对旅客承担责任有主客观要件，主观要件为承运人有过失，客观要件有三个，即因损害而产生的损失的存在，损失是由事故造成的，事故是在航空运输期间发生的。[④] 1929年《华沙公约》所实行的推定过失责任原则，是有利于消费者的；但因航空运输尚处于幼年时期，且风险较大，该公约采取了有限责任制，这又有利于承运人，较好地兼顾了合同当事方的权益，实现了公平的"平衡"。[⑤]

1929年《华沙公约》本身还存在一些缺陷，其中一个较大的漏洞是：作为责任限制例外的第二十五条，[⑥]条文含糊而不确定，是名副其实的"逃逸条款"。[⑦]

1929年《华沙公约》经过历次修订以及对修订后的再修订，形成了华沙体制。因为一些国家和承运人对1929年《华沙公约》和1955年《海牙议定书》在本国的适用都作了修改，所以现在虽同是一个华沙体制，但在实践中却是五花八门，甚至在有些国家里已是名存实亡。

责任限额问题一直是华沙体制的焦点问题。虽然华沙体制对责任限额不断修订，但是美国[⑧]等国家仍认为责任限额太低，虽然名义上也加入了华沙体制中的一些国际公约，但实践中却一直规避适用。另外，华沙体制存在着九个文件并存的状况，也违背了1929年《华沙公约》签订时统一国际航空运输规则的初衷，制

---

① P.P.C.哈纳佩尔.适用华沙公约的死亡案件的起诉权[J].刘伟民，译.环球法律评论，1982(04)：47-54.

② R.波依尔.华沙(国际航空)公约的过去、现在与未来[J].赵维田，译.国外社会科学，1983(9)：42-43.

③ 张宪初.从国际公约看国际航空承运人对旅客的责任[J].政法论坛，1985(01)：59.

④ 张宪初.从国际公约看国际航空承运人对旅客的责任[J].政法论坛，1985(01)：60-61.

⑤ 赵维田.国际航空运输责任规则的发展与现状[J].法学研究，1984(03)：84-92.

⑥ 1929年《华沙公约》第二十五条规定："(1) 如果损失的发生是由于承运人的有意的不良行为，或由于承运人的过失，而根据受理法院的法律，这种过失被认为等于有意的不良行为，承运人就无权引用本公约关于免除或限制承运人责任的规定。(2) 同样，如果上述情况造成的损失是承运人的代理人之一在执行他的职务范围内所造成的，承运人也无权引用这种规定。"

⑦ 赵维田.国际航空运输责任规则的发展与现状[J].法学研究，1984(03)：88.

⑧ [加拿大]尼古拉·马蒂斯科·马特.华沙体制与美国参议院的犹豫不决[J].吴正与，译；徐振翼，校.环球法律评论，1984(06)：63.

定统一的国际航空运输公约实现华沙体制的现代化与一体化成为国际社会的共识。

(2) 1999 年《蒙特利尔公约》

1999 年《蒙特利尔公约》通过后，中国学者就对公约制定过程、主要内容、对中国的影响、中国何时加入等进行了研究。

对 1999 年《蒙特利尔公约》进行全面详尽解读的，是原中国民用航空总局政策法规司 1999 年 10 月编写的《1999 年〈统一国际航空运输某些规则的公约〉精解》一书。该书详细分析了 1999 年《蒙特利尔公约》的制定原因和过程，对每一条文的具体含义及来源进行了精解，起到了实施细则的作用，该书至今仍是研究 1999 年《蒙特利尔公约》的权威著作。

1999 年《蒙特利尔公约》是华沙国际航空运输责任体制一体化和现代化的改革成果，分析该公约与华沙体系责任规则之间的关系及其对华沙责任规则的新发展，提出国际航空运输责任立法的重心已经从保护航空运输承运人利益转向加强保护航空运输消费者的利益，归责原则的客观化和赔偿责任的无限制已经成为 21 世纪国际航空私法发展的普遍趋势。[①]

大多数学者通过比较分析 1999 年《蒙特利尔公约》与华沙体制的异同，认为 1999 年《蒙特利尔公约》是对华沙体制的继承和发展，在承运人责任制度、消费者权益保护、管辖权等方面均有所创新。学者们还深入研究了 1999《蒙特利尔公约》关于国际航空运输的概念，分析了其适用范围；[②]认为 1999《蒙特利尔公约》所增加的第五种管辖权，为航空事故索赔人赔偿诉讼提供了新途径；[③]指出 1999《蒙特利尔公约》对运输凭证规则的修订，适用了信息化时代的要求，赋予了这些凭证与原客票、空运单同等的法律效力。[④] 还有学者深入研究了 1999《蒙特利尔公约》所规定的承运人责任制度、先行付款制度、强制保险、代码共享、国际航空仲裁等

---

① 王瀚. 21 世纪国际航空私法的新发展(上)——关于 1999 年《蒙特利尔公约》航空责任运输立法的评论与分析[J]. 北京理工大学学报(社会科学版)，2011，13(04)：76 - 84.

王瀚. 21 世纪国际航空私法的新发展(下)——关于 1999 年《蒙特利尔公约》航空责任运输立法的评论与分析[J]. 北京理工大学学报(社会科学版)，2011，13(05)：84 - 89，95.

② 陈宇. 国际航空运输概念界定——兼论 1999 年〈蒙特利尔公约〉的适用[J]. 法学家，2006(03)：141 - 146.

③ 解兴权. 航空事故索赔人赔偿诉讼的新途径——《1999 年蒙特利尔公约》第五管辖权简介[J]. 国际航空，2002(06)：36 - 38.

④ 张世良. 1999 年蒙特利尔公约对航空货运凭证的新发展——兼论航空货运凭证的法律价值[J]. 天府新论，2007(01)：86 - 88.

内容，[①]认为1999年《蒙特利尔公约》是国际航空私法领域中弱者利益保护的体现和发展。[②]

还有学者通过对1999年《蒙特利尔公约》的解读，分析了其在承运人责任制度、保险以及对中国航空运输业发展的影响，认为中国不是要不要批准该公约的问题，批准公约应是大势所趋，而是批准的时机问题。[③]

(3) 中国航空运输规则的完善

在《民用航空法》生效前，学者们通过对华沙体制及相关国家民商事立法的研究，指出中国应在制定的航空法律中借鉴国外相关经验。例如，有学者通过对英美普通法系各国的侵权行为法中的“事情本身说明问题”这句拉丁格言的起源与定义、适用格言的三个条件、在航空上的应用以及对航空责任制的影响进行分析后，认为，从起源来说，推定过失和“事情本身说明问题”十分相似。比较起来，推定过失更干脆一些。并指出完全责任取代推定过失责任和“事情本身说明问题”这类规则，已成定局。现只是时间问题。总结并借鉴国外这些经验，对中国酝酿进行的航空立法，有重要参考价值。[④]

还有学者结合华沙体制之规定，对国际航空货物运输的概念和前提，航空运输合同的生效及无效，托运人、收货人、承运人的权利义务，索赔、诉讼及责任限制进行了分析和研究，[⑤]为中国国内航空立法提供了借鉴。

提高对国内航空运输旅客赔偿责任限额一直是学者们研究的重点问题。学者们指出，中国已经加入了诸多国际航空运输公约，且这些公约已对旅客赔偿责任限额进行了大幅度提升，中国政府1951年颁布的《飞机旅客意外伤害强制保险条例》所规定的1500元人民币，未能跟上中国空运业发展的步伐。建议要从中国

---

① 屈凌. 论国际航空运输侵权责任的发展——以1999年《蒙特利尔公约》为视角[J]. 西北大学学报(哲学社会科学版)，2011(03)：167－170.

王瀚，张超汉. 1999年《蒙特利尔公约》先行付款制度之检讨——以航空旅客运输消费者权益保护为视角[J]. 时代法学，2011(05)：100－103.

张超汉. 国际航空运输事故承运人先行付款制度研究——以1999年《蒙特利尔公约》第28条为分析文本[J]. 法律科学(西北政法大学学报)，2016(06)：190－198.

张超汉. 航空承运人强制责任保险制度之检讨与反思——纪念1999年《蒙特利尔公约》实施10周年[J]. 北京理工大学学报(社会科学版)，2013，15(05)：114－121.

郝秀辉. 国际航空代码共享运输的承运人责任——以1999年《蒙特利尔公约》为中心[J]. 华东政法大学学报，2016(01)：140－151.

张超汉，张宗师. 国际航空仲裁制度研究——兼评1999年《蒙特利尔公约》第34条[J]. 北京理工大学学报(社会科学版)，2017，19(03)：115－120.

② 张超汉. 国际航空私法领域中弱者利益保护的体现与发展探析——以1999年《蒙特利尔公约》的创新为视角[J]. 安徽大学法律评论，2009(01)：145－152.

③ 董念清. 1999年《蒙特利尔公约》对中国的影响[J]. 中国民用航空，2004(01)：56－58.

④ 赵维田. “事情本身说明问题”格言及其应用[J]. 法学研究，1985(06)：79－83.

⑤ 成建平. 国际航空货物运输中的法律问题[J]. 政治与法律，1987(05)：39－42.

实际出发，吸取国际经验，对现有航空事故赔偿制度进行修改。首先，要“建立以严格的有限责任制为基础的航空承运人责任制”。① 其次，根据估计的实际损失额度的分布情况和选定的旅客百分比截取点，确定比较适当的最高赔偿数额。② 最后，提供特别契约限额和旅行保险。③

1989年2月20日，中国民用航空局发布了《国内航空运输旅客身体损害赔偿暂行规定》，自同年5月1日起施行。该规定确定，对每名旅客的最高赔偿金额为人民币2万元。有学者认为，据美国民用航空局1974年的统计，美国法院对非华沙运输的旅客死亡的赔偿判决平均为每位23.3万美元，严重伤害为17.1万美元，2万元人民币的赔偿是太低了。有必要对赔偿金作保值或者规定定期增加一定的数额，这样就保证法规的稳定性和连续性。从判例上看，美国、加拿大、英国、日本等国都是严格执行《蒙特利尔协议》的，而且这些国家在国内运输实践中早就采取了严格责任制。随着中国民用航空运输业的发展，中国也应当逐渐地向严格责任制过渡。④

1993年9月30日，中国西北航空公司一架空中客车A－300客机执行西安—北京—广州—北京—西安航班飞行业务，该机从西安飞至广州后，机组人员当天执勤时间已超过中国民航总局规定的时间，广州—北京的2138次航班取消，于第二天将旅客送至北京。就延误一事，该航班的部分旅客向北京朝阳区法院提起诉讼要求：1. 被告公开向原告赔礼道歉；2. 被告按票价的50%赔偿每位乘客370元。这是中国首次因飞机延误而引起的诉讼。新闻媒介披露后，在国内引起很大反响。有学者结合华沙体制关于延误规定以及国外关于延误的相关司法判决，分析了华沙体制下有关旅客、行李和货物延误的法律规定，指出尽管中国航空法律方面的规定很不完善，但并不表明航空法律性质的诉讼就无法可依。⑤

我国《民用航空法》不仅全面吸收了华沙体制下各公约之规定，而且还借鉴了法国、德国、美国等国内航空立法的相关规定。但是有关承运人对旅客赔偿责任这一核心法律问题，《民用航空法》授权给国务院民用航空主管部门制定赔偿责任限额。⑥ 而国务院民用航空主管部门仍然沿用1993年所规定（1994年1月1日

① 吴正与. 修改我国航空事故赔偿制度的建议(上)[J]. 中国法学，1989(03)：101－105.

② 吴正与. 修改我国航空事故赔偿制度的建议(中)[J]. 中国法学，1989(04)：120.

③ 吴正与. 修改我国航空事故赔偿制度的建议(下)[J]. 中国法学，1989(05)：112.

④ 茂名. 浅析《国内航空运输旅客身体损害赔偿暂行规定》[J]. 法学，1990(01)：23－24.

⑤ 汪静农. 论航空运输中延误的法律责任问题[J]. 政治与法律，1995(01)：37－39.

⑥ 《民用航空法》第一百二十八条第一款规定：“国内航空运输承运人的赔偿责任限额由国务院民用航空主管部门制定，报国务院批准后公布执行。”

施行)的国内承运人对旅客最高赔偿限额为七万元人民币,[①]一直是学者们批判的重点。而在当时相关国内空难中的司法判决中,最高赔偿责任限额远远高于此规定,致使该规定成了一纸空文。但该规定一直实施至2006年3月1日。

在1999年《蒙特利尔公约》通过后,中国学者通过对1999年《蒙特利尔公约》的分析,对典型国家地区航空立法内容的解读,全面分析了中国航空立法在承运人责任制度、航空运输延误、消费者权益保护、对第三人责任、无人机侵权等方面存在的问题,并提出了相关完善建议。

3. 航空安全保卫及刑事责任立法研究

有关航空安全保卫的相关研究成果在现有研究成果中占比很大。学者们主要结合1944年《芝加哥公约》、1963年《东京公约》、1970年《海牙公约》、1971年《蒙特利尔公约》的规定,对航空犯罪罪名[②],航空犯罪行为管辖权[③],1963年《东京公约》、1970年《海牙公约》、1971年《蒙特利尔公约》及《波恩宣言》关于打击空中劫持的意义[④],武力攻击民用航空器的法律问题[⑤],航空犯罪的惩治[⑥],危险品运输法律规制[⑦]等问题进行了详尽研究。其中,关于"劫持航空器罪"的研究成果最多。

学者们普遍认为,中国已经加入了1963年《东京公约》、1970年《海牙公约》、1971年《蒙特利尔公约》,根据"条约必须恪守"的国际法原则,中国应切实履行国际义务,将这些国际航空公约转化为国内法,还应当建立健全反劫机的法律和规

---

① 1929年《华沙公约》所规定的承运人最高赔偿限额若以美元为计价单位,为八千三百美元,1994年人民币对美元汇率为8.618 7,国内航空运输承运人对旅客最高赔偿限额的七万元,还略少于1929年《华沙公约》规定的八千三百美元(约为71 535元人民币)。

② 赵理海.航空法介绍—有关国际航空法的刑事犯罪问题[J].法学杂志,1993(03):42-43.
凌岩.《蒙特利尔公约》补充议定书述略[J].法学杂志,1993(05):20.

③ 刘伟民.论国际航空法中的刑事管辖权(上),法学研究,1983(01):69-72.
刘伟民.论国际航空法中的刑事管辖权(下),法学研究,1983(02):76-80.
[英]J.G.施塔克.国际法关于航空器的管辖问题[J].蓝海昌,译.国外法学,1983(05):50-52.
张裕.论非法劫持民用航空器罪应适用普遍管辖原则[J].法学评论,1989(01):47-51.
曹致中,慕亚平.论对空中劫持罪的刑事管辖权[J].法学评论,1994(02):44-49.
陈咏兵.海峡两岸劫机犯罪管辖权之冲突及其解决[J].法律适用,1998(06):24-26.

④ 蓝海昌.空中劫持与国际法[J].法学评论,1984(04):27-30.

⑤ 杨小思.试论武力攻击民用航空器的法律问题[J].法律学习与研究,1987(05):47-51.

⑥ 赵维田.论对袭击民航恐怖行为的惩治(上)[J].中国法学,1988(03):123-126.
赵维田.论对袭击民航恐怖行为的惩治(中)[J].中国法学,1988(04):110-116.
赵维田.论对袭击民航恐怖行为的惩治(下)[J].中国法学,1988(05):123-126.
贾宇.遏制劫机犯罪的法律对策[J].法学,1994(01):26-29.
晓辛.加强个案协助打击劫机犯罪[J].两岸关系,1999(03):19-20.
林泉.对中外劫机犯罪的分析与认识[J].云南行政学院学报,2007(06):146.

⑦ 解兴权.建立和健全危险品航空安全运国际输的管理体制[J].中国民用航空,2001(09):49-52.

章,[①]加强国际合作,共同应对国际航空犯罪行为。

但1963年《东京公约》、1970年《海牙公约》、1971年《蒙特利尔公约》有其局限性,诸如对违约国采取什么措施,对带有政治性的劫持者是否可以引渡均没有做出具体规定。《关于空中劫持的波恩宣言》的规定比较具体,对违约国制裁措施比较有力,但对第三国课以义务,其合法性还是受到质疑的。[②] 因而,大多数学者们建议缔结一项普遍性的有关制止空中劫持的国际公约,我们认为,这将是十分必要而有益的措施。

1963年《东京公约》首次规定了航空器登记国的管辖权,是为了解决英美法系和大陆法系对航空器认识上的差异,但其并不是唯一管辖权,而是以登记国管辖权为主管辖权,[③]采取了竞合管辖制度。1971年《蒙特利尔公约》关于管辖权的规定与1970年《海牙公约》基本上相同,是根据普遍管辖适用原则赋予刑事管辖权。

有学者指出,无优先制的、完全并行的航空刑事管辖体制的弊端是明显的,它或者造成了管辖权的积极冲突,或者使劫机犯罪处于无管辖的状态,并且还引发了在引渡与起诉等问题上的连锁法律冲突,从而削弱了国际社会对劫机犯罪的打击。应修订1944年《芝加哥公约》,确认滥用管辖权纵容、包庇空中劫机犯罪的行为是危害国际民用航空安全和秩序的行为,并相应增加对这类违约行为的制裁内容。[④]

若民用航空器没有经过允许飞入他国领空,或虽然享有飞入他国领空的权利,但飞入禁区或限制区,不论其原因如何,飞入国都应遵循联合国宪章的宗旨,真诚地履行依国际条约而引起的义务,严格按照1944年《芝加哥公约》及其修正案的规定行事,这样国际民用航空的安全就一定能够得到保障。[⑤]

为制止袭击民航的犯罪,保护民航的安全,国际上制定了一整套国际法规则。由于这些规则并没有从根本上解决民航犯罪的去"政治化"问题,致使劫机坠机事件并没有得到有效控制,应强化"或引渡或起诉"规则,把好国际立法这个关口,严密健全现有的这套规则;各国还应善意履行条约义务,在国内严密立法,[⑥]为进一步强化惩治袭击民航恐怖犯罪行为而斗争。

在1949年以后的相当长的一段时间内,台湾当局将大陆劫机罪犯封为"反共义士"公开支持、纵容。1988年5月,台湾"在政策上不再欢迎'反共义士'",双方

① 林泉.对中外劫机犯罪的分析与认识[J].云南行政学院学报,2007(06):146.

② 蓝海昌.空中劫持与国际法[J].法学评论,1984(04):30.

③ 曹致中,慕亚平.论对空中劫持罪的刑事管辖权[J].法学评论,1994(02):46.

④ 曹致中,慕亚平.论对空中劫持罪的刑事管辖权[J].法学评论,1994(02):47,49.

⑤ 杨小思.试论武力攻击民用航空器的法律问题[J].法律学习与研究,1987(05):51.

⑥ 赵维田.论对袭击民航恐怖行为的惩治(中)[J].中国法学,1988(04):110-116.
赵维田.论对袭击民航恐怖行为的惩治(下)[J].中国法学,1988(05):123-126.

面临加强遣返劫机犯合作等问题，应“移交被判刑案犯，相互承认刑事裁判及其转移诉讼”，[①]两岸劫机犯罪管辖权冲突属于一个主权国家内部的刑事法律问题，是同一国家中不同法域之间的管辖权冲突问题，两岸之间，首先应加强个案协作，打击劫机犯罪，[②]两岸司法机关可签署遣返协议，直接开展遣返劫机犯的司法方面的联系与协作，[③]劫机犯不应受双重审判。[④]

还有学者认为，中国在修订刑法时，“既要体现公约从严惩处劫机犯的要求和适应各国内法严惩劫机犯的共同倾向，也要使刑法对劫机罪的刑罚幅度与对其他犯罪的刑罚幅度相协调。”[⑤]必须注意到，近年来受到国际人权法和国际法人本化思潮的影响，在惩治劫持航空器犯罪行为的过程中，各国也开始关注对被告人权利的保护问题，应修改国内法，加强对劫持航空器行为的法律规制，实现民航领域内的有序和法治化。[⑥]

还有学者结合“齐全军”案，认为中国刑法中规定的重大飞行事故罪存在下列问题：罪名设定不妥帖，无法清晰表明本罪只适用于空勤人员违反规章制度导致的责任事故；罪状表述不严密，“发生重大飞行事故”与“造成严重后果”的关系不明确，且缺乏对“重大飞行事故”的解释；罪行适用范围有限，仅限于飞机发生的重大飞行事故，而排除了其他航空器飞行事故的适用，以及法定刑规定混淆的问题。建议：将罪名修改为“重大飞行责任事故罪”，严密罪状表述，以“航空器”替代“飞机”，扩大本罪适用范围，并修改法定刑规定以完善重大飞行事故罪，促进航空安全发展。[⑦] 应进一步结合 2010 年《北京公约》和 2010 年《北京议定书》相关规定及 1971 年《蒙特利尔公约》修订后的内容，提出可行性的有关中国《刑法》《民用航空法》与国际公约的衔接立法的具体措施。

目前，学者们主要结合 2010 年《北京公约》和 2010 年《北京议定书》以 2014 年修订 1963 年《东京公约》的《蒙特利尔议定书》中的相关航空犯罪行为规定、机长与航空安全员职责与国内法的衔接进行研究。还有学者结合新修订的 1944 年《芝加哥公约》附件 17、新制定的附件 19 有关“非法干扰行为”规定，并提出通过修订《民用航空法》《刑法》《治安管理处罚法》对国际公约中非法干扰行为规定进

① 贾宇.遏制劫机犯罪的法律对策[J].法学，1994(01)：29.

② 晓辛.加强个案协助打击劫机犯罪[J].两岸关系，1999(03)19.

③ 陈咏兵.海峡两岸劫机犯罪管辖权之冲突及其解决[J].法律适用，1998(06)：26.

④ 黄柏青，朱姝燕.劫机犯王志华不应受双重审判——兼谈刑事诉讼移管和已决犯移管[J].法治研究，2009(12)：56.

⑤ 邬明安.劫机犯罪的概念、构成特征与刑事责任之比较研究[J].法学评论，1987(03)：41.

⑥ 盛红生.论对劫持航空器行为的法律规制[J].法学评论，2014(04)：144.

⑦ 许洁凌，刁伟民.重大飞行事故罪的立法缺陷及其完善[J].北京理工大学学报(社会科学版)，2015，17(06)：125.

行转化，采纳国际标准措施，完善民航安保法规规章。[①] 还有学者结合 MH17 航班被击落的事件，认为应修订 1944 年《芝加哥公约》，规定相关国家国际责任。[②]

4. 航空行政立法研究

在现有研究成果中，学者们普遍认为，由于民航活动是技术密集型活动，因此在民航活动的方方面面都需要加强行政管理，制定严格的飞行标准与进行合格的适航审定，从而使得民航活动更加规范与科学。因而有关航空行政立法研究成果也非常丰硕，涉及航空行政立法研究的内容主要包括民用航空器、航空产品责任、航空人员、机场以及空中航行五大方面。

(1) 民用航空器

现有有关民用航空器的研究成果主要包括民用航空器国籍和适航管理、民用航空器权利两个方面。

①民用航空器国籍和适航管理

本书依据中国知网统计查询，在现有研究成果中，研究航空器国籍的仅 2 篇，且较为陈旧。其中，一篇论文以法理学为视角，分析了民用航空器国籍取得，航空器国籍登记国的权利和义务，得出了现有民用航空器国籍原则已成为"一纸空文"的结论。[③] 另一篇文章主要通过对中国民用航空器国籍登记标志现状的分析，结合境外航空器国籍登记标志命名规则，分析了中国民用航空器国籍登记标志存在的问题，提出了有关中国民用航空器国籍登记标志编码的新规则。[④]

对民用航空器适航管理研究的学术成果也较少，主要针对民用航空器适航管理规则的特点、适航证书颁发机构的法律责任进行研究。有学者认为，民用航空器适航管理规则具有国际性、权威性、发展性、独立性等特点。[⑤] 若因航空器不适航而造成损害，则相关受害人可以起诉颁发适航证的相关机构。[⑥]

②民用航空器权利

在现有关于民用航空器权利研究成果中，学者们主要通过比较分析 1948 年《日内瓦公约》、2001 年《移动设备国际利益公约》[⑦]及 2001 年《移动设备国际利益

---

① 张莉琼，杨惠. 我国履行国际民用航空安保公约的立法与实践[M]. 北京：法律出版社，2014：67.

② 刘伟民. 马航 MH17 事件与保障民航安全的国家责任[J]. 北京航空航天大学学报（社会科学版），2015，17(01)：30.

③ 贺富永. 民用航空器国籍的法理学透视[J]. 江苏航空，2003(02)：39－40.

④ 赵晋玉，王喆辉. 对我国航空器国籍标志编码规则的探讨[J]. 中国民用航空，2007(09)：101－102.

⑤ 刘伟民. 航空法教程[M]. 北京：法律出版社，1996：6－8.

⑥ 赵维田. 国际航空法[M]. 北京：社会科学文献出版社，2000：2－5.

⑦ 开普敦公约体系包括 2001 年《移动设备国际利益公约》，2001 年 11 月 16 日制定，2006 年 3 月 1 日生效。中国于 2009 年 2 月 3 日递交批准书，同年 6 月 1 日对中国生效。

公约关于航空器设备特定问题的议定书》[①]与中国现有航空立法中有关民用航空器权利之规定，中国现有专门性航空立法与非专门性航空立法中有关航空器权利之规定，以及中国现有航空立法与典型国家地区（主要是美国）有关民用航空器权利之规定，探究中国现有民用航空器权利立法存在的问题，进而提出相关完善建议。民用航空器权利设置、权利实现等都应属于航空民商法的范围，但为研究方便，本书将相关航空器民商事立法研究也在此一并加以论述。

有学者从整体上对《日内瓦公约》的制定过程及其意义进行了介绍，从"登记与记录""抵押权的设立方式""优先请求权""扣押与拍卖""零件"及"租赁"六个方面研究了《日内瓦公约》中相关具体条文。[②]

在2001年《移动设备国际利益公约》及2001年《移动设备国际利益公约关于航空器设备特定问题的议定书》通过后，学者们通过比较分析这两个国际公约与《日内瓦公约》的异同，对这两个国际公约的具体内容进行了分析，特别指出这两个国际公约扩大了航空器的范围、权利登记的效力等规定，对保护航空器权利人的利益意义重大。

上述三个国际航空公约所规定的民用航空器权利范围包括民用航空器所有权、占有权（租赁权）、抵押权、优先权。

A. 民用航空器所有权

学者们研究民用航空器所有权的法律基础是《物权法》第24条[③]、《民用航空法》第14条第1款[④]、《中华人民共和国民用航空器权利登记条例实施办法》第4条[⑤]、2001年《移动设备国际利益公约》第29条第3款[⑥]以及2001年《移动设备国际利益公约关于航空器设备特定问题的议定书》第14条第1和2款[⑦]的规定。研究的核心问题包括两个方面：一是民用航空器所有权登记是自愿行为还是强制行

---

① 《移动设备国际利益公约关于航空器设备特定问题的议定书》2001年11月16日制定，2006年3月1日生效。中国于2009年2月3日递交批准书，2009年6月1日对中国生效。

② 赵维田. 国际航空法[M]. 北京：社会科学文献出版社，2000：407－418.

③ 《物权法》第24条规定："船舶、航空器和机动车等物权的设立、变更、转让和消灭，未经登记，不得对抗善意第三人。"

④ 《民用航空法》第14条第1款："民用航空器所有权的取得、转让和消灭，应当向国务院民用航空主管部门登记；未经登记的，不得对抗第三人。"

⑤ 《中华人民共和国民用航空器权利登记条例实施办法》第4条："民用航空器权利人认为需要进行权利登记的，可申请办理民用航空器权利登记。"

⑥ 2001年《移动设备国际利益公约》第29条第3款规定："3. 标的物的买方取得的对标的物的利益：(a) 不能对抗取得该利益时已登记的利益；和(b) 不受未登记利益的影响，即使实际知道存在此种利益。"

⑦ 2001年《移动设备国际利益公约关于航空器设备特定问题的议定书》第14条第1和2款规定："1. 已登记销售的航空器标的物的买方取得该标的物之利益，不受在其后登记的利益和未登记利益的约束，即使买方事实上知道存在未登记的利益。2. 航空器标的物买方所取得的该标的物之利益受购买时已登记利益的制约。"

为;二是民用航空器登记效力是对抗“所有第三人”,还是对抗“善意第三人”。

对于第一个问题,学者们认为,根据《民用航空法》第十四条第一款之规定,航空器所有权登记是一种强制行为。除此以外,中国现有法律法规规章及国际航空公约中都规定,航空器所有权登记是一种自愿行为。登记与否,并不是该权利设立、变更、转让和消灭的生效条件,只是对抗条件。因而,学者们普遍认为,应修订现有《民用航空法》第十四条第一款之规定,将强制登记修改为自愿登记。

对于第二个问题,学者们根据《民用航空法》第十四条“未经登记的,不得对抗第三人”的规定,认为若民用航空器到国务院民用航空主管部门登记后,是对抗“所有第三人”,而非单指“善意第三人”。但这和《物权法》第二十四条规定出现了冲突,也不利于民用航空器的流转。因而有学者建议,应将《民用航空法》第十四条所规定的“第三人”改为“善意第三人”[①],保持中国法律的一致性。但也有学者持相反观点,他们认为,根据《日内瓦公约》[②]第 2 条第 2 款“二、除本公约另有规定外,登记本公约第一条第一款所列的权利对第三人的效力,根据该项权利登记地的缔约国的法律确定”之规定,中国确需在国内法明确“登记对抗”对于“第三人”的效力。实际上,正是由于该条将“第三人”的界定交由各国国内法来认定,可能破坏了公约的统一适用。这个公约虽然目前仍在适用,但被开普敦公约体系所取代,而从开普敦公约体系中关于所有权登记的规定来看,其有关“第三人”之规定并非指“善意第三人”,中国已是开普敦公约体系两个国际公约成员国,应与这两个国际公约保持一致,无须修订现有《民用航空法》第 14 条第 1 款。

B. 民用航空器抵押权、占有权和优先权

学者们主要结国内外相关法律规定,分析了这三种权利的特点,指出了《民用航空法》关于民用航空器权利规定主要是借鉴《日内瓦公约》之具体规定。[③] 中国既然已经加入了开普敦公约体系,就应履行公约义务,在国内法的程序建构上应与其相协调,并借助《开普敦公约》及相关议定书的法理念重构中国航空器权利制度。[④]

---

① 郝秀辉,王锡柱.航空器所有权“登记对抗效力”的辨析[J].北京航空航天大学学报(社会科学版),2014(6):34.郝秀辉等还认为,在法律和事实上,民用航空器均具有适用善意取得制度的可行性。参见郝秀辉,王锡柱.民用航空器适用善意取得制度的可行性辨析[J].烟台大学学报(哲学社会科学版),2015(5):54-62.张鸣胜等认为,航空器所有权也应当适用善意取得制度。参见张鸣胜,顾梦迟.《物权法》第 24 条对航空器所有权的影响[J].北京航空航天大学学报(社会科学版),2018(2):69.

② 该公约签订于 1948 年 6 月 19 日,1953 年 9 月 17 日生效,现有 90 个成员,中国于 1948 年 6 月 19 日签署,2000 年 4 月 28 日递交批准书,2000 年 7 月 27 日对我国生效。

③ 于丹.中国民用航空器物权登记制度:成就、问题与完善[J].北京理工大学学报(社会科学版),2014,16(02):98.

④ 高圣平.中国融资租赁法制:权利再造与制度重塑——以《开普敦公约》及相关议定书为参照[J].中国人民大学学报,2014(01):91.

在完善中国航空立法关于民用航空器抵押权、占有权和优先权的具体措施上，学者们主要有两项建议：一是修订《民用航空法》，在修订时应协调与国内其他法律的关系，特别是协调与《物权法》第 24 条的关系①；二是完善《物权法》《担保法》和相关司法解释②，对航空器抵押权、占有权等担保物登记的范围，并对登记效力作出明确的区分③。

C. 民用航空器留置权

民用航空器留置权研究近年来渐成热点。研究成果聚焦于两个问题：一是中国现有航空法律和国际航空条约是否规定了航空器留置权；二是是否可借鉴其他国家国内法规定，修订《民用航空法》增加对民用航空器留置权的规定。

对于第一个问题，大多数学者们指出，《民用航空法》和现有三个有关航空器权利的国际公约中，并没有对民用航空器留置权的具体规定。

对于第二个问题，有学者按照现有专门性航空立法之规定，认为因民用航空器的保管、维护所产生请求权的担保方式，国际航空公约和中国《民用航空法》明确规定为优先权，故不能同时成立留置权。④

对于第一个问题，有学者并不否认中国现有专门性航空立法和有关航空器权利的国际公约未对民用航空器留置权进行规定。但他们认为，《物权法》中所规定的留置权应也包含航空器留置权，他们进一步指出，《担保法》司法解释中关于善意留置权的规定⑤同样适用于民用航空器留置权。

肯定民用航空器留置权存在的学者们对于是否要修订现有《民用航空法》规定，明确增加有关民用航空器留置权的规定，又有两种观点。一种观点认为，无须修订，《民用航空法》第十九条所规定的保管、维护航空器报酬和费用所产生的优先权，与《物权法》等规定的航空器留置权发生重合，按照特别法优先于普通法规定来行使权利即可。⑥ 另一种观点认为，在航空实践中，已发生了航空器被留置的情况，司法实践已确认了航空器留置权的存在，而且航空强国，如美国等在国内法有明确的关于航空器留置权的规定，而中国现有航空专门性立法中所规定的民

---

① 有学者认为，《物权法》第 24 条的规定确立了在中国管辖范围内航空器物权变动效力的基本原则，即将登记作为航空器物权取得对抗第三人的效力的必要条件。按照《物权法》与《民航法》的效力关系，作为基本法的《物权法》所确定的上述物权效力原则也应当被《民航法》所贯彻。参见于丹. 中国民用航空器物权登记制度：成就、问题与完善[J]. 北京理工大学学报(社会科学版)，2014，16(02)：98.

② 《最高人民法院关于适用〈物权法〉若干问题的解释(一)》(法释〔2016〕5 号)第 6 条规定：转让人转移船舶、航空器和机动车等所有权，受让人已经支付对价并取得占有，虽未经登记，但转让人的债权人主张其为物权法第二十四条所称的“善意第三人”的，不予支持，法律另有规定的除外。

③ 孙建华.《开普敦公约》中的国际利益问题研究[J]. 武大国际法评论，2016(02)：427 - 451.

④ 孟繁超，顾国平. 论民用航空器优先权[J]. 中国民航飞行学院学报，2006(04)：8 - 11，16.

⑤ 曹士兵. 中国担保制度与担保方法：根据物权法修订[M]. 北京：中国法制出版社，2008.

⑥ 郝秀辉. 航空器权利研究[J]. 中国民航学院学报，2005(01)：54 - 60.

用航空器优先权范围过窄，不利于对相关权利人的保护，应在《民用航空法》中直接增加对民用航空器留置权的规定。①

还有学者根据《物权》第 180 条“债务人或者第三人有权处分的下列财产可以抵押：……（五）正在建造的建筑物、船舶、航空器；……”的规定，认为“建造中的民用航空器”可以设立抵押权和留置权。②

（2）航空产品责任

2000 年赵维田教授在其《国际航空法》一书中率先以美国产品责任法为主，结合美国相关案例，从严格责任制、飞机耐撞性及国际社会统一规则的前景等方面，对飞机制造人对旅客的责任进行了研究。③ 2004 年，中国包头空难发生后，因不满对承运人对旅客最高赔偿限额 7 万元人民币之规定，2005 年 8 月部分遇难者家属将庞巴迪公司、东方航空集团、东方航空公司以及通用电气公司共同列为被告，向美国加州高等法院提起诉讼，未果。航空产品责任随后渐成研究热点。

就现有研究成果来看，学者们主要是通过介绍美国《第三次侵权法重述：产品责任》相关规定④后，一般认为，中国已有基本法（《中华人民共和国产品质量法》）只是针对普遍性和一般性的产品责任损害赔偿规范，条文模糊，含义不清，周延性和前瞻性不足，难以适应高科技和信息化时代出现的边缘性法律问题；航空工业的基本法处于严重缺失或空白状态，航空工业领域特别法的阙如，不利于建构完备的航空法律体系。《民用航空法》也仅规定“国家扶持民用航空制造业”，该原则未在分则中做出具体规定，且在民航规章中也没有相应的配套规定，仅有的规范也限于与航空器适航活动有关的管理性和技术性部门规章。⑤

有学者从三个方面分析了中国完善航空产品立法的现实性和迫切性。第一，航空器制造业快速发展的现状需要健全的航空法律体制做支撑与保障；第二，原则、陈旧的产品责任一般法律体系已很难调整和应对航空器制造商、航空公司、消费者等多方主体相互间在各类航空活动中产生的复杂法律关系；第三，航空产业特别单行法的阙如与航空产品责任诉讼司法实践经验的不足严重影响和制约了

---

① 蔡斌．中国民用航空器留置权法律体系构建比较分析[J]．北京航空航天大学学报（社会科学版），2013，26(01)：31.

郭玉军，陆寰．美国民用航空器留置权问题研究[J]．华东政法大学学报，2010(06)：77.

姚莉莉．民用航空器留置权法律问题探悉[J]．政法学刊，2014(05)：62.

② 孟繁超，朱彤彤．民用航空器物权体系建构若干问题研究[J]．安徽大学学报（哲学社会科学版），2008(01)：39－40.

③ 赵维田．国际航空法[M]．北京：社会科学文献出版社，2000：388－394.

④ 朱子勤，冯舸．航空产品责任诉讼初探：以美国立法与司法实践为视角[J]．北京航空航天大学学报（社会科学版），2014，27(05)：41－47.

张超汉．航空产品责任案件管辖权的确定：美国实践及其启示[J]．现代法学，2017(05)：161－173.

⑤ 张超汉．航空产品责任论要[J]．甘肃社会科学，2016(04)：194.

中国航空争议解决的效果。[①] 因此，完善中国航空产品责任法制势在必行。

对如何完善中国航空产品责任法制，有学者认为，中国有必要积极借鉴和吸收欧美发达国家或地区有关航空产品责任立法和判例实践的合理成分和先进经验，补充和完善中国航空产品责任法律体制的不足，在宏观上做好立法(《民法典》)的解释工作；在微观上制定《航空产业促进法》，通过典型判例及时出台疑难问题的司法解释[②]，以服务于中国航空运输实践和促进航空产业的快速发展。

(3) 航空人员

现有关于航空人员的研究成果相对较少。研究成果的法律基础主要是1963年《东京公约》和《民用航空法》，重点为机长的法律地位，聚焦于机长、航空安全员、空中警察三者之间的关系。

1963年《东京公约》从第五条至第十五条专门规定了机长的权力，但要准确理解这些规定，就要先对机长的法律地位有个大致的了解。从航空立法伊始，航空器机长的法律地位就受到了专家们的重视。航空法专家国际技术委员会(CITEJA)1926年就开始专题研究，并草拟过一个公约稿。国际民航组织法律部门在此基础上，经过反复讨论，于1947年2月正式拟定了《航空器机长法律地位公约草案》。后来由于国际航协(IATA)竭力反对与阻挠一直未能正式签订成公约，直到1963年《东京公约》制定才对机长的权力进行了具体规定。

机长与机组人员、机长与旅客之间是两种不同性质的法律关系。机长是机组人员中的领导，机组人员必须服从机长指挥，协助完成某项任务；而旅客则无此义务。但遇有犯罪或破坏机上秩序时，旅客与机组人员有共同的利害关系，机长有请求旅客支持协助的权力，旅客本身也有正当防卫的权利。[③]

中国现有《民用航空法》有关机长权力的规定，既借鉴了1963年《东京公约》的规定，又有别于该公约的规定，如根据《民用航空法》第四十四条第二款"机长在其职权范围内发布的命令，民用航空器所载人员都应当执行"的规定来看，机长与旅客的关系也是命令与被命令的关系。学者们还普遍认为，1963年《东京公约》作为一个全球性国际公约，其规定具有原则性和概括性是必要的，但对于作为中国国内法律的《民用航空法》来说，对机长权力规定的条文分散且缺乏结构性，对机长行使权力的范围、条件等具体内容不够全面，未设置明确性和可操作性的执行标准，完整性不足。在修订《民用航空法》时，应从前述几个方面加以具体完善机长权力的规定。[④]

在1963年《东京公约》和《民用航空法》中，并没有航空安全员的规定，但航空

---

① 张超汉.航空产品责任论要[J].甘肃社会科学，2016(04)：194.

② 张超汉.航空产品责任论要[J].甘肃社会科学，2016(04)：195.

③ 赵维田.国际航空法[M].北京：社会科学文献出版社，2000.

④ 张望平.论民航机长的权力[J].北京理工大学学报(社会科学版)，2017，29(03)：125.

安全员一直是由航空公司指派，并被认为是机组当然组成人员。对于二者的关系，有学者指出，二者职责范围不同、相互合作又相互独立。所谓二者职责范围不同，即机长对涉及飞行安全的所有领域负责，但是主要侧重飞行安全、机上人员和财产的安全以及机上良好秩序和纪律方面；而机上安保员则侧重于打击严重犯罪。所谓二者相互合作又相互独立，即出现了严重危害航空安全行为时，机长可以请求机上安保员予以协助；机上安保员有权根据具体情况决定是否提供相应协助，存在一定的独立性。[①] 显然，这种观点和现有专门性航空法规定是不一致的，作为机组成员，航空安全员与机长的关系是上下级、领导与被领导的关系。

空中警察的职责，主要是应对飞机上重大犯罪行为。如美国空中警察最初只是在国际航班上应对劫机事件。但在"9·11"事件后，美国空中警察执法任务扩展为"发现、制止、挫败针对美国民航承运人、机场、旅客及机组人员的敌对行为"[②]，主要是在国内外航班上处理恐怖袭击等严重犯罪活动。机长与空中警察都是为了维护航空安全和秩序，但二者在身份上、"技术"与"法律"专业背景、"授权"与"执法"等方面存在不同。

在2014年国际社会通过了2014年《蒙特利尔议定书》，它是对1963年《东京公约》的修订，增加了有关航空安保人员的相关规定，但至今仍未生效。

在中国，在飞机飞行过程中实际同时存在着机长、航空安全员和空中警察三个主体，但现有《民用航空法》并没有对航空安全员和空中警察的规定，致使这三者之间的关系尚无明确规定。有学者认为，机长应对机长所有人员及财产和航空器安全负责，但机长的主要职责应是驾驶好民用航空器。从现有《民用航空法》及国际航空公约的规定来看，机长作为名义上的飞行中民用航空器的最高领导者，其在职权范围内发布的命令机上所有人员理应遵守，但实际上在客舱中，对航空安全进行维护的主要是航空安全员和空中警察。航空安全员是机组人员，应听从机长指挥，但遇到紧急情况时，可以采取相应措施，在事后通知机长即可；对于空中警察来说，由于其是国家工作人员，享有相关法律法规赋予维护航空安全的权力和职责，不是机组人员，但在名义上也应接受机长指挥。

因此，在修订《民用航空法》时，应在《民用航空法》中进一步完善机长在行使权力过程中可以采取的合理措施，包括必要的管束措施、强制离开民用航空器、移交公安机关等。应在修订《民用航空法》时重点处理好机长、航空安全员和空中警察的关系。第一，要将航空安全员纳入航空人员（空勤人员、机组人员）体系，与其

---

① 朱子勤，毕凤敏．民用航空运输中机长权力再探讨：兼谈机长与机上安保员的关系[J]．北京航空航天大学学报（社会科学版），2015，28(06)：43．

② 张君周．论客舱执法中的权力配置与冲突应对[J]．甘肃政法学院学报，2010(05)：102．

杨君琳，苗飞．机上安保员的法律问题研究[J]．北京航空航天大学学报（社会科学版），2015，28(05)：31．

他机上工作人员共同受机长的领导，执行机长命令，制止和处理机上普通的非法干扰行为。[①] 第二，在《民用航空法》中将空中警察定位于处理较为重大的违法犯罪行为。[②]

还有学者对飞行员流动、空中交通管制员等法律问题进行了研究，但成果甚少。

(4) 机场

关于机场立法完善研究，学者们大多以 1944 年《芝加哥公约》及其附件 14《机场》和中国关于机场的现有立法规定为基础，从机场经营管理、旅客安检、航班延误、噪声、机场建设费征收、机场法律责任等方面探讨中国现有机场立法存在的主要问题，进而提出完善建议。诚然，这些研究成果中的有关问题亦可划分到航空民商事立法研究成果中，但为了研究方便，本书对此进行一并分析。

2002 年 3 月 3 日按照国务院发布的 6 号文件规定，原中国民用航空总局将直接管理的机场下放所在省(自治区、直辖市)管理，并将相关资产、负债和人员一并划转。学者们对此进行了高度评价。有学者认为，机场的属地化改革以后将摆脱政企不分、官商合一的经营管理模式，步入现代化企业经营管理的轨道。实现现代化企业经营管理的重要基础就是要有一个完整的法律体系来保障。应从机场的净空保护、机场的通信保障、机场范围的空管和导航、与联检单位的关系、机场与公安、安检等业务、机场的正当收费等方面制定法律法规加以保护。[③]

天价方便面、牛肉面等发生在机场内的侵害消费者的行为时见报端，对此情况，有学者指出，机场内物价虚高，属于剥削性滥用行为，理应受到中国《反垄断法》的规制。[④]

20 世纪后期在全球范围内兴起了机场所有权与经营权分离，与发达国家的酒店业中由专业化的酒店管理公司管理酒店颇为相似。中国法律对机场委托管理未有明确界定，机场属地化改革完成后，实践中机场委托管理是指机场管理机构通过公开招投标、合同谈判等方式，将机场业务的管理委托给有专业管理水平或资质的专业公司(机场管理管理公司)进行运营管理的模式，即管理外包。这种专业化管理有利于提高机场管理的专业化水平和机场运营效率。

---

① 朱子勤，毕凤敏. 民用航空运输中机长权力再探讨：兼谈机长与机上安保员的关系[J]. 北京航空航天大学学报(社会科学版)，2015，28(06)：44.

② 张君周. 论客舱执法中的权力配置与冲突应对[J]. 甘肃政法学院学报，2010(05)：103.

朱子勤，毕凤敏. 民用航空运输中机长权力再探讨：兼谈机长与机上安保员的关系[J]. 北京航空航天大学学报(社会科学版)，2015，28(06)：44.

杨君琳，苗飞. 机上安保员的法律问题研究[J]. 北京航空航天大学学报(社会科学版)，2015，28(05)：34.

③ 汤建明. 机场属地化改革后的法律框架构建[J]. 中国民用航空，2002(09)：33-34.

④ 刘海安. 论机场管理人的注意义务[J]. 社会科学战线，2012(09)：195-199.

但对此新型机场管理模式，中国法律对机场管理公司的资质、投资主体和有关安全的行政法律责任主体没有专门规定，从而带来了无行业准入门槛、不正当竞争或垄断等法律风险以及法律责任主体不合理等问题。有学者建议，通过立法的方式对机场管理公司的必备条件、国内外投资主体身份和外商投资条件等予以限定，并规定机场管理公司承担与安全相关的行政法律责任。①

航空活动安全第一，机场安检是保障航空活动安全和有秩序地进行最为重要的一环。但现有《民用航空法》对机场安检中的法律责任和主体地位规定缺乏、对安全检查规定不全面。虽然1996年《民用机场安全保卫条例》和1999年《中国民用航空安全检查规则》做出了具体规范，但是存在效率低、颁布时间早、无法适应民用航空的现状和发展的问题；特别是在机场属地化改革完成后，一些机场所在地的政府，对机场投入较少，资金投入缺乏法律保障；现有法律法规对安检人员的保护不全面具体，且未得到充分的执行，对侵害安检人员权益的惩罚和追责也缺乏相应的法律保证等。②

完善机场安全检查的法律法规刻不容缓。有学者认为，应首先在《民用航空法》中明确规定机场管理机构应当设立专门的航空安检机构，并对航空安全检查工作承担安全主体责任。然后，修改现行的《中华人民共和国民用航空安全保卫条例》《民用航空运输机场航空安全保卫规则》《中国民用航空安全检查规则》中对机场在安检中主体地位较为模糊的规定，明确机场在安检主体中的地位；借鉴欧盟对安检法律地位的规定，在《民用航空法》《民用机场安全保卫条例》《民用航空运输机场航空安全保卫规则》及《民用航空安全检查规则》等法律法规中明确安检为不以营利为目的的公共安全事务。还有学者甚至建议，应制定《中华人民共和国民用航空安全保卫法》。③

学者们所提出的修改《民用航空法》及有关现有涉及安检的行政法规和规章，加强地方航空立法等措施，都具有一定的可行性。但若直接制定一部《中华人民共和国民用航空安全保卫法》来规范安全检查工作，没有可行性。

航班延误一直以来是航空运输被诟病的焦点之一，机场在航班延误应承担什么样的法律责任？《民用航空法》第一百二十六条只规定了承运人对旅客、行李或者货物在航空运输中因延误造成的损失承担责任，《民用机场管理条例》第三十七

① 张宝佳.机场委托管理的若干法律问题[J].北京航空航天大学学报(社会科学版)，2012，25(05)：33.

② 张可.机场旅客安检的法律问题探析[J].太原师范学院学报(社会科学版)，2016(06)：52－54.

③ 杨慧.航空安保的几个法律问题[J].法学杂志，2009(06)：95－98.

周洪清，沈朝阳.关于我国民航安检的法律问题[J].中国民用航空，2007(07)：62－63.

条和七十五条第二款[①]虽然概括性规定了机场的民事责任，但是在实践中缺乏可操作性。即使是专门规范航班的 2016 年《航班正常管理办法》也只规定了机场行政责任，未规定机场的私法责任。[②]

有学者指出，要分析机场在航空运输延误中的法律责任，应首先要理清机场和旅客、托运人的关系。就旅客与机场之间的关系而言，学者们普遍认为，这是一种服务合同关系，且该合同从旅客缴纳机场建设费那一刻起合同即告成立。机场不是航空公司代理人，它具有独立的法人资格，应为因自身原因导致的延误给旅客造成损失承担赔偿责任。

因而，有学者建议，中国作为实证法国家，要明确机场在航空运输延误中的法律责任，首先应通过立法形式，在《民用航空法》中明确机场的契约责任主体地位。[③]

近年来，因航班延误等所引起的机场突发事件时有发生，有时甚至会发展成为群体性事件，不仅危害了航空安全，还可能危害社会的正常稳定。针对这种情形，有学者指出，目前针对机场突发事件应对存在着法律空白、突发事件预警管理的主体缺乏、突发事件的处置方式和手段存在缺陷、信息沟通机制不畅[④]等问题。虽然中国现在已有《中华人民共和国突发事件应对法》可规范机场突发事件，但由于机场突发事件和一般突发事件存在着不同，因而还要建立专门的民用机场突发事件应急法，通过立法建立完善的民用机场突发事件的信息披露制度。[⑤]

航空器噪声和声震的危害巨大，对其造成的损害如何进行赔偿，在美国和法国曾引起几宗著名案例，有些按侵权行为处理，有些则不主张以侵权作为理由。国际民用航空组织曾为此专门组织了一个法律小组对航空器噪声和声震造成损害赔偿进行过研究，法律委员会 1976 年第 22 次会议上也作过讨论，但终于因解决问题条件尚不成熟而被搁置。[⑥]

---

① 《民用机场管理条例》第三十七条　机场管理机构、航空运输企业以及其他驻场单位应当采取有效措施加强协调和配合，共同保证航班正常运行。

航班发生延误，机场管理机构应当及时协调航空运输企业及其他有关驻场单位共同做好旅客和货主服务，及时通告相关信息。航空运输企业及其代理人应当按照有关规定和服务承诺为旅客和货主提供相应的服务。

《民用机场管理条例》第七十五条第二款　航班发生延误时，机场管理机构、航空运输企业以及其他驻场单位不按照有关规定和服务承诺为旅客和货主提供相应的服务。

② 王锡柱．机场在航班延误中的私法责任[J]．北京交通大学学报（社会科学版），2017(01)：146.

③ 高乐鑫．航班延误下机场对旅客的契约责任[J]．三明学院学报，2014(01)：71.

④ 刘晓山，夏娜．"航班延误"引发的机场突发事件法律应对探析[J]．江西科技师范大学学报，2014(05)：59.

⑤ 刘晓山，夏娜．"航班延误"引发的机场突发事件法律应对探析[J]．江西科技师范大学学报，2014(05)：60.

⑥ 赵维田．国际航空法[M]．北京：社会科学文献出版社，2000：404－405.

虽然国际航空立法在此问题上停滞不前，但是美国、德国等国家自 20 世纪 60 年代以来就陆续出台相关专门立法，以解决航空器噪声污染问题。如美国制定的《航空器减噪法案(1968)》(Aircraft Noise Abatement Act 1968)，德国颁布的《飞机噪声防治法(1971)》。这些法律的施行对当地机场噪声的改善起到了重要作用。

随着中国航空活动不断增多，机场噪声危害巨大，实践中已出现了相关因航空器噪声污染的诉讼，解决机场噪声排放问题已经迫在眉睫了。虽然中国已经制定了《环境噪声污染防治法》，但缺乏可操作性，远远没有满足机场噪声污染防治工作的现实需要。应借鉴其他国家和地区的成熟立法经验，完善中国相关立法，对于解决日益严重的机场噪声污染问题及由此引发的其他社会问题有着重要的意义。①

为应对日益严重的机场噪声污染问题，中国应以系统性的立法思想为指导，在现有立法的基础之上，构建与完善以"原则规定—基本制度—配套规则"构成的机场噪声污染防治法律制度体系。就具体立法完善路径而言，应修改《民用航空法》或《环境噪声污染防治法》，确立防治机场噪声污染的原则规定，为下位法的制定提供法律依据。②

还有学者研究了机场建设收费和机场法律责任等问题。有学者认为，征收机场建设费缺乏规范性法律依据，是行政侵权行为。③ 还有学者认为，中国现有《民用航空法》对机场民事责任规定缺失，应通过修订《民用航空法》《民用机场管理条例》等现有法律法规加以完善。④

(5) 空中航行

现有成果均认为，空域是国家重要的基础资源，蕴藏着极大的经济和社会价值。⑤ 同时，空域资源(领空)具有稀缺性的特点，对一国航空事业的发展具有重大作用。⑥

随着中国航空活动的膨胀式发展，军用航空、航空运输、通用航空及普通民众等对空域资源的需求不断增加，但立法者们对于空域的认识仍然局限于国家领空主权这一概念，倾向于依靠行政手段解决空域利用问题，不仅满足不了军民航及

---

① 夏梓耀，黄锡生. 中国机场噪声污染防治立法问题研究[J]. 北京航空航天大学学报(社会科学版)，2011，24(02)：39.

② 夏梓耀，黄锡生. 中国机场噪声污染防治立法问题研究[J]. 北京航空航天大学学报(社会科学版)，2011，24(02)：39.

③ 宁清同，李令巍. 征收机场建设费是行政侵权行为[J]. 辽宁行政学院学报，2008(07)：35.

④ 贺富永. 航空法学：总论与体系研究[M]. 北京：社会科学出版社，2014：167.

⑤ 高健. 我国低空空域管理制度变迁的动因及模式研究[J]. 经济问题探索，2012(04)：19.

⑥ 李晓津，王志强，邓戬. 空域资源经济价值研究与应用[J]. 价格理论与实践，2013(12)：89.

普通大众对有限空域资源使用的要求，还进一步导致了空域利用率极低。[①] 因而，必须优化对现有空域资源的使用效率。

学者们认为，要优化利用中国空域资源，满足航空活动不断发展对空域的需求，应采取以下相关措施。第一，要通过航空立法来界定空域资源是一种自然资源属性。[②] 既然空域资源属于一种自然资源，具有稀缺性，就必须通过航空立法来确保其被有效利用。有些学者建议修订《民用航空法》，有些学者建议废除《民用航空法》制定《航空法》，还有学者建议专门制定空域管理方面的法律。[③]

第二，在修订或制定的上述法律中，应确立中国空域管理的基本原则，[④]明确军民航协调的具体措施，最终实现空域管理一体化和飞行管制一体化相结合的国家战略。[⑤]

还有学者认为，在不改变目前航空立法中关于空域管理和使用的现有体制下，要解决当下军民航及普通公众对空域需求不断增加的矛盾，应统一军民航空管标准，建议军方让渡部分空域给民航管理和使用。[⑥]

还有学者以通用航空业为研究视角，认为通用航空业对中国航空业乃至国民经济的发展至关重要。通用航空事业飞速发展对低空空域的需求急剧增加，而现有以《飞行基本规则》为基础形成的军用航空民用航空对空域管理的“双头”领导、交叉管理的状况，致使通用航空飞行活动空域申请程序复杂、环节多、时间长，降低了低空作业的时效性，[⑦]成为制约通用航空事业发展的瓶颈。要改变这种状况，促进通用航空业的发展，学者们给出了诸多具体的立法完善建议。首先，多数学者认为，应制定一部名为“航空法典”或“航空法”的基本法律，明确空域（包括低空空域）的自然属性和所有权及使用权性质，空域的使用和分类管理原则，并确立统一飞行规则的原则。[⑧] 其次，还有不少学者认为，应制定一部名为“空域使用管理法”的非基本法律，[⑨]明确空域（包括低空空域）使用和管理的具体内容。最后，多数学者认为，应以上述制定的《航空法典》《航空法》或《空域使用管理法》为基

---

① 王锡柱. 空域私法权利建构论纲[J]. 河南财经政法大学学报，2017(05)：102.

② 熊小勇. 我国空域资源管理相关问题法律分析[J]. 中国民用航空，2012(10)：71.

③ 郝秀辉. 我国低空空域管理法规体系建构论[J]. 北京理工大学学报(社会科学版)，2012，24(01) 96.

④ 郝秀辉. 我国低空空域管理法规体系建构论[J]. 北京理工大学学报(社会科学版)，2012，24(01) 96.

⑤ 熊小勇. 我国空域资源管理相关法律问题分析[J]. 中国民用航空，2012(10)：72.

⑥ 熊小勇. 我国空域资源管理相关法律问题分析[J]. 中国民用航空，2012(10)：72.

⑦ 刘光才，刘美君. 我国低空空域开放的法律探讨[J]. 中国民用航空，2009(09)24.

⑧ 李卫民. 通用航空低空运营法规标准体系建设研究[J]. 中国民用航空. 2009(01)：20.

⑨ 赵晓东. 关于低空空域管理法制建设的思考[J]. 中国民用航空，2010(01)：19.

董念清. 中国通用航空发展现状、困境及对策探析[J]. 北京理工大学学报(社会科学版)，2014，26(01)：115.

础，修订现有航空行政法规和规章中关于通用航空事业之相关规定。

也有学者认为，虽然通用航空事业发展对空域，特别是低空空域需求呈现出急增之趋势，但也无需制定专门的法律，修订现有《民用航空法》和《通用航空飞行管理条例》即可。[①]

1.3.2 国外研究状况

1783年8月27日，为规范放飞气球，法国政府发布公告，要求在放飞气球时不得引起恐慌。1784年4月23日，法国巴黎市政当局发布了治安法令，规定未经警察当局批准，禁止气球升空，该治安法令被誉为是人类历史上“第一部航空法”，从而真正开创了人类制定航空法的历程。在第一次世界大战前，航空活动主要用于作战，为了减轻战争中对平民的伤害，立法者们签订了一系列关于使用航空器进行作战的规则，但关于国家领土之上的空气空间之法律地位尚未明确。

1900年，法国邀请巴西、美国、英国、俄罗斯、墨西哥等28个国家代表在巴黎，主要围绕民用航空运输，对政府是否应颁发民用航空执照；驾驶员对乘客和地面第三人承担的责任是需要制定特别法规定，还是适用普通法；救捞航空器残骸是否应适用海商法；对驾驶员的失踪和死亡宣告是否应重新立法[②]四个航空法律问题进行了讨论。此次会议虽未形成国际公约，但确第一次真正涉及了民用航空相关法律问题，为1910年巴黎会议的召开提供了素材。

1910年5月18日至6月29日，法国政府召集相关国家在巴黎召开了第一次国际空中航行会议，讨论了航空器的分类等问题，会后通过决议，承认航空器分为公用航空器和私用航空器，公共航空器又包括军用航空器和警察航空器。[③] 在此次会议上，法国和德国代表提出了航空自由论，而英国代表提出了领空主权论。法德代表的航空自由论，是吸收了欧洲大陆学者有关国家领土之上的空间是自由的观点，如比利时学者尼斯认为，空气和海洋一样是人类的共有财富，应当是完全自由的；法国学者福希尔1912年在国际法学学会的布鲁塞尔年会上提出了第一个航空法典《浮空器法律制度》草案，其第7条规定：“空气是自由的。国家对空气只享有他们之间交往所必需的权利，这种权利源自取缔间谍及海关、卫生、治安以及防务的需要。”欧洲大陆学者多持此种观点，实受格劳修斯“海洋自由论”之影响。

英国代表认为，根据古罗马法的“谁拥有土地，谁就拥有土地上空的空间”之格言，国家应对其领陆之上的空间拥有主权。

随后，大会通过决议规定，“俯临领土和领海的大气应当被视为是领土，受国

① 任蓉．我国通用航空法律制度问题初探[J]．南昌航空大学学报(社会科学版)，2011(01)：26．

② 刘伟民．航空法教程[M]．北京：法律出版社，1996：35．

③ HORNIK J. Article 3 of Chicago Convention[J]. Air and Space Law, 2002,27(3):162.

家主权支配”。事实上,领空主权原则已被确立,1919 年《巴黎公约》关于领空主权原则——航空法基础的通过就顺理成章了。

1919 年《巴黎公约》第一条规定:“缔约各国承认,每一国家对其领土上空的空气空间具有完全的和排他的主权。”1944 年《芝加哥公约》第一条全文照抄了该规定。领空主权原则至今仍为航空法之基础。

因欧洲国家领土狭小,航空器在短时间内便可飞越多个国家领空,故迄今为止,西方学者仍将航空法当作是国际航空法之同义语。因此,从航空立法之发源地——欧洲来看,航空立法一开始就具有国际性。

随着民用航空运输的不断增加,承运人对旅客的责任问题,学者们也进行了深入探讨。他们认为,若依靠国际私法冲突规则来确定承运人对旅客赔偿之法,不仅会浪费各国司法资源,而且可能致使同一架航空器内之旅客赔偿适用法律不同,赔偿数额不等,严重违背了公平正义之原则。又因商业航空运输尚处于幼年时期,且风险尚不能转嫁,若要发展,需要通过立法来进行保护。另,随着航空运输的不断发展,可能会出现更多之新法律问题,应允许后人进行修订。这些理论为国际社会制定统一的国际私法提供了信心。1926 年 9 月在法国政府倡议下,46 个国家的 76 名代表在巴黎召开了第一个航空私法国际会议,会议认为,制定统一的规范承运人责任制度的国际航空私法公约十分必要,但非常复杂。鉴于此,与会各国推荐代表成立“航空法专家国际委员会”,要求其花三四年时间,议定一部国际统一的航空民事责任法典。1929 年 9 月,根据航空法专家国际委员会提供草案,与会代表在华沙讨论通过了《统一国际航空运输某些规则的公约》,并于 1933 年生效,随后进行了不断修订,形成了华沙体制,并运行至今,极大地促进了国际航空运输的发展。

因航空运输的国际性,一国航空器飞入他国若从航空器落下人或物,或该航空器坠毁会给飞入国地面第三人造成重大损害。国际社会为此于 1933 年在罗马通过了《有关外国航空器对地(水)面第三人造成损害的赔偿责任的公约》,该公约虽未生效,但为战后 1952 年《有关外国航空器对地(水)面第三人造成损害的赔偿责任的公约》的制定和通过奠定了基础。

后来,学者们围绕着国家通航过程中出现的新问题,不断提出新观点,为 1944 年《芝加哥公约》附件的不断修订和完善提供了理论基础;也为华沙体制的现代化和一体化、《罗马公约》的现代化和一体化奠定了扎实的基础。

从 20 世纪 90 年代开始,国外学者们纷纷著书立说,对航空运输现代化过程出现的一些新问题进行深入研究,如华沙体制和《罗马公约》存在的问题,传统航空刑法公约在打击新型国际航空恐怖主义犯罪存在的问题,为 1999 年《蒙特利尔公约》、2001 年《开普敦公约》、2009 年《一般风险公约》、2009 年《特殊风险公约》、2010 年《北京公约》、2010 年《北京议定书》、2014 年对 1963 年《东京公约》进行修订的 2014 年《蒙特利尔议定书》的顺利通过提供了理论支持。

目前,国外学者对国际航空立法的研究所涉及范围广泛,成果丰硕,不仅研究国际航空公约的具体条款,还深挖隐藏在具体条款背后的相关国家政策、意识形态和价值观念等。通过以案说法,解读具体条文,分析存在的问题并提出改进的建议,其中有关旅客精神损害赔偿、航空器权利、不轨旅客、黑名单制度、无人机等问题渐成航空立法研究之热点。

1.3.3 国内外研究简评

1.3.3.1 国内简评

从整体上看,中国航空立法研究成果丰硕、研究内容和对象广泛,但也存在着研究内容不够深入,研究路径和方法比较单一等不足。

第一,研究成果丰硕。自民国时期起,学者们就对中国航空立法进行专门性和非专门性的研究,到目前为止,研究成果数量众多。据本书不完全统计,在这些研究中,民国时期研究中国航空立法的著作约 35 部。新中国成立后,特别是改革开放后,中国航空立法研究成果呈爆发式增长。这其中就有学术专著,约 120 部;又有学术论文,光是研究航空运输延误的论文就达一万多篇;还有大量的本科论文、研究生论文。在研究成果中,航空民商事立法研究成果最为丰富,航空安全保卫及刑事责任研究成果次之。进入 21 世纪之后 10 年,研究成果达到了高潮。

第二,研究内容广泛。从现有研究成果的内容来看,已经涵盖了航空活动的方方面面,主要有:空域的管理和使用,重点为领空法律性质、对领空主权行使及限制、空域管理体制等;航空器法律制度,涵盖航空器国籍、航空器权利等;航空人员的法律地位,包括航空人员执照颁发及管理、机组人员法律地位、机长的权力与职责,核心为机长、航空安全员与空中警察的关系等;机场法律制度,包括机场建设与管理、机场民事责任等;承运人责任制度,包括航空运输的概念、分类、法律适用等;航空消费者权益保护,包括航空消费者权利来源、现实状况、保护路径等;航空安全保卫及刑事责任,包括航空犯罪的种类、处罚、完善措施等。另外,现有成果在研究内容上还涉及航空保险、第三人责任等。

正是由于研究内容过于广泛,在研究过程中,多数学者未将航空法作为一个整体对待,而是将相关研究内容分别放入不同法律部门中加以研究,致使研究成果成了没有航空法律基础理论支撑的一个个碎片,很难将其完整拼接,致使相关研究结论往往是只见树木不见森林,缺乏普遍适用性。

第三,研究对象广泛。据本书对现有研究成果的统计分析发现,研究对象已经涉及了所有全球性国际航空公约,包括华沙体制九个文件、1999 年《蒙特利尔公约》、三个有关航空器权利的国际公约、八个国际航空刑法公约、五个对第三人责任公约、1919 年《巴黎公约》及八个附件、1944 年《芝加哥公约》及十九个附件,还包括承运人之间的相关协议。

作为现有研究成果研究对象的主要有美国、欧盟、日本、俄罗斯、巴西、加拿大等国家地区的航空法，其中，美国最多，欧盟次之。近年来，除了继续将上述国家地区航空法作为研究对向外，研究对象还扩展至澳大利亚、新西兰、韩国、印度尼西亚、南非等国家的航空法，以及中国台湾、香港和澳门地区的航空法规。当下，“一带一路”沿线国家的航空法渐成研究热点。

正是因为研究对象过广，现有研究成果往往通过对相关国际航空公约及有关国家地区航空立法进行简要介绍后，便提出了要以研究对象的相关规定作为完善中国航空立法的对策，忽视了对所研究对象相关航空立法的历史背景及实践中实施利弊研究，也未从中国航空事业发展及航空立法状况加以分析，致使所提出的建议对策五花八门，可行性差。

第四，“问题—对策”的研究路径。现有研究成果从整体上来看，多以航空活动中出现的“新法律问题”为切入点，接着分析相关国际航空公约及有关国家地区航空立法的规定，进而研究中国现有航空立法存在的问题，最后借鉴国际航空公约、国家地区航空立法的规定，提出完善中国航空立法之相关建议。

这种“问题—对策”的研究路径是一种急功近利的表现，忽视了航空活动和航空法发展的规律，虽然航空活动和航空立法具有国际性，但有关国际航空公约所规定的相关标准只是最低标准，而现有研究成果在研究过程中所选取的对标国家地区，因其空域规模、航空管理体制、航空事业发展阶段等与中国差异较大，其现有航空立法可能不适应中国国情，若以其相关航空立法内容作为完善中国航空立法之对策，可能误导中国航空立法完善的方向。

第五，涉及学科多，比较分析方法运用广。据本书根据中国知网有关学科所作的分类，现有研究成果既涉及国际法，又涉及国内法。国际法，包括国际公法、国际私法、国际经济法。国内法，涵盖经济法、行政法、民商法、国防法、刑法、法学理论等。涉及学科多，反映出学者们对航空法基本理论研究不足，对航空法性质与特征的认识不同。从中国现有航空立法成果来看，现有中国所有部门法，航空法均有涉及。

交叉学科研究成果近年来不断增多，涉及航空法与哲学、社会学、医学、统计学、气象学、经济学等学科的交叉。

在现有研究成果中，比较分析方法运用最广。在 20 世纪 80 年的研究中，学者们主要采用文献分析法，对国际航空法和相关国家航空立法进行介绍和评析。进入 20 世纪 90 年代后，运用比较分析法进行的研究的成果急增，即通过比较分析国际航空公约、有关国家地区航空立法及中国航空立法，分析中国现有航空立法在某一或某些方面存在的问题，提出借鉴作为比较分析对象的国际航空公约或有关国家地区航空立法来完善中国航空立法。

第六，研究成果不够深入。现有研究成果在对作为研究对象的国际航空公约和有关国家地区航空立法进行研究时，往往以介绍性主，很少结合特定的历史背景加以分析，对具体条文研究匮乏，知其然而不知其所以然。

对中国航空立法研究多为囫囵吞枣式，缺乏深入研究。一方面，现有研究成果很少对相关航空立法具体条文的制定背景、上下文逻辑关系等进行深入分析；另一方面，也未对专门性航空立法之间、专门性航空立法与非专门性航空立法之间的内容进行深入比较分析，或即使进行了分析，又忽视了航空法自身之特征。

现有研究成果研究的不深入，直接导致了相关航空法完善建议缺乏可行性。如有学者在研究无人机、通用航空、空域管理、航空事业发展促进等相关法律问题时，或提出直接采用有关国际航空公约或相关国家地区航空法规定的建议，或提出要制定《无人机法》《通用航空法》《空域管理法》《航空事业发展促进法》等法律的对策，忽视了国情，误导了航空立法的方向。

1.3.3.2 国外简评

从整体上来看，美国、欧盟等国家地区学者航空法研究领先于中国，表现为：

第一，在研究内容上，不仅涵盖航空活动各个方面，而且对航空立法具体条款进行深入剖析，并注重具体条款间的逻辑性研究。如有学者研究了1963年《东京公约》第六条，对该条文制定原因、与上下条文之间的逻辑关系、具体实施过程中存在的问题以及修订具体内容及理由等进行了详细分析。再如，有学者专门研究了1944年《芝加哥公约》第三条，从条文制定背景、与上下文之间的逻辑关系、具体实施过程中存在的问题以及修订具体内容及理由等进行了详细分析。如此，等等。

第二，在研究对象上，国际国内航空立法研究并重，互动性强，研究成果对航空法理论和实务的影响大，为这些国家地区参与国际航空立法提供理论指导，推送航空政策进行指导。如在20世纪50年代，世界航空运输中心已转移到美国，二战前制定的1929年《华沙公约》中所规定的国际航空承运人赔偿责任限额较低，不利于对美国公民的保护。美国国内学者通过对1929年《华沙公约》及美国国内航空立法的比较研究，为政府参与国际航空立法提供理论指导，致使1966年《蒙特利尔协议》得以通过和生效。再如，20世纪70年代初，美国对航空运输业实行放松管理政策，美国国内学者深入研究了放松管理政策的理论基础、内容及实施后，对航空运输业产生了的积极影响，并将其理论推向世界，从而为美国航空政策推向世界提供了理论指导。当下，以美国为代表的航空强国，空域资源已经饱和，这些国家的学者积极加强航空自由化研究，鼓吹航权开放，亦是为这些航空强国过剩运力的输出提供理论支撑。

第三，在研究路径上，不单是采用“问题—对策”的研究路径，还更加注重系统分析，避免研究成果的碎片化。国外研究采用“问题—对策”的研究路径仍然是常态，如在 MH17 航班被击落后，国外学者以 1944 年《芝加哥公约》及其附件、1999 年《蒙特利尔公约》为研究对象，发表数十篇论文，涉及国家责任问题、空中交通管制存在的问题等内容。在研究过程中，将航空法作为一个整体对待，避免了研究成果的碎片化。

第四，学科视角和研究方法多样。国外学者在航空立法研究过程中，也采用了多学科视角进行研究，如以刑法、经济法、民商法、侵权责任法等为研究视角，对航空法进行系统研究；亦和其他学科相结合进行研究，如与医学、哲学、统计学、气象学等相结合，形成了相关独特的交叉学科，航空医学法、航空统计学、航空气象学等。当下，从整体上来看，国外学者已将航空法与航天法合体，总称为空间法，进行研究。

在研究方法上，不仅采用了比较分析等研究方法，更注重案例分析法。如荷兰莱顿大学所办的《空间法》杂志，每期都有一个栏目——以案说法，现已经发表了众多论文。他们结合相关热点案件及司法判决，对法律适用进行具体分析，探究现有航空立法存在的问题，进而提出改进方案。

1.3.3.3 反思

通过上述对国内外研究成果的比较分析，本书认为，相比于美国欧盟等国家地区航空法研究而言，中国学者研究成果相对滞后，以下四个方面有待深入和拓展。

第一，航空法基础理论研究有待进一步夯实。航空法基础理论对航空立法具有重要的指导作用。诚然，在有关航空法概念、特征、性质等基本理论的研究中，西方学者早在 19 世纪就进行了深入研究，而今中国有关航空法的概念等基本理论研究仍未有一个权威定义，无法准确界定航空立法的范围。

在有关领空主权等航空法基础理论研究中，欧洲国家在研究过程中，深入到古罗马法的一些规定，为领空主权原则探寻理论支撑。而今在研究中，不再着重于传统意义上的领空主权原则，而在于如何在现有原则下，能够更好地保证航空活动安全和有秩序地运行，促进国际航空事业的发展。有了这种研究成果，就能没有障碍地在国际范围内推广，从而使得其他国家亦能了解学者本国的国家政策等内容，进而影响国际航空立法发展方向。

而相比于国外研究成果对航空法基本理论的深入研究，中国学者往往偏重于实践性研究，且主观性明显，因而相关研究成果很难得到国际承认，也不能为中国参与国际航空立法提供理论支撑。作为世界航空运输总量处于第二位的中国，未能发挥其在国际航空立法中的话语权，这和中国学者对航空法基本理论的研究欠缺有直接关联。因而，加强航空法基本理论研究迫在眉睫。

第二，系统比较研究尚待进一步加强。现有研究成果研究对象非常广泛，不仅包括现有所有全球性国际航空公约，还包括几十个国家地区的航空法。但在研究过程中，现有成果往往在分析中国航空立法存在的问题后，简单地与国际研究对象进行横向比较，缺乏对研究对象自身的航空立法纵横向比较研究，也缺乏对研究对象航空事业发展与中国航空事业发展的纵横向比较研究，这种简单的“拿来主义”，往往忽略了中国的航空事业发展状况及中国航空立法的背景，所得出之结论往往缺乏可操作性。

在对国外航空立法研究的现有研究成果中，也缺乏宏观和微观层面的系统比较研究。在宏观层面上，对国际航空公约的具体条款分析不够透彻，对在相关国家国内航空立法转化国际航空立法缺乏系统比较分析，即哪些国家已经将国际公约转化为国内法、哪些国家没有转化为国内法、转化为国内法的国家转化了公约的哪些内容、对哪些条文进行了保留、为什么会出现这种情况等问题缺乏在宏观层面的系统比较分析。因而无法预测国际航空立法发展走向，也无法给中国航空立法的完善提供方向性指导。

在微观层面上，对作为研究对象的相关国家地区航空立法的历史背景、条文之间的逻辑关系、与以前立法相比发生的变化及原因，缺乏系统的比较研究。因而所得出的研究结论，自认为“窥一斑而见全豹”，简单拿来借鉴，无益于中国航空立法的完善。

第三，和谐统一的航空法体系构建研究仍需进一步深入。因在航空法学科认识上存在差异，现有研究成果多从和谐统一的航空法体系构建角度对航空立法进行研究。在整体框架上，各国航空立法具体条款虽然千差万别，但是因为航空法的国际性特征，各国航空立法框架结构大体相同，主要围绕着空域、航空器、航空人员、机场、空中交通服务、承运人责任、第三人责任、通用航空、法律责任等进行立法。从形式上来看，我国航空法律体系框架结构较为合理，与国际航空法律体系差别不大。但在具体内容上，仍存在着诸多不和谐。如作为法律的《民用航空法》主要调整的对象包括领空主权、空中航行及在民用航空活动中所产生的社会关系，而作为行政法规的《飞行基本规则》则是调整中国境内所有的飞行活动，包括军用航空活动等。《民用航空法》在第七十一条中，授权给国务院、中央军事委员会制定飞行基本规则，而制定的下位法有关民用航空活动飞行的规则却又是作为上位法《民用航空法》有关民用航空活动飞行规则的依据。这种儿子变老子、老子变儿子的状况，凸显出中国航空法律体系的不和谐。在现有航空法律体系中，类似的问题众多，本书将在第四章中详述。而有关和谐统一的航空法体系构建的研究成果稀缺，对这类问题尚须进一步深入研究。

第四，航空重点领域研究成果亟需突破。不可否认，现有研究成果在研究时多为航空热点领域问题，如航空运输延误治理问题、消费者权益保护等，但航空热点问题不能简单等同于航空重点领域问题。在2004年国务院发布了《中国通用航空发展战略》，将通用航空发展作为国家战略，而这个重点领域不仅立法内容少且陈旧,而且相关研究滞后,缺乏对通用航空范围、发展预测、空域使用等问题的深入研究,无法为国家通过航空立法发展通用航空事业提供对策建议,国家通用航空发展战略的实现受阻。

航空重点领域的问题目前还包括中央与地方航空立法权的边界、空域资源的优化利用、大飞机和无人机立法促进和保障等。在2015年《立法法》修订后,根据《立法法》的规定,享有立法权的地方立法主体急增,构成了对现有中国航空立法体系的冲击,二者立法权限范围如何分界,亟需深入研究。目前,阻碍中国航空事业发展的瓶颈是空域资源的有限性与航空事业膨胀式发展对空域资源的需求急剧增加的矛盾,这必然需要通过修订现有航空法或另行制定《航空法》,改变现有空域管理体制,优化空域资源的利用。中国大飞机、无人机行业蓬勃发展,而现有立法的匮乏,不利于其持续健康的发展,应通过研究,制定相关立法,保障大飞机、无人机的发展。而在上述这些领域,学者们研究不够深入,且研究成果匮乏。

不可否认,中国现有航空立法研究成果在整体上滞后于欧美航空强国航空立法的研究成果,但是相对于世界上大多数国家来说,中国现有航空立法研究成果还是处于领先地位的。随着中国综合国力不断增强、改革开放步伐不断加快,中国参与国事务的能力不断提升。特别是在航空活动领域,中国公民不断参与国际民用航空组织活动并取得一定职务,如现任国际民用航空组织秘书长是中国的柳芳女士,国际民用航空组织法律事务局局长为中国的黄解放博士。这样,中国学者能有更为便利的机会了解国际航空立法之先进理论,洞悉国际航空立法发展方向。通过交流与合作,深入了解其他国家国内航空立法内容,不仅能为中国航空立法的完善提供研究成果支持,还能为中国参与国际航空立法、发出中国声音打下良好的基础。

1.4 研究价值

在现有研究成果中,专门对中国航空立法进行研究的成果较少,且具有碎片化现象,不利于中国航空立法质量的整体提升。本书对中国航空立法的研究,不仅能够为构建和谐统一的中国航空法律体系提供理论支持,而且可以通过对航空法内容的具体研究,提出完善建议,提高中国航空立法的立法质量。具体来说,本书研究具有以下学术价值和应用价值。

1.4.1 学术价值

相比于现有学术成果而言,本书的学术价值具有以下几个方面。

第一,弥补航空立法相关理论研究的空白。航空立法,简而言之,就是制定航空法的活动。制定航空法,首先要厘清航空法的概念、性质、特征、渊源、功能、作用和价值等基本理论问题，为航空立法与其他立法的联系与区别提供理论借鉴。在中国吸纳有航空法基本理论的研究成果中，对航空法性质、特征、渊源已形成共识，但对航空法的概念尚未有统一权威性的定义，对航空法功能、价值和作用的研究成果匮乏。完整的航空法概念能够界定航空法的内涵和外延，即界定航空法的含义和适用范围，进而能够界定航空立法的内涵和外延。本书将对航空法的概念进行深入研究。

航空法的功能能够回答为什么要制定航空法，即想要制定的航空法应当发挥什么样的作用。它是进行航空立法时必须首先要回答的问题。航空法的作用回答了已经制定的航空法在实施过程中发挥了哪些积极作用和消极作用以及制定航空法时要求其应当发挥的作用有没有发挥。我们还要深入研究制定航空法时要求其发挥的作用没有发挥或发挥了消极作用的原因，以便为修订和解释现有航空法或另行制定航空法、废止航空法提供方向性指导。无论是立改废释航空法，还是执行航空法，都应当贯彻航空法价值；要贯彻航空法价值，应通过理论研究进行探究。本书将系统探究航空法的功能、作用和价值。

第二，从理论上厘清航空法与其他相关部门法的关系。在中国知网关于学术成果的学科分类中，有关航空立法的研究成果涉及的学科门类众多，有法学基本理论、国际法、经济法、行政法、刑法、民法、商法等学科门类。在中国部门法划分中，将《民用航空法》划归于经济法范围；但在中国学科分类中，将航空法划归于空间法的范围，空间法被划归于国际法的范围。根据中国现有中央和地方航空立法成果分类来看，在性质上，也分为经济法、行政法、刑法、民法、商法等。

可见，无论是在理论层面，还是在实践层面，在中国尚未解决航空法法律属性这个重大的基本理论问题。虽然航空活动范围广，涉及社会关系多，这其中，确实存在着民事法律关系、行政法律关系、刑事法律关系等，但绝不能简单地将航空法归入某一部门法范围。本书将通过系统理论研究，从理论上厘清航空法与其他部门法的关系。

第三，从理论上探究航空立法的发展走向。只有在理论上探明了航空立法的发展走向，才能为中国航空法的立改废释提供方向性指导。在现有研究成果中，虽然已有成果对航空立法发展走向进行了分析，但因选取的研究对象的单一性，因而研究结论往往只见树木不见森林，不具有普遍性。

本书将对国际航空立法的发展历程进行深入研究，结合国际航空事业发展状况，对现有国际航空立法成果进行系统的比较分析，合理预测国际航空立法发展走向，从理论上为中国航空立法提供方向性指导，还可为中国参与国际航空立法、发出中国声音提供理论支持。

本书还将深入研究中国航空立法的发展历程，对从民国时期到现在不同阶段中国航空立法的成果、具体内容及主要特点进行比较分析，深挖现有航空立法存在的主要问题，立足于中国航空事业发展的具体情况，结合国际航空立法的发展走向，合理预测中国航空立法的发展走向，为制定具有针对性的、高质量的中国航空立法提供理论指导。

第四，加强对重点领域的理论研究，为及时立改废释现有航空法提供理论借鉴，解决影响中国航空事业发展的现实法律障碍。目前，航空事业已为国民经济发展贡献了重要力量，且相比于其他事业而言，航空事业还有巨大的发展空间，有可能成为中国今后经济的重要引擎。随着中国大飞机、通用航空事业、无人机等的进一步发展，现有所立之航空法不仅对其生产制造缺乏全面的法律保障，而且随着通用航空事业及无人机急速发展，对使用中国空域的需求不断扩大，现有航空法所确立的空域管理体制已无法满足通用航空事业及无人机发展对空域的需求，制约了其进一步发展。因而，加强对这些重点领域的基础理论研究，及时进行航空法的立改废释，为这些航空产业发展提供法制保障，这样才能为中国国民经济发展提供持续的动力支持。

第五，通过对航空立法主体及其职权的研究，为分野二者立法权限提供理论借鉴。依据《立法法》及相关法律法规，借鉴学者们有关立法相关理论，加强对航空立法主体及职权研究，为分野中央航空立法及地方航空立法之事项提供理论支撑。目前，《民用航空法》及相关航空行政法规与修订后的《立法法》所规定的航空立法主体有所差异，特别是修订后的《立法法》规定的地方立法主体激增，航空立法主体的范围如何确定，中央航空立法与地方航空立法的范围如何分野，已经成为航空法学界亟需解决的重大理论问题。本书根据现有法律法规中有关立法主体及立法权限之规定，探究航空立法主体的资格及中央与地方航空立法事项，为国家顶层设计中央航空立法及地方航空立法的事项提供理论支撑。

航空强国的重要标志是要有健全完善的、统一和谐的航空立法，实现法治民航。据本书不完全统计，截至2019年1月3日，中国现有专门性航空立法总量如下：法律1件；行政法规33件；部门规章139件；地方性法规18件；地方规章40部。其中，行政法规均为2014年8月以前制定，约占当时中国行政法规件数的5%。① 这些航空立法确为实现法治民航和航空强国奠定了扎实之基础。但不可否认，中国航空立法的内容仍存在内容滞后、庞杂无序以及重点领域立法缺失等问题。因此，必须要从整体上加强对中国航空立法的理论研究，构建内容健全完善、体系和谐统一的航空立法，为实现法治民航及航空强国战略目标提供理论上的些许贡献。

① 据不完全统计，截至2014年11月7日，我国现有法律总量如下：法律251件；行政法规712件；地方性法规9489件；规章11784件。具体参见吴玉章.论法律体系[J].中外法学，2017(05)：1126.

1.4.2 应用价值

本书研究，不仅具有上述所述之学术价值，还具有重要的应用价值，主要表现在以下三个方面。

第一，加强航空法基本理论研究，能确定中国航空立法之方向，精准进行航空立法。如对航空法性质之理论研究，能为国家航空立法工作定方向。国家在今后的航空立法中，应针对国内航空立法。不仅要将航空立法内容当作经济立法对待，还应将其当作民商事立法、行政立法甚至是刑事立法对待。再如，结合现有中国航空立法具体条文，对航空法功能、价值和作用进行深入研究，回答为什么、怎么样、如何修及理由等问题，可直接为今后立改废释现有航空法提供方向性指导。复如，加强对国际航空立法及典型国家地区航空立法走向研究，结合中国航空事业发展状况，也可直接为中国今后航空立法提供方向性指导。另外，加强重点领域航空立法研究，探究制约航空事业发展之瓶颈，亦可直接为今后中国航空立法提供方向性指导。

第二，全面梳理中国现有航空立法、国际航空条约及典型国家地区航空立法，找寻中国现有航空立法存在的主要问题，并提出具体的解决措施，为国家及时立改废释现有航空法提供实证素材和参考。本书首先将全面梳理中国现有航空立法，并与国际航空条约及典型国家地区航空立法进行比较，查找异同、分析原因。其次，对现有专门性航空立法与非专门性航空立法对相关航空事项规定进行比较，查找异同、分析原因。最后，根据上述两个方面的研究，具体分析中国专门性航空立法现存的主要问题，而后提出具体的解决方案，为国家及时立改废释现有专门性航空法、制定航空事业发展政策和措施提供实证素材和参考。

第三，加强对现有航空立法条文之解读，为司法实践者科学运用航空法提供便利。法治民航和航空强国不仅需要健全完善的、和谐统一的航空立法，而且还需要将这些航空立法运用到具体航空事业发展之中。因此加强航空司法、执法和法律监督亦是非常重要的环节。如何确保航空司法、执法和法律监督者们正确运用航空法，准确理解航空法具体内容之含义至关重要。本书将对现有中国航空立法条文进行详细解读，分析其制定原因、来源、具体含义等内容，结合国际航空公约及典型国家地区航空立法内容，对现有航空立法的具体内容进行“释义”，为航空司法、执法和法律监督者们正确理解和适用现有航空立法提供参考，为法治民航和航空强国战略的实现添砖加瓦。

1.5 创新之处

本书将在前人研究成果的基础上,在研究内容和方法上可能有些许创新之处。

1.5.1 研究内容的创新之处

第一,对航空法概念研究有创新,对航空法功能、价值和作用研究有所突破。在现有关于航空法概念的研究成果中,学者们要么将航空法等同于国际航空法进行定义,要么将航空法等同于国内航空法进行定义,割裂了航空法囊括国际法和国内法的法律性质。

本书认为,依据航空法囊括国际法和国内法的法律性质,不能将航空法简单地等同于国际或国内航空法,航空法应包括国际航空法和国内航空法。按照这样的逻辑,本书给航空法下的定义为:航空法是国内外航空法律规范的总称。国际航空法是指调整国际法主体之间跨国航空活动关系的原则、规则和制度的总称。国内航空法是指一国有权机关制定的,规范领空主权,管理空中航行,主要调整民用航空活动中所产生的各种社会关系的法律规范的总称。

在现有研究成果中,研究航空法功能的没有,研究航空法价值的仅有 2 篇论文,研究航空法作用的没有。本书加强了对航空法功能、价值和作用的研究,认为航空法功能是指航空法应当具有的作用,航空法作用是指航空法在实施过程已经发挥的积极或消极的作用,航空法价值回答了立改废释航空法应贯彻什么样的价值原则。这是现有研究成果尚未研究或很少研究的。

第二,有关航空立法基本理论研究有所创新。在现有研究成果中,主要是结合现有航空立法成果进行研究,对航空立法概念、特征、基本原则、指导思想等基本理论问题,尚无研究成果。本书研究了航空立法的概念,分析了航空立法与一般立法相比自身所具有的特征,研究了航空立法的基本原则和指导思想,这是目前中国现有研究成果尚未进行研究的。

第三,关于中国航空立法发展历程研究有所超越。现有研究成果基本是以新中国成立后的中国航空立法为研究对象的。有学者从新中国成立后中国航空立法的数量、内容为依据,分析了中国航空立法的发展阶段,但未对民国时期中国航空立法的成果、主要内容和重要特点进行研究。有学者通过对现有中国航空法研究成果进行梳理,分析了研究成果的数量、研究内容等,既未对民国时期中国航空法研究成果进行研究,也未对新中国成立后不同阶段航空立法数量、主要内容和重要特点进行研究。

相比于现有研究成果而言,本书在现有研究成果的基础上,对从民国以来到现在不同阶段的中国航空立法数量、主要内容和重要特点进行了研究,实现了对现有研究成果的超越。

第四,本书关于航空立法主体及权限的研究,是现有研究成果所未涉及的。在《立法法》修订后,地方立法主体急剧增加,这些立法主体同样应享有航空立法权。但现有航空立法主体主要是在《民用航空法》中被授权的。《民用航空法》授权给有关航空立法主体及其立法权限是否适当,地方航空立法主体是否应依修订后的《立法法》规定开展地方立法？本书依据《民用航空法》和修订后的《立法法》的相关规定,研究了中央航空立法主体和地方航空立法主体的立法边界,这是现有研究成果尚未进行研究的。

第五,对于《民用航空法》与《航空法》关系研究具有一定创新性。在有关二者关系的现有研究成果中,少数研究成果认为,因《民用航空法》存在诸多问题,已不适应中国航空事业发展要求,因而应废止《民用航空法》,另行制定一件规范所有航空活动的《航空法》。多数学者认为,虽然《民用航空法》存在诸多问题,但是只需加以修订即可,无需另行制定《航空法》。本书在现有研究成果的基础上,比较分析了修订《民用航空法》和另行制定《航空法》的利弊,认为解决二者关系的关键是优化空域的使用和管理,并结合相关国家之规定,提出了五种解决方案,这是现有研究成果所没有论述的。

1.5.2　研究方法的创新之处

第一,系统论和协调论方法的综合使用。与其他同类著作相比,本书立足于中国航空立法完善这一中心思想,充分运用马克思主义哲学的历史唯物主义和辩证法,坚持以法治民航和航空强国战略为指导,以习近平同志新时代中国特色社会主义理论为依附,对航空立法基本理论进行分析,提出相应观点。

基于上述思想,本书将充分运用系统论、协调论等相关理论,首先结合航空事业之发展历程和航空立法之发展历程,探究国际航空立法发展走向。其次,全面比较分析国际航空条约、典型国家地区航空立法与中国航空立法之异同,研究隐藏于其后之原因,分析利弊,查究中国现有航空立法存在的主要问题,并深究这些问题产生的深层次原因。最后,运用立法学基本理论,对航空法性质、特征、功能、价值、作用、航空立法主体及职权、重点领域航空立法状况等进行分析,力图以航空事业发展实况为基础,运用上述研究方法得出相关理论,提出具有针对性和可操作性的完善中国航空立法的措施和建议。因而本书在研究方法上具有一定的特色和创新。

第二,比较研究法和历史分析法的贯穿运用。根据中国学者有关航空立法的研究成果,学者们所采用的研究方法主要为文献研究法和实证分析法。他们通过运用上述两种方法对航空立法进行研究,成果丰硕。相比较而言,本书不仅采用上述两种研究方法,还采用比较研究法和历史分析法对航空立法加以研究,且这些研究方法一直贯穿于本书之中,可能具有些许特色和创新。

本书首先使用文献研究法,收集国际航空公约、典型国家和地区航空立法、中国航空立法之内容,通过对这些文献调查来获得研究资料,从而能全面地、正确地了解和掌握国际航空立法、典型国家和地区航空立法、中国航空立法的基本状况。便于探索国际航空立法走向及中国航空立法存在的主要问题。其次,使用实证分析法,依据现有的航空法学基本理论和航空事业发展实践的需要,提出解决中国航空立法存在的主要问题,揭示航空立法与航空事业发展之间的因果关系。再次,本书使用比较研究方法和历史分析方法,研究航空立法发展走向,找寻中国航空立法存在的主要问题。最后,运用系统分析方法研究现有文献资料,整理"碎片化"研究成果,探索完善中国航空法的可行方案。因此相对于现有的有关航空立法之研究方法,本书在研究方法上有些许特色和创新。

第2章 航空立法基础理论研究

2.1 航空立法的概念和特征

2.1.1 航空立法的概念

在法律性质上，航空法兼有国际法和国内法的性质。国际法是国际法主体之间制定的，规范它们相互间权利义务关系的原则、规则和制度的总称。国内法是一国有权机关制定的，规范国内各种社会关系的法律规范的总称。

航空立法也包括国际航空立法和国内航空立法。国际航空立法是指国际法主体之间为规范相互间跨国航空活动而制定国际航空条约的活动。国内航空立法是指一国享有航空立法权的主体，依据一定的职权和程序，运用一定技术，制定、修改、解释和废止国内航空法的活动。因本书研究内容为中国国内航空立法，故在无特殊说明的情况下，本书所称的航空立法是指中国航空立法。就国内航空立法而言，具有以下几个方面的含义。

第一，航空立法主体应享有航空立法权。航空立法主体有广义和狭义之分，广义上的航空立法主体，是指根据现有法律、法规的明示和默示授权，立改废释航空法的中央和地方国家机关。狭义上的航空立法主体，是指根据现有法律、法规明示授权，立改废释航空法的中央和地方国家机关。

一般而言，法律法规中无论是明示还是默示授权航空立法主体进行立改废释航空法，航空立法主体立法权也就随之确定。

在中国，《中华人民共和国立法法》(下文简称《立法法》)对中国法律、法规、部门规章、地方法规及地方行政规章制定主体及权限作了一般性规定，并没有规定这些主体在制定航空法方面的权限。

先于《立法法》颁布实施的《民用航空法》在其相关条文中，授权了相关主体及其制定航空法的权限，见表2-1《民用航空法》中规定的航空立法主体及其立法权限。

表 2-1 《民用航空法》中规定的航空立法主体及其立法权限

航空立法主体	立法权限(具体条文)
国务院	1. 民用航空器适航管理规定,由国务院制定。(第 37 条第 4 款) 2. 搜寻援救民用航空器的具体办法,由国务院规定。(第 153 条第 3 款) 3. 民用航空器事故调查的组织和程序,由国务院规定。(第 156 条) 4. 公共航空运输企业应当依照国务院制定的公共航空运输安全保卫规定,制定安全保卫方案,并报国务院民用航空主管部门备案。(第 99 条)
国务院 中央军事委员	1. 军民合用机场由国务院、中央军事委员会另行制定管理办法。(第 53 条第 2 款) 2. 空域管理的具体办法,由国务院、中央军事委员会制定。(第 72 条) 3. 飞行规则由国务院、中央军事委员会制定。(第 76 条第 3 款)
国务院民用航空主管部门	1. 国务院民用航空主管部门对全国民用航空活动实施统一监督管理;根据法律规定和国务院的决定,在本部门的权限内,发布有关民用航空活动的规定、决定。(第 3 条第 1 款) 2. 空勤人员间断飞行的时间超过国务院民用航空主管部门规定时限的,应当经过检查和考核。(第 42 条第 2 款) 3. 机组的组成和人员数额,应当符合国务院民用航空主管部门的规定。(第 43 条第 2 款) 4. 全国民用机场的布局和建设规划,由国务院民用航空主管部门会同国务院其他有关部门制定,并按照国家规定的程序,经批准后组织实施。(第 54 条第 2 款) 5. 具备国务院民用航空主管部门规定的其他条件。(第 62 条之(五)) 6. 民用机场应当按照国务院民用航空主管部门的规定,采取措施,保证机场内人员和财产的安全。(第 65 条) 7. 供运输旅客或者货物的民用航空器使用的民用机场,应当按照国务院民用航空主管部门规定的标准,设置必要设施,为旅客和货物托运人、收货人提供良好服务。(第 66 条) 8. 民用航空器使用民用机场及其助航设施的,应当缴纳使用费、服务费;使用费、服务费的收费标准,由国务院民用航空主管部门会同国务院财政部门、物价主管部门制定。(第 68 条) 9. 民用航空器机组人员的飞行时间、执勤时间不得超过国务院民用航空主管部门规定的时限。(第 77 条第 1 款) 10. 公共航空运输企业的营业收费项目,由国务院民用航空主管部门确定。国内航空运输的运价管理办法,由国务院民用航空主管部门会同国务院物价主管部门制定,报国务院批准后执行。国际航空运输运价的制定按照中华人民共和国政府与外国政府签订的协定、协议的规定执行;没有协定、协议的,参照国际航空运输市场价格制定运价,报国务院民用航空主管部门批准后执行。(第 97 条)

续表 2-1

航空立法主体	立法权限(具体条文)
国务院民用航空主管部门	11. 禁止违反国务院民用航空主管部门的规定将危险品作为行李托运。危险品品名由国务院民用航空主管部门规定并公布。(第 101 条第 3 款) 12. 公共航空运输企业必须按照国务院民用航空主管部门的规定,对承运的货物进行安全检查或者采取其他保证安全的措施。(第 102 条第 2 款) 13. 客票应当包括的内容由国务院民用航空主管部门规定。(第 110 条) 14. 航空货运单应当包括的内容由国务院民用航空主管部门规定。(第 115 条) 15. 国内航空运输承运人的赔偿责任限额由国务院民用航空主管部门制定,报国务院批准后公布执行。(第 128 条)
省、自治区、直辖市人民政府	省、自治区、直辖市人民政府应当根据全国民用机场的布局和建设规划,制定本行政区域内的民用机场建设规划,并按照国家规定的程序报经批准后,将其纳入本级国民经济和社会发展规划。(第 54 条第 3 款)

在《立法法》修正前,中国享有地方立法权的主体包括 31 个省(自治区、直辖市)和 49 个较大的市;在 2015 年 3 月 15 日《立法法》修正实施后,中国享有立法权主体增加了 274 个,包括 240 个设区的市、30 个自治州和 4 个未设区的地级市。根据修正后的《立法法》之规定,这些新增加的地方立法主体同样享有航空立法权。

《立法法》和《民用航空法》中各自规定了航空立法主体及其权限。《立法法》只是进行了概括性规定,《民用航空法》中所规定的航空立法主体明确、权限清晰。据目前本书所查阅到的资料来看,正是由于《立法法》的模糊性规定,《立法法》中所规定的享有立法权的地方立法主体已经或将要进行相关航空立法。例如,有些地方对空域管理和使用进行了立法,明显是违反了《民用航空法》第 72 条"空域管理的具体办法,由国务院、中央军事委员会制定"的规定。还有些地方对无人机飞行规则进行了立法,也违反了《民用航空法》第 76 条第 3 款"飞行规则由国务院、中央军事委员会制定"的规定。

这些根据《立法法》享有立法权的地方立法主体可在哪些领域制定具体的航空地方法规和行政规章?如何划分中央与地方航空立法主体具体立法范围?本书将在随后章节中进行详细论述。

第二,航空立法应按照一定的程序进行。航空立法不仅要严格依照法律法规的授权范围,还必须按照设定的程序进行立法。目前,虽然《立法法》对立法程序作出了一般性规定,航空立法也应遵守。若制定航空行政法规,还应遵守国务院 2018 年 5 月 1 日施行的《行政法规制定程序条例》;若制定航空行政规章,也应遵守国务院2018年5月1日施行的《规章制定程序条例》。

从新中国成立后至今的中国航空立法成果来看，航空行政规章和规范性文件的数量最多，且对保障航空安全和有秩序地进行发挥了基础性作用。为保证航空部门制定的质量，国务院民用航空主管部门先后制定了《民用航空规章制定程序》（1986年）、《中国民用航空法规起草、制定程序的规定》（1990年）、《中国民用航空总局规章制定程序规定》（1995年）和《中国民用航空总局规章制定程序规定》（2007年），作为中国民用航空规章制定的程序性规范。其中在1995年和2007年制定了程序规定对国务院民用航空主管部门规范性文件的制定进行程序上的规范。

第三，航空立法是制定、修改、废止和解释航空法的活动。航空立法不仅仅是对航空法的"立"，还应与时俱进地对现有航空法进行修改，废止阻碍或未能发挥作用的航空法或航空法的具体条文，对航空法概括性用词、歧义性用语进行及时的解释。

在立改废释航空法时，首先，要结合中国航空事业发展状况及发展走向、国际航空立法现状及发展走向。其次，应将党和国家的方针政策贯彻到航空立法中去，提升航空法律法规规章的及时性、系统性、针对性和有效性，保证党和国家方针政策的落实。最后，还应严格按照《立法法》和《民用航空法》所规定的立法主体、权限、程序进行。

2.1.2 航空立法的特征

与其他行业立法相比，航空立法具有立法主体众、立法数量多、立法内容广泛、适用性差、技术规范多等特点。

第一，立法主体众。根据《立法法》的规定，中国航空立法应有主体主要有全国人大及其常委会（制定航空法律），国务院（制定航空行政法规），国务院各部、各委员会、中国人民银行、审计署和具有行政管理职能的直属机构（制定航空部门规章），31个省（自治区、直辖市）、49个较大的市、240个设区的市、30个自治州和4个未设区的地级市（制定航空地方性法规和地方政府规章）。

依据本书不完全统计，从新中国成立到现在，实际制定了专门性航空法的主体有：全国人大常委会，国务院，国务院民用航空主管部门，中央军事委员会，空军，18个地方人大及其常委会和40个地方政府。

根据《民用航空法》的直接授权，有权制定专门性航空法的主体有国务院，中央军事委员会，国务院民用航空主管部门，省、自治区、直辖市人民政府。

当下，根据《立法法》享有立法权的诸多地方立法主体也摩拳擦掌，纷纷在航空强国战略目标的指引下，准备在无人机、通用航空、航空工业，甚至空域使用和管理等方面制定专门性的航空法。这将会导致实际制定航空法的主体数量激增，造成航空法法出多门、通过航空立法进行逐利、部门利益和地方保护主义法律化等问题的出现，破坏中国航空法的统一性和权威性。

为避免现有根据《立法法》享有航空立法权的主体肆意进行航空立法现象的发生，有必要在修订《民用航空法》或制定《航空法》时对其立法权限、范围、内容进一步明晰。

第二，立法数量多。根据本书不完全统计，截至 2019 年 3 月 20 日，正在生效的专门性中国航空立法有：法律 1 件、行政法规 33 件、行政规章 139 件、地方性法规 18 件、地方政府行政规章 40 件。另外，国务院民用航空主管部门还制定了 761 件规范性文件，54 件已经失效；航空技术标准规范 655 件，其中国家标准 17 件，航行标准 515 件，技术标准规定 98 件，专门条件和豁免 25 件。[①] 在一个单一行业中拥有如此众多的航空法规范，实属罕见。

此外，非专门性航空立法数量也很多。如，在《民法通则》《合同法》《消费者权益保护法》《物权法》《担保法》《侵权责任法》等法律中，也都有关于航空活动的规定。

可见，数量多是航空立法区别于其他立法最显著的特征。

第三，立法内容广泛。航空立法内容广泛，是指航空立法的内容多参照国际航空立法的内容，囊括了公法和私法，几乎涵盖了现有中国所有法律部门和航空活动的方方面面。

首先，国内航空立法的内容多参照国际航空立法的内容。世界各国在制定本国航空法时，多参照国际航空立法内容，这是由航空法的国际性特征所决定的。

在航空活动早期，航空技术水平较低、风险大。若一国航空器飞入他国，可能会给飞入国居民的人身和财产造成损害，特别是在航空活动发源地的欧洲，小国林立，航空器特别是飞机在很短时间内就可能飞越几个国家上空。为此，1919 年《巴黎公约》一方面规定了领空主权原则；另一方面又制定了 8 个附件，作为航空活动的技术标准，并规定任何国家在制定本国航空标准时，不得低于此标准。后来取代 1919 年《巴黎公约》的 1944 年《芝加哥公约》，授权理事会负责制定国际标准和建议措施，称为附件，目前已有 19 个附件，要求 1944 年《芝加哥公约》成员国在制定航空技术标准时，不得低于附件所规定的标准。在实践中，各国在制定本国航空法涉及航空技术标准时，都参照 1944 年《芝加哥公约》附件的规定，制定不低于或高于这些附件所规定的航空技术标准。

另外，在各国国内航空立法所涉及的有关国际航空运输相关内容时，各国也纷纷参照国际航空立法的内容。如在《民用航空法》中，参照了 1944 年《芝加哥公约》的规定，又参照华沙体制、三大国际航空刑事公约、1952 年《罗马公约》等国际

---

① 具体内容详见中国民用航空局官网，网址：https://www.caac.gov.cn.

航空法的内容。

其次，国内航空立法兼有公法和私法内容。这是由航空法囊括公法和私法的法律性质所决定的。

如前文所述，各国在制定本国航空法时，主要是参照国际航空法的内容制定的，而国际航空法，涉及主权、领土、国籍、承运人责任、航空器适航标准等诸多领域，且也制定了大量的国际航空公约，从而使主要参照国际航空立法内容进行立法的国内航空立法无疑兼有公法和私法的内容。

就各国航空立法的具体内容来看，虽然具体条款千差万别，但基本内容大体相似，均涉及空域管理和使用、航空器、航空人员、机场、空中交通服务、承运人责任制度、对第三人赔偿责任、通用航空、涉外法律关系的适用以及法律责任等主要领域。这其中，无疑既有公法内容，又有私法内容。

再次，国内航空立法的内容几乎覆盖现有所有法律部门。中国特色社会主义法律体系包括宪法及宪法相关法、民法商法、行政法、经济法、社会法、刑法、诉讼及非诉讼程序法七个法律部门。《民用航空法》被划归为经济法法律部门。

但是现有航空立法不单只有一件《民用航空法》，而根据《民用航空法》的具体规定来看，航空立法也绝不单单只是经济法立法。尚有 33 件行政法规、139 件行政规章、18 件地方性法规、40 件地方政府行政规章。这些法律法规规章所规定的内容几乎涵盖现有所有法律部门。

如《民用航空法》第三条中有关国务院民用航空主管部门及地区民用航空管理机构的有关职权的规定，属于宪法相关法的范畴。有关航空器买卖、租赁、抵押权、优先权，航空人员民事责任，机场民事责任，空中交通服务民事责任，对第三人损害赔偿责任以及承运人对消费者的赔偿责任等的规定属于民法商法范围。有关空域管理和使用、航空人员执照标准制定和颁发、机场规划和管理、空中交通服务等规定属于行政法内容。有关航空人员工作时限，航空人员与航空运输企事业单位之间关系的规定，属于社会法的内容。有关航空运输企业航线的审批和备案、航空运输企业经营许可证审批和颁发等的规定，属于经济法的内容。有关航空犯罪及其处罚的规定，属于刑法内容。关于航空运输诉讼和非诉讼等的规定，应属于诉讼及非诉讼程序法的内容。

最后，国内航空立法的具体内容涉及航空活动的方方面面。目前，中国航空立法已经形成了以《民用航空法》为核心、大量专门性航空行政法规和规章为两翼、众多的专门性地方航空法规和规章为补充的具有中国特色的航空法律体系。

在这个体系中，《民用航空法》对航空立法内容基本框架作出了一般性规定；32 件航空行政法规根据《民用航空法》的授权，细化航空立法的内容；139 件专门性航空部门规章依据《民用航空法》和相关航空法行政法规的授权，进一步细化了航空立法的具体内容，涵盖了空域使用和管理、航空器、航空人员、机场、航空安保、航空保险、航空运输、航空技术标准、对第三人损害赔偿制度、通用航空、无人机、航空工业发展促进等航空活动的方方面面。

第四,适用性差。中国航空立法适用性差也是一个较为明显的特点。据本书不完全统计,在目前发生的国内空难、航空运输延误等司法案例中,有关承运人对消费者赔偿鲜有适用现有航空法律法规规章。究其原因主要有以下三个方面:

首先,航空活动安全系数高,发生事故概率小,致使现有航空立法几无适用的机会,进而使其表现出适用性差的特征。在现有公路运输、铁路运输、海运、空运和管道运输中,航空运输相比其他运输方式而言,是发生事故概率最小的运输方式。这就使得现有航空立法,特别是《民用航空法》鲜有适用的机会,进而表现出中国航空立法适用性差的特征。

其次,航空核心立法内容具有明显滞后性,导致了中国航空立法适用性差。在航空活动中,对消费者赔偿责任是立法核心内容。在国际航空运输中,特别是在国际航空旅客运输中,其核心立法条文,即对消费者的赔偿数额是在国际航空运输公约中有明确规定的,且在 1999 年《蒙特利尔公约》中还规定了限额复审机制,即每五年在 1999 年制定的赔偿限额基础上,根据世界经济发展实况,对赔偿责任限额进行复审。因此,符合华沙体制和 1999 年《蒙特利尔公约》意义上的国际航空运输,其核心立法内容对消费者的赔偿限额规定是与时俱进的,表现出较好的适用性。

反观中国国内航空立法,在 1993 年国务院颁布并自 1994 年 1 月 1 日施行的《国内航空运输旅客身体损害赔偿暂行规定》中,规定承运人对每名旅客最高赔偿金额为人民币七万元,该七万元是以 1929 年《华沙公约》制定的承运人对每名旅客最高赔偿金额 8 300 美元为基础进行汇率换算得到的。

《民用航空法》通过后,将航空核心立法条款即承运人对消费者的赔偿责任,在第一百二十八条中,授权给国务院民用航空主管部门制定,该条款为"国内航空运输承运人的赔偿责任限额由国务院民用航空主管部门制定,报国务院批准后公布执行"。而直到 2006 年中国民用航空总局才制定了《国内航空运输承运人赔偿责任限额规定》,将对空难旅客赔偿最高限额提高到 40 万元。而在司法实践中,这一规定已如一纸空文。如在 1999 年大连 5·19 空难中,对遇难旅客实际赔偿为 20 万人民币左右;在 2006 年包头空难中,对遇难旅客实际赔偿为 96 万元人民币左右;对 2010 年伊春空难遇难者的赔偿已达一百万元人民币左右。

可见,由于在中国航空立法中,核心立法条文存在着严重的滞后性,致使航空立法在实践中适用性差,应将相关航空核心立法条文在航空立法中进行与时俱进的修订,这样才能改变其适用性差的状况。

再次,中国国内航空立法多直接移植国际立法的规定,忽视了中国具体国情,这也是导致中国航空立法适用性差的一个原因。新中国成立后,中国航空立法全面移植苏联航空立法，忽视了中国具体国情，经过实践检验不适用于中国国情。以飞行规则为例，由于苏联相关飞行规则与国际航空飞行规则有较大不同，当西方国家飞机飞入中国境内时，适用不了中国移植苏联的相关飞行规则，给航空安全带来了严重的影响。在航空民商事立法中，更是如此。如在《民用航空法》中，由于借鉴了1929年《华沙公约》相关歧义条款，如“有意的不良的行为”等用词，囫囵吞枣式地直接移植到《民用航空法》之中，并未结合当时中国《民法通则》等的规定，因而在相关航空纠纷发生时，法院在审理过程中，虽然按照特别法优先于普通法的法律适用原则，应优先适用《民用航空法》，但因该条文在具体解释时存在着较大的主观因素，因而法院在审理过程中，不得不适用《民法通则》等法律作为审判的依据。

再如，在航空运输延误等航空纠纷中，《民用航空法》也直接移植了国际航空公约的规定，忽视了中国具体国情，缺乏明确的判断依据和标准，致使法院在审理此类纠纷时，不得不借助《中华人民共和国合同法》（简称《合同法》）等法律规定作为审判依据。

虽然因航空活动具有国际性，航空法亦具有国际性特征，但是从本书所查阅到的相关国家国内航空立法具体条文来看，因每个国家国情不同，各国航空立法“千差万别”。因而，作为规范国内航空活动的中国国内航空立法，不能囫囵吞枣式地直接移植国际航空立法的内容，应根据中国具体国情，探索适用中国国内航空活动的具体航空立法，增强国内航空立法的适用性。

第五，技术性规范多。在航空活动中，安全是第一位的。为保障航空活动的安全，作为航空法出生证的1919年《巴黎公约》授权国际空中航行管理委员会制定了8个附件。这8个附件，从航空人员资格、航空器、机场、空中交通服务等方面规定了非常详细的技术标准，作为国际最低标准。1944年《芝加哥公约》授权国际民用航空组织理事会制定了19个附件，作为国际标准和建议措施，涉及航空活动的各个方面。这些作为国际标准和建议措施的技术性规范，虽然从理论上来看不具有国际法效力，但是在实践中各国均通过国内立法以这些标准作为依据，制定出不低于这些标准的国内标准。

中国是1944年《芝加哥公约》成员国，不仅遵守了该公约的规定，还将国际民用航空组织的19个附件通过国内立法形式转化为国内航空立法，使其具有了法律效力。虽然在《民用航空法》中，并未对这些航空技术标准进行具体规定，但在现有的专门性航空行政法规、部门规章、规范性文件中，进行了详细的规定，从而使中国国内航空立法也表现出技术性规范多的特征。

如在《飞行基本规则》中有关航路的宽度、高度层的划分、航空器空中相遇避让规则、气象、通信、拦截航空器和被拦截航空器的动作信号等的规定，多为技术性规范。在《民用机场管理条例》中，关于飞行区指标的规定，也具有明显的技术性特征。

在现有航空部门规章中，航空器适航标准共 19 件，除《民用航空器国籍登记规定》和《中华人民共和国民用航空器权利登记实施办法》外，均为技术性规范；航空人员取得执照的资格要求，空域、导航设施、空中交通规则和一般运行规则，民用航空企业合格审定及运输，民用机场建设和管理等行政规章，多为技术性规范。在 761 件规范性文件中，大多亦为技术标准。另外，还有专门技术规范，含国家标准(18 件)、行业标准(510 件)、技术标准规定(146 件)、专用条件和豁免(40 件)，主要为技术性规范。

随着中国航空事业膨胀式发展，中国在国际航空活动中的地位和作用不断加强，话语权不断增加，全面参与国际航空立法，并提出能够为大多数国家所接受的中国方案，其无疑也是中国航空立法重要组成部分。特别是在国际航空立法主导权由航空强国把持已经完成向以国际民用航空组织主导的方向转变的情况下，提出国际航空活动所面临问题的解决方案，引导国际航空立法走向非常重要。显然，这首先要完善国内航空立法工作。

2.2 航空立法目的

航空立法目的有两层含义：一是指通过航空立法及其实施所要达到的意图和目的；二是指通过航空立法，使立法所涉及的内容达到的意图和目的。

2.2.1 有关国家航空立法目的

从本书所选取的作为研究对象的美国、俄罗斯、日本、印度尼西亚等国国内航空法中有关立法的具体条文的规定来看，各国国内航空立法目的都大同小异。

1958 年美国《联邦航空法》在序言中指出，本法之宗旨为扶持民用航空的安全发展，管理和促进民用航空，为民用和军用航空器安全而有效地使用空域以及其他目的作出规定。

2007 年修订的《俄罗斯联邦航空法》在序言中指出，本法规定了俄罗斯联邦空域使用及航空活动的基本法律原则。国家对空域使用和航空活动的规制旨在保障公民在航空运输方面的需求，促进航空运输业的发展，保障国家的国防安全，维护国家利益，确保航空器的飞行安全以及航空环境安全。

1952 年《日本民用航空法》第 1 条规定:本法的目的是为了航空的发展,确保航空器的飞行安全,防止对航空器的飞行引起障碍,并确立航空器的运行时间,以便有秩序地经营业务。

《印度尼西亚航空法》第 3 条规定:航空的运营应当符合下列目标:(1) 实现遵守纪律的、组织良好的、安全的、符合安保条件的、舒适的、价格合理的、避免不健康商业竞争的航空运营状态;(2) 通过主次顺序排列和对航空运输的保护,加速人员和/或物品的流动,进而加速国家经济发展;(3) 发展航空航天精神;(4) 尊重国家主权;(5) 通过发展国家航空运输技术和工业促进竞争;(6) 支持、激励和促进国际经济发展目标的实现;(7) 在创建群岛愿景的框架下,增加国家团结和完整;(8) 提升民族毅力;(9) 加强国际关系。

从上述四个国家国内航空立法有关国内航空立法目的的表述来看,他们国内航空立法的共同内容包括:为了航空(民用航空)发展,规范空域管理和使用,保障航空(民用航空)活动安全,保障国防安全,维护国家利益。

2.2.2 《民用航空法》和 13 件航空行政法规中规定的航空立法目的

在中国现有专门性航空立法中,《民用航空法》第一条开门见山地规定了该法的立法目的;在现有正在生效的 33 件行政法规中,有 13 件在第一条中规定了立法目的;139 件行政规章几乎都在第一条规定了立法目的;地方性法规和行政规章均在第一条中规定了立法目的。根据《立法法》第 65 条规定的"行政法规可就下列事项作出规定:(一) 为执行法律的规定需要制定行政法规的事项;……",第 73 条规定的"地方性法规可以就下列事项作出规定:(一) 为执行法律、行政法规的规定,需要根据本行政区域的实际情况作具体规定的事项;……",第 80 条第 2 款规定的"部门规章规定的事项应当属于执行法律或者国务院的行政法规、决定、命令的事项。没有法律或者国务院的行政法规、决定、命令的依据,部门规章不得设定减损公民、法人和其他组织权利或者增加其义务的规范,不得增加本部门的权力或者减少本部门的法定职责"的具体条文,本书选取了《民用航空法》和 13 件专门性航空行政法规中所规定的航空立法目的进行研究,具体见表 2 - 2"中国专门性航空法律法规中关于航空立法目的的规定"。

表 2-2 中国专门性航空法律法规中关于航空立法目的的规定

序号	名称	发文日期	具体条文
1	国务院关于保障民用航空安全的通告	1982-12-01	为保障民用航空的安全,防止劫持、破坏民航飞机和破坏民用航空设施事件的发生,确保公共财产和旅客生命财产的安全。
2	国务院关于开办民用航空运输企业审批权限的暂行规定	1985-05-28	为了调动各方面的积极性,支持、引导地方、部门创办航空运输企业,以发展民用航空运输,适应社会主义现代化建设的需要,保障运输飞行安全,特制定本规定。
3	国务院、中央军委《关于军民合用机场使用管理的若干暂行规定》的通知	1985-12-30	第一条 为加强军民合用机场(以下简称机场)的统一使用管理,确保飞行安全,充分发挥现有机场的使用效率,从国家整体利益出发,既利于民用航空事业的发展,又保证军队战备、训练顺利进行,特制定本规定。
4	国务院关于通用航空管理的暂行规定	1986-01-08	第一条 为了促进通用航空事业的健康发展,维护公共利益,保障飞行安全,以适应社会主义现代化建设的需要,特制定本规定。
5	中华人民共和国民用航空器适航管理条例	1987-05-04	第一条 为保障民用航空安全,维护公众利益,促进民用航空事业的发展,特制定本条例。
6	民用航空运输不定期飞行管理暂行规定	1989-03-02	第一条 为了维护国家航空权益,保证航空运输安全,促进民用航空运输的发展,制定本规定。
7	中华人民共和国搜寻援救民用航空器规定	1992-12-8	第一条 为了及时有效地搜寻援救遇到紧急情况的民用航空器,避免或者减少人员伤亡和财产损失,制定本规定。
8	民用航空法	1995-10-30	第一条 为了维护国家的领空主权和民用航空权利,保障民用航空活动安全和有秩序地进行,保护民用航空活动当事人各方的合法权益,促进民用航空事业的发展,制定本法。

续表 2－2

序号	名称	发文日期	具体条文
9	中华人民共和国民用航空安全保卫条例	1996－07－06	第一条　为了防止对民用航空活动的非法干扰，维护民用航空秩序，保障民用航空安全，制定本条例。
10	中华人民共和国民用航空器国籍登记条例	1997－10－21	第一条　为了加强对民用航空器国籍的管理，保障民用航空活动安全，维护民用航空活动秩序，根据《中华人民共和国民用航空法》的规定，制定本条例。
11	飞行基本规则	2001－07－27	第一条　为了维护国家领空主权，规范中华人民共和国境内的飞行活动，保障飞行活动安全有秩序地进行，制定本规则。
12	通用航空飞行管制条例	2003－01－10	第一条　为了加强对民用航空器国籍的管理，保障民用航空活动安全，维护民用航空活动秩序，根据《中华人民共和国民用航空法》的规定，制定本条例。
13	国内航空运输承运人赔偿责任限额规定	2006－02－28	第一条　为了维护国内航空运输各方当事人的合法权益，根据《中华人民共和国民用航空法》（以下简称《民用航空法》）第一百二十八条，制定本规定。
14	民用机场管理条例	2009－04－13	第一条　为了规范民用机场的建设与管理，积极、稳步推进民用机场发展，保障民用机场安全和有序运营，维护有关当事人的合法权益，依据《中华人民共和国民用航空法》，制定本条例。

从表 2－2 可见，作为法律的《民用航空法》所规定的立法目的主要有五个方面：即维护国家的领空主权，维护国家的民用航空权利，保障民用航空活动安全和有秩序地进行，保护民用航空活动当事人各方的合法权益，促进民用航空事业的发展。

与美国、俄罗斯、日本、印度尼西亚等国在其航空法律中所规定的航空立法目的的具体内容相比，《民用航空法》将“维护国家领空主权”作为立法的首要目的，其他内容则大同小异。

《民用航空法》立法目的的具体内容意义重大，不仅是整件《民用航空法》的具体法律条文的制定依据，而且也是中国专门性航空行政法规、部门规章、地方性法规和政府规章立法目的的根源和基础，具体立法内容制定的依据。

在中国航空法律体系中，中国专门性航空行政法规起到了承上启下的作用，他们的立法目的不仅是对《民用航空法》立法目的的进一步拓展，而且还是中国专门性航空部门规章、航空地方性法规和地方政府规章进行航空立法时的具体根据。

2.2.3 中国航空立法目的归总及评析

《民用航空法》是目前规范航空活动（主要是民用航空活动）的唯一专门法律，是航空行政法规、地方性法规、部门规章和地方行政规章共同的上位法。《民用航空法》所规定的立法目的和具体内容是中国航空立法体系之"根"，航空行政法规、地方性法规、部门规章和地方行政规章的制定目的应为贯彻和执行《民用航空法》的立法目的和具体规定。

本书主要以《民用航空法》所列举的立法目的为基础，结合专门性航空行政法规和规章有关航空立法目的的具体规定，将中国航空立法目的归总为五个方面，并结合美国、俄罗斯、日本、印度尼西亚等国航空法的有关规定，进行简要评析。

2.2.3.1 维护国家的领空主权

在航空活动早期，关于国家领土之上的空气空间的法律地位问题，主要有两种代表性观点。一种是以英国为代表的领空主权论，另一种是以欧洲大陆法国、德国为代表的航空自由论。在争论过程中，以英国代表的领空主权论被大多数国家所接受，并在 1919 年《巴黎公约》中首次以全球性国际条约形式正式确认了"每一个国家对其领土上空的空气空间享有完全的和排他的主权"。至此，领空主权原则成了航空法的基础。1944 年《芝加哥公约》也在第一条第 1 款全文照抄了该原则。

因国家对其领空享有"完全的和排他的主权"，故凡未经允许飞入本国的一切航空器都是对本国领空主权的侵犯，本国可以采取包括武力在内的一切措施。在实践中，因航空器技术原因、导航失误等原因，发生过多起民用航空器误入他国并被击落的情况，其中最为严重的是 1983 年苏联击落了误入其领空的大韩航空的一架飞机，导致机上 269 人全部遇难。这次事件促成了国际社会决定对 1944 年《芝加哥公约》第三条进行修订，增加了第三分条，规定不得对民用航空器使用武力或武力相威胁，形成了对领空主权原则的限制。

1919 年《巴黎公约》和 1944 年《芝加哥公约》所规定的国家领空主权，是每一个国家（无论是否是这两个国际航空公约成员国）所固有的权利，不是国际法所赋予的权利，而这两个国际航空公约只不过是对其进行确认而已。

因而，在许多国家的国内航空立法中，很少将维护领空主权作为立法目的，而是根据 1944 年《芝加哥公约》第一条关于领空主权原则的规定，界定了本国领空的范围，宣示了领空主权。如 1958 年美国《联邦航空法》第 1 条规定："美利坚合众国领陆和领海上空的空间，为美利坚合众国的领空，美利坚合众国对领空拥有完全的和排他的主权。"1997 年《俄罗斯联邦航空法》也在其第 1 条（俄罗斯联邦的空域主权）规定："1. 俄罗斯联邦对俄罗斯联邦空域享有完全的、排他的主权。2. 俄罗斯联邦的领土（包括内陆水域和领海）之上的空域为俄罗斯联邦的领空。" 2008 年《印度尼西亚航空法》在第 4 条规定："印度尼西亚共和国对印度尼西亚共和国领空享有完全的和排他的主权。"

在中国，《民用航空法》第一条开宗明义规定了制定该法的目的之一是"为了维护国家的领空主权"，向世界宣示中国领空的神圣不可侵犯。但紧跟着在第二条中又对中国领空范围及权利属性进行了规定："中华人民共和国的领陆和领水之上的空域为中华人民共和国领空。中华人民共和国对领空享有完全的、排他的主权。"

因为《民用航空法》是国内立法，而将"维护领空主权"作为立法目的，逻辑上不太通顺。因为维护领空主权是国际法上国家与国家之间在交往过程中，出现了其他国际法主体侵犯本国领空主权的情况下，需要通过国际立法进行维护，而国际航空立法中已明确了规定了每一国家对其领土上空的空气空间享有完全的和排他的主权。国内立法是规范在其领土范围内的相关社会关系，因而从逻辑上来看，作为中国国内立法的《民用航空法》将"维护领空主权"作为立法目的不妥。

从《民用航空法》自身行文的逻辑来看，在第一条中规定了立法目的之一是"维护国家领空主权"，而在第二条中又对国家领空范围及权利属性进行了界定和宣示，属于同义重复。

如果将维护国家领空主权作为《民用航空法》的立法目的，那么在《民用航空法》中就应当有具体条款规定国家应如何维护领空主权，即对内统治权和对外交往权。而在现有《民用航空法》中只是在第七章空中航行中，具体规定了空域的管理和使用，而未见对外交往权相关条文。因而将维护国家领空主权作为《民用航空法》的立法目的之一，不妥。可借鉴国外相关国家规定，并结合我国航空事业迅速发展的现实情况，将此立法目的改为"为优化空域的使用和管理"。

作为规范在中国境内所有飞行活动的《飞行基本规则》，可根据《民用航空法》修改后的立法目的和第二条的规定，将"维护国家领空主权"和"优化空域的使用和管理"作为其立法目的。

2.2.3.2 维护国家的民用航空权利

从理论上来看，维护国家的民用航空权利是维护国家领空主权这一航空立法目的的逻辑延续。国家民用航空权利的具体范围在国际航空公约作了较为详尽的规定。

1944 年《芝加哥公约》第七条规定了国内载运权，第六条和第八条分别规定了对定期航班和无人驾驶航空器的国家空中航行管理权，第九条规定了国家禁区的设置权，第十五条规定了国家关于征收机场费用和其他费用的权利等。这些权利在 1944 年《芝加哥公约》附件中进一步进行了细化。如附件二《空中规则》对国家设置禁区、限制区和危险区等权利进行了具体规定。

1944 年《国际航空运输协定》和《国际航班过境协定》分别规定了国家五种航空权利和两种航空权利。

在中国，《民用航空法》在第一条中将维护国家的民用航空权利作为其立法目的，并借鉴 1944 年《芝加哥公约》及其附件、《国际航空运输协定》和《国际航班过境协定》的规定，在其后的条文中对该立法目的进行了细化。具体为：

第一百七十七条规定了中国的国内载运权；[①]第七十条、七十一条、七十三条、七十五条、七十六条、七十八条[②]规定了国家对空域管理和使用的相关权利；第六十八条[③]规定了国家对关于征收机场费用和其他费用的权利。

但从《民用航空法》条文的逻辑性来看，《民用航空法》第二条已经明确规定了中国领空范围及权利属性，国家对领空拥有“完全的和排他的权利”涵盖了上述民用航空权利；而维护国家的民用航空权利是针对其他国际法主体而言的，应通过国际法主体制定双边或多边航空运输协定的形式来解决他们之间的跨国航空运输权利和义务。《民用航空法》是国内立法，没有必要对这些权利进行宣示。建议删除。

若中国没有与相关国家签署双边或多边航空协定来规范跨国航空活动，可在专门性航空行政法规或部门规章中，根据《民用航空法》第二条和第七章之规定，对上述国家民用航空权利进行细化。在中国现有的航空成果中，《飞行基本规则》《民用机场管理条例》等行政法规对国家民用航空权利的维护进行了具体规定。作为部门规章的《民用航空运输不定期飞行管理暂行条例》，其第一条规定“为了

---

① 《民用航空法》第一百七十七条　外国民用航空器的经营人，不得经营中华人民共和国境内两点之间的航空运输。

② 《民用航空法》第七十条　国家对空域实行统一管理。

《民用航空法》第七十一条　划分空域，应当兼顾民用航空和国防安全的需要以及公众的利益，使空域得到合理、充分、有效的利用。

《民用航空法》第七十三条　在一个划定的管制空域内，由一个空中交通管制单位负责该空域内的航空器的空中交通管制。

《民用航空法》第七十五条　民用航空器应当按照空中交通管制单位指定的航路和飞行高度飞行；因故确需偏离指定的航路或者改变飞行高度飞行的，应当取得空中交通管制单位的许可。

《民用航空法》第七十六条　在中华人民共和国境内飞行的航空器，必须遵守统一的飞行规则。

《民用航空法》第七十八条　民用航空器除按照国家规定经特别批准外，不得飞入禁区；除遵守规定的限制条件外，不得飞入限制区。前款规定的禁区和限制区，依照国家规定划定。

③ 《民用航空法》第六十八条　民用航空器使用民用机场及其助航设施的，应当缴纳使用费、服务费。

维护国家航空权益，保证航空运输安全，促进民用航空运输的发展，制定本规定”，此处的“维护国家航空权益”作为立法目的之一，就非常恰当，因为这是针对外国民用航空不定期飞行进行立法的，规范对象非常明确。

因此，本书建议，将《民用航空法》中的维护国家的民用航空权利删除，并删除该法中有关国家具体民用航空权利的规定。通过制定或修订专门性航空行政法规和部门规章，根据《民用航空法》第二条，对相关航空权利进行具体规定。

2.2.3.3 保障民用航空活动安全和有秩序地进行

1944 年《芝加哥公约》在序言中指出：“各签署国政府议定了若干原则和办法，使国际民用航空得按照安全和有秩序的方式发展”，并在其后的约文中对“各签署国政府议定的若干原则和方法”进行了具体细化，其目的就是“使国际民用航空得按照安全和有秩序的方式发展”。民用航空安全和有秩序地发展，不仅是国际通航时国家的义务，而且保障国内航空安全和有秩序地发展也是国家的义务。但国内航空安全不单单是指民用航空安全，还包括非民用航空安全。因而，许多国家在制定本国航空法时，纷纷将“民用”二字删除，取名为航空法，并在立法目的中不再单纯规定是“为促进民用航空事业发展”，而是“促进航空事业发展”。

在中国制定航空法律时，起初取名为“航空法”，后改为“民用航空法”，因其法律名称为“民用航空法”，因而在立法目的中规定了“保障民用航空活动安全和有秩序地进行”，就不足为奇了。

按照这样的逻辑，“保障民用航空活动安全和有秩序地进行”不仅是《民用航空法》之立法目的，而且亦是航空行政法规、部门规章、航空地方性法规和行政规章的立法目的。这不仅符合中国的实际和民用航空的特性，而且也符合有关国际公约的要求。

航空行政法规中直接规定了保障航空活动安全和有秩序地进行为立法目的的还有：《飞行基本规则》《通用航空飞行管制条例》《中华人民共和国民用航空器国籍登记条例》《中华人民共和国民用航空安全保卫条例》《民用航空运输不定期飞行管理暂行条例》《中华人民共和国民用航空器适航管理条例》《国务院关于通用航空管理的暂行规定》《国务院关于开办民用航空运输企业审批权限的暂行规定》《国务院关于保障民用航空安全的通告》，这些行政法规均在第一条有具体规定，详见本章表 2-2。

但随着中国航空事业不断发展，军民航融合逐步深化，作为航空活动领域的基本法律——《民用航空法》，其立法目的单纯为了“民用航空活动安全和有秩序地进行”，确实有些不妥。行之有效的方法，要么将其名称改为“航空法”，从而将其“保障航空活动安全和有秩序地进行”作为立法目的之一；要么直接将此立法目的改为“保障航空活动安全和有秩序地进行”。从该法第七章空中航行的内容来看，并不是专门针对民用航空活动的。

2.2.3.4 保护民用航空活动当事人各方的合法权益

航空活动是一个系统工程，所产生的社会关系多，包括航空民事关系、行政关系、航空刑事关系等。这其中诸多社会关系已有法律法规加以调整。但因航空活动属于高度危险作业，适用一般法律法规加以调整，可能会产生以下三个方面的问题：一是不利于保障航空安全。二是航空活动产生的社会关系相对比较特殊，适用一般法律法规加以调整可能会阻碍航空事业的发展。三是航空活动国际性强，中国已经加入了众多国际航空条约，应通过国内法加以转化，因此，应制定专门的航空法，选择性调整航空活动过程中产生的民事关系、行政关系和刑事关系。

所以，制定航空法的目的之一，就是通过对航空活动过程产生的航空民事关系、行政关系、刑事关系加以规范，结合国内航空事业发展实况和国际航空法规定，来保护航空活动当事人各方的合法权益。

具体而言，要通过航空立法来保护航空民事、行政、刑事各方参与主体的合法权益。保护航空民事关系各方的合法权益，包括：保护消费者与航空承运人的合法权益，航空侵权行为各方的合法权益，航空器买卖、租赁、担保等关系各方的合法权益，航空保险参与主体各方的合法权益等。

保护航空行政关系各方的合法权益，包括：航空器权利登记各方的合法权益，航空人员执照颁发和管理过程中各方的合法权益，航空运输企业经营许可参与各方的合法权益，机场建设和管理过程中参与各方的合法权益，民航管理部门执法过程中参与各方的合法权益。

保护航空刑事法律关系各方的合法权益，主要包括打击和预防犯罪过程中参与主体各方的合法权益。

正是在这个立法目的的指引下，不仅在《民用航空法》中制定了相关保护航空活动当事人各方的合法权益的具体条款，大量的航空法规、地方性法规、部门规章和行政规章也纷纷制定保护航空活动当事人各方合法权益的具体条款。

若结合军民航不断深度融合的时代背景，应将该立法目的改为“保护航空活动当事人各方的合法权益”，并将其作为今后中国航空立法的重要目的之一。如1958年美国《联邦航空法》中规定了“为民用和军用航空器安全而有效地使用空域以及其他目的作出规定”。《俄罗斯联邦航空法》《日本民用航空法》《印度尼西亚航空法》均不再突出“民用航空”四字，取而代之为“航空”二字。

2.2.3.5 促进民用航空事业的发展

航空事业（民用航空事业）在经济发展中作用巨大，无论各国是否将“促进民用航空事业的发展”或“促进航空事业的发展”作为立法目的直接写入国内航空立法中，“促进民用航空事业的发展”或“促进航空事业的发展”都应是各国制定航空法的最终目的。

美国、俄罗斯、日本和印度尼西亚等国现有航空立法中都将此作为航空立法之目的,这与 1944 年《芝加哥公约》序言中所规定的"国际航空运输业务得建立在机会均等的基础上,健康地和经济地经营"立法目的相一致。

在中国,因为航空立法主要为民用航空立法,所以航空立法之目的多为"促进民用航空事业的发展"。如《民用航空法》第一条中规定了"促进民用航空事业的发展"为立法目的之一。并在该法中专章规定"民用机场"(第六章),以促进民用机场建设;专节规定"民用航空器租赁"(第三章第四节),为航空运输企业利用"融资租赁"方式租购民用航空器提供法律保障,促进中国民用航空运输能力的发展;专章规定"空中航行"(第七章),以保障民用航空活动安全和有秩序地进行;专章规定了"航空人员"(第五章),以促进培养和造就大批合格的航空人员,适应民用航空事业的发展。

大量航空行政法规、地方性法规、部门规章和地方行政规章,也都是从民用航空事业发展各个子系统出发,从不同角度进行立法,来"促进民用航空事业的发展"。

航空领域包括三大部分,即:航空制造业、军用航空和民用航空。航空制造业是航空事业发展的基础。航空制造业中许多最新的技术发明和进展大多首先用于军事航空。军事航空技术的发展对整体航空业的发展起着很大的作用。民用航空是一个庞大的行业,包括航空运输与通用航空两大部分。民用航空立法将"促进民用航空事业的发展"作为航空立法的目的之一,不妥。因此,许多国家在修订或另行制定本国航空法时,一般将法律名称改为"航空法",在其中将"促进航空事业的发展"作为立法目的之一。

不可否认,《民用航空法》只调整民用航空活动,的确为促进中国民用航空事业的发展作出了突出的贡献。但军用航空和航空器制造业等在法律层面上未能得到立法保障,影响了航空事业的全面发展。

在军民航深度融合的时代背景下,将《民用航空法》名称修改为"航空法",或另行制定《航空法》,进而调整所有航空活动,对提升中国航空制造业能力,促进军民航深度融合发展,意义重大。

若将《民用航空法》改名为"航空法",或另行制定《航空法》后,建议将"促进航空事业的发展"作为中国《航空法》的立法目的之一。

2.2.3.6 加强和保护生态环境

制定航空法,除了具有上述五个方面的立法目的外,还应将"加强和保护生态环境"作为其立法目的之一。

在国际民航组织成立之初,为发展航空运输业,加之航空技术标准相对较低,航空器噪声和航空排放引起的环境污染并未被列入治理范围。但随着航空运输的迅猛发展,在 20 世纪 60 年代,航空器噪声和航空排放造成的环境污染问题日益引起了国际社会的关注。1971年，国际民航组织理事会制定了附件16，规范航空器噪声问题；1981年，国际民航组织理事会修订附件16时，将其标题改为《环境保护》，分为两卷，第I卷“航空器噪声”，第II卷“航空器发动机排放”。2017年3月3日，国际民航组织第210届第7次会议审议通过了附件16第I卷第12次修订，第II卷第9次修订，2018年1月1日起开始实施；并审议通过了关于飞机二氧化碳排放的新国际标准附件16第III卷《飞机二氧化碳排放》，2017年7月8日生效，2018年1月1日起开始实施。虽然1944年《芝加哥公约》附件16不是传统意义的国际条约，没有约束力，但在实践中，国际民航组织成员国均将其通过转为成为国内法，实际上赋予了1944年《芝加哥公约》附件16的国际法效力。这足以说明，目前国际社会已经非常重视航空器噪声和航空排放引起的环境污染问题。

许多国家也已通过国内航空立法加强对航空器噪声和航空排放的管制。发达国家早在20世纪60至70年代就开始关注航空器噪声问题。美国联邦航空局(FAA)在1969年颁布了联邦航空条例(FAR)第36部《民用航空器噪声合格审定标准》。从20世纪70年代起，美国相继颁布了几部联邦航空立法，美国国会决定不再由地方政府控制机场噪声而由国家统一控制。《俄罗斯联邦航空法》也在序言中规定了“确保航空环境安全”为立法目的之一。

中国在2003年3月20日出台了《航空器型号和适航合格审定噪声规定》和《涡轮发动机飞机燃油排泄和排气排出物规定》，前者为规范性文件，后者为部门规章。前者经修订后于2008年3月17日重新颁布。随着中国航空器制造业飞速发展，通过立法将“加强和保护生态环境”作为立法目的是必然趋势。

因此，在2018年《民用航空法》修订草案中，虽然没有将“加强生态和环境保护”作为立法目的，但在草案的第四条之二[绿色发展]规定了“从事民用航空活动应当加强生态和环境保护”。

本书认为，“加强生态和环境保护”应作为航空立法的目的之一，应与其他航空立法目的并列规定。因此，无论是修订《民用航空法》，还是另行制定《航空法》，应在第一条“立法目的”中，直接将“加强生态和环境保护”与其他航空立法目的并列规定。

2.3 航空立法的指导思想

航空立法的指导思想，是对整个航空立法活动起指导作用的根本思想准则和理论依据。中国航空立法不仅要以马克思主义、毛泽东思想、邓小平理论、“三个代表”重要思想、科学发展观、习近平新时代中国特色社会主义思想为指导，还应坚持积极汲取国际航空立法的经验和精华、可持续发展、前瞻性和可操作性相结合、整体性和协调性相统一等指导思想。

2.3.1 积极汲取国际航空立法的经验和精华

鉴于航空活动国际性强的特点，积极汲取现有国际航空立法（包括国际航空公约与航空发达国家航空立法）的经验与精华，使中国国内航空立法尽可能与国际通行的法规接轨，是中国进行国内航空立法时应坚持的指导思想之一。

航空事业有其自身的发展规律，虽然各国在政治、经济、文化、社会、科技发展水平等因素上存在着差异，所处发展阶段有所不同，但是经历的发展阶段基本相同。先发国家在航空事业不同发展阶段航空立法的得与失，后发国家应当在经历着同样航空事业发展阶段时加以取舍，少走弯路。如美国等航空发达国家一开始是将航空运输业当作是公用事业加以严格管制，政府大包大揽，忽视了航空运输业的市场经济属性，其航空立法突出了"管制"色彩，阻碍了航空事业的发展。随后，针对这一情况，美国于 20 世纪 70 年代，开始对航空运输业实行"放松管制"，制定了《航空业放松管制法》，并配套了一系列"放松管制"法律法规，激励航空事业的发展。许多国家在随后的航空立法中，也纷纷汲取美国有关航空立法的经验和精华，纷纷通过国内航空立法，来放松对航空业的管制，促进了本国航空业的发展。

在中国，随着航空事业的进一步发展，中国通用航空业、无人机等新兴行业的迅速崛起，但相关立法却很滞后，甚至处于空白状态。美国、欧盟等发达国家地区通用航空业和无人机相关立法以及在实践中的经验和教训，都值得中国在进行航空立法时加以借鉴。

除了积极汲取美国、欧盟等发达国家地区航空立法的经验和精华外，又因航空法的国际性特征，中国在进行具体航空立法时，还要建立在中国国情的基础上，尽可能地汲取现有 57 个全球性国际航空公约，特别是正在生效的 45 个国际航空公约的立法精髓。

第一，对中国已经批准或加入的公约，在中国国内航空立法的基本内容方面，要尽量与现在正在生效的最新的国际航空立法保持一致，及时地对现有中国航空立法进行立改废释，取国际航空立法之"精华"，去国际航空立法之"糟粕"。

第二，对中国尚未批准或者加入，但其已经生效且内容合理，适合中国国情，并与中国现行的党和国家的方针政策不相抵触的国际航空公约，中国在进行国内航空法立改废释时，也应当及时加以吸收，以健全完善中国的航空法律制度。

第三，对中国前尚未批准或者加入的国际航空公约，且并未生效，其部分与中国实际情况不符或者与中国现行政策上有抵触，但其中部分内容正确、合理，代表了在这些领域的国际航空立法的发展方向，中国在进行立改废释航空法时，也应对这些国际航空公约中的正确的、合理的内容加以及时汲取。

第四,对1944年《芝加哥公约》附件的内容,虽然这些附件并不是传统意义上的国际航空公约,但这些附件所制定的国际标准和建议措施,许多国家已经将其转化为国内法,实际上起到了国际航空公约的作用。因此,中国在进行国内航空立法时,也应积极采取措施,将这些附件的内容尽可能转为中国国国内航空立法。

2.3.2 可持续发展

可持续发展一直是国际航空立法的基本指导思想。从整体上来看,国际航空立法均具有可持续发展的法律属性。如作为航空法出生证的1919年《巴黎公约》,不仅在立法内容中贯彻了可持续发展的思想,而且还依据该公约成立了国际空中航行管理委员会,负责制定国际标准和建议措施,规范世界范围内的航空活动,以期其能可持续发展。

1929年《华沙公约》的全称为"统一国际航空运输某些规则的公约",标题中的"某些"就是留给后人根据航空运输发展实况,有针对性做出修订,以促进航空运输的持续发展。后来以该公约为基础形成的华沙体制,便是明证。另外,该公约在具体内容方面,一方面结合航空运输中消费者几无能力举证的事实,对传统民事诉讼中"谁主张,谁举证"的原则进行了修改,将举证责任法定给了航空承运人;但另一方面,由于当时航空科学技术发展水平较低,为了保障航空运输可持续发展,该公约又规定了航空承运人的最高赔偿限额。这些具体内容,无不是为了保证航空运输业的可持续发展而制定的。后经实践证明,1929年《华沙公约》及其修订文件,确实为保障航空运输业的可持续发展作出了重要贡献。

1999年《蒙特利尔公约》所规定的承运人对旅客的双梯度责任制、先行付款、第五种管辖权、责任限额的伸缩条款,也都是可持续发展思想在国际航空私法立法中具体体现。

在1944年《芝加哥公约》及其附件中,可持续发展思想始终贯穿其中。国际民航组织的现有战略目标为:安全、能力和效率、安保和简化手续、经济发展和环境保护。现有国际航空立法及以后立法走向都是以此目标为基础进行制定,核心是为了确保国际航空运输能可持续发展。关于国际航空安保立法、第三人责任立法、航空器权利立法、航空保险立法等,都是为了确保国际航空运输能够可持续发展。

在航空活动中,安全是第一目标,面对新型国际航空犯罪的出现,国际社会于2010年制定了2010年《北京公约》和2010年《北京议定书》,对加强国际航空安全、保证国际航空运输业持续发展意义重大。

中国是上述国际航空公约的成员国,众多现有中国航空法,都直接移植了国际航空公约的规定,无疑在进行相关领域航空法制定时,也贯彻了可持续发展的指导思想。但因中国航空事业,特别是航空运输业实现了跨越式发展后,原有中国国内进行航空立法所移植的国际航空公约内容，虽然在一定程度上促进了航空事业的可持续发展，但因缺乏及时修订，现今已成为中国航空事业发展的障碍。因此，要全面贯彻可持续发展的立法指导思想，在中国进行立改废释现行航空法时，应做到以下几个方面。

第一，要及时摄取国际航空立法的精华，与时俱进地立改废释现有航空法，保障航空事业的可持续发展。国际航空立法一开始可能具有适用和保证航空活动可持续发展的功能，但随着国际航空活动的发展变化，有可能又成为航空活动发展的障碍。如 1929 年《华沙公约》中所规定的承运人对旅客赔偿限额为 8 300 美元，在当时就能促进航空运输业的发展。但随着世界人民生活水平的普遍提高，8 300 美元的赔偿限额又可能成为航空活动发展的障碍。因此，在进行中国航空立法时，应及时摄取国际航空立法的精华，去其“糟粕”。

第二，要根据中国航空事业发展的实况，与时俱进地立改废释现有航空法，保障航空事业的可持续发展。1995 年《民用航空法》通过时，为保证航空运输业的可持续发展，该法对航空运输业的准入、航线开辟、运力和运价、航空安全管理、承运人对消费者的赔偿责任等，都实行国家管制，这与当时中国市场经济尚未完全建立的大背景保持了一致，确实在一定程度上促进了中国航空运输业的快速发展。但随着中国特色社会主义市场经济体制的建立和深入发展，以及中国国民生产总值和人民生活水平的提高，航空运输市场化不断深化，该法带有管制色彩的相关规定，成了航空活动发展的障碍，不利于航空事业的可持续发展。

第三，要及时将党和国家有关保证航空事业发展的方针政策，转为航空立法，持续保证中国航空事业的发展。在当下，中国通用航空事业和无人机产业发展迅猛。党和国家出台了相关方针政策，有力地促进了中国通用航空事业和无人机产业的发展，但因为政策相比于法律而言，其稳定性不足。因此，要保证通用航空业和无人机产业的可持续发展，应及时将党和国家的方针政策转化为法律，持续地保证这些产业的发展。

可喜的是，在已经完成的《民用航空法》的修订草案中，其第三条之一第 1 款规定了“民用航空活动应当坚持科学、安全发展的原则……”，第 4 条之二[绿色发展]规定了“从事民用航空活动应当加强生态和环境保护”，将可持续发展思想以法律形式加以规定，这对保证中国航空事业可持续发展意义重大。

党的十九大报告指出，要统筹推进可持续发展战略。要统筹推进可持续发展战略，必须制定出可持续发展的法律。航空事业为国家经济发展的战略性产业，必须要以党的十九大提出的“可持续发展战略”为指导，才能制定出符合该战略发展的航空法。

2.3.3 前瞻性和可操作性相结合

前瞻性是法律的基本属性之一，但制定出来的法律本身也具有一定的滞后性。航空立法也不例外，在国际航空立法领域，要求立法者不仅要结合现有的航空立法和其他国际立法、国际社会航空事业整体发展状况，制定出具有前瞻性的航空法，还要及时对相关航空立法内容进行修订，以使国际航空立法具有前瞻性。这样才能真正促进国际航空事业的可持续发展，造福人类社会，实现世界的和谐发展。

在国内航空立法领域，要求立法者要结合现有的法律、法规、国家方针政策，社会发展整体趋势，经济发展整体水平以及环境状况等诸多因素，及时对航空法进行立、改、废，保证国内航空立法具有前瞻性，在可以预见的将来能够解决不断出现的新问题。

可操作性也是法律的属性之一。所谓可操作性是指所立之法律，以现有规定能够解决目前所出现的问题。航空立法也是如此，它首先要能够解决航空事业发展过程中出现的新问题和新情况。从国际航空立法的发展来看，可操作性始终是国际航空立法的基本指导思想之一。表现为：在国际航空立法领域，要协调各国意志，抽取出各国的共同意志，保证国际航空立法的"国际性"，以便在全球具有可操作性。

在中国航空立法领域，现已形成了以《民用航空法》为基础的、大量航空行政法规和行政规章为两翼的较为完善的航空法律体系，若具有较好的前瞻性和可操作性，则能较好地解决中国航空事业发展过程中出现的诸多新老法律问题。

不可否认，就目前中国航空立法来说，还存在着前瞻性不足、可操作性不强的情况。具体表现为：

第一，从现有中国航空立法的内容来看，前瞻性不足。主要表现在两个方面：一是中国航空立法往往采取跟随战术，即在国际航空立法成果出现后，囫囵吞枣式地移植国际航空公约内容，而国际航空公约是缔约国共同意志的反映，因此其所规范的是国际航空活动中的共性问题，对未出现的、即将出现的新的法律问题，往往预测不足，即前瞻性不足，而采取了跟随战术的中国航空立法，因而也从整体上缺乏前瞻性。二是中国航空立法往往缺乏预防性立法，基本是对已经出现的问题"急修急用"，采取相关立法措施加以规范，但对已出现的问题缺乏深入分析，对未出现的问题缺乏合理预测，"头病医头、脚病医脚"的立法状况没有完全消除，也致使航空立法缺乏前瞻性。

第二，从现有中国航空立法的实施状况来看，可操作性不强。主要表现在两个方面：一是从现有航空司法判例的法律适用来看，很少适用现有航空立法，而多适用一般法的规定，凸显航空立法可操作性不强的特点。这种情况之所以出现，主要是因为现有航空立法具体条文缺乏可操作性。如《民用航空法》中有关航空运输延误的判断标准，是采用了华沙体制的具体条文，而在华沙体制中对航空运输延误的判断依据并没有明确规定，只是泛泛指出，在航空运输中旅客、行李、货物延误的，承运人应承担赔偿责任。华沙体制中之所以这样规定，实际上是将判断标准和依据留给国内立法加以解决，而《民用航空法》囫囵吞枣式的移植，致使国内法院在审判航空运输延误时，不得不去适用《合同法》的相关规定进行判决。二是有些航空立法具体条文较为陈旧，或缺乏，亦无可操作性。例如，在《民用航空法》第十四章法律责任中，主要是采用1971年《蒙特利尔公约》中有关航空犯罪的罪名加以规定的，有些具体罪名条文过于陈旧，如故意传递虚假情报扰乱正常飞行秩序罪等，修订后的1997年《刑法》中没有对该罪进行具体规定，《民用航空法》中对该罪名及处罚的规定，因为陈旧，成为一纸空文，缺乏可操作性。再如，在通用航空事业、无人机发展等领域，目前只是靠政策方针进行指导，缺乏相关航空立法，无操作性可谈。

在今后的中国航空立法中，应注重贯彻前瞻性和可操作性的指导思想，既要保证所立之法具有前瞻性，又要增强其可操作性。只有前瞻性没有可操作性，所立之航空法是“花瓶”；缺乏前瞻性而只具有可操作性，所立航空之法就缺乏稳定性，不利于航空事业的可持续发展。

本书认为，要在立改废释中国航空法中贯彻前瞻性和可操作性相结合的指导思想，增强航空立法的前瞻性和可操作性，可从以下几个方面着手。

第一，要加强国际航空立法发展走向的研究，为制定具有前瞻性的中国国内航空立法提供方向指导。因国内航空立法在具体内容上具有较强的国际性，故要增强国内航空立法的前瞻性，应加强对国际航空立法走向的研究。要加强对国际航空立法发展走向的研究，不仅要对现有国际航空立法进行系统的比较分析，还应深入探究国际航空立法的历史背景、具体条文含义，结合国际航空活动发展的状况，合理预测国际航空立法发展走向，为制定具有前瞻性的中国国内航空立法提供方向性指导。

第二，要加强航空发达国家地区航空立法发展走向的研究，为制定具有前瞻性的中国国内航空立法提供经验借鉴。在国内航空立法和国际航空立法的互动过程中，航空发达国家的国内航空立法对国际航空立法具有重要的促进作用，大多国际航空立法都能从国内航空立法中找到相关立法的影子。如1929年《华沙公约》的诸多条文都能从法国、德国等国国内航空立法中找到具体条文。因航空活动的发展有自身的规律，航空立法应顺应该规律。一般而言，航空发达国家不仅在航空活动中具有先发优势，而且在航空立法上也处于领先地位。因此，中国要制定具有前瞻性的国内航空立法，应加强对航空发达国家地区航空立法发展走向的具体研究，总结其经验教训，汲取其航空立法精华，为制定具有前瞻性的中国国内航空立法提供经验借鉴。

第三,要加强对中国航空活动过程中出现的新情况和新问题的深入研究,为制定具有前瞻性的中国国内航空立法提供素材。航空活动的发展虽然在整体上具有一定的规律性,即共性,但是由于各国具体国情不同,如人口因素、空域大小、航空管理体制、经济发展水平等各有不同,即使在航空发展的相同阶段,所出现的新情况和新问题也可能不同,即个性。因此,要制定中国具有前瞻性的国内航空立法,首先要立足于中国国情和中国航空发展的实况,深入研究航空活动中出现的新情况和新问题,为制定具有前瞻性的中国国内的航空立法提供素材。

要制定具有可操作性的航空立法,其核心是要根据航空事业发展实况,对航空法进行及时的立改废释。在航空活动重点领域,如无人机、通用航空,应及时制定相关航空法,规范和保障这些领域航空活动的发展。对现有航空法,要进行系统梳理,废除那些阻碍航空事业发展的航空法,修改与航空事业发展状况不适用的航空法,对相关模糊性用语,如"延误",应释其具体含义,增其可操作性。

2.3.4 整体性和协调性相统一

航空立法的整体性是指在进行航空立法时,要充分考虑影响航空立法的具体因素,将航空立法作为国家立法整体中的一部分,将航空立法所有规范作为一个整体看待,保持每件航空立法具体条文的一致性与连续性。

航空立法的协调性是指在进行具体航空立法时,要注意专门性国内航空立法之间以及他们与专门性国际航空立法之间的协调、专门性航空立法与非专门性航空立法的协调。

在航空立法中,要以整体为中心,体现航空立法的整体性;同时还要注意部分航空立法与整体航空立法的协调,体现航空立法的协调性。

在国际航空立法的实践中,整体性和协调性相统一的立法指导思想一直贯穿于其中,具体表现在两个方面:

一是国际航空立法在整体上是根据国际政治、经济发展状况,充分考虑这些因素对国际航空立法的影响,从而协调与这些因素的关系。如在国际航空立法领域,20世纪60年代有关国际航空犯罪不断涌现,国际社会先后签订了三个国际航空刑法公约,来预防和打击国际航空犯罪。在制定这三个国际航空刑法公约时,考虑到国际政治发展情况,在立法中并未规定强制性的引渡义务,考虑到各国经济发展水平不一,在立法中规定了缔约国间的合作义务。

二是将国际航空立法本身作为一个规范航空事业的整体对待,形成完善的国际航空立法体系,协调这个整体内的各国航空立法之间的关系,进而保障对航空事业的保护不存在"死角"。现有国际航空立法主要围绕着国家通航、国际航空承运人责任、国际航空犯罪的预防和打击、对第三人的责任等方面进行立法,涵盖了国际航空事业发展的各个方面，并要求各缔约国立法，特别时航空技术标准方面的立法，应不低于国际航空立法所制定的标准。

在中国，整体性和协调性相统一的指导思想也在航空立法中不断得到贯彻和执行。但是，还存在以下四个方面不足。

第一，在航空立法中，对中国经济、社会和航空事业发展对航空立法的影响以及航空立法对这些因素的影响考虑不足。如在《民用航空法》制定时，由于对中国经济、社会发展和航空事业发展缺乏系统分析和合理预测，所制定的航空法可操作性不足；而所制定的《民用航空法》的具体条文多为直接移植国际航空条约的规定，未深入分析这些具体条文对中国经济、社会和航空事业发展的影响，致使现有《民用航空法》在一定程度上滞后并阻碍了中国经济、社会和航空事业的发展。

第二，对航空立法在中国立法整体中的地位思考不够，航空法律与国内其他法律之间的协调不足。在《民用航空法》的具体条文中，经济管制色彩浓厚，故在目前中国特色社会主义法律体系中，《民用航空法》被作为经济法部门的一个组成部分。但从现有中国航空法律体系来看，其中尚无一个法律部门能将其全部囊括。在中国立法整体中，航空立法处于一个什么样的地位，目前学术界和立法、司法实践中思考不够。

目前，《民用航空法》与现有《物权法》《担保法》《合同法》《刑法》等法律还存在着诸多的冲突。虽然可以按照特别法优先于普通法的法律适用原则来适用，但是这些冲突的存在，可能会破坏中国特色社会主义法律体系的整体性。

第三，未能始终将航空立法内容作为一个整体对待，遵循航空活动规律进行立法不够，各个具体航空立法之间协调不足。因对航空法性质和航空立法特征的认识不足，在中国，进行航空立法时，立法者大多将航空立法按照立法主要内容划归到不同法律部门之中，未能始终将航空法作为一个整体对待，致使所立之法支离破碎，冲突现象严重。航空立法有着自身的规律，这个规律就是依照航空活动发展的不同阶段，进行不同的航空立法。但这在中国航空立法中，并未一直得到贯彻执行。

第四，个件具体航空立法整体性不足，条文之间的一致性和连贯性不够。如在《民用航空法》中，第二、三、四、十三章分别为民用航空器国籍、民用航空器权利、民用航空器适航管理、对外国民用航空器的特别规定，实际都是有关民用航空器的法律制度，应合为一章，这就是立法整体性不足的具体表现。在大量的地方民用航空法规和规章中，对民用航空的范围认识不足，致使所立之法成了拼图游戏，且前后条文之间的一致性和连贯性不够，破坏了航空法的整体性。

要在航空立法中全面贯彻整体性和协调性相统一的立法指导思想，本书认为，应采取以下四个方面的措施。

第一，要在航空立法中，充分考虑政治体制改革、经济体制改革和航空管理体制改革之间的关系,从整体上注意这些因素对航空立法的影响,以及所立之航空法对这些因素的影响,从而在整体上保证航空立法服从国家发展的整体状况,进而协调与这些因素之间的关系。

第二,要把航空立法作为国家立法整体中的一部分,同时要注意协调与其他立法之间的关系。以中国航空法为例,要协调与民商法的关系、与行政法的关系、与刑法的关系以及与诉讼法的关系等,同时还要协调与中国已经加入或尚未加入的国际航空条约之间的关系。

第三,要将航空立法所有规范作为一个整体看待,遵循航空活动规律进行立法,同时要注意协调该整体内的各个具体航空立法之间的关系,进而保持航空立法的整体性和一致性。

第四,在进行具体航空立法时,要将整部航空立法作为一个整体来对待,注意具体条文之间要保持一致性与连贯性。只有在航空立法中坚持有整体性和协调性相统一的思想,才能促使航空立法不仅能够照顾国情,而且还能履行或将来可能履行中国的国际义务。

整体性和协调性相统一是航空立法的重要指导思想。要科学制定中国航空法,必须要坚持整体性和协调性相统一。

2.4 航空立法的基本原则

2.4.1 《立法法》规定的立法原则适用于航空立法

立法的基本原则是在立法指导思想下进行立法活动所应遵循的重要准绳。根据《立法法》第三、四、五、六条之规定,中国立法的基本原则主要包括以下三项。

第一,合宪性原则。《立法法》第三条规定:“立法应当遵循宪法的基本原则,以经济建设为中心,坚持社会主义道路、坚持人民民主专政、坚持中国共产党的领导、坚持马克思列宁主义毛泽东思想,坚持改革开放。”

第二,法治原则。《立法法》第四条规定:“立法应当依照法定的权限和程序,从国家整体利益出发,维护社会主义法制的统一和尊严。”

第三,民主原则。《立法法》第五条规定:“立法应当体现人民的意志,发扬社会主义民主,坚持立法公开,保障人民通过多种途径参与立法活动。”

第四,科学原则。《立法法》第六条规定:“立法应当从实际出发,适应经济社会发展和全面深化改革的要求,科学合理地规定公民、法人和其他组织的权利与义务、国家机关的权力与责任。法律规范应当明确、具体,具有针对性和可执行性。”

在航空立法中,除了要遵守《立法法》所规定的立法的一般原则外,考虑到航空立法的特殊性,还应遵守审慎选择原则、统一性原则、平衡原则、以人为本原则和规范化原则。

2.4.2 审慎选择原则

审慎选择是指周密而慎重地进行选择。航空法有自身的发展规律,这个规律就是航空事业发展的不同阶段需要制定不同的航空法来加以规范。超前或滞后的航空立法,都会对航空事业发展带来不利影响。因此,在航空立法中,首先应当坚持审慎选择的立法原则。

在国际航空立法中,贯彻审慎选择的立法原则,要对立法所带来的效应进行综合分析和客观评价,不仅要考虑对航空大国和航空强国所产生的影响,还要考虑对航空发展中国家的影响,以免造成国际航空活动的混乱。

国际航空立法大多贯彻了审慎选择的立法原则。如在 1929 年《华沙公约》中,充分考虑到一旦航空事故的发生,消费者若要按照传统民法领域的"谁主张、谁举证"的举证原则,举证证明航空承运人有过错,几无可能。因在当时航空技术尚不发达,一旦发生航空事故,往往是机毁人亡。即使未发生机毁人亡的事故,因航空活动的技术性特征非常明显,消费者也不可能举证证明承运人有过错。正是充分考虑了上述因素,所以立法者采取审慎选择的立法原则,将举证责任倒置给了航空承运人,即由承运人证明自己没有错,若证明不了自己没有错,则法院就推定承运人有过错,应承当对消费者造成损害的赔偿责任。同时,又考虑到航空运输业尚处幼年时期,航空技术尚不发达,风险较大且不能转嫁,一旦实行了该责任制度,可能对航空运输业的发展造成不利影响。遂经过周密而慎重的思考,在该公约中,又规定了承运人对消费者最高赔偿限额。1929 年《华沙公约》自 1933 年生效后,至今仍有效。

在以 1929 年《华沙公约》为基础所形成的华沙体制中,1971 年《危地马拉议定书》是国际航空运输协会为国际社会适用统一的公约、将美国纳入国际航空统一公约而仓促制定的,未经审慎思考,在公约中实行无过错责任制,遭到世界大多数国家反对,至今尚未达到生效的国家数。

2008 年 11 月,欧盟通过法案决定将航空领域纳入碳排放交易体系,宣布将于 2012 年起实施,并声称此为对抗全球气候变暖。据估算,到 2020 年,除欧盟外的其他国际航空公司可能要因此支付 200 亿欧元。法案通过后,立即遭到了世界诸多国家的反对,纷纷声言要采取反报措施。鉴于此,2013 年 2 月 26 日,欧洲议会环境委员会投票通过了有关暂停向外国航空公司征收碳排放税的提案。这是没有贯彻审慎选择的立法原则,从开始就注定了失败命运的一个典型案例。

在中国航空立法中大都能贯彻审慎选择的立法原则。如在中国航空事业发展期初,中国航空立法,特别是有关空中航行规则,全面移植苏联,虽然在实践中被认为是不符合中国具体国情的,但是充分考虑到法律适用的惯性,为保障航空活动安全和有秩序地进行,直到 1977 年中国才另行制定相关空中航行规则加以适用。

但是,从整体上来看,中国在航空立法中审慎选择立法原则的贯彻还是不够的。立法前,缺乏对立法进行周密而审慎的评估,致使所立之航空法在实践中缺乏可操作性,甚至阻碍了航空事业的发展。例如,在《民用航空法》制定时,多国已在国内立法中放松了对航空运输业的管制,而《民用航空法》却是一部名副其实的管制法,对中国航空事业发展思考不够,过分的管制阻碍了中国航空事业发展的步伐。《民用航空法》授权国务院民用航空主管部门制定国内航空承运人对消费者的赔偿责任限额,就没有周密而慎重地思考中国航空事业发展走向、中国经济社会发展的步伐,致使这些条文如同一纸空文,在实践中几无适用。

随着中国航空事业的膨胀式发展,对空域使用的需求急剧增加,由于缺乏对相关立法周密而慎重的思考,所立之法一出台就阻碍了航空事业的发展,一废止就造成了航空活动的混乱,陷入了“一抓就死,一放就乱”的恶性循环的局面。

随着中国机场管理体制改革的完成,以及航空业作为国家战略产业的确立,为发展本地区航空产业,诸多地方立法主体未经周密而慎重的思考,纷纷出台机场运营和管理、促进本地区航空产业发展等方面的地方立法。这些地方立法几无法律的明确授权,且多为简单抄袭,破坏了中国航空法制的统一性,降低了所立航空法的权威。

本书认为,要在中国航空立法中始终贯彻审慎选择的立法原则,应首先建立航空立法的事前评估制度,周密而慎重地思考所立之航空法是否贯彻了党和国家的有关航空方针政策,是否与现有中国航空事业发展保持一致,是否充分考虑到中国航空立法的整体性,是否缜密思考了与现有专门性航空立法及非专门性航空立法具体规定之间的冲突与协调。不能轻率、盲目地以发展法、促进法、开发法、振兴法的姿态来进行,而是必须遵循审慎选择的立法原则。在进行航空立法之前,必须对其所带来的正负面效应进行充分的估计和客观的评价,把它们划归为不同的级别,进而采取不同的立法对策,体现审慎立法的原则。

2.4.3 统一性原则

法制统一性原则是现代社会法治国家所共同提倡和遵守的一个重要原则。贯彻航空立法的统一性原则,能够避免航空法中的矛盾,使航空法得到普遍遵守。

在国际社会中,各国法律千差万别,不利于国际航空活动的开展,影响了各国人民之间的交流与合作。制定统一适用的国际航空法,促进国际航空活动安全和有秩序地运营,一直是国际航空立法的主要原则。如 1944 年《芝加哥公约》在序言中指出:“鉴于国际民用航空的未来发展对建立和保持世界各国之间和人民之间的友谊和了解大有帮助,而其滥用足以威胁普遍安全;又鉴于需要避免各国之间和人民之间的摩擦并促进其合作,世界和平有赖于此;因此,下列各签署国政府议定了若干原则和办法，使国际民用航空得按照安全和有秩序的方式发展，并使国际航空运输业务得建立在机会均等的基础上，健康地和经济地经营；为此目的缔结本公约。”1944年《芝加哥公约》的制定，统一了跨国民用航空活动的基本规则，是航空立法统一性原则在国际航空立法的典型体现。在其后的国际航空立法中，都是根据该公约所确定的原则和宗旨进行的，也实现了国际航空公约在内容上的统一性。

1929年《华沙公约》在其序言中指出：“缔约国认为，国际航空运输的条件，在所用文件的承运人的责任方面，有统一规定的必要。”但因1929年《华沙公约》本身规定存在瑕疵，随后对其修订及再修订形成了九个文件，实际造成了在国际航空运输中九个文件并存的局面。1999年《蒙特利尔公约》(其全称为“统一国际航空运输某些规则的公约”)将这九个文件合为一体，再次统一了国际航空运输规则。

1999年《蒙特利尔公约》指出：“认识到一九二九年十月十二日在华沙签订的《统一国际航空运输》和其他有关文件在统一国际航空私法方面作出的重要贡献；认识到使1929年《华沙公约》和相关文件现代化和一体化的必要性；……重申按照一九四四年十二月七日订于芝加哥的《国际民用航空公约》的原则和宗旨对国际航空运输运营的有序发展以及旅客、行李和货物通畅流动的愿望；确信国家间采取集体行动，通过制定一项新公约来增进对国际航空运输某些规则的一致化和法典化是获得公平的利益平衡的最适当方法。”

围绕着1944年《芝加哥公约》所规定的目的和宗旨，国际社会有序推进国际航空立法的现代化和一体化，根据国际航空事业发展实况以及出现的新问题，不断立改废释国际航空法，以维护和保证国际航空立法的统一性。2001年《移动设备国际利益公约》及2001年《移动设备国际利益公约关于航空器设备特定问题的议定书》实现了对1948年《日内瓦公约》的现代化。2010年《北京公约》和2010年《北京议定书》分别实现了对1971年《蒙特利尔公约》和1963年《东京公约》的现代化。

在中国，立法的统一性原则一直得到贯彻和执行，《立法法》第二条又对该规定进行了重申，即立法要“维护社会主义法制的统一和尊严”。目前，中国已形成了以1件法律为核心、33件航空行政法规和139件部门规章为两翼、18件航空地方性法规和40件航空地方行政规章为补充的较为完备的法律体系。在形式上，已形成了一个有机整体，保证了航空法的统一性。

但从现有中国航空法律体系的内容上来看，立法统一性原则尚未得到全面贯彻，《民用航空法》与非专门性航空法律之间还存在着大量的矛盾与抵触；专门性航空立之间也存在着较多的矛盾与抵触；中国国内航空立法与中国缔约或参加的国际航空立法也存在着诸多的矛盾与抵触。

航空立法是航空司法、执法、守法和法律监督的前提和基础，若所立航空立法存在着不统一的现象，务必会对航空执法、司法、守法和法律监督产生不良影响，进而破坏中国航空法治的统一性。

本书认为，要深入贯彻航空立法统一性原则，首先应保证《民用航空法》（或即将制定的《航空法》）与国际航空公约、国内其他法律保持统一性。与国际航空公约保持统一性，这是由航空法的国际性特征所决定的，但并非要全面照抄国际航空公约的内容，而应与国际航空公约所规定的目的与宗旨、基本原则等保持统一，根据中国航空事业发展实况，有针对性地将国际航空公约的主要内容转化为中国国内航空立法。这就需要及时修订《民用航空法》（或即将制定的《航空法》），与时俱进地与国际航空公约保持统一性。与国内其他法律保持统一性，这是由中国当代政治制度所决定的，要求《民用航空法》（或即将制定的《航空法》）与非专门性航空法法律在内容保持一致性。

其次，《民用航空法》（或即将制定的《航空法》）是中国航空活动领域的“基本法”，是中国其他航空立法之根。要保证中国航空法律的统一性，必须将其所确立的指导思想、基本原则、主要内容贯穿于中国航空行政法规、部门规章、地方性法规和地方规章的立法之中，真正成为制定航空法的依据。这就需要及时梳理现有航空立法的内容，查找与现有《民用航空法》（或即将制定的《航空法》）矛盾与抵触之处，及时修正，确保《民用航空法》（或即将制定的《航空法》）的权威性。

最后，应根据法律位阶的规定，梳理现有航空法律，认真查找它们之间的矛盾和抵触之处，及时对现有航空法进行改、废、释，确保中国航空立法的统一性。

2.4.4 平衡原则

平衡原则是航空立法的重要原则。所谓平衡是指物体或系统的一种状态。处于平衡状态的物体或系统，除非受到外界的影响，它本身不能有任何自发的变化。在不同的科学领域，它有不同的含义。就法学领域而言，就是要平等照顾各方利益，保证社会秩序，促进人类社会向前发展。要科学制定中国航空法，必须要贯彻立法的平衡原则。

在国际航空立法中，平衡原则得到了很好的贯彻。一方面，国际航空立法是以订立多边国际航空条约或双边国际航空协定的形式进行的，是缔约国综合意志的反映。若不平衡缔约国间的利益，条约一般不可能获得通过。即使获得了通过，根据“条约只对加入国有效”的国际法原则，国家可以选择不加入该条约；或虽然加入，仍可以对某些条款作出保留，甚至可以退出已经加入的条约。对双边航空协定来说，更是如此。双边航空协定的订立过程，实际上就是双方国家利益平衡、再平衡的一个过程。

另一方面，就国际航空条约或双边航空协定的内容来看，也是不同法系内容、相关国际航空活动参与主体各方利益的平衡。如1929年《华沙公约》在整体上是以大陆法系国家法为蓝本,但其中的一些用语,也取自英美法系国家,如该公约第25条中的“dol”这个术语,虽然大陆法系和英美法系对此词有不同理解,但都在使用。再如,1929年《华沙公约》规定了承运人的推定过失责任,又规定了承运人对消费者的最高赔偿限额,平衡了承运人与消费者的利益。1999年《蒙特利尔公约》更是在序言中指出:“确信国家间采取集体行动,通过制定一项新公约来增进对国际航空运输某些规则的一致化和法典化是获得公平的利益平衡的最适当方法。”

在中国,平衡原则在航空立法中也得到了贯彻和执行。如《民用航空法》中规定了民用航空器权利未经登记的,不得对抗第三人。平衡了债权人、债务人和民用航空器权利人之间的利益。再如《民用航空法》第七十一条规定:“划分空域,应当兼顾民用航空和国防安全的需要以及公众的利益,使得空域得到合理、充分、有效的利用。”

但从整体上来看,《民用航空法》是一部管制法。虽然在《民用航空法》中也明确规定了要平衡相关航空活动主体各方的合法权益,但这种平衡在某些核心条文中实际上是一种不平衡。如《民用航空法》第一百二十八条授权国务院民用航空主管部门制定国内航空运输承运人赔偿责任限额,来平衡承运人和消费者之间的利益。但从国务院民用航空主管部门所制定的赔偿限额来看,实际上是全面维护了承运人的利益,损害了消费者的利益,这也符合国务院民用航空主管部门与航空承运人有着千丝万缕联系的实况。再如《民用航空法》第七十一条规定的空域划分原则,要兼顾民用航空和国防安全的需要以及公众的利益,但在实践中,军方掌控中国空域使用和管理却是不争的事实。

本书认为,要科学制定中国航空法,首先要树立“平衡原则是航空立法活动所追求的价值观念和目标”的思想,进而在立法中进行贯彻和执行。要在航空立法中贯彻和执行平衡原则,还应做到:

第一,要兼顾国家利益、公共利益与个人利益。不论哪一方侵犯了另一方的合法权益,破坏了平衡,都应予以纠正。国家利益、公共利益与个人利益在根本上和总体上是一致的、统一的,这正是平衡论存在的客观基础。

第二,要平衡航空活动参与主体各方的利益。航空活动是一个系统工程,涉及主体众多,在当前航空事业发展的现实状况下,平衡这些参与主体各方的利益,调动他们参与航空事业发展的积极性,对早日实现航空强国的战略目标意义重大。

具体而言,在中国航空立法中,不仅要平衡航空平等主体之间的利益,如航空承运人与消费者之间的利益、航空公司与机场之间的利益、航空经营人与第三人之间的利益、航空保险参与主体各方的利益等;还要平衡配置航空行政管理机关与相对人之间的权利和义务,需要考虑航空行政机关和相对方总体的权利义务对比情况是否均衡、对某些特定领域(如航空登记行为)的行政管理效率和相对方的参与程度是否均衡、行政程序的设置及其对行政机关实体权利的影响程度是否合理、行政相对方权利受到侵犯的可能性和获得补救的途径是否充分以及航空行政管理权被违法行使或滥用的可能性和制约行政权的相应机制及程序是否完备等诸多问题。

第三,还要平衡与国际航空法、国内其他法律之间的规定。中国航空立法不能对国际航空立法进行简单移植,要结合中国经济、社会以及航空事业发展实况,有针对性地吸收转化,平衡与国际航空立法的规定,更好地实现法的公平正义价值。如 1999 年《蒙特利尔公约》规定了承运人对旅客赔偿责任的双梯度责任制,即小于或等于 10 万个特别提款权的采取严格责任制,大于 10 万个特别提款权的采取推定过失责任制。这里的 10 万个特别提款权,制定时约折合人民币 124.5 万元。而现有 2006 年《国内航空承运人赔偿责任限额》才从原 1993 年规定的 7 万元提高到 40 万元,但与 1999 年《蒙特利尔公约》的规定仍有较大差距。有必要以 1999 年《蒙特利尔公约》的规定作为参考,立改废释现有航空法,平衡与国际航空公约的规定。

仍以对旅客的赔偿为例,在中国其他法律的规定中赔偿标准也远远超过了国内航空运输中的对旅客的赔偿标准。如在温州动车事故中,法院在审理时依据《最高人民法院关于审理铁路运输人身损害赔偿纠纷案件适用法律若干问题的解释》以及《侵权责任法》的规定,赔偿遇难者 91.5 万元。因此,在国内航空立法中,特别是涉及消费者权益保护时,要根据中国国民经济发展实况,贯彻平衡原则,有针对性地平衡各方主体的利益。当然,还应借鉴其他国家国内航空立法有关平衡航空活动参与主体利益的有益经验,吸取教训,有针对性地进行国内航空立法,切实根据中国国情,平衡航空活动参与主体各方的权益。

总之,在制定航空法的工作中采用平衡不同主体之间的权利义务关系的方法,对于实现该法的平衡状态非常重要。若在立法中各方主体的权利义务得不到公正平衡的配置,一般而言,难以通过法律的解释和适用来达到平衡。正如中国《立法法》第六条所指出的那样:“立法应当从实际出发,科学合理地规定公民、法人和其他组织的权利与义务、国家机关的权力与责任。”这就决定了在航空立法过程中贯彻平衡原则具有重要的实际意义。

2.4.5 以人为本原则

以人为本的立法原则,在国际航空立法和国内航空立法中含义有所差别。在国际航空立法中,以人为本立法原则中的“人”,不仅包括参加缔约的国际法主体,还包括从事专门航空活动的各参与主体,主要包括航空承运人、消费者、各类航空人员、航空器权利人等,还包括航空保险活动的参与者、被侵权的第三人等。在国内航空立法中,以人为本立法原则中的“人”,主要是指参与国内航空活动的各类主体。

在国际航空立法中,以人为本原则得到了较好的贯彻。如华沙体制中每一次有关承运人责任制度的修订都是以人为本原则得到贯彻的具体体现,既以航空承运人为本,又以消费者为本,平衡考虑二者的利益。随着国际航空技术不断发展、航空运输企业不断壮大、航空活动风险逐步减小且能转嫁,充分考虑消费者利益,以消费者为本的立法成为国际航空立法的发展走向,正如实现了华沙体制现代化和一体化的 1999 年《蒙特利尔公约》在其序言中所指出的那样:“认识到确保国际航空运输消费者的利益的重要性,以及在恢复性赔偿原则的基础上提供公平赔偿的必要性。”再如,2001 年《移动设备国际利益公约关于航空器设备特定问题的议定书》,主要是以特定航空器设备债权人为本,保障他们在航空器设备上的跨国利益。

国际航空立法中以人为本原则的贯彻,关注了国际社会和全人类利益;建立和保持世界各国之间和人民之间的友谊和了解,避免各国之间和人民之间的摩擦并促进其合作;使国际民用航空按照安全和有秩序的方式发展,并使国际航空运输业务建立在机会均等的基础上,健康地和经济地经营。

在中国,以人为本的立法原则是《立法法》第五条和第六条所提出的立法民主原则和科学原则的具体化。全国人大常委会委员长张德江提出:“坚持以民为本、立法为民是做好新形势下立法工作所必须遵循的基本原则。”以人为本的立法原则表现在国内航空立法活动中,要求航空立法不仅要以国内航空活动参与主体为本,为他们提供良好的服务,同时还要规范他们的行为,以保障航空活动安全和有秩序地进行。

从目前中国现有航空立法来看,以人为本的立法原则也得到了较好的贯彻和执行。如《民用航空法》第一条规定的“保护民用航空活动当事人各方的合法权益”,第四条规定的“国家扶持民用航空器制造业的发展,为民用航空活动提供安全、先进、经济、适用的民用航空器”,第十二条第二款规定的“民用航空器权利登记事项,可以供公众查询、复制或者摘录”,第三章规定的民用航空器权利保护、航空人员的权利和义务、空域使用等具体规定都是以人为本立法原则在中国国内航空立法中的贯彻和执行。

虽然以人为本的航空立法原则在中国航空立法实践中得到了较好的贯彻和执行,但是,仍存在以下一些问题。

第一,对在航空事业发展过程中出现的新问题和热点问题,尚缺乏以人为本的立法原则进行立法。目前,在航空事业发展过程中出现了许多新问题,如无人机、通用航空事业发展等方面的问题,这些新问题在实践中单靠政策进行规范,已经出现了“一抓就死，一放就乱”的局面。缺乏有关无人机和通用航空事业参与主体各方权利义务的航空法律规范，不利于保护这些参与主体的合法权益，也不利于无人机和通用航空事业等的健康持续发展，甚至会影响社会和谐稳定和国家国民经济的发展。

在中国航空事业发展过程中，诸如承运人对消费者最高赔偿限额、航空运输延误的判断、机场垄断行为侵犯消费者合法权益等热点问题一直存在。虽然《民用航空法》中对这些问题有概括性规定，但是较为抽象和模糊，缺乏可操作性，难以在司法实践中加以具体运用；或者虽然在具体航空法规和部门规章作出了规定，但是这些规定却非依据以人为本立法原则加以制定，在实践中也很难适用。这些热点问题，若不通过贯彻以人为本的立法原则进行立法加以解决，不仅会损害消费者的合法权益，与《民用航空法》第一条所规定的“保护民用航空活动当事人各方的合法权益”的立法目的相悖，而且还会导致突发事件、群体性事件等的发生，会破坏社会的和谐与稳定。

第二，开门立法、民主立法等以人为本立法原则的贯彻和执行不够。《立法法》第五条规定：“立法应当体现人民的意志，发扬社会主义民主，坚持立法公开，保障人民通过多种途径参与立法活动。”在航空立法中，虽然开门立法、民主立法等得到了较好的贯彻，但是仍然不够，表现在：航空立法相关草案的草拟仍由相关职能部门完成（这种部门立法的形式，贯彻执行了部门意志），只是在该航空立法草案完成后，才向社会公布，实际上从源头上就已经关上了开门立法、民主立法之门。虽然在形式上也能走完了“开门立法、民主立法”的程序，但是实质上并未充分贯彻和执行开门立法、民主立法等以人为本的立法原则。所立之法，缺乏可操作性，忽视消费者等航空活动参与主体各方利益也就不足为奇了。

第三，尚未牢固树立维护航空参与主体各方利益的思想，致使以人为本立法原则在航空立法中贯彻和执行不够。航空立法就是处理航空权利与权力、权力与责任的关系，规范航空活动参与主体的行为，调整航空活动参与主体的各方利益关系，维护航空活动各参与主体各方利益，根本目的是为实现航空强国提供坚强的法律保障。因此，在进行航空立法活动中，要把反映航空活动参与主体的呼声、维护他们的利益作为航空立法的基石。中国航空立法的部门立法特征使之不能完全倾听航空活动参与主体各方利益诉求，而长期将航空事业作为被管制对象的管制思想，也造成了立法者对维护航空参与主体各方利益的思想树立不牢，致使以人为本立法原则在航空立法中贯彻和执行不够。

基于上述问题，本书认为，要在中国航空立法中树立以人为本的立法原则，应做到：

第一，以航空事业发展过程中出现的问题和热点问题为导向，以以人为本作为航空立法的基本原则，进行有针对性的航空立法。进行航空立法的根本目的，就是要解决航空事业发展过程中的现有问题及未来可能出现的问题。当前，在航空事业发展不仅出现了无人机、通用航空事业发展等方面尚缺乏以以人为本立法原则进行的航空立法，而且一些老问题也未能解决，如空域的使用和管理问题，虽然《民用航空法》第七十一条规定了“划分空域，应当兼顾民用航空和国防安全的需要以及公众的利益”的原则，但是在第七十二条中授权给国务院、中央军事委员会制定具体的空域管理办法，到目前为止，“公众的利益”尚未有具体的航空立法加以体现。

对中国航空事业发展中出现的承运人对消费者最高赔偿限额、航空运输延误的判断、机场垄断行为侵犯消费者合法权益等热点问题，应以以人为本的立法原则，制定切实可行的航空法加以解决。

第二，在航空立法过程中，要贯彻和执行以人为本的立法原则，真正实现开门立法、民主立法。鉴于目前中国航空立法仍是部门立法的情况，建议在制定航空立法规划前，应有目的地进行实地调研，系统分析现有航空立法存在的主要问题；在立法草案制定过程中，应充分吸收专家、学者、个件具体航空立法参与主体代表加入其中，共同制定草案；在草案向社会公布公示期间，应采取多种形式充分听取意见和建议。

同时，本书认为，基于航空立法仍是部门立法的事实，以人为本的立法原则很难得到真正的贯彻和执行，建议可委托第三方机构进行委托立法。

第三，要牢固树立航空立法是为了维护航空活动参与主体各方利益的思想，切实贯彻和执行以人为本的立法原则。航空立法根本目的是为了维护航空活动参与主体各方利益，只有航空活动参与主体各方利益得到了立法维护，才能凝聚合力，共同促进航空事业安全和有秩序地发展，进而为实现航空强国的战略目标提供法治支持。因而，在航空立法过程中，应当全面听取航空活动参与主体的呼声，切实贯彻和执行以人为本的立法原则，贯彻《立法法》第五条规定的“立法应当体现人民的意志，发扬社会主义民主，坚持立法公开，保障人民通过多种途径参与立法活动”的立法基本原则，确保《立法法》第六条提出的“立法应当从实际出发，适应经济社会发展和全面深化改革的要求，科学合理地规定公民、法人和其他组织的权利与义务、国家机关的权力与责任。法律规范应当明确、具体，具有针对性和可执行性”的立法原则能得到贯彻和执行。

当然，在中国航空立法活动贯彻以人为本的立法基本原则，其中，“以人为本”中的“人”，不仅包括自然人，还包括法人、非法人单位甚至国家；不仅包括本国人，也涵盖外国人。

本书还认为，要科学制定中国航空法，不仅要求在航空立法过程中，要充分保障航空法律关系主体的合法权益，而且要对不适应时代发展要求的航空法进行及时的修订或废止；不仅要关注本国人享受航空科技进步带来的利益，还应考虑外国人因中国航空科技进步所带来的利益。只有这样,所立之航空法才能真正体现出以人为本的原则。

总之,要科学制定中国航空法,还要坚持以人为本的科技法律理念,充分发挥科学技术促进国家经济发展、提高人民生活水平的功能;还要关注全人类的共同利益,这既是当代社会实践提出的客观需要,也是人类摆脱现代性困境、保障未来生存的基本出路。

2.4.6 规范化原则

航空立法的规范化是指整个航空立法过程中都要依照法律法规规定进行。它不仅要求航空立法主体要有法定的航空立法权限,还要求航空立法要遵循法定的立法程序,遵守航空立法的指导思想和基本原则。

就国际航空立法而言,立法的规范化就是要求在进行国际航空立法时,要根据国际法的相关规则和权限进行。就目前来说,国际航空立法实际上就是制定国际航空条约。航空条约的制定要遵守 1963 年《维也纳条约法公约》的具体规定。1963 年《维也纳条约法公约》对缔约主体、缔约权限、缔约过程、缔约遵守的国际法,以及条约的生效、适用范围、保留、终止和暂行适用等都作出了具体规定。这些具体规定同样应适用于国际航空立法。

中国航空立法的规范化就是要根据中国立法规范规定的立法原则、立法权限和立法程序等进行航空立法。立法的规范化十分重要,遗憾的是中国在新中国成立 50 年后才制定出第一部专门规范国家立法活动的法律《立法法》。正如原全国人大常委会法工委主任顾昂然在向九届全国人大三次会议作《立法法草案》说明时指出的那样:“1979 年以来,中国的立法工作取得了显著成就,积累了不少经验。但在实际工作中也存在着一些问题,主要是:有些法规、规章规定的内容超越了权限;有些法规、规章的规定同法律相抵触或者法规之间、规章之间、法规与规章之间存在着相互矛盾、冲突的现象;有的质量不高,在起草、制定过程中,有的部门、地方存在着不从国家整体利益考虑而为部门、地方争局部利益的倾向。这些问题在一定程度上损害了国家法制的统一和尊严,也给执法造成困难。因此,需要根据宪法制定立法法,对法律、法规以及规章的制定作出统一规定,使之更加规范化、制度化,以维护国家法制的统一,建立和完善中国特色社会主义法律体系,这对推进依法治国,建设社会主义法治国家,有着十分重要的意义。”

中国《立法法》第一条规定:“为了规范立法活动,健全国家立法制度,建立和完善中国特色社会主义法律体系,保障和发展社会主义民主,推进依法治国,建设社会主义法治国家,根据宪法,制定本法。”2002 年 1 月 1 日起施行的《行政法规制定程序条例》第一条规定:“为了规范行政法规制定程序,保证行政法规质量,根据《宪法》《立法法》和《国务院组织法》的有关规定,制定本条例。”2002 年 1 月

1 日起施行的《规章制定程序条例》也在第一条规定："为了规范规章制定程序，保证规章质量，根据立法法的有关规定，制定本条例。"这三部法律、法规也为航空立法的规范化提供了法律依据。至此，在中国国内航空立法中，也在形式上做到了"有法可依"，实现了立法的规范化。

在中国航空立法规范化原则虽然在形式上得到了具体规定，但是在具体实施过程中，仍然存在下列问题。

第一，航空地方立法主体越权立法现象时有发生。根据现有《立法法》第七十三条和八十二条①的规定，地方性法规和地方政府规章的立法内容主要为执行上位法的规定，在上位法没有明确规定情况下，可先行制定地方法规和地方政府规章，但是不得与上位法的规定相抵触。在上位法已制定后，下位法已有规定与上位法相抵触或不一致的，应加以修改或废除。就现有《民用航空法》及相关航空行政法规的规定来看，《民用航空法》中对相关航空立法主体及立法权限已有明确规定。目前有关地方法规和地方政府规章中有对有关空域管理的使用的规定，就是越权立法的具体表现。因为《民用航空法》中明确规定了"空域管理的具体办法，由国务院、中央军事委员会另行制定"，而国务院、中央军事委员会已制定了《飞行基本规则》《通用航空飞行管理条例》等行政法规。诸如此种越权立法的现象在地方性法规和地方政府规章立法中时有发生。

第二，航空立法程序规范化有待加强。虽然现有《立法法》对立法程序作出了非常明确的规定，但是在中国现有部门立法的实况下，这些法定的立法程序在形式上得到了遵守，实质上对立法内容产生的实质性影响较小。目前，就中央航空立法来看，相关航空立法仍由民用航空主管部门进行草案的起草，然后按照法定

---

① 《立法法》第七十三条　地方性法规可以就下列事项作出规定：(一) 为执行法律、行政法规的规定，需要根据本行政区域的实际情况作具体规定的事项；(二) 属于地方性事务需要制定地方性法规的事项。除本法第八条规定的事项外，其他事项国家尚未制定法律或者行政法规的，省、自治区、直辖市和设区的市、自治州根据本地方的具体情况和实际需要，可以先制定地方性法规。在国家制定的法律或者行政法规生效后，地方性法规同法律或者行政法规相抵触的规定无效，制定机关应当及时予以修改或者废止。设区的市、自治州根据本条第一款、第二款制定地方性法规，限于本法第七十二条第二款规定的事项。制定地方性法规，对上位法已经明确规定的内容，一般不作重复性规定。

第八十二条　地方政府规章可以就下列事项作出规定：(一) 为执行法律、行政法规、地方性法规的规定需要制定规章的事项；(二) 属于本行政区域的具体行政管理事项。设区的市、自治州的人民政府根据本条第一款、第二款制定地方政府规章，限于城乡建设与管理、环境保护、历史文化保护等方面的事项。已经制定的地方政府规章，涉及上述事项范围以外的，继续有效。除省、自治区的人民政府所在地的市，经济特区所在地的市和国务院已经批准的较大的市以外，其他设区的市、自治州的人民政府开始制定规章的时间，与本省、自治区人民代表大会常务委员会确定的本市、自治州开始制定地方性法规的时间同步。应当制定地方性法规但条件尚不成熟的，因行政管理迫切需要，可以先制定地方政府规章。规章实施满两年需要继续实施规章所规定的行政措施的，应当提请本级人民代表大会或者其常务委员会制定地方性法规。没有法律、行政法规、地方性法规的依据，地方政府规章不得设定减损公民、法人和其他组织权利或者增加其义务的规范。

程序在形式上完成立法的过程,对航空立法实质性内容几无影响。因而,《立法法》及相关法律法规中所规定的航空立法的法定程序也只是在形式上得到了遵守,而《立法法》中所规定的科学立法、民主立法等立法基本原则并未得到真正贯彻执行,可能会造成重复立法、航空立法内容之间相互抵触等情形的发生。因此,加强实质性遵守航空立法程序,制定科学的航空法,刻不容缓。

第三,航空立法内容之间重复率高。这是航空立法规范性不足在内容上的具体体现。正是因为航空立法存在上述两个方面规范性不足的问题,在航空立法过程中对部门立法缺乏具体的监督和评估,致使所立航空法之内容存在着大量重复。具体表现为:大量部门规章和地方政府规章相互抄袭现象较为严重,重复率高。以地方性法规和地方政府规章有关机场的规定为例,以本书的统计分析来看,这些地方性法规和地方政府规章中有关机场的规定,多与《民用航空法》《民用机场管理条例》及国务院民用航空主管部门制定的有关机场方面的部门规章保持高度一致,重复率高。而这些地方性法规和地方政府规章的内容中,也存在着大量相互抄袭之现象,且重复率也很高。

因此,增强中国航空立法规范性已迫在眉睫。笔者认为,应从以下几个方面加强中国航空立法的规范性建设。

第一,明晰航空立法主权及其权限。现有《立法法》规定了中国现有立法主体及其权限,同样适用于中国航空立法;同时应依据《民用航空法》中所规定的立法主体及权限进行立法。本书建议,在以后的航空立法中,在个件航空立法时应非常明确地将立法依据写入其中,其模式为:“依据《中华人民共和国民用航空法》××条××款之规定,制定本条例、规章”等。

第二,切实加强对航空立法过程的监控。目前中国航空立法虽然已经有非常明确的立法程序,但是在实践中,因现有航空立法仍属于部门立法,因此,在航空立法过程中对立法内容的审议不够。建议一,可以在启动航空立法程序前,吸收专家、学者、航空活动参与主体代表、政府代表等组成立法团,按照《立法法》规定之程序进行立法。建议二,可委托专家、学者进行航空立法。

2.5 航空法的功能、价值和作用

研究航空法的功能、价值和作用,对完善中国航空立法至关重要。航空法的功能回答了为什么要制定航空法,航空法的价值回答了制定航空法应以什么样的法律价值作为指导,航空法的作用则回答了为什么要修订以及如何修订航空法。

2.5.1 航空法的功能

“功能”一词,从字面意义上理解是指事物或方法所发挥的有利的作用或效能。但对于什么是法律功能，中国学界有不同的看法。代表性观点主要有四种：

第一种观点认为，法律功能等同于法律的作用。如沈宗灵教授认为："法的作用，又称法的功能，泛指法对个人以及社会发生影响的体现。"①孙国华教授也认为："作用和职能（功能）所表达的意义十分相近、都说明研究对象的活动、运作和它对外界的影响。"②

第二种观点认为，法律功能是法律作用的导向或趋向。例如，俄罗斯法学家拉扎列夫认为："法的职能就是由法的本质和法在社会生活中的社会意义所决定的，对社会关系所施加的法律影响的主要导向。"③

第三种观点认为，法律功能是法律通过自己的活动，从而体现自己在社会中的地位关系。例如，赵震江教授认为，法律功能，是指法律作为体系或部分，在一定的立法目的的指引下，基于内在结构属性而与社会单位所发生的，能够通过自己的活动（运行）造成一定客观后果，并有利于实现法律价值，从而显现自身价值在社会中的实际特殊地位的关系。④

第四种观点认为，法律功能和法律作用是两个不同的概念。例如，黄建武教授认为，功能是指一定结构决定的事物产生的一定作用的能力，而作用则是一种实际影响。法的现象的功能，是法律由其特征和结构决定的发挥一定作用的能力。法的现象的作用则是法律对人们的活动所产生的实际影响。⑤

本书认为，上述学者的论述都具有一定借鉴意义。本书更倾向认同第四种观点，即法律功能是指法律对个人及社会产生的一定作用的能力。所谓航空法的功能是指航空法对个人及社会产生的一定作用的能力。它属于应然性范畴，即航空法应对个人及社会产生的作用的能力。和法律的一般功能相同，航空法的功能也包括航空法的社会功能、政治功能、经济功能、利益调控功能和激励功能。

2.5.1.1 航空法的社会功能

航空法的社会功能是指航空法在调整航空活动及相关社会关系时应当产生的社会效果。本书认为，它主要包括如下六个方面。

（1）维护航空秩序，促进航空事业发展

按照《辞海》的解释，"秩，常也；秩序，常度也，指人或事物所在的位置，含有整齐守规则之意。"从法理学角度来看，美国法学家博登海默认为，秩序意指在自然进程和社会进程中都存在着某种程序的一致性、连续性和确定性。

一般而言，秩序可以分为自然秩序和社会秩序。自然秩序由自然规律所支

① 沈宗灵. 法理学[M]. 北京：北京大学出版社，2001：82.

② 孙国华，朱景文. 法理学[M]. 北京：中国人民大学出版社，1999：54.

③ 拉扎列夫. 法与国家的一般理论[M]. 王哲，王成英，刘远生，译. 北京：法律出版社，1999：118.

④ 赵震江. 法律社会学[M]. 北京：北京大学出版社，1998：214 - 215.

⑤ 公丕祥. 法理学[M]. 上海：复旦大学出版社，2001：82.

配，如日出日落，月亏月盈等；社会秩序由社会规则所构建和维系，是指人们在长期社会交往过程中形成的相对稳定的关系模式、结构和状态。

航空活动本身是一个系统工程，在这个系统工程中，参加主体较多，若没有航空法加以规范和约束，航空活动的发展就会受到极大影响，甚至会处于无序状态。之所以制定航空法，就是要维护航空秩序，只有航空秩序处于良好的运行状态，航空事业才能获得持续发展。而在航空活动领域中，频频出现的影响航空秩序的行为，如航班延误、飞行员罢飞等问题，恰恰说明航空法治建设还不甚健全，仍应进一步加强航空立法、执法、守法和法律监督等工作。因此，维护航空秩序，促进航空事业的发展是航空法的首要功能。

(2) 根据一定的价值准则分配利益，确认和维护航空活动参与主体的权利和义务

从航空法的发展历程来看，航空法实际就是一个利益分配的工具。如在航空法发展早期，航空运输业被当作是公益事业，由国家加以垄断性经营，加之航空活动风险较大，而航空承运人又不能通过航空保险等手段来转移风险，为保障处于幼年时期的航空运输业的发展，在 1929 年《华沙公约》中，规定了航空承运人对消费者赔偿的最高限额。同时，又从公平公正的价值准则出发，1929 年《华沙公约》规定了承运人承担责任的过失责任制，创造性地提出了举证责任倒置这样一个原则，这无疑又对保护消费者有利。这样，1929 年《华沙公约》就根据法律的公平公正价值的准则在航空承运人和消费者之间进行利益的分配，确认和维护了二者的权利和义务。

随后对 1929 年《华沙公约》的每一次修订，都是按照公平公正的价值准则对承运人和消费者的利益进行再次分配，从而促使航空承运人和消费者利益分配在航空运输发展过程中达到动态平衡。如不断修订承运人对旅客的赔偿责任限额和归责原则，主要是因为航空科技水平不断提高，保险业介入航空运输领域，航空运输风险在不断降低，适当通过航空立法"加重"承运人的责任，也是在航空运输中承运人和消费者之间合理分配利益的必然要求。最终在 1999 年《蒙特利尔公约》中形成了双梯度责任制这样一个独特的利益分配方式，即如果旅客索赔数额大于 10 万个特别提款权的，对超出 10 万个特别提款权部分的，只要承运人能够证明自己没有错，就不承担赔偿责任；对未超出 10 万个特别提款权部分的，对承运人实行严格责任制，即除了公约中所规定的免责事由外，如被害人有过错或第三人有过错，不论承运人是否有过错，都应承担相应的赔偿义务。这是在全球化背景下，国际航空运输发展的必然要求。因为，"认识到确保国际航空运输消费者的利益的重要性，以及在恢复性赔偿原则的基础上提供公平赔偿的必要性"，所以，"通过制定一项新公约来增进对国际航空运输某些规则的一致化和法典化是获得公平的利益平衡的最适当方法"。这就是航空法通过"公平的利益平衡"的准

则，在承运人和消费者之间进行利益分配，确认和维护二者的权利和义务，从而实现承运人和消费者利益分配的动态平衡，进而促进航空法社会功能的逐步实现。

再如，航空运输是高度危险作业，一旦发生事故，不仅会对航空器及航空器上的人员和财产造成重大损害，也可能因飞行中的航空器坠毁或从其上落下人或物给地(水)面人员人身和财产造成重大损害。为确保这些无辜的地(水)面人员能够获得公平和充足的赔偿，不仅在国际航空法中要求飞入、飞经、飞离他国的航空器要投保地面第三人责任险或者提供相应担保，而且在各国国内航空法中，也都无一例外地做出了同样的规定，甚至还适用于在本国飞行的本国航空器。航空法中之所以有这样的规定，就是根据"谁获益，谁应承担风险"的价值准则，对航空活动参与主体进行利益分配，以确认和维护包括经营人、第三人、保险人、担保人在内的航空主体的权利和义务。根据一定的价值准则分配利益，确认和维护航空参与主体的权利和义务，也是航空法社会功能的体现。

(3) 为国家航空管理机关和相关航空主体航空执法提供航空法律依据，并对他们滥用权力或不尽职责的行为实行制约

为保障航空活动安全和有秩序地进行，必须要加强航空执法工作，要加强航空执法，首先要有"航空法"可依，即在航空法中要对航空执法主体的职权和范围进行准确界定，只要这样，才能保障航空执法活动的顺利进行，并对航空执法主体滥用权力或不尽职责的行为实行制约。如《民用航空法》第 3 条规定:"国务院民用航空主管部门对全国民用航空活动实施统一监督管理;根据法律和国务院的决定，在本部门的权限内，发布有关民用航空活动的规定、决定。国务院民用航空主管部门设立的地区民用航空管理机构依照国务院民用航空主管部门的授权，监督管理各个地区的民用航空活动。"

另外，在《民用机场管理条例》和《民用机场安全管理规定》等诸多行政法规和规章中也规定了有关地方人民政府也是航空执法的主体，并对他们滥用权力或不尽职责的行为实行制约。如《民用机场管理条例》第 38 条规定:"国家工作人员违反本条例的规定，有下列情形之一的，由有关部门依法给予处分:(一) 不依照规定实施行政许可;(二) 不依法履行监督检查职责;(三) 不依法实施行政强制措施或者行政处罚;(四) 滥用职权、玩忽职守的其他行为。"此外，在航空运输中，机长也享有相应的航空执法的权力，如 1963 年《东京公约》赋予了机长的某些治安权力，包括对犯罪人员或严重违反机上秩序的人员使用包括看管在内的措施，以便保障飞行安全。《民用航空法》第 44 条规定:"机长在其职权范围内发布的命令，民用航空器所载人员都应当执行。"

这些规定，为航空执法提供了依据，能够确保航空活动安全和有秩序地运行，为航空法社会功能的实现提供了保障。

(4) 预防和解决航空法律关系主体之间的争端

在航空活动中,参与主体众多,法律关系复杂,既有众多的航空私法关系,如航空承运人与消费者之间的合同关系、航空器经营人或作业人与第三人之间的侵权关系、航空保险人和投保人之间的保险合同关系等;又有繁杂的航空公法关系,如国家间通航过程中形成的国际关系、一国国内航空行政机关与相对人之间的航空行政法律关系、航空行政机关之间的法律关系等。在这些复杂的法律关系中,产生争端和纠纷是必然的,判断这些纠纷的"对"与"错",是航空法的主要职责。航空法和其他法律一样,"定分止争"是其重要功能。定分止争出自《管子·七臣七主》:"法者所以兴功惧暴也,律者所以定分止争也,令者所以令人知事也。"定分:确定名分,止争:止息纷争。航空法不仅要在航空活动确定法律关系主体的"名分",而且还要"止息纷争",从而促使航空法律关系主体不仅能够预防争端的出现,而且还能在争端出现后,通过航空法解决争端。如 1999 年《蒙特利尔公约》第 29 条规定:"在旅客、行李和货物运输中,有关损害赔偿的诉讼,不论其根据如何,是根据本公约、根据合同、根据侵权,还是根据其他任何理由,只能依照本公约规定的条件和责任限额提起,但是不妨碍确定谁有权提起诉讼以及他们各自的权利。在任何此类诉讼中,均不得判给惩罚性、惩戒性或者任何其他非补偿性的损害赔偿。"就是说,只要是符合 1999 年《蒙特利尔公约》意义上的国际运输,发生损害赔偿,公约强制适用。这就预防和解决了承运人与消费者之间的合同争端,为他们之间争端的法律适用提供了依据。《民用航空法》第 131 条也规定:"有关航空运输中发生的损失的诉讼,不论其根据如何,只能依照本法规定的条件和赔偿责任限额提出,但是不妨碍谁有权提起诉讼以及他们各自的权利。"另外,中国还有大量的其他法律、法规和规章,为预防和解决航空法律关系主体之间的争端提供了航空法律依据,从而确保了中国航空运输安全和有秩序地运营。预防和解决航空法律关系主体之间的争端,也是航空法社会功能的重要体现。

(5) 预防和制裁航空违法和犯罪行为

航空违法犯罪行为对航空秩序的影响最大,因此预防和打击航空违法犯罪行为对确保航空事业的发展意义重大。所谓航空违法和犯罪行为,是指违反了航空法的违法行为和构成犯罪的行为。在航空运输发展早期,航空违法和犯罪行为一般是在各国刑法中加以规定。在一国是航空违法或犯罪行为,但在他国可能并不是违法和犯罪行为。随着国际航空运输的飞速发展,各国刑法对航空违法和犯罪行为的不同规定,给破坏航空秩序的航空违法和犯罪分子逃避制裁提供了方便。在国际层面上,制定统一的航空法,规定哪些行为是航空违法行为和犯罪行为就至关重要了。为此,国际上先后制定了 1963 年《东京公约》、1970 年《海牙公约》和 1971 年《蒙特利尔公约》,为预防和打击航空违法和犯罪行为提供了国际法依据。预防和制裁航空违法行为和犯罪行为的目标是一致的,都是为了确保航空活动安全和有秩序地运行。预防是“治标”,制裁是“治本”。对航空违法和犯罪行为进行制裁,是为了更好地预防航空违法和犯罪行为的发生。所以,制裁航空违法和犯罪行为,是预防航空违法和犯罪行为的特殊形态。预防航空违法和犯罪行为包括事前预防和事后预防两种形式。所谓事前预防是指通过各种形式宣传航空法,使人们了解航空法,从而遵守航空法,达到预防航空违法和犯罪行为的功效。事后预防是指通过对航空违法和犯罪行为进行制裁,不仅会对违反航空法的违法和犯罪行为人产生威慑作用,使其不敢再进行违法和犯罪活动,而且还会产生示范效应,让那些想进行航空违法和犯罪行为的人打消念头,更会对普通群众产生教育作用,从而减少航空违法和犯罪行为的发生,达到航空法事后预防的功效。可见,预防和制裁航空违法和犯罪行为是航空法的重要社会功能之一。

(6) 为航空法自身的运行与发展提供制度和程序保障

在国际航空法领域,1944 年《芝加哥公约》设立国际民航组织,并规定了该组织的职权和运作程序。1944 年《芝加哥公约》生效后,国际民航组织根据 1944 年《芝加哥公约》的规定按照法定程序制定了国际航空术标准。另外,1944 年《芝加哥公约》和其他国际航空公约中都规定了公约的生效、加入、退出、会员权利和义务、表决权等,为国际航空法的运行和发展提供了制度和程序保障。在国内航空法领域,一国国内制定航空法律的机关一般是国会、议会,在中国是全国人民代表大会常委会。在《民用航空法》生效后,该法对航空法本身的运行与发展提供了制度和程序保障,如第 3 条规定:“国务院民用航空主管部门对全国民用航空活动实施统一监督管理;根据法律和国务院的决定,在本部门的权限内,发布有关民用航空活动的规定、决定。国务院民用航空主管部门设立的地区民用航空管理机构依照国务院民用航空主管部门的授权,监督管理各该地区的民用航空活动。”这一规定,明确了中国民用航空活动的监督和管理机关,以及他们行使权力的制度和程序。再如,该法第 53 条第 3 款规定:“军民合用机场由国务院、中央军事委员会另行制定管理办法。”第 72 条规定“空域管理的具体办法,由国务院、中央军事委员会制定。”第 76 条第 4 款规定:“飞行规则由国务院、中央军事委员会制定。”这些规定为中国国内航空法的运行与发展提供了制度和程序保障。另外,为确保航空规章的立法质量,2007 年 5 月 14 日,中国民航局根据《中华人民共和国立法法》和《规章制定程序条例》制定了《中国民用航空总局规章制定程序规定》,该规定为民用航空规章的制定,也为广义上航空法的运行和发展提供了制度和程序保障。此外,诸如,《民用航空行政检查工作规则》《民用航空行政许可工作规则》及《民航行政机关行政赔偿办法》等航空程序性规范,也为航空法本身的运行与发展提供了制度和程序保障。所以,航空法也为自身的运行与发展提供了制度和程序保障,这也是航空法应有的社会功能之一。

2.5.1.2 航空法的政治功能

政治功能是政治事务满足政治主体需要而产生的一种作用过程及其表现形式。政治功能的多层次结构，总是由政治本质所决定的；[①]通过政治功能结构体系的分析，可以从多方面对政治的具体功能形式及其关联性进行具体考察。法律的制定，从本质上来说也是一种“政治需求”。从这个意义上来看，航空法的制定无疑也是一种“政治需求”，主权国家之所以要制定国内航空法，就是要实现其对航空权力的控制，规范航空政治行为；国际航空法本身就是主权国家同意的产物，目的是规范国家之间的国际航空关系，更能体现出航空法的政治功能。概括而言，本书认为，航空法的政治功能主要有如下四个方面：

(1) 实现国家对航空权力的控制

国家要控制航空权力，实现其统治和社会管理职能，必须要有航空法加以确认。航空权力包括领空主权、航线审批、国家之间通航协议的签订等内容，这些内容都是由航空法加以确认的，进而实现了国家对航空权力的控制。以领空主权为例，只有国家才能占有、使用、收益和支配领空资源。例如 1944 年《芝加哥公约》第 1 条第 1 款规定：“每一个国家对其领土上空的空气空间享有完全的和排他的权利。”各国国内航空法中也都对本国的领空主权及其控制进行了确认。美国《联邦航空法》第 40103(主权和空域的使用)中(a)规定：“美国政府对美国的空气空间拥有完全的和排他的主权。”《民用航空法》第 2 条规定：“中华人民共和国的领陆和领水之上的空域为中华人民共和国领空。中华人民共和国对领空享有完全的、排他的主权。”该法第 174 条、178 条和 179 条规定了外国民航航空器飞入、飞离、飞经中国必须经过国务院民用航空主管部门的批准，这也是国家控制航空权力的具体体现。国家之间通航，是由国家间通过签订双边航空协定的方式，实现国家之间航空资源的“互换”，排除私法主体对国家航空资源的控制，从而确保航空权力归国家控制。

可见，航空法制定的目的之一，就是要实现国家对航空权力的控制，这也是航空法政治功能的体现。

(2) 实现政府对公共航空权力的配置

公共权力配置是指政府通过对公共权力的分配，进行社会调控。从这个意义上说，政治制度的直接作用或首要功能就是通过规范各种追逐权力的政治力量，形成一种强制性的公共权力。政治制度是形成、维护和实施强制性公共权力的规则体系。[②] 在通过航空法实现了国家对航空权力的控制之后，随即就涉及对公共航空权力的配置，即由谁来行使公共航空权力。虽然各国对公共航空权力的配置

---

① 刘德厚.广义政治论——政治关系社会化分析原理[M].湖北：武汉大学出版社，2004：213－214.

② 黄泰岩.试论行政审批制度的政治功能[J].武汉大学学报(哲学社会科学版)，2006(06)：787.

方式有所差异，但也都是通过航空法的规定来进行的。例如，美国航空法规定，空中交通管理的权力在平时主要由美国联邦航空管理委员会行使，但战时移交给国防部。在欧洲，空中交通管理权力主要是通过航空法规定，由国家委托给其他组织来行使。

在中国，根据《民用航空法》第 3 条之规定，由国务院民用航空主管部门和地区民用航空管理部门对民用航空活动实行监督管理。机场实行属地化管理改革完成后，中国通过《民用机场管理条例》第 4 条对民用机场管理权力又进行了重新配置，即"国务院民用航空主管部门依法对全国民用机场实施行业监督管理。地区民用航空管理机构依法对辖区内民用机场实施行业监督管理。有关地方人民政府依法对民用机场实施监督管理。"另外，在航空运输企业的设立①、航线审批等航空权力的配置也都由航空法加以规定。《中国民用航空国内航线经营许可规定》第 5 条②对其进行了细化。所以，实现政府对公共航空权力的配置是航空法政治功能的体现之一。

(3) 规范航空政治行为

政治行为是人们在特定利益的基础上，围绕着政治权力的获得和运用、政治权利的获得和实现而展开的社会活动。作为政治关系的直接动态表现，政治行为包括政治斗争、政治管理、政治统治和政治参与等多种形式。③ 表现在航空政治领域，航空法不仅为航空政治行为提供了合法性和合理性的解释，而且还能规范航空行政行为，实现依法管理、依法行政，并保证航空行政相对人依法参与航空活动。

例如，根据《民用航空法》第 3 条规定，国务院民用航空主管部门对全国民用航空活动实施统一监督管理；根据法律和国务院的决定，在本部门的权限内，发布有关民用航空活动的规定、决定。国务院民用航空主管部门设立的地区民用航空管理机构依照国务院民用航空主管部门的授权，监督管理各个地区的民用航空活动。这不仅为航空行政机关航空政治行为的做出提供了法律依据，而且严格限定了该航空政治行为的做出的边界，规范了航空行政机关航空政治权力的行使。不仅如此，在中国《立法法》《行政处罚法》《行政复议法》等法律也为航空政治行为提供了依据，并进行了划界，规范了航空政治行为。根据这些法律的规定，结合航空政治行为自身的特征，国务院及航空行政机关也相继颁布了一系列法规和规章，

---

① 《民用航空法》第 92 条规定："设立公共航空运输企业，应当向国务院民用航空主管部门申请领取经营许可证，并依法办理工商登记；未取得经营许可证的，工商行政管理部门不得办理工商登记。"

② 《中国民用航空国内航线经营许可规定》第 5 条规定："中国民用航空总局和民航地区管理局根据空运企业经营国内客、货航线的申请，分别采取核准和登记方式进行管理。"第 6 条规定："民航总局负责对区际航线实施经营许可的核准、登记管理，并对全国国内航线经营进行监督和管理。民航地区管理局负责对其所辖区域内航线实施经营许可的核准、登记管理，并对涉及其辖区内所有航线经营进行监督和管理。"

③ 付子堂. 法律功能论[M]. 北京：中国政法大学出版社，1999：159.

对航空政治行为进行规范，例如《行政法规制定程序条例》《民用航空行政检查工作规则》《民用航空行政许可工作规则》和《民航行政机关行政赔偿办法》等。这些航空法律、法规和规章，规范了航空政治行为，为实现航空法的政治功能提供了法律依据。

(4) 促进航空行政的发展

航空法不仅要实现对航空权力的确认、配置，规范航空政治行为，而且航空法相关价值理念，也为政府航空行政行为的做出提供了价值导向，进而促进航空行政的发展，为航空活动安全和有秩序地进行提供服务，最终实现中国从航空大国向航空强国的转变。

例如，《民用航空法》第 1 条规定："为了维护国家的领空主权和民用航空权利，保障民用航空活动安全和有秩序地进行，保护民用航空活动当事人各方的合法权益，促进民用航空事业的发展，制定本法。"这个条文不仅表明了航空法的立法目的，而且体现了航空法的价值，即保障民用航空活动"安全"和有"秩序"地进行。这就要求航空管理部门在进行航空行政时，都应以此作为价值导向。这个价值导向能使航空行政人员、航空行政组织内部的各种力量在共同价值观的指导下，引导到《民用航空法》第 1 条所规定的共同目标。

此外，航空法的价值理念将共同价值观向航空行政人员个人价值观内化，使航空行政组织在理念上确定一种内在的、自我控制的行为标准，借助其微妙的作用，以看不见的形式操纵着航空行政组织的活动，规范、指导、约束着航空行政人员的行为。进而促进航空行政的发展，为航空活动安全和有秩序地进行提供服务，实现中国从航空大国向航空强国的转变。

2.5.1.3 航空法的经济功能

在法律与经济的关系中，法律作为上层建筑的一个组成部分，是由经济基础决定的，但法律会对经济的发展产生促进或阻碍作用。航空法作为法律的一个组成部分，也不例外，它也会对航空运输业的发展产生促进或阻碍作用。但就目前来说，根据中国航空业的发展状况，以及中国航空法的现存情况，它对航空业的促进作用远远大于其阻碍作用。整体来说，航空法的经济功能主要体现在如下几个方面。

(1) 为航空市场提供了行为准则

市场经济即是法治经济。市场必须有规则，航空市场也不能超然于法外。从事航空业务的主体必须依据航空法来规范自身的行为，享有根据航空法所设定的权利，并履行航空法所设定的义务，更要根据航空法的规定来解决处理主体间的各种航空争端。唯其如此，才能维持航空市场的稳定，保证航空活动的顺利开展。否则，如果没有航空法，航空市场就可能处于无序状态。虽然其他法律法规中也有对航空市场进行约束的行为规范，但航空市场毕竟和其他市场存在着较大的差别。它有自身的发展规律和实际状况，要求有不同于其他市场领域的行为准则。

如在航空运输企业的设置上,因航空运输属于高度危险作业,为确保航行安全,要求航空运输企业必须具备有别于一般企业的某些资质,才能进行航空活动。这就需要公共航空运输企业有不同于一般企业的设立条件。为此,《民用航空法》规定了设立公共航空运输企业的条件,并要求在企业设立前,必须要获取国务院民用航空主管部门颁发的经营许可证。在公共航空运输企业的运行中,由于其具有公共性的特征,因此,在与消费者签订合同时,航空法规定了其强制性承诺的义务,这和合同的自由原则也有差异。航空法的这些规定,为航空主体提供了不同于一般行为主体的行为准则,维护了航空市场秩序,确保了航空安全。

在航空活动中,航空器的买卖、抵押、优先权、航空承运人责任制度、航空保险等都是市场行为,航空法为这些航空活动提供了行为准则和依据。虽然航空市场的诸多活动也具有民商事活动的性质,但如本书在上文中所指出的那样,航空活动有自身的特征,诸如国际性、既涉及公法也涉及私法关系等,它要求要有区别于一般民事商活动的行为准则,航空法无疑满足这种要求。例如,在国际航空运输中对承运人实行双梯度责任制度;而在其他运输中,对承运人的归责实行单一责任制,可能是严格责任制,也可能是过错责任制。如果是国际航空运输的承运人,在对消费者进行赔偿时,就要适用航空法的规定,而不能适用其他法律的规定。只有在航空法没有规定的情况下,才能参照适用其他法律、法规的规定。可见,航空活动的这些市场主体在进行航空活动时,是航空法为他们提供了行为准则。再如,《民法通则》中规定,人身损害赔偿责任的诉讼时效是一年;而航空活动由于具有国际性的特点,在航空法中对人身损害赔偿的诉讼时效规定为二年。在出现对航空承运人的索赔时,是适用二年的诉讼时效,而不是一年的。此外,航空活动还具有公益性的特征,这也需要航空法为航空市场参与主体提供能够体现航空活动公益性的规范,作为这些主体的行为准则。

总之,由于航空活动具有不同于一般市场活动的特征,必然要求要有航空法为其提供行为规范,作为其活动的准则,这也是航空法本身所应具备的效能,即航空法的经济功能。因此,为航空市场提供行为准则,确保航空活动的安全和有序运行,是航空法经济功能的体现。

(2) 促进航空企业的发展和壮大

在航空活动活动中,参与的航空企业较多,有航空器制造企业、航空运输企业、民用机场等。就航空器制造企业而言,不仅能够反映出一国经济发展水平和综合实力,更是一国科技发展水平的重要标志,航空法必须为促进航空制造企业提供法律支持,促进其发展壮大。

为此,《民用航空法》第 4 条规定,国家扶持民用航空事业的发展,鼓励和支持发展民用航空的科学研究和教育事业,提高民用航空科学技术水平。国家扶持民用航空器制造业的发展,为民用航空活动提供安全、先进、经济、适用的民用航空器。这就为航空器制造企业的发展和壮大提供了法律依据。2008 年 5 月 11 日，中国商用飞机有限责任公司在上海成立，标志着中国航空企业已具备了制造大型客机的技术和市场条件，体现了航空法的经济功能。

就航空运输业来说，它在性质上属于第三产业，也是重要的物质生产部门之一，是社会生产力的重要组成部分。一国航空运输业的发达程度，也能体现一国经济发展水平和科技水平。要促进航空运输业的发展，就必须要促进提供航空运输服务的运输企业的壮大。

为此，《民用航空法》中确立了航空器权利等物权制度、航空运输合同法律制度，为航空运输企业更好地经营提供了法律依据；并根据国际航空公约的规定及对其他发达国家航空法内容的借鉴，确立了承运人赔偿限额责任制，减轻了航空运输企业的赔偿负担，促使其发展壮大。另外，为保障航空运输企业依法成为独立的市场主体，中国航空运输管理体制进行了数次改革，为航空运输企业在市场经济中不断壮大和发展提供了保障措施。

特别是在进入 21 世纪后，中国航空运输管理体制改革再次启动，航空运输企业获得了更大的发展机遇，企业规模不断壮大，民营航空公司也逐步设立，航空运输企业中吸引外资的步伐也逐步加大，中国航空运输企业在航空法律制度的保障下，获得了长足的发展，并取得了可喜的成绩。2004 年，中国航空运输企业运输总量超越德国，跃居世界第二位。可见，航空运输企业的发展壮大，会带来航空运输业的繁荣和发展；航空运输业的繁荣和发展又促进了中国国民经济整体发展。航空运输企业的发展壮大是靠航空法律制度作为保障的，促进航空运输企业的发展壮大是航空法的重要经济功能。

民用机场也是重要航空企业，航空运输企业的运输效率也要取决于民用机场所提供的服务状况。促进民用机场的发展壮大，对促进中国航空运输业整体发展意义重大。因此，促进民用机场的发展也是航空法的经济功能之一。为促进民用机场的发展，中国实行了机场属地化改革，将机场的管理权限下放给地方政府，鼓励对机场进行投资。《民用机场管理条例》第 3 条规定，民用机场是公共基础设施。各级人民政府应当采取必要的措施，鼓励、支持民用机场发展，提高民用机场的管理水平。这就为民用机场的融资、税收、财政等方面提供了发展的便利，促进了民用机场的发展，也体现了航空法的经济功能。

除在国家层面上颁布一系列航空法律、法规来促进航空企业的发展和壮大外，中国诸多地方人大及其常委会和地方政府也纷纷制定地方航空法规和规章，为进一步促进本地区航空企业的发展壮大提供航空法保障，进而为实现航空法的经济功能打下了良好的基础。

(3) 促进国民经济整体发展、增加出口创汇并能带来巨大的就业机会

航空法的经济功能不仅体现在为促进航空业的发展壮大提供法律保障，而且

还体现在能促进国民经济整体发展、增加出口创汇及带来巨大就业机会等方面。

航空运输对国民经济发展的贡献率大。交通运输是世界经济和旅游业发展的基础。随着世界经济和旅游业的发展，航空运输在整个运输结构中的比例在不断提高。国际航空权威机构研究表明，航空运输是经济和社会发展的催化剂。目前全球每年搭乘飞机的旅客约 25 亿人次，40%的国际旅游通过航空运输来完成，通过航空来运输的货物每年约 4 680 万吨，占整个国际贸易货物价值的 40%。航空经济的全球贡献率约占全球 GDP 的 7.5%。①

航空工业能够促进国家出口创汇。2012 年美国航空航天工业出口额达 2 240 亿美元，外贸顺差 635 亿美元。2011 年法国航空航天工业营业额 524.9 亿美元，出口额为 331.4 亿美元，外贸顺差达 193.5 亿美元。

航空业能带来可观的高技术水平就业机会。据国际航空运输协会统计，单航空运输一项，全球航空运输在 2011 年就产生 3 200 万个就业岗位。而通常的国际经验表明，一个航空项目发展 10 年后会给当地带来的效益是：产出比为 1∶80，技术转移比为 1∶6，就业带动比为 1∶12。

(4) 为其他产业的发展提供契机

航空业是经济发展的发动机之一，例如，2009 年牛津经济研究所在伦敦发布了题为《航空业：连接现实世界的全球网络》的研究报告，该报告就航空业对未来经济和社会发展的影响进行了深入的研究。报告称，如果将航空业的增长速度在当前水平上降低 1%的话，全球将会损失 600 万个就业机会，其中亚太地区将损失 200 万个，欧洲和北美地区将损失约 150 万个，非洲和拉丁美洲各损失约 40 万～50 万个，中东地区将损失 20 多万个。随后，牛津经济研究所董事总经理库伯表示："对航空业在世界不同行业和地区的影响的分析越深入，就越能够理解航空业的重要性。无论是发达国家还是发展中国家，每个行业的增长都与航空业的增长密不可分。报告表明，全球经济的增长离不开航空业的增长，并在某种程度上取决于航空业的增长。"②保障航空业的健康发展是航空法的经济功能之一，为其他产业发展提供契机，也是航空法经济功能的间接体现。

航空业是带动国民经济发展的重要产业，是尖端技术发展的引擎。现代航空产品是尖端技术的集成，先进航空产品的研制生产必然带动尖端技术的发展。历史已经表明，先进航空产品的研制生产有力地促进了冶金、化工、材料、电子和机械加工等领域的技术进步，从而在技术层面上提升了国民经济。

航空技术用途广泛。航空技术不仅可以用于航空领域，而且还可以转移应用于广阔的非航空领域，从而推动国民经济的发展。此前，日本曾经作过一次 500

① 夏兴华.发展航空经济，促进产业结构调整和经济发展方式转变[EB/OL]. http://www.cntheory.com/news/chanyjj/2011/610/116101540593KCAB9GAC3HE02GJ688J.html.

② 参见：http://www.chinajilin.com.cn/lilun/content/2010-11/02/content_2112935.htm.

余项技术扩散案例分析，发现 60%的技术源于航空产业。①

2.5.1.4 航空法的利益调控功能

目前，人们对利益有不同的界定。主要有三种观点：

其一，认为利益是一种主观愿望，能够满足主体的主观需求，应主体需要而产生，随主体需要的发展而发展。这实际上认为利益是一种价值判断。

其二，认为利益是一种客观存在，即不论社会主体是否认识，它都客观存在，不因主观意志而改变其客观属性。虽然在不同时代，利益的内容有所差异，但它是客观存在的。

其三，认为利益是主观愿望和客观需要的结合。即利益首先会形成一种特定的社会关系，当客观需求对象在满足主体需要时，需求主体之间进行分配必然会形成一定的社会关系。同时，自由、平等、安全、效率、公平、秩序等价值层面的内容均可归属于利益的范畴。这种观点还认为，利益也是一种社会资源，是社会生存和发展的基础，资源的稀缺与匮乏意味着利益客体的缺失，会导致利益冲突。人们通过对社会资源的占有从中得到享受，使自身需要得以满足。从这个意义上说，利益的享有就意味着人们对能满足其需要的资源的占有。利益作为需要与满足之间的混合关系，其基础是对资源的占用，利益的实现必须依托于资源。人们可以从社会资源中获得好处，满足自己一定的需要、愿望或要求，得到效用满足。而人们并不能随心所欲地分配这些资源，是要受到客观条件限制的。这些客观条件指的是客观规律的许可程度和人们所处社会环境及社会制度的约束。

这三种观点中，第三种观点目前被普遍接受。本书赞成第三种观点。

据此，本书认为，所谓利益是指能够使社会主体的生存和生活需要获得某种满足的社会资源，而这种资源的有限性决定了利益满足的程度是在客观规律、社会环境和社会制度所认可的范围的约束之下的。利益既有不以主体意志为转移的客观属性，又与人的主观要求紧密关联。

社会资源的有限性决定了人们要对利益进行调控。对利益进行调控的方式很多，如依据战争、政治权力、社会身份等。从人类历史发展来看，法律对利益的调控是常态，它通过调控利益从而达到对社会进行调控。付子堂教授在《法律功能论》一书中指出，法律对社会的调控功能主要是通过对利益的调控而实现的。他认为，法律对利益的调控功能主要表现为三个方面：利益表达功能、利益平衡功能和利益重整功能。② 航空法也不例外，其对利益的调控功能也主要包括利益表达功能、利益平衡功能和利益重整功能。

---

① 参见：http://news.xinhuanet.com/fortune/2008-07/08/content_8509788_4.htm.

② 付子堂. 法律功能论[M]. 北京：中国政法大学出版社，1999：8.

(1) 航空法的利益表达功能

利益表达又称利益诉求,是指相关主体通过合法正当的途径和方式,表达自身需求和意见,以实现和维护自身利益。表现在法律领域,是指在法律制定时,要充分听取各个方面的意见和要求,并最大可能地将法律所涉及的各种利益主体的意见和要求,通过法律形式表现出来。航空法的利益表达也是如此,就是在航空法制定时,要充分听取各种利益主体的意见和要求,并在航空法中最大限度地体现各种主体的意见和要求。航空法的利益表达功能就是在航空法中应充分体现各种利益主体的利益诉求,承认各类利益主体的航空权利。因航空法分为国际航空法和国内航空法,所以研究航空法的利益表达功能要从这两个方面加以分析。

其一,国际航空法的利益表达功能。国际航空法的利益表达功能主要表现在国际航空法承认各类主体的航空权利。从现存的国际航空法的内容来看,对各类利益主体航空权利的承认主要有两个方面。

一方面,国际航空法确认了国家的航空权利。国际航空法是规范国家之间航空关系的原则、规则和制度的总和。承认国家航空权利是从事国家间通航的基础。因此,承认国家航空权利是国际航空法利益表达功能的直接体现。

例如,1944 年《芝加哥公约》第 1 条规定,缔约各国承认每一国家对其领土之上的空气空间享有完全的和排他的主权。根据该规定,任何国家对其领空都享有所有权、管理权、管辖权等各种权利。外国民用航空器要飞入、飞经、飞离本国领空,除非有航空协议规定的情况下,否则都要遵守本国的航空法律、法规和规章制度。外国国家航空器,未经特别协定或其他方式的许可并遵照其中的规定,不得在另一国家领土上空飞行或在此领土上降落。

再如,2009 年《关于航空器对第三方造成损害的赔偿的公约》第 9 条规定:"一、在虑及第四条[①]的情况下,当事国应当要求其运营人就其在本公约中的责任进行充分的保险或担保。二、当事国可以要求在该国运行或运行至该国的运营

---

① 2009 年《关于航空器对第三方造成损害的赔偿的公约》第 4 条规定:"一、根据第三条产生的运营人对每一事件的责任不得超过基于所涉航空器质量的以下限额:(一) 对最大质量为 500 公斤或以下的航空器,750 000 特别提款权;(二) 对最大质量超过 500 公斤但不超过 1 000 公斤的航空器,1 500 000 特别提款权;(三) 对最大质量超过 1 000 公斤但不超过 2 700 公斤的航空器,3 000 000 特别提款权;(四) 对最大质量超过 2 700 公斤但不超过 6 000 公斤的航空器,7 000 000 特别提款权;(五) 对最大质量超过 6 000 公斤但不超过 12 000 公斤的航空器,18 000 000 特别提款权;(六) 对最大质量超过 12 000 公斤但不超过 25 000 公斤的航空器,80 000 000 特别提款权;(七) 对最大质量超过 25 000 公斤但不超过 50 000 公斤的航空器,150 000 000 特别提款权;(八) 对最大质量超过 50 000 公斤但不超过 200 000 公斤的航空器,300 000 000 特别提款权;(九) 对最大质量超过 200 000 公斤但不超过 500 000 公斤的航空器,500 000 000 特别提款权;(十) 对最大质量超过 500 000 公斤的航空器,700 000 000 特别提款权。二、如果事件涉及同一运营人运行的两架或多架航空器,则应适用最大质量最重的航空器的责任限额。三、本条项下的限额应仅适用于如果运营人证明此种损害:(一) 不是因其或其受雇人或代理人的过失或其他不当作为或不作为造成的;或(二) 完全是因另一人的过失或其他不当作为或不作为造成的。"

人提供其进行了充分的保险或担保的证据。在这样做时,当事国应当对其他当事国的运营人采用与对其本国运营人相同的标准。”

这就在该公约中,承认了国家的航空权利,即一国有权要求他国飞入本国的航空器进行充分保险或担保,否则,可有权拒绝该航空器飞入本国。另外,国家之间航空权利的交换等都是通过国际航空法的规定加以确认的,是国家利益诉求的直接表达。

而国际航空法本质上就是国家之间合意的体现,每一国都有权表达本国的利益诉求,而且可以通过参加或退出国际航空条约的方式来直接表达自己的利益诉求。

另一方面,国际航空法也确认自然人和其他社会组织的航空权利。自然人和其他社会组织也享有相应的航空权利,如:消费者有乘坐航空器的权利、索赔的权利等,其他社会组织也享有参与航空活动的权利,作为独立的市场主体享有自由定价权、运力调配权、自由签订航空运输合同等权利。这些权利也在国际航空法中得到了体现和确认。

例如,1999年《蒙特利尔公约》在序言中指出:“认识到确保国际航空运输消费者的利益的重要性,以及在恢复性赔偿原则的基础上提供公平赔偿的必要性;重申按照一九四四年十二月七日订于芝加哥的《国际民用航空公约》的原则和宗旨对国际航空运输运营的有序发展以及旅客、行李和货物通畅流动的愿望;确信国家间采取集体行动,通过制定一项新公约来增进对国际航空运输某些规则的一致化和法典化是获得公平的利益平衡的最适当方法。”这段话不仅确认了国家的航空权利,而且确认了消费者和其他社会组织的航空权利。该公约中还规定了承运人对消费者的双梯度责任制,就是对双方航空权利的确认。

再如,2001年《移动设备国际利益公约关于航空器设备特定问题的议定书》的草案就是由国家、航空承运人和航空器制造商三方主体共同制定的,且这三方的航空权利在该议定书中也得到了确认。

其二,国内航空法的利益表达功能。国内航空法的利益表达功能也主要体现在国内航空法承认各类航空主体的航空权利,主要有两个方面:

一方面,国内航空法表达或确认了国家航空权利。如《民用航空法》第3条规定,国务院民用航空主管部门对全国民用航空活动实施统一监督管理;根据法律和国务院的决定,在本部门的权限内,发布有关民用航空活动的规定、决定。国务院民用航空主管部门设立的地区民用航空管理机构依照国务院民用航空主管部门的授权,监督管理各个地区的民用航空活动。这就概括性确认了中国民用航空活动的管理机关的航空权利。随后,在该法的其他条款中,对航空活动管理机构的具体航空权利进行了详细界定;另外,相关航空行政法规中和规章中,又具体承认了航空活动管理机构的航空权利,主要有:航空保护行政规划权、行政许可权、行政处罚权、行政强制权、行政裁决权、行政确认权等。如对航空器适航证件的颁发、适航标准的制定、航空器权利登记、航空人员执照的授予、机场规划和管理、航线的审批和许可、公共航空运输企业经营许可证的颁发、外国相关证件的承认等，航空法都予以了明确规定，赋予了相关航空管理机构航空权利。再如，《民用航空法》第73条规定，国家对空域实行统一管理。这就更加明确了国家的航空权利，即空域由国家统一管理，任何人、任何组织都没有权利进行管理。

另一方面，国内航空法也表达或确认了除国家以外的其他航空主体的航空权利。主要包括自然人的航空权利和法人及其他组织的航空权利。自然人的航空权利是指自然人有合理享有航空活动的权利。这些权利如乘坐航空器的权利、合理利用空域资源的权利、航空运输延误时进行索赔的权利、设计航空器等实体法上的权利，以及在航空权利被侵犯时或发生航空纠纷时，享有行政复议、行政诉讼、民事诉讼、仲裁等的权利。同时，在乘坐航空器等航空活动中，自然人也要遵守法律、行政法规和相关规章制度所规定的义务。法人及其他组织的航空权利是指法人及其他组织有合理开发、利用空域的权利。但同时其也必须履行法律、行政法规及规章所规定的义务。

(2) 航空法的利益平衡功能

利益平衡也称为利益均衡，是指在一定的利益格局和体系下出现的利益体系相对和平共处、相对均势的状态。在法律层面上，利益平衡是指“通过法律的权威来协调各方面冲突因素，使相关各方的利益在共存和相容的基础上达到合理的优化状态。”[①]表现在航空法领域，是指通过航空法来协调各方在航空利益之间的冲突，实现各方航空利益的优化配置。这也是航空法利益调控功能的具体体现。

其一，国际航空法的利益平衡功能。国际航空法的利益平衡功能表现在，在国际公平与正义原则的指导下，来平衡国家间的航空利益，主要有两个方面：

一方面，领空主权原则就是国家间利益平衡的一种表现。领空是一国的经济资源，由国家占有、使用、收益和支配。除此以外，凡是未经国家允许而行使上述权利者都是对国家领空主权原则的破坏。为了保证国家能够顺利行使领空主权，早在《巴黎公约》中就规定，每一个国家对其领土上空的空气空间享有完全的和排他的主权。国家不论大小强弱，都对其领空享有主权。这在国际法层面上实现了国家间的航空利益平衡，在理论上避免了在国际航空运输中出现弱肉强食的现象。

另外，在国际航空运输领域，国家间通航本质上就是国家利益平衡在国际航空法中的具体表现。例如，1944年《芝加哥公约》在序言中规定，缔约公约的目的是“使国际民用航空得按照安全和有秩序的方式发展，并使国际航空运输业务得

---

① 陶鑫良，袁真富. 知识产权法总论[M]. 北京：知识产权出版社，2005：17－18.

建立在机会均等的基础上,健康地和经济地经营”。这里的“机会均等”本身就是国家间利益的一种平衡。在国家间的通航中,“机会均等”产生于利益平衡,“双赢”就是国家间利益平衡的具体体现。任何国家在航空运输领域谋求国家利益的同时,若不尊重对方的利益,国家间航空运输关系就难以正常发展。

欧盟对非欧盟国家飞往欧盟的航企,通过法案要征收的碳税,就是一个明显的例子。2008 年 11 月 19 日,欧盟通过法案单方面决定将国际航空领域纳入欧盟碳排放交易体系并于 2012 年 1 月 1 日起实施。欧盟声称,采取此项措施是为了对抗全球气候变暖。欧盟这种单方面征税行为,违背了利益平衡原则,遭到了多国反对,多国纷纷提出要对欧盟的这项规定采取反措施。在此压力之下,欧盟委员会在 2012 年 12 月建议在 2013 年秋季之前,暂停实施欧盟单方面采取的对进出欧盟国家的民用航班征收碳排放税的措施,同时希望届时召开的国际民航组织代表大会能够就解决这一问题达成一个多边协议。欧盟的这种行为显然违背了国际航空法的利益平衡功能,遭到了其他国家的反对也是毫无非议的。

另一方面,平衡国家利益和其他航空主体的利益也是国际航空法利益平衡功能的体现。例如,消费者的生命健康权和国家领空主权之间的利益平衡,因国家对其领空享有完全的和排他的主权,凡未经允许而飞入他国的航空器从理论上说都是入侵,国家可以采取包括击落该航空器在内的相关措施,来保障“完全的和排他的”主权的行使。但“入侵”的航空器上的人员也享有生命健康权,这已为国际习惯法所确认。

在国际航空法中,平衡二者之间的利益是非常重要的。为此,国际民航组织大会于 1984 年 5 月 10 日举行第 25 届特别会议,会议形成的决议指出:“注意到国际民用航空大有助于建立和保持世界各国之间和人民之间的友谊和了解,而其滥用足以威胁普遍安全;注意到渴望避免各国和人民之间的摩擦并促进世界和平赖以存在的合作;注意到需使国际民用航空按照安全和有秩序的方式发展;注意到为符合对人道的基本考虑,民用航空器上的人员的安全和生命必须得到保证;注意到在 1944 年 12 月 7 日在芝加哥签订的国际民用航空公约中,各缔约国承认各国对其领土上空的空间具有完全的和排他的主权,承允在颁布关于国家航空器规章时,对民用航空器的航行安全予以应有的注意,同意不将民用航空用于与本公约宗旨不相符合的任何目的;注意到各缔约国决心采取恰当措施,以防止对他国空间的侵犯和将民用航空用于与本公约宗旨不相符合的目的以及进一步加强国际民用航空的安全。”

这几个“注意到”实际上就是注意到了领空主权原则(国家利益)和人的生命健康权之间的冲突如何进行协调的问题,最后通过的 1944 年《芝加哥公约》第 3 分条第 1 款规定:“缔约各国承认,每一国家必须避免对飞行中的民用航空器使用武器,如拦截,必须不危及航空器内人员的生命和航空器的安全。这一条款不应被解释为以任何方式修改联合国宪章规定的各国的权利和义务。”这就是平衡国家领空主权和人的生命健康权之间的关系，是国际航空法平衡国家利益和其他航空主体的利益的最直接体现。

再如，习惯国际法中群岛海道通过权和过境通行权等民用航空器所享有的权利，也是平衡国家利益和其他航空主体的利益的表现。根据1982年《联合国海洋法公约》的规定，所有国家的船舶和飞机均享有在群岛国指定的海道和其上的空中航道内的群岛海道通过权。群岛海道通过权是指按照公约规定，专为在公海或专属经济区的一部分和公海或专属经济区的另一部分之间继续不停、迅速和无障碍地过境的目的，行使正常方式的航行和飞越的权利。过境通行权是指在公海或专属经济区的一部分和公海或专属经济区的另一部分之间的用于国际航行的海峡，各国船舶和飞机享有的，为继续不停和迅速过境的目的而行使航行与飞越的权利。行使过境通行权不能对海峡沿岸国进行任何武力威胁或使用武力，应遵守有关的国际规章、制度和惯例。海峡沿岸国有权制定有关过境通行的法律和规章。

另外，2009年《关于航空器对第三方造成损害的赔偿的公约》在序言中规定：“希望国际航空运输业务有序地发展，旅客、行李和货物顺利地流通；深信通过一项新的公约，采取集体的国家行动，进一步统一和编纂关于因涉及飞行中航空器的事件而导致对第三方造成损害的赔偿的一些规则，是达到公正利益平衡的最适当而有效的方法。”可见，通过签订国际航空条约的方式，不仅能真正平衡国家间的国际航空利益，也能实现国家与其他航空主体之间以及其他航空主体之间的利益平衡。这是国际航空法所应有的利益平衡功能。

其二，国内航空法的利益平衡功能。国内航空法的利益平衡功能表现在，在“可持续发展”理念的指导下，在公平与效率原则的基础上，不仅要对航空法律关系参与主体之间的经济利益加以保护，而且还要把航空利益提升到“公共利益”的重要位置予以保护；不仅要关注人们的物质利益，还要关注其履行过程中的精神享受；不仅要关注本代人对航空资源的利用权利，还要关注后代人对航空资源的利用。具体而言，国内航空法的利益平衡功能主要体现在以下两个方面。

一方面，平衡国家、航空企业和消费者之间的利益。例如，《民用航空法》第1条规定：“为了维护国家的领空主权和民用航空权利，保障民用航空活动安全和有秩序地进行，保护民用航空活动当事人各方的合法权益，促进民用航空事业的发展。”领空主权属于国家，空域资源当然也属于国家所有，从资源的开发、利用而言，国家作为其所有人享有相应的权利，如空域管理权、国内载运权、空中航行管理权以及征收机场费用和其他费用的权利。不仅如此，航空法还要维护民用航空活动安全和有秩序地运行，以及保护航空活动当事人各方的合法权益。这就要使国家、航空企业和消费者之间利益达到优化平衡，从而实现其根本目的，即“促进民用航空事业的发展”。

另一方面，平衡军用航空、民用航空以及公共利益之间的利益。由于一国空域资源的有限性，军用航空活动所占空域资源多，民用航空活动所占空域资源就少，反之亦然。如何平衡二者之间的关系，成为各国航空立法的重点。诚然，民用航空活动要获得充足发展，必须要有充足的空域资源，否则民用航空活动的发展就会受到很大的制约。据统计，美国、澳大利亚等航空大国的可航空域，占整个空域的百分之九十以上。[①] 但国防安全也是一国安全的重要保证，这就要求在空域资源的划分和使用上也要充分考虑国防利益，主要考虑军用航空的利益。同时，航空业本身还具有公共利益的性质，必须考虑公共利益，如机场噪声、航空器的飞行安全以及低空空域的开放供公众使用等。这就要求不仅要平衡军用航空和民用航空活动之间的利益，而且还要平衡二者和公共利益之间的关系。

所以，《民用航空法》第 71 条规定：“划分空域，应当兼顾民用航空和国防安全的需要以及公众的利益，使空域得到合理、充分、有效的利用。”这就从法律上平衡了军用航空、民用航空以及公共利益之间的利益。

(3) 航空法的利益重整功能

所谓利益重整，是指打破传统的利益格局，建立起新的利益格局。在法律层面上，就是要打破旧的法律所规定的利益格局，重新在法律上确立新的利益格局。航空法的利益重整功能也不例外。

其一，国际航空法的利益重整功能。国际航空法的利益重整功能表现在它打破了传统的国际航空利益格局，从而建立了以国际航空运输发展相协调的利益保护格局。国际航空法是为解决新的航空问题而不断发展的，而这些航空问题又是经济利益、物质利益、短期利益、代内利益与环境利益、精神利益、长远利益、代际利益之间的扭曲与错位而导致的。因此，重新调整这几对利益之间的关系就成为国际航空法的主要任务。国际航空法通过设计新的原则与制度来改变人们的价值观念与行为模式。如规范承运人责任制度的国际航空私法的发展历程，就是不断地进行利益重整的过程，这个过程不仅有发达国家和发展中国家之间航空利益的重整，而且还有消费者和承运人之间利益的重整。再如，在统一航空器经营人对第三方造成损害赔偿责任的相关公约的发展过程中，不仅协调了国家之间航空利益，而且主要重整了经营人和第三方之间的利益。总体而言，国际航空法现代化的发展历程中，一个新的国际航空公约取代了旧的国际航空公约，无不伴随着利益的重整。

其二，国内航空法的利益重整功能。国内航空法的利益重整功能主要表现在它逐步打破传统的以经济利益为保护核心的利益格局，从而建立了以经济利益、

---

① 曹三明，夏兴华. 民用航空法释义[M]. 沈阳：辽宁教育出版社，1996：157.

社会利益和航空利益相协调的利益保护格局。航空法是为解决日益增多的航空问题而产生的,这些航空问题包括国家利益与公共利益、经济利益与环境利益、短期利益与长期利益、消费者利益与承运人利益、机场利益与航空公司利益等。这些利益随着时代的发展和航空业的壮大不断发展变化,这就要求航空法不仅在立法时要考虑对这些利益的协调,而且还要用与时俱进的观念不断通过修订航空法来重整这些航空主体之间的航空利益,以便通过设计新的原则与制度来改变人们的价值观念与行为模式。例如,中国 1996 年颁布的《国内航空旅客、行李运输规则》规定,承运人对旅客的赔偿限额是 7 万元人民币;而 2006 年颁布的新的《国内航空旅客、行李运输规则》规定,承运人对旅客的赔偿限额是 40 万元人民币。这就是航空法利益重整功能的体现。再如,在 2002 年的国务院关于民航改革的相关规定中规定,民用机场要成为真正的企业法人;而 2009 年国务院颁布的《民用机场管理条例》第 3 条中,规定了民用机场是“公共基础设施”。这也是国内航空法的利益重整功能的体现。

2.5.1.5 航空法的激励功能

在不同的学科中,激励有不同的含义。在一般意义上,激励就是指激发鼓励的意思。法律的激励功能是指法律激发鼓励法律关系的主体从事一定行为的功能。航空法也不例外,它也具有激发鼓励航空法律关系的主体从事一定行为的功能。下文分别对国际航空法和国内航空法的激励功能分而述之。

(1) 国际航空法的激励功能

在 1944 年《芝加哥公约》序言中,对国际航空法的激励功能进行了总体论述,为:“鉴于国际民用航空的未来发展对建立和保持世界各国之间和人民之间的友谊和了解大有帮助,而其滥用足以威胁普遍安全;又鉴于有需要避免各国之间和人民之间的摩擦并促进其合作,世界和平有赖于此。因此,下列各签署国政府议定了若干原则和办法,使国际民用航空得按照安全和有秩序的方式发展,并使国际航空运输业务得建立在机会均等的基础上,健康地和经济地经营,为此目的缔结本公约。”通过对该规定的分析,本书认为,国际航空法的激励功能可以概括为三个方面:一是发展国际航空业,促进国家之间的友好合作;二是维护国家航空利益,处理国际航空争端;三是维护国际航空安全和秩序。

首先,发展国际航空业,促进国家之间的友好合作。航空活动的国际性决定了航空法的国际性,国家之间的通航必须由国家之间通过平等协商等方式进行,否则国际通航便不能实现。但由于国家间法律制度差异较大,一旦发生航空纠纷,特别是国际航空私法纠纷,若没有统一的国际航空私法公约,按照国际私法冲突规则几无解决之可能。因为仅依航空器上的旅客国籍作为联结点,来确定纠纷解决所适用的法律就很困难。这就会阻碍国际航空运输业的发展,不利于促进国家间的友好合作。因此,国家间通航时,往往通过签订多边航空条约或双边航空条约形式,统一国家间法律制度,以便通航能够顺利进行。国家间通航后,国际交流日益增多,更能促进国家之间的友好合作。所以,制定国际航空法,就是要鼓励发展国际航空业,鼓励国家间的友好合作。

例如,1999 年《蒙特利尔公约》在其序言中指出:"重申按照一九四四年十二月七日订于芝加哥的《国际民用航空公约》的原则和宗旨对国际航空运输运营的有序发展以及旅客、行李和货物通畅流动的愿望。"

再如,1944 年《芝加哥公约》第 44 条规定:"国际民用航空组织的宗旨和目的在于发展国际航行的原则和技术,并促进国际航空运输的规划和发展,以:一、确保全世界国际民用航空安全地和有秩序地发展;二、鼓励为和平用途的航空器的设计和操作艺术;三、鼓励发展国际民用航空应用的航路、机场和航行设施;四、满足世界人民对安全、正常、有效和经济的航空运输的需要;五、防止因不合理的竞争而造成经济上的浪费;六、确保缔约各国的权利充分受到尊重,每一缔约国均有经营国际空运企业的公平的机会;七、避免缔约各国之间的差别待遇;八、促进国际航行的飞行安全;九、普遍促进国际民用航空在各方面的发展。"可见,鼓励发展国际航空业及国家间友好合作是国际航空法激励功能的主要表现形式。

其次,维护国家航空利益,处理国际航空争端。任何国家要进行国际航空活动都必须与其他国家相互接触和交往。国家相互通航,实际上就是国家间航空权益的相互交换,这就需要按照国际航空法的公平、公正的价值准则来进行。一国航空利益是否受到侵犯,应依国际航空法的规定加以判断;一国要维护本国的航空利益,也应依国际航空法或者国际法的规定进行。例如,在 2001 年的中美南海撞机事件中,中国就充分运用了国际航空法的规定,揭示了美国严重违反国际航空法的行为,并迫使美国承认违反了国际航空法,维护了中国国家航空利益。总之,国家要维护本国航空利益,首先要借助于国际航空法。

在国家间航空交往中,难免会产生纠纷,孰对孰错,应由国际航空法加以判断。同样,在国际航空法中,也都对航空争端的解决进行了规定,为国家间航空争端的解决提供了法律依据。

例如,1944 年《芝加哥公约》专门规定了一章,即第 18 章争端和违约,从第 84 条至 86 条用 3 个条文对国家间航空争端的解决做出了具体规定。1944 年《芝加哥公约》第 84 条规定:"如两个或两个以上缔约国对本公约及其附件的解释或适用发生争议,而不能协商解决时,经任何与争议有关的一国申请,应由理事会裁决。理事会成员国如为争端的一方,在理事会审议时,不得参加表决。任何缔约国可以按照第八十五条,对理事会的裁决向争端他方同意的特设仲裁庭或向常设国际法院上诉。任何此项上诉应在接获理事会裁决通知后六十天内通知理事会。"第 85 条规定:"对理事会的裁决上诉时,如争端任何一方的缔约国,未接受常设国际法院的规约,而争端各方的缔约国又不能在仲裁庭的选择方面达成协议,争端各方缔约国应各指定一仲裁员，再由仲裁员指定一仲裁长。如争端任何一方的缔约国从上诉之日起三个月内未能指定一仲裁员，理事会主席应代替该国从理事会所保存的合格的并可供使用的人员名单中，指定一仲裁员。如各仲裁员在三十天内对仲裁长不能达成协议，理事会主席应从上述名单中指定一仲裁长。各仲裁员和该仲裁长应即联合组成一仲裁庭。根据本条或前条组成的任何仲裁庭，应决定其自己的议事程序，并以多数票作出裁决。但理事会如认为有任何过分延迟的情形，可以对程序问题作出决定。”第 86 条规定：“除非理事会另有决定，理事会对一国际空运企业的经营是否符合本公约规定的任何裁决，未经上诉撤销，应仍保持有效。关于任何其他事件，理事会的裁决一经上诉，在上诉裁决以前应暂停有效。常设国际法院和仲裁庭的裁决，应为最终的裁决并具有约束力。”

再如，1963 年《东京公约》第 24 条第 1 款规定：“如缔约国之间对本公约的解释或引用发生争端而不能以谈判解决时，经其中一方的要求，应交付仲裁。如果在要求仲裁之日起六个月内，当事国对仲裁的组织不能达成协议时，任何一方可按照国际法院的法规提出申请书，将争端提交国际法院。”

另外，1970 年《海牙公约》第 12 条第 1 款和 1971 年《蒙特利尔公约》第 14 条第 1 款都做出了与 1963 年《东京公约》第 24 条第 1 款相同的规定。

可见，在国际航空交往中，要维护国家航空利益，要借助于国际航空法；要解决国家间航空争端和纠纷，也要求助于国际航空法。这也是国际航空法激励功能的具体体现。

最后，维护国际航空安全和秩序。在国际航空业中，安全始终是第一位的。因此，要确保国际航空安全，必须签订国际航空条约，制定统一的标准和措施，并鼓励各国都采取相同的技术标准和措施。

例如，1944 年《芝加哥公约》第 28 条第 2 款和第 3 款，激励国家采取相同的技术标准，该规定为：“二、采取和实施根据本公约随时建议或制定的有关通信程序、简码、标志、信号、灯光及其他操作规程和规则的适当的标准制度。三、在国际措施方面进行合作，以便航空地图和图表能按照本公约随时建议或制定的标准出版。”

再如，为保障国际航空活动的安全进行，1944 年《芝加哥公约》第 33 条规定，国家在颁发证书所制定的标准“须等于或高于根据本公约随时制定的最低标准”。1944 年《芝加哥公约》第 44 条第 1 款也规定，设立国际民用航空组织的目的就是要“确保全世界国际民用航空安全地和有秩序地发展”。

为保障航空活动安全和有秩序地运营，国际社会先后签订了 1963 年《东京公约》、1970 年《海牙公约》和 1971 年《蒙特利尔公约》，在鼓励国家加入的同时，鼓励国家将对航空活动的犯罪在国内法中列为重罪。这些规定，无疑也体现了国际航空法在维护国际航空安全和秩序方面的激励功能。

(2) 国内航空法的激励功能

国内航空法的激励功能是指国家通过制定航空法来激励国内航空法律关系的主体守法、执法及依法进行监督。具体来说,国内航空法的激励功能主要体现在如下几个方面。

首先,鼓励发展本国的航空业。鼓励发展本国航空业,是国内航空法激励功能的首要功能。这在各国国内航空法都能找到类似的条文。

例如,1958 年美国《联邦航空法》在序言中指出,本法的目的和宗旨之一是管理和促进民用航空活动的发展。1997 年《俄罗斯联邦航空法》在序言中也指出,本法的目的和宗旨之一是满足俄罗斯航空运输业经济发展的需要。

在中国,《民用航空法》在第 1 条中也规定,制定本法的目的之一是"促进民用航空事业的发展"。在第 4 条中又规定:"国家扶持民用航空事业的发展,鼓励和支持发展民用航空的科学研究和教育事业,提高民用航空科学技术水平。国家扶持民用航空器制造业的发展,为民用航空活动提供安全、先进、经济、适用的民用航空器。"另外,日本、英国、法国以及巴西等国国内航空法中也都有类似规定。可以说,鼓励本国航空业的发展是国内航空法激励功能的首要表现。

其次,鼓励航空法律关系主体守法。鼓励航空法律关系主体守法也是国内航空法的激励功能之一。国内航空法主要用来规范航空法律关系主体行为,只有航空法律关系的主体各方都遵守航空法的规定,才能真正维护各方的合法权益。而要遵守航空法的规定,就要了解航空法、知悉航空法的内容。这就促使人们要学习航空法,并遵守航空法的规定。

通过对违反国内航空法的行为人进行制裁,也能间接地"鼓励"人们要遵守航空法的规定。例如,中国《民用航空法》中所规定的制裁条款,即承运人应当出具客票、行李票或航空货运单而没有出具,或者出具的客票、行李票或航空货运单欠缺法律所规定的必须记载事项,承运人就不能援引《民用航空法》中所规定的最高赔偿限额的限制;若承运人故意导致航空事故发生,给消费者造成损害的,也无权援引《民用航空法》中所规定的最高赔偿限额的限制。承运人要避免被"制裁",就应按照《民用航空法》的规定向消费者出具符合法律规定的客票、行李票或航空货运单。对其他航空法律关系的主体来说,也是同样道理。

因此,无论是从维护航空法律关系主体的合法权益来说,还是从航空法本身制定的根本目的而言,航空法都应有鼓励航空法律关系主体守法的功能。

最后,鼓励航空执法主体认真执法。鼓励航空执法主体认真执法也是国内航空法的激励功能之一。执法有广义和狭义之分,广义的执法或法的执行是指国家行政机关、司法机关及其公职人员依照法定程序实施法律的活动。狭义的执法是指法的执行,则专指国家行政机关的公职人员依法行使管理职权、履行职责、实施法律的活动。本书此处取其广义执法的界定。国内航空法立法的目的在于实施、在于执行，没有航空执法活动，国内航空法就没有存在的价值和意义。这就要求国家行政机关按照航空法的规定认真执法，司法机关应当按照航空法的规定认真处理航空纠纷，保障当事人的合法权益；同时要求这些机关的公职人员要严格按照航空法的规定履行职责、实施航空法。否则，就要受到法律的制裁。

对此，中国《民用航空法》从第191条到212条专门对违反航空法的违法和犯罪行为规定了按照《刑法》进行相关制裁，这就从负面鼓励航空执法主体认真执行航空法的规定，从而体现了国内航空法的激励功能。如《民用机场管理条例》第83条规定："国家工作人员违反本条例的规定，有下列情形之一的，由有关部门依法给予处分：（一）不依照规定实施行政许可；（二）不依法履行监督检查职责；（三）不依法实施行政强制措施或者行政处罚；（四）滥用职权、玩忽职守的其他行为。"

另外，鼓励人们监督航空执法工作也是国内航空法的激励功能之一。

2.5.2 航空法的价值

法律价值是法律的内在机制与人的法律需要的相互联系、相互作用、相互构建的关系范畴，是法律内在机制在实践中对人的法律需要潜在的和现实的满足过程。[①] 它是法学理论研究的重要问题，并且随着法学理论及其学科的发展，法律价值也在不断地丰富与完善。目前，关于哪些属于法律价值已经形成了一些共识，一般认为自由、正义、秩序、安全、效率、人权等都属于法律价值。航空法作为一门边缘法律门类，同样具有以上法律价值的一般规定，但其也有自身的独特价值。无论是国际航空法还是国内航空法，都应以这些价值为基础，在航空法立法、守法、执法中都应坚持。

关于哪些是航空法的价值，胡超容教授认为，应当包括这几个方面：领空主权原则、安全、正义和效益四个方面，[②]并对这些价值进行了详细分析。但本书认为，领空主权是航空法的基础，并不是航空法的价值体现，因此不能将其作为航空法的价值。除此以外，本书完全同意胡超容教授其他对航空法价值的论述。具体而言，本书认为，航空法的价值应包括以下几个方面：

2.5.2.1 航空法的安全价值

安全是航空法的首要价值。其一，航空活动属于高度危险作业，一旦发生事故，不仅会对飞行中的航空器上的人员人身和财产造成损害，而且还会对地（水）面人员的人身和财产造成损害。其二，影响航空安全的因素众多。在影响航空安诸多要素中，人为因素导致航空事故发生占据很大比重。这些人为因素中既有航

---

① 葛洪义．法理学教程[M]．北京：中国法制出版社，2000：51、59、64.

② 胡超容．试论民航法的基本价值结构[J]．河北法学，2006(12)：119.

空人员导致了航空安全事故的发生，又有航空运输企业、机场等组织导致了航空事故的发生，还有非上述人员，例如第三人导致了航空事故的发生。正是因为航空事故的发生危害非常巨大，因此无论是国际航空法还是国内航空法，都将航空安全放在第一位，并且贯穿于航空立法、守法和执法的始终。毫无疑问，安全是航空法的首要价值。

在国际航空法中，安全始终被放在第一位，并贯穿于国际航空法的始终。例如，1944 年《芝加哥公约》在其序言中指出，“鉴于国际民用航空的未来发展对建立和保持世界各国之间和人民之间的友谊和了解大有帮助，而其滥用足以威胁普遍安全”，“使国际民用航空得按照安全和有秩序的方式发展”。为此，1944 年《芝加哥公约》授权国际民航组织理事会制定国际标准和建议措施，称为公约附件，以便确保航空安全，目前，理事会已经制定了 19 个附件。[①]

再如，1963 年《东京公约》、1970 年《海牙公约》、1971 年《蒙特利尔公约》等也都是为了打击航空犯罪，确保航空安全而制定的。

在国内航空法领域亦是如此。例如，在中国，《民用航空法》第 1 条规定：“制定本法”的目的之一就是“保障民用航空活动安全和有秩序地运行”。为了确保航空安全和有秩序地运行，中国航空法中规定了航空器的适航标准、航空人员执照颁布的标准等，并规定了民用机场的安全管理措施以及对航空运输企业进入航空市场采取许可证制度等。

---

① 这 19 个附件是：附件 1《人员执照的颁发》（国际民航组织理事会 2013 年 2 月 25 日第 171 次修订）；附件 2《空中规则》（国际民航组织理事会 2013 年 2 月 25 日第 44 次修订）；附件 3《国际航行气象服务》（国际民航组织理事会 2013 年 2 月 27 日第 76 次修订）；附件 4《航图》（国际民航组织理事会 2013 年 2 月 27 日第 57 次修订）；附件 5《空中和地面运行中所使用的计量单位》（2010 年 7 月 12 日第 17 次修订）；附件 6《航空器的运行》（国际民航组织理事会 2013 年 2 月 25 日进行修订，第Ⅰ部分《国际商业航空运输－飞机》的第 37 次修订、第Ⅱ部分《国际通用航空－飞机》的第 32 次修订、第Ⅲ部分《国际运行－直升机》的第 18 次修订）；附件 7《航空器国籍和登记标志》（国际民航组织理事会 2012 年 3 月 7 日第 6 次修订）；附件 8《航空器的适航性》（国际民航组织理事会于 2013 年 2 月 25 日第 104 次修订）；附件 9《简化手续》（国际民航组织理事会 2011 年 3 月 7 日第 22 次修订）；附件 10《航空电信》（国际民航组织理事会 2013 年 2 月 27 日第 88 次修订）；附件 11《空中交通服务》（国际民航组织理事会 2012 年 3 月 7 日第 48 次修订）；附件 12《搜寻和救援》（国际民航组织理事会 2004 年 11 月 25 日第 17 次修订）；附件 13《航空器征候和事故征候调查》（国际民航组织理事会 2013 年 2 月 25 日第 14 次修订）；附件 14《机场》（国际民航组织理事会于 2013 年 2 月 27 日审议通过了第Ⅰ卷《机场计划和运行》的第 11 次修订和第Ⅱ卷《直升机场》的第 5 次修订）；附件 15《航行情报服务》（国际民航组织理事会 2013 年 2 月 27 日和 3 月 1 日第 37 次修订），附件 16《环境保护》（国际民航组织理事会 2011 年 3 月 4 日进行第Ⅰ卷《航空器噪声》的第 10 次修订以及第Ⅱ卷《航空器发动机排放》的第 7 次修订）；附件 17《安全保卫——防止非法干扰国际民用航空的行为》（国际民航组织理事会 2006 年 7 月 1 日第 11 次修订）；附件 18《危险货物航空安全运输》（国际民航组织理事会 2013 年 2 月 27 日第 11 次修订）；附件 19《安全管理》（2013 年 7 月生效）。附件对缔约国不具有强制性的约束力，只具有指导意义，但缔约国应将本国的规章和措施与附件规定的国际标准和程序之间的差异立即通知国际民航组织。下文中只用其简称，如附件 1。

2.5.2.2 航空法的秩序价值

秩序也是航空法的基本价值之一。所谓秩序,按照《辞海》的解释,“秩,常也;秩序,常度也,指人或事物所在的位置,含有整齐守规则之意。”就其一般意义上说,秩序是指有条理地、有组织地安排各构成部分以求达到正常的运转或良好的外观的状态。从法理学角度来看,美国法学家博登海默认为,秩序意指在自然进程和社会进程中都存在着某种程序的一致性、连续性和确定性。[①] 自然秩序是由自然界的规律表现出来的一切自然现象的发生、发展和运作的秩序;社会秩序是联结和维系人类社会关系的秩序。法律产生的主要目的和用途就是为了维护社会秩序。秩序是法律的基本价值之一。航空法也不例外,它要确保航空活动有秩序地运行。和其他社会关系相比,航空活动是一项秩序性很强的活动,没有秩序,航空活动将无法进行。因此,无论是国内航空法还是国际航空法,都将秩序列为其一项基本价值,它是航空法其他价值,如安全、正义、效益以及自由实现的前提和基础。在航空法中,秩序价值具体体现在如下几个方面:

第一,确认和维护航空活动过程中所产生的法律关系。如航空民事法律关系、航空行政法律关系、航空侵权责任法律关系、航空保险法律关系以及航空运输法律关系等,保证这些航空法律关系能够顺利完成和实现。

第二,提供解决航空冲突和争端的有效途径。在航空活动由于涉及的法律关系较为广泛,既有国内航空法律关系也有国际航空法律关系,而且主体较多,主体之间的权利诉求也有所差异。因此,航空法律关系主体各方经常处于对抗状态之中,发生冲突和争端在所难免,这就需要航空法提供相关制度规范来明辨是非,确保航空活动安全和有秩序地运行。

第三,航空法的秩序价值还体现在不仅规范民用航空活动,而且也规范非民用航空活动。这是由于空域资源的有限性所决定的,在平时民用航空和非民用航空在同一个空域进行活动,要使航空活动安全和有秩序地运行,必须要协调二者之间的关系。

例如,中国《飞行基本规则》就是同时规范民用航空活动和非民用航空活动,从而维持航空活动的安全和有秩序。再如,1958 年美国《联邦航空法》也规定了军用航空和民用航空在平时活动中的协调关系。

第四,航空法的秩序价值和其他法律的秩序价值相比,其秩序的基础是以技术性标准作为保证的。航空活动不仅要有空域,而且还要有具有资格的航空人员、适航的航空器、能够供航空器起飞降落之用的机场以及具有资格的空中交通管制人员,航空人员的资格、适航航空器的标准、机场适用的标准以及空中交通管

① [美]博登海默.法理学:法律哲学和法律方法[M].邓正来,译.北京:中国政法大学出版社,1999:219-220.

制人员的资格，都涉及航空技术标准，这些标准需要以航空法的形式加以规定。可见，航空法的秩序价值和其他法律的秩序价值相比，其秩序的基础是以技术性标准作为保证的。

2.5.2.3 航空法的正义价值

正义也是航空法的基本价值之一。何谓“正义”？不同的人有不同的解释和看法。有人认为法律本身是正义的化身。也有人认为，法律是政治上正义的体现，法只有以正义为依据才是公正的，实际上在法的价值领域打出了“恶法非法”的旗号。还有人认为，法律和正义没有必然联系，不正义的法律仍然是法，也就是所谓的“恶法亦法”。这正验证了博登海默所言：“正义具有一张普洛透斯似的脸，变幻无常，随时可呈不同形状，并具有极不相同的面貌。”[①]据在线新华字典的解释，正义是对政治、法律、道德等领域中的是非、善恶作出的肯定判断。据此，本文认为，在法学理论中，所谓正义是指人们对法律领域的是非、善恶作出的肯定判断，它随着人类历史的不断发展和人们认识水平的不断提高而呈现出不断变化的形状。实际上，它就是一种价值判断，仅包含了法所具有的满足主体需要的基本属性，而且对于人类的行为和思想具有根本的指向和导引意义，成为人的精神追求与信仰。

在航空法中，正义不仅应体现在航空立法中，还应体现在航空执法和航空司法之中。具体而言，应包括以下几个方面：

第一，在航空立法过程中，要贯彻正义理念。要实现航空法的正义价值，首先要有正义的航空法。航空法是否正义，应以在航空法规范中是否体现出正义价值作为判断标准。如何在航空立法中体现出正义价值，本书认为：一方面，由于正义具有主观性，因此要对航空立法所要追求的理想目标进行分析和预测；另一方面，由于正义又具有客观性，因此在航空立法过程中要立足于现实的航空发展状况，以客观现实状况作为基础。

第二，要有正义的程序保障。在航空立法过程中，立法的正义目标不会自动实现，必须要借助于正义的立法程序。正义的立法程序主要有民主立法和公开立法两个方面。所谓航空法民主立法，主要是指在涉及航空法律关系主体各方利益的前提下，结合航空活动发展的现状，充分听取和吸收各方意见和建议，最后协调各方利益并逐步达成共识。所谓航空法公开立法，主要是指在航空法立法过程中，通过公开的立法程序，一方面规范、制约和监督航空立法权的行使；另一方面也能让公众积极参与，听取非航空法律关系主体各方的意见和建议，确保航空立法正义。

第三，在航空法执法（此处取其狭义上的含义）过程中，也要贯彻正义理念。

① [美]E. 博登海默. 法理学：法哲学及其方法[M]. 邓正来，译. 北京：华夏出版社，1987：238.

航空执法是享有行政权的航空行政机关贯彻实施航空法的活动，是以国家的名义对航空活动实行全方位的组织和管理。航空法的生命力就在于它在航空活动中的具体实施。而航空执法是最广泛、最普遍的航空法实施活动，因此航空执法是航空法的正义价值实现的又一主要路径。在航空执法中实现航空法的正义价值，就是要严格执行"正义"的航空法，关键是建立严格公正的航空执法制度和规则，加强对航空执法的自由裁量权的立法控制。随着航空运输业的急速发展，航空行政职能和行政权力不断扩张，这是保障航空活动稳定和发展的必然要求。而为了保证航空行政机关具有适应新情况的灵活应变能力，航空法中赋予航空行政机关在依法行使职权时享有较广泛的自由裁量权。因此，从航空法立法的角度绝对地限制自由裁量权是不可能的，这就要求航空执法主体在行使自由裁量权时，必须坚持合法的原则，体现航空法的正义价值，做到合理、公正、适当。中国航空执法的实践证明，航空执法者合法、合理地执法，不仅能把航空法律规范中蕴涵的正义价值从可能状态转化为现实状态，而且对全社会具有示范作用，其价值已远远地超出了航空执法本身。

第四，航空法立法主体要具有良好的正义观念。具有这种良好的正义观念要求立法者要有良好的法律观念、立法技术和科学文化素养，而且还要通晓国际国内航空法的立法历史、国内外航空发展状况。只有这样，才能保障航空立法的"正义性"。

2.5.2.4 航空法的效益价值

效益一词在不同的学科中具有不同的含义。在法律领域，一般认为，法律效益是指通过立法、执法、守法和诉讼过程实现对法律资源的最优配置，除去各种成本耗费后，进而实现法律资源使用价值在质上的极优化程度和量上的极大化程度及其所得到的综合效果。从宏观层面上看，法律效益包括法律的外部效益和法律的内部效益。法律的外部效益是指法律本身之外的社会各项收益与成本之比，具体包括法律的经济效益、政治效益、文化效益、社会效益、生态效益等；法律的内部效益是指法律自身运转过程中的投入和产出的问题，具体包括立法效益、执法效益、司法效益、诉讼效益、守法效益等。[①]

本书认为，按照法律运行的不同环节，所谓法律效益就是指在立法、执法、守法和司法过程中法律所产生的最接近法律属性和立法目的的有益效果的总和。航空法的效益就是指在航空立法、执法、守法和司法过程中所产生的最接近其属性和立法目的的有益效果的总和。只要在上述活动中，能够体现航空法的属性，则航空法就是有效益的。

第一，在航空法立法过程中，要贯彻效益价值。航空法的立法效益，主要包括

① 陈仲.论法律效益[J].法制与社会，2009(21)：7.

两个方面:一方面,在航空法立法过程中,要减少航空法立法成本,避免重复立法。目前,中国航空立法主体众多,而且立法之间重复太多,扩大了航空立法成本。在以后的航空法立法中,要始终坚持效益原则,减少航空法立法成本,提升航空法的立法效益。另一方面,所立之航空法不仅要能够适用于航空运输业发展的实际情况,注意和上下级法之间的协调,而且还要具有可操作性。如果所立之航空法不能得到有效的贯彻和实施,犹如一纸空文,就意味着航空立法的失败或者无效益。因此,在航空立法中,贯彻效益价值至关重要。

第二,在航空法执法中,也应贯彻效益价值。航空法的执法效益指航空法执法收益与航空法执法成本之比,也是指依据航空法的规定投入的人力、物力、财力所取得的执法效果。在航空法执法中贯彻效益价值,一方面要求要有良好的航空法执法制度;另一方面,要提高执法者的航空法执法水平。良好的航空法执法制度能够提高效益,如何建立良好的航空法执法制度,抛开航空法自身的因素来说,要提高航空法执法效益,必须建立有限政府,划清政府与市场的边界,二者各司其职,才能真正实现航空执法的效益价值。要特别防止航空法执法部门既是航空法的制定者,又是航空法执法者。可喜的是,随着中国航空管理体制改革的不断推进,中国已经建立起了良好的航空法执法制度。同样,航空法执法人员的素质也是影响航空法执法效益价值的重要因素。在中国,航空法执法人员统称为监察员,是法定的航空法执法人员。为确保航空法的执法效益,中国民航局不仅对监察员的任职资格进行了严格规定,而且还专门制定了《民用航空行政执法手册》,这对提高航空法执法效益具有重要作用。

第三,在航空法司法中,效益价值也同样重要。航空法司法效益是指航空法司法收益和航空法司法成本之比。在航空法中,处处能够体现航空法司法的效益价值。如中国《民用航空法》规定,在航空运输中,航空法律关系的主体在起诉时,不论起诉的理由是合同、侵权,还是依据航空法进行,都强制性地适用航空法的规定。一般而言,在航空民商事纠纷中,许多案件并没有经过司法途径加以解决,因为当事人都清楚,航空法的强制适用性,无论是否走司法途径,结果已经确定,那就是强制性地适用航空法的规定。所以当事人一般通过调解解决纠纷,这不仅节约了当事人提起诉讼的成本,更是节约了中国的司法资源,使得航空法的效益价值跃然纸上。另外,即使当事人之间发生纠纷后,走上司法诉讼的途径,也会因航空法的强制适用性,导致司法机关在航空法司法中结案快、错案率低,也同样节约了国家的司法资源,实现了效益价值。可以说,航空法相比较其他法律而言,在司法活动中最能体现效益价值。

第四,要体现航空法守法的效益价值。航空法守法的效益是指守法收益与守法成本之比。这涉及航空法的归宿和航空法的实现问题。如果航空秩序良好,航空法律关系主体的法律意识高,则航空法的效益就高;如果航空法的作用没有充分发挥，航空秩序混乱，则航空法的效益较就低。由于法律消费的非竞争性，在航空法的生成成本基本保持不变的情况下，航空法的守法者越多，航空法的收益就越大。航空法的守法成本是指航空法律关系主体为遵守航空法的规定，履行航空法规定的义务，进行某一行为或者不进行某一行为时所支付的代价。如果航空法守法成本太高，航空法律关系主体就愿意选择不遵守航空法，而是选择违反航空法。在航空运输领域，如承运人选择不交付相关运输凭证，就可能受到航空法中的制裁规则的制裁；如果制裁规则规定的违法成本远远小于其守法成本，航空承运人宁愿选择违法。总而言之，中国目前航空法律体系非常健全，航空法律关系主体一般都选择守法，充分体现了航空法的效益价值。

总之，在航空法运行的各个环节中，航空法的效益价值一直贯穿于其中。其中，航空立法是前提，没有航空法，就无所谓航空法的效益；航空执法是关键，所谓"徒法不足以自行"，航空执法如果违背了立法目的，或者不依法执法，甚至执法犯法，必将使航空法效益下降；航空司法是保障，如果司法不公，将严重损毁航空法的尊严，可以使航空法效益为零，甚至是负数；航空守法是目的，航空法的最终目标就是航空法律关系主体依法办事，实现和维护航空活动参与各方的根本利益。

2.5.2.5 航空法的自由价值

谈论航空法的价值，自由是绕不过的，因为自由是法律最本质的价值，法律以自由为最高的价值目标。所谓自由，简而言之，就是自己做主，在法律允许的范围之内不受约束和限制。自由也是航空法的价值之一，主要表现在以下两个方面。

第一，自由是航空法的立法目的。表现在国际航空运输领域，自由化已经成为一种趋势。所谓自由化，就是要求国家减少对航空运输企业的干预和管制，使其真正成为市场主体，即放松对航空运输企业的管制。从目前国际航空法的立法来看，基本都以自由作为其立法目的。

例如，欧盟与美国在经过长达 4 年的多轮谈判后，于 2007 年在布鲁塞尔达成了新的航空运输协议，从而取代了欧盟各成员国之前与美国签署的双边航空运输协议，在航空运输方面实现了全面自由化：①航空市场准入全面自由化。②双方航空运输企业拥有所有权和控制自由。③航空运输企业拥有运价制定自由。④双方航空运输企业有更自由的商业机会。⑤降低航空运输企业的运行安全标准，只要满足了 1944 年《芝加哥公约》规定的最低要求，双方应相互承认适航证书、资格证书和执照的有效性。⑥为方便航空运输业的需求，加强争端解决机制。另外，还要有其他方面的辅助措施。美欧双边航空运输协定实现了史无前例的自由化，给予航空公司更多的自由，促进了美欧航空业的快速增长。再如，中美航空运输协议也逐步自由化。自从中国与美国签署 1980 年《航空运输协议》后，依次在 1982 年、1992 年、1999 年、2004 年、2007 年进行了 5 次修订，反映了自由化的发展趋势，主要体现在：①指定航空公司数量限制逐步取消；②航权逐步自由化；

③运力安排逐步自由化；④设立自由化的特别航空运输区；⑤建立自由化的货运枢纽，赋予航空公司更多的权利；⑥代码共享逐渐自由化。例如，1980 年《航空运输协议》是典型的传统模式，如运力和运价都是双方事先商定的。而 2004 年《议定书》和 2007 年《议定书》，则从传统模式开始向自由化模式过渡，如中方指定的航空公司不再有数量限制，货运航班班次也开始不做数量限制等。[①] 从市场开放程度而言，中美之间的航空运输市场已接近完全开放。

从中国航空立法来看，自由同样是航空立法的目的。例如，《民用航空法》规定的公共航空运输企业的组织形式是实行公司制，适用公司法的相关规定，这就促使航空运输企业成为自由的市场主体。再如，关于航空器的权利登记制度，登记并不是合同生效的要件，而只是对抗要件，这也体现了自由原则。另外，消费者和航空承运人之间的关系是合同关系，更强调“自由”签订等。因此，自由同样也是国内航空法的立法目的。

第二，航空法确定了自由的范围，对自由进行限制。航空自由也是有限度的。若消费者自由携带行李，可能危及其他乘客的自由以及航空安全。因此，航空法就必须对他的自由加以限制，他只能在航空法规定的可带行李的种类、体积和重量的范围内实现自由携带行李，这样其他乘客也可实现航空法所规定的携带行李的自由。航空运输合同是格式合同，消费者只有同意或拒签的“自由”。因合同主体双方地位存在差异，航空法就应对承运人自由订立合同的权利中的“自由”加以限制，因而规定在消费者遵守航空法规定的情况下，承运人有强制性承诺的义务，以实现消费者自由签订航空运输合同的目的。另外，在航空法中也规定了航空行政管理部门的自由裁量权。在航空法行政执法过程中，航空法执法者应在航空法所规定的裁量权的范围内执法。在中国航空法律、法规、行政规章和地方规章中，都设有法律责任一章，航空执法者应在该规定范围内行使自由裁量权，同时行使自由裁量权要合理。在航空法司法中，法官也有自由裁量权，但其自由裁量权的行使同样要在法律、法规及行政规章的所规定的幅度中进行。如中国《刑法》第 121 条规定：“以暴力、胁迫或者其他方法劫持航空器的，处十年以上有期徒刑或者无期徒刑；致人重伤、死亡或者使航空器遭受严重破坏的，处死刑。”只要发生了劫持航空器的行为，就应“处十年以上有期徒刑或者无期徒刑”，法官就不能自由裁量其十年以下有期徒刑、管制或拘役。

可见，自由是航空法的立法目的，同时航空法也确立了自由的范围。自由是航空法的最高价值。

---

① 董念清.中美航空运输协议研究[J].中国民航大学学报，2008(04)：46 - 47.

2.5.3 航空法的作用

作用是对事物产生的影响、效果;法的作用是指法对社会生活产生的影响、效果;航空法的作用是指航空法对航空活动产生的影响、效果。航空法的功能和航空法的作用是两个不同的概念,航空法的功能是指航空法应当具有的潜在的效能,而航空法的作用则是航空法对人们航空活动所产生的实际影响。下文分别对国际航空法和国内航空法的作用分而述之。

2.5.3.1 国际航空法的作用

国际航空法是调整国家间航空运输关系的原则、规则和制度的总称。因此,国际航空法的主体是国家。探究国际航空法的作用,应详细分析国际航空法对国际航空运输关系所产生的实际影响。从国际航空法的发展历程来看,它对国际航空运输的发展的确起到了很大的推动作用,维护了国际航空的合作与发展,在保障国际航空运输的安全和有秩序地运营等方面都发挥了重要的作用。

第一,国际航空法是衡量和裁判国际航空行为是与非的法律标准。国际航空行为主要是指国家之间航空活动交往过程中的行为,包括作为和不作为两种情况。

一方面,国际航空法作为国际航空运输的行为规范,为缔约国航空活动的交往提供了行为标准,缔约国应该以国际航空法为依据规范和约束自身的行为,以国际航空法为标准评判自身行为的对与错。

另一方面,国际航空法作为审判规范,是裁判是否为违反国际航空法的行为的审判标准。国际航空法要求缔约国予以遵守,但违反甚至破坏国际航空法的行为并非就否定了国际航空法存在的价值,相反,国际航空法的作用之一,就是对这种违法航空行为进行制裁,使有关的国家承担国际法律责任,从而更好地保证国际航空法的实施。

第二,国际航空法是国家间进行航空交往活动从而确立权利与义务的法律形式。国家间进行航空活动交往,不仅涉及政治、经济等因素,还涉及军事、文化等因素,因而形成了较为复杂的航空国际关系,就连倡导美国放松管理的代表人物卡恩也说:“国际航空运输是要为文化、经济、军事和政治目的服务的。决定它应服从哪种目的,是各国的特权。”①

但无论一国以何种目的参与缔结国际航空条约,只要条约签订并生效,国家就应全面遵守国际航空条约所确立的权利与义务。缔约国之间应严格按照国际航空法所确立的权利与义务进行航空交往活动,并以此来维持缔约国之间的正常的航空关系,促进国际和平与发展。在国际航空法中,特别是一些造法性的国际

① 赵维田.国际航空法[M].北京:社会科学文献出版社,2000:136.

航空条约(多边国际航空条约一般被认为是造法性条约)中,直接为国家设定了权利与义务,国家在享受权利的同时,必须承担相应的义务。

此外,国际法中的一些基本原则,如尊重国家主权和领土完整、不干涉他国内政原则等,既是国家的权利,同时又是国家的义务。这些基本原则已经形成了国际强行法规范,因此,这些原则也同样适用于国际航空活动。将国家间在航空活动中的具体权利与义务用国际航空法的形式确立下来,赋予法律上的约束力,由各缔约国共同予以遵守,有利于防止战争与冲突,保障和平与发展,有利于建立正常的国际航空秩序,促进世界各国的友好关系。

第三,促进了国际航空合作与发展。从国际航空运输的发展历程来看,我们可以清楚地发现国际航空法在其中所发挥的巨大作用以及对促进国际航空合作与发展的重大影响。不难想象,如果没有统一的国际航空私法公约,在发生航空事故时,若对旅客赔偿按照国际私法冲突的一般规则选择法律适用,则几无可能,1974 年的巴黎空难[①]就是很好的例证。目前,几乎所有国家之间都有国际航班往来。国际航空法的保驾护航促进了国家之间的航空合作,也促进了国际航空业的发展。

第四,加快了国际航空新秩序的建立。在航空活动发展早期,一些航空大国牢牢控制了国际航空运输,掌控了国际航空运输规则制定的话语权。例如,美国

---

① 1974 年 3 月 3 日,一架土耳其航空公司的大型 DC－10 客机满载着 336 名旅客从巴黎国际机场起飞后不久,在空中爆炸成碎片,机上旅客和 11 名机组人员无一幸免,这就是“巴黎空难”案。这架客机是从伊斯坦布尔经巴黎到伦敦的航班,当它经停巴黎时,适逢英国航空公司飞伦敦航班因机械师罢工停飞,原乘坐英国航班的 200 名英国旅客临时都被转移到这架飞机上来。经调查证实,飞机失事主要是因为 DC－10 货舱舱门有问题,当飞机升高机舱加压后,货舱门突然被冲开,随着货舱急剧减压,客舱壁承受不了压差而发生爆炸,造成了失事。从法律适用问题上说,土耳其没有加入 1929 年《华沙公约》,因此凡购买伊斯坦布尔至伦敦单程或往返程票者,1929 年《华沙公约》的赔偿责任规则不适用;而法国与英国当时都是 1929 年《华沙公约》成员国,因此凡购买巴黎至伦敦单程或往返程票者,均适用华沙规则,其诉讼法院只能限于英、法两国法院。只有少数买联程票到美国的旅客可以在美国法院提起诉讼。后来,有人以产品责任为诉因,向 DC－10 客机制造人麦克唐纳 · 道格拉斯在长滩的机壳制造厂起诉,并以美国联邦航空管理局对产品检验上的错误为理由,同时将美国政府列为被告。随后,不仅受害人基本都到美国起诉,而且失事航空公司也到美国起诉航空器制造商和美国政府。后据加州中心联邦法院统计,1 123 个原告(包括受害人的家属)来自 24 个外国(英、法、日、爱尔兰等)和美国的 12 个州,共提出了 211 桩案件,在适用法律选择上要根据这些外国和外州的法律规则来确定。若按两天审理一案计算,共要用 674 个审判日。但试审两个案件的结果表明,每案起码要花 15 天,共计要花 5 000 以上的审判日,困难还在于,即使在司法效能很强的美国法院,法官们一时很难熟悉如此众多的外国法和外州法。摆在他们面前的法律冲突问题,就像一片茫茫无边的森林,要从这荆棘丛生的森林中寻找并踏出一条合理通途,其中艰苦和麻烦事难以想象的。因此,人们把这个案件形容成“一场司法噩梦”。这个案件中的大部分赔偿问题是在法院调解下,在法庭外由有关当事各方协商解决的,但也足足花费了三年半的时间。类似于这类“巴黎空难”案的司法诉讼,教训了各国政府和世人:在航空运输领域里,如果不实行国际统一规则,其后果是寸步难行,不仅给当事人增添成倍的麻烦,也会使本国司法机关难以承受。本来一直未加入 1929 年《华沙公约》的土耳其,吃了这次大亏后,便迅速申请加入了。案件来源:赵维田. 国际航空法[M]. 北京:社会科学文献出版社,2000:199－201.

在实行放松管理政策后，迅速将其推向国际，并用自己的航空优势，迫使一些国家与美国签订带有放松管理色彩的诸多自由式协定。美国在双边航空自由式协定的签订中，依靠其强大的经济实力和市场，取得了明显的市场优势，宽于待己，严于律人。① 在进入 20 世纪 90 年代以来，国际航空运输领域发生了变化，以中国为代表的广大发展中国家，航空运输业获得了长足的发展，要求在国际航空立法领域进一步加强民主化，更多地倾听广大发展中国家的声音。为此，在国际民航组织的召集下，国际社会先后制定了 1999 年《蒙特利尔公约》、2001 年《移动设备国际利益公约》及 2009 年《关于航空器对第三方造成损害的赔偿的公约》等全球性的多边国际航空条约。这些国际航空公约不仅是国际航空法现代化与一体化的结晶，而且更是为加快建立国际航空新秩序提供了国际法保障，让国际航空法的作用得到了充分的展示。

2.5.3.2 国内航空法的作用

目前，中国已经形成了以《民用航空法》为基础、大量航空行政法规为补充、众多细化的航空行政规章为实施依据的航空法体系。这些航空法已经在中国航空事业的发展中发挥了巨大的作用。具体来说，包括以下六个方面。

第一，厘清航空管理部门的职权。这是中国航空法在政治方面作用的体现，它为中国航空行政权力的运行提供规则，即规定航空行政决策和执行决策的基本原则和程序；同时还规定国家航空管理机构的组织和活动原则，调整各国家航空管理机构之间的相互关系。

例如，在《民用航空法》第 3 条中，规定了国务院民用航空主管部门对全国民用航空活动实施统一监督管理，并根据法律和国务院的决定，在本部门的权限内，发布民用航空活动的规定、决定；地区民航航空管理机构依照国务院民用航空主管部门的授权，监督管理各该地区的民用航空活动。

再如，《飞行基本规则》第 123 条规定，航空管理部门，是指对从事飞行活动的航空单位具有管理职能的机关或者单位，包括中国民用航空总局、国家体育总局、航空工业集团公司，中国人民解放军海军、空军、总参谋部陆航局等。这些航空部门的职权在该规则中也有规定，如该规则第 4 条规定，国务院、中央军事委员会空中交通管制委员会领导全国的飞行管制工作。第 7 条规定，组织与实施飞行，应当按照飞行预先准备、飞行直接准备、飞行实施和飞行讲评等阶段进行。飞行阶段的具体内容和要求，由各航空管理部门自行规定。第 35 条还规定，民用航空的

---

① 荷兰报纸 Algemeen Handelsblad 抱怨说美国虽然宣布航空自由，但是没有对荷兰适用这个规则，因为美国拒绝荷兰到美国西部海岸运输的权利。荷兰政府表示严重失望。参见 R. Ebdon. A Consideration of GATs and Its Compatibility with the Existing Regime for Air Transport[J]. Air and Space Law, 1995(20): 71 - 75.

班期飞行,按照规定的航路、航线和班期时刻表进行;民用航空的不定期运输飞行,由国务院民用航空主管部门批准,报中国人民解放军空军备案;涉及其他航空管理部门的,还应当报其他航空管理部门备案。这些规定,厘清了航空管理部门的职权,并在实践中保障了中国航空运输安全和有秩序地运营。此外,中国民用航空局也制定了众多的航空行政规章,在这些行政规章中,厘清了中国民航局和地区民航管理局之间的职权划分,在实践中为航空执法活动提供了法律依据。

第二,确立了航空产品交换和分配的原则。交换和分配是生产关系的重要环节,为了使交换和分配有秩序地进行,就必须为之提供既定的规则。在航空运输业中,不仅存在着航空器的买卖、租赁,为担保主债权的实现,还存在着航空器抵押权和航空器优先权。

中国航空法为航空器的所有权、租赁、抵押权和优先权等权利提供了不同于一般物权的规则,如《民用航空法》规定,民用航空器所有权的转让,应当签订书面合同;享有航空器权利的主体应当向国务院民用航空主管部门登记其航空器权利,未经登记的,不得对抗第三人。就航空运输业而言,属于第三产业,消费者向航空承运人购买服务,并承担相关服务所产生的费用,这就是一种产品交换。承运人向消费者提供什么样的服务,服务的质量如何,发生纠纷时如何加以解决等,都应由航空法加以事先确定。这样,既能保护消费者的合法权益,又能保障航空承运人的利益。

在现实生活中,中国航空法已经为航空产品的交换和分配提供了较为详细的规则,且这些规则已经发挥了巨大的作用。但也必须看到,任何规则的提供都应与时俱进,航空法确立航空产品交换和分配的规则也不例外。这些规则在制定初期,的确对推动航空产品顺利交换和分配、保证航空秩序发挥了应有的作用。但随着中国航空运输业的发展,一些热点问题,如航班延误及赔偿等问题,凸显出航空法规则对规范航班延误及赔偿等问题上的匮乏。这就要求要适时修订航空法,使之更加细化、更具有可操作性,进而准确确立航空产品交换和分配的规则,发挥航空法应有的作用。

第三,干预和组织航空运输业建设,为国家参与航空经济活动提供法律依据。航空运输业在性质上既是高度危险作业,又属于公共事业,还具有公益性。由于其是高度危险作业,为加强作业安全,就需要作业者必须具备某些资质才能从事该项作业。世界上诸多国家都在航空法中对这些资质做出了具体规定,并规定了各国航空管理部门是这些资质的具体制定机构和颁发资质证书的机构,从而为国家参与航空经济活动提供了法律依据。如中国航空法中所规定的航空器适航技术标准制定和适航证书的颁发、航空人员执照标准的制定与颁发、民用机场建设和管理、民用机场许可证的颁发、航空运输企业的设立前经营许可证的领取等,都由航空管理部门制定相关技术标准并颁发相应资格证书。这就是国家干预和组织航空业建设的具体表现，也为国家参与航空经济活动提供法律依据。

第四，国内航空法对保障国家主权和安全具有重大作用。这是由航空业本身的准军事性特点决定的。航空业的准军事性，是指航空业在平时服务于国家经济建设，在战时或国家处于紧急状态时，可依法定程序被国家征用，服务于军事需要。这就要求要用法律形式规定在平时加强对航空器适航性的管理，强化民用机场建设要充分考虑军事需求和加大对空中交通服务等方面的管理，以便在战时或国家处于紧急状态时，能够保证航空运输业服务于军事需要，从而确保国家主权和安全。

第五，国内航空法还为正确处理涉外航空刑事、民事法律关系等问题提供了准据法。在现代航空业非常发达的当时社会，跨国航空民事、刑事法律关系非常多，这就需要有处理这些关系的准据法，以便解决相关涉外航空纠纷。国内航空法恰恰满足了这个要求，为处理这些涉外航空法律关系提供了准据法。

例如，《中华人民共和国刑法》第 6 条规定："凡在中华人民共和国领域内犯罪的，除法律有特别规定的以外，都适用本法。凡在中华人民共和国船舶或者航空器内犯罪的，也适用本法。犯罪的行为或者结果有一项发生在中华人民共和国领域内的，就认为是在中华人民共和国领域内犯罪。"该规定就为中国处理涉外航空刑事法律关系提供了准据法。

再如，中国《民用航空法》第十四章用 7 条[①]专门处理涉外航空民事关系，为中国处理涉外航空民航法律关系提供了准据法。

第六，国内航空法调处和解决各种航空纠纷。表现为：通过航空执法和司法活动，解决航空纠纷，制裁航空违法，从而保障正常良好的航空运行秩序和航空安全。

---

① 《民用航空法》第一百八十四条规定："中华人民共和国缔结或者参加的国际条约同本法有不同规定的，适用国际条约的规定；但是，中华人民共和国声明保留的条款除外。中华人民共和国法律和中华人民共和国缔结或者参加的国际条约没有规定的，可以适用国际惯例。"

第一百八十五条规定："民用航空器所有权的取得、转让和消灭，适用民用航空器国籍登记国法律。"

第一百八十六条规定："民用航空器抵押权适用民用航空器国籍登记国法律。"

第一百八十七条规定："民用航空器优先权适用受理案件的法院所在地法律。"

第一百八十八条规定："民用航空运输合同当事人可以选择合同适用的法律，但是法律另有规定的除外；合同当事人没有选择的，适用与合同有最密切联系的国家的法律。"

第一百八十九条规定："民用航空器对地面第三人的损害赔偿，适用侵权行为地法律。民用航空器在公海上空对水面第三人的损害赔偿，适用受理案件的法院所在地法律。"

第一百九十条规定："依照本章规定适用外国法律或者国际惯例，不得违背中华人民共和国的社会公共利益。"

第 3 章 中国航空立法发展历程研究

3.1 中国航空立法发展阶段划分的依据

3.1.1 中国航空立法发展阶段划分的学说评析

有关中国航空立法发展阶段的划分,因学者们研究视角和划分时间节点不同,有所差异。刘伟民教授认为,中国航空立法可分为新中国成立前和新中国成立后两个发展阶段。①

大多数学者研究中国航空立法发展阶段,都是以新中国成立后中国航空立法作为研究对象,有划分为"两阶段说""三阶段说"和"五阶段说"。

"两阶段说"将中国航空立法从整体上划分为改革开放前和改革开放后两个阶段,又将前者细化为新中国成立国初期民航立法的探索期(1949—1959 年)和萧条期(1960—1978 年);将后者细化为民航立法恢复期(1979—1989 年)、系统化期(1990—2000 年)、健全期(2001—2005 年)和 2006 年以来的繁荣期。②

"三阶段说"又有两种划分。一种认为,中国民用航空立法经历了从无到有的过程,1949—1979 年,是"中国民航立法的摸索阶段";1979—1989 年,是"中国民航立法的奠基阶段";1990 至今,是"中国民航立法的快速发展的阶段"。③

另一种认为,从 1949 年到 1978 年,是中国航空立法"成功起步,艰难前行"阶段;从 1979 年到 1995 年《民用航空法》颁布前,是中国航空立法"走出低谷初成体系"阶段;从《民用航空法》颁布至今,是中国航空立法"稳步发展,欣欣向荣"阶段。④

"五阶段说"认为,新中国成立国初期(1949—1959 年)是民航立法的积极探索时期;六七十年代(1960—1978 年)是民航立法的萧条时期;改革开放初期(1979—1989 年)是民航立法的恢复时期;"八五""九五"期间(1990—2000 年)是民航立法系统化发展时期;"十五"期间(2001—2005 年)是民航法规体系建立健

---

① 刘伟民.航空法教程[M].北京:法律出版社,1996:52-53.

② 郝秀辉.中国视域下航空法独立性之辨[J].北京理工大学学报(社会科学版),2013,15(03):110.

③ 孟庆芬,严春明.中国民航立法六十年[J].中国民用航空,2009(10):20.

④ 中国民航大学法学院课题组.新中国民航立法回顾与展望[J].法学杂志,2010(04):38.

全时期;“十一五”期间(2006—2010 年)是民航法规体系繁荣时期。[①] “五阶段说”实际上是在郝秀辉教授“两阶段说”的基础上的进一步深化。

学者们对中国航空立法发展历程的研究成果,在不同程度上反映了中国航空立法发展阶段及各个阶段航空立法的总体概况,都有可取之处。

本书赞成刘伟民教授关于中国航空立法发展经历了新中国成立前和新中国成立后两个阶段的观点。因为新中国成立后,尚有诸多航空立法是借鉴民国时期航空立法之成果,故不能割裂二者之间的联系。但对新中国成立后中国航空立法的发展历程,本书与上述学者们的关于中国航空立法发展阶段的划分有些许区别。

3.1.2 本书关于中国航空立法阶段划分及理由

本书认为,中国航空立法始于民国,且民国诸多航空立法在新中国成立后,确实对新中国成立后的航空立法起到了很好的指导和借鉴作用。因此,研究中国航空立法发展阶段,民国航空立法不能缺席,应作为一个独立发展阶段。

故本书认为,从整体上来看,中国航空立法分为两个发展阶段,即民国时期和新中国成立后。民国时期中国航空立法又可分为北洋政府时期和南京国民政府时期的航空立法。

在新中国成立后,从 1950 年 11 月 1 日颁布了第一件专门性航空行政法规《中华人民共和国飞行基本规则》(简称 1950 年《飞行基本规则》)起至今,新中国制定了众多的航空法。目前正在生效的专门性航空法有法律 1 件、行政法规 33 件、18 件地方性法规、部门规章 139 件、地方政府规章 40 件,形成了涵盖航空活动各个方面的较为完备的航空法体系。

对新中国成立后中国航空立法发展阶段的划分,本书认为,若综合考虑时间、航空立法数量、立法具体内容几个方面的因素,可将新中国航空立法划分为四个发展阶段。

第一阶段:1950—1959 年,在这一阶段中,中国航空立法全面移植苏联航空立法。第二阶段:1960—1979 年,这期间,中国开始结合国情进行航空立法的探索,航空立法获得了较大发展。第三阶段:1980—1995 年,这期间,中国航空立法持续前行并走向成熟。第四阶段:1996 年至今,中国航空立法不断完善和发展。

本书还认为,亦可根据航空立法具体内容,对中国航空立法的发展历程进行详细梳理和研究。如在中国民用航空局网站上,将部门规章分为:行政程序规则(1 - 20 部)、航空器(21 - 59 部)、航空人员(60 - 70 部)、空域、导航设施、空中交通规则和一般运行规则(71 - 120 部)、民用航空企业合格审定及运输(121 - 139

---

① 郝秀辉,杨慧,杨万柳.民航立法发展的回顾、反思与展望[J].社会科学家,2010,158(06):86 - 88.

部)、学校、非航空人员及其他单位的合格审定及运行(140 - 149 部)、民用机场建设和管理(150 - 179 部)、委任代表规则(180 - 189 部)、航空保险(190 - 199 部)、综合调控规则(201 - 250 部)、航空基金(251 - 270 部)、航空运输规则(271 - 325 部)、航空保安(326 - 355 部)、科技和计量标准(356 - 390 部)、航空器搜寻援救和事故调查(391 - 400 部)。① 这种分类内容上来看,比较清晰,能具体梳理不同具体航空立法发展的来龙去脉,本书在随后的研究过程中,也借鉴了此分类。

综上,本书将中国航空立法发展历程划分为民国时期航空立法和新中国航空立法两个阶段。民国时期航空立法又分为北洋政府时期航空立法和国民政府时期航空立法。新中国航空立法又可分为四个阶段。

下文中,在对不同时期中国航空立法进行研究时,本书将从航空立法数量、立法具体内容、主要特点等方面加以研究,结合中国民用航空局对民航规章的分类情况,力争对航空立法主要内容的研究更加全面具体。

3.2 民国时期中国航空立法(1912—1949 年)

据本书不完全统计,民国时期中国专门性航空立法主要有:1 件法律——《中华民国民用航空法》,22 件行政法规和规章。涉及的航空立法主体包括航空事务处②、航空署③、航空委员会及交通部民用航空局④等机构。

根据《民国法规大全》等现有资料分析,民国时期中国航空立法被主要归类为"交通",但是内容也涉及官制官规、行政、司法、考试等领域。

---

① http://www.caac.gov.cn/XXGK/XXGK/index_172.html? fl=13。

② 交通部筹办航空事宜处是中华民国北京政府设立的第一个中央级民用航空行政机构。1918 年(民国 7 年),时任交通部总长曹汝霖以"航空事业应属交通行政范畴,且空中运输尤为当今唯一要务,将特设机关交通部筹办航空事宜处"等申请呈报大总统徐世昌。《交通部总长曹汝霖呈大总统文》称:"近年来,欧美试用飞机载运客货已实行试验,其由伦敦至巴黎间尤著成效,并已由伦敦试行于印度。充其能力所致,由欧洲至中国亦不过四五日程,其为神速无可比拟,有事利于军国无事便于人民……"1919 年(民国 8 年)3 月 12 日,经大总统批准,"奉指令准如所拟办理",交通部筹办航空事宜处正式设立,丁士源担任该处处长,负责与外国公司签订购机合同、拟订航空条例草案、制订全国航空线计划、训练人员、建设机场、审定航路以及外国飞机飞航区域事宜等。1919 年(民国 8 年)11 月,中华民国北京政府在国务院下设航空事务处,与交通部筹办航空事宜处两个机构并存,在业务权限方面发生争执。1920 年(民国 9 年)8 月,交通部筹办航空事宜处被裁撤,事权统一归到国务院航空事务处。详见孙德富.中国民航行政管理机构设置严格[N].中国民航报,2015 - 01 - 23.

③ 1920 年 8 月,中华民国北京政府决定,交通部筹办航空事宜处归并,由国务院航空事务处统一掌管全国航空行政事宜,设 6 科 15 股。详见孙德富.中国民航行政管理机构设置严格[N].中国民航报,2015 - 01 - 23.

④ 1922 年,航空事务处改名为"航空署",1928 年 11 月,改属南京国民政府军政部内设机构。1935 年,航空署该名为航空委员会,直属国民党军事委员会。1947 年 1 月 20 日国民政府组建民用航空局,隶属交通部。详见孙德富.中国民航行政管理机构设置严格[N].中国民航报,2015 - 01 - 23.

民国时期中国航空立法可划分为两个主要阶段：从共 1912 年到 1928 年，北洋政府时期中国航空立法；从 1929 年到 1949 年，国民政府时期中国航空立法。

3.2.1 北洋政府时期航空立法及主要内容

在清末和民国初元，航空器已被用于作战。1913 年，北京政府购飞机设学校，目的亦在军用，尚无专任统辖空中交通之机关。1918 年，时任交通部总长曹汝霖呈请大总统徐世昌，请求设立交通部筹办航空事宜处；1919 年 3 月 12 日，经大总统批准，交通部筹办航空事宜处正式设立，负责与外国公司签订购机合同、拟订航空条例草案、制订全国航空线计划、训练人员、建设机场、审定航路以及外国飞机飞航区域事宜等。① 但当时交通部管制中并无涉及航空之条文，乃将部中关于航空一事，归航政司承办。②

1919 年 10 月，国务院以欧战已终，和议告成，航空条约发生，我国亦系协约国之一。对于航空事业不能不有所筹备，以资竞争而保主权；遂于同年 11 月 1 日通过英商公司借款购买商用飞机一百五十架，余款作航空处办公经费。同年 11 月 11 日，国务院总理靳云鹏呈请设立航空事务处，直隶于国务总理，掌管全国航空事务。③

国务院与交通部之航空事务同时并进，权限不清。1920 年 6 月，航空事务处拟具全国航空线路计划网领，国务院交参谋、陆军、海军、交通等部会同核复。同年 7 月，由陆军部召集会议，交通部所派之员未到。交通部致函陆军部，以航空本为交通行政之一端，本部早经筹办，除军用外，凡营业运输应仍隶本部办理以清限界。同时交通总长曾毓万向国务会议提议，以航空事务处所定计划书，皆本部应办之事，应由本部详加研究，次第设施。航空线路与铁路邮政有相辅而行之作用，关系至为密切，是交通事业当然属交通行政范围，未便再设独立机关。本部所办之航空事业，在平时固从事于商业运输，临时亦可改为军用，无另设机关之必要云云。④ 1920 年 8 月，直奉军入北京，政府改组，国务院航空事务处乃将交通部之筹

---

① 交通部筹办航空事宜处是中华民国北京政府设立的第一个中央级民用航空行政机构。1918 年（民国 7 年），时任交通部总长曹汝霖以"航空事业应属交通行政范畴，且空中运输尤为当今唯一要务，将特设机关交通部筹办航空事宜处"等申请呈报大总统徐世昌。《交通部总长曹汝霖呈大总统文》称："近年来，欧美试用飞机载运客货已实行试验，其由伦敦至巴黎间尤著成效，并已由伦敦试行于印度。充其能力所致，由欧洲至中国亦不过四五日程，其为神速无可比拟，有事利于军国无事便于人民……"1919 年（民国 8 年）3 月 12 日，经大总统批准，"奉指令准如所拟办理"，交通部筹办航空事宜处正式设立，丁士源担任该处处长，负责与外国公司签订购机合同、拟订航空条例草案、制订全国航空线计划、训练人员、建设机场、审定航路以及外国飞机飞航区域事宜等。详见孙德富. 中国民航行政管理机构设置沿革[N]. 中国民航报，2015-01-23.

② 张心澄. 中国现代交通史[M]. 上海：上海书店出版社，1931：320.

③ 张心澄. 中国现代交通史[M]. 上海：上海书店出版社，1931：320.

④ 张心澄. 中国现代交通史[M]. 上海：上海书店出版社，1931：321.

办航空事宜处归并，大加扩充，改隶边防督办，综理航空一切事务，管辖所属军队机关。1921 年 2 月 9 日，由国务院呈请大总统，将航空事务处改为航空署。

1916 年 10 月，北京政府参谋本部公布《航空学校条例》六十六条，这是本书根据现有资料所查到的中国最早的航空立法。

1917 年 1 月，北京政府参谋本部公布《学员技工待遇条例》二十二条。

1919 年，交通部航空事宜处拟有《航空条例》草案七十五条，但并没有提出讨论制定。

1919 年 10 月，交通部航空事务处拟就草案十三章一百八十六条分送国务院、外交、内务、财政、陆军、海军、司法、教育、农商、交通等部及税务处、中央气象台研究。1920 年，航空事务处召集以上各机关会议，将草案改为十二章六十六条，将各项实施手续归入施行细则。1923 年 10 月，“航空署原拟呈请公布，嗣以召集相关各部会共同商讨时，鉴以我国航空站及飞行场皆未设备，恐各国飞机因我国条例业已规定，相率飞机来华，届时难以应付，窒碍孔多，主张暂缓公布，因之该草案遂无形流产。”[①]至北京政府取消时止，该草案仍未制定公布。

1920 年 8 月，航空事务处颁布《航空条例》十六条。据之，设总务、军事、训育、机械、经理、辅业六科，共分十五股。设立修机工厂、储蓄飞机棚厂、翻译委员会、建筑委员会。规定航线，厘定法规，审议航空条约。[②]

1920 年 11 月，航空事务处组织筹备京沪航空线委员会，呈准国务院公布简章十五条。

1921 年 2 月 9 日，以大总统令公布《航空条例》九条。据之，航空署设督办一员，特任；署长一员参事两员，厅长四员，均简任；秘书两员，会事十员，技正四员，均委任；主事二十四员，技士十二员，均委任，并对该署及上述人员职权进行了明确规定。

1921 年 3 月，航空署以署令公布《办事通则》三十二条。

到 1928 年航空署被裁撤，成立军事部军政署航空司前，航空署制定了许多航空法，内容包括航空机关、航空人员、航空运输、警务、航站、飞机及仓库六个方面。

3.2.1.1 航空机关

航空署关于该署航空机关之立法，名为“简章”“专章”“条例”“通则”等。主要内容包括航空机关的设立依据、目的、职权等。航空立法具体成果主要有：《技术委员会简章》《翻译委员会简章》《国有航空线管理局编制通则》《京沪航空线管理局编制专章》《京汉航空线管理局编制专章》《郑西航空线管理局编制专章》《航空管理讲习所简章》《航空材料厂条例》《航空工厂条例》《西北航空线委员会简

---

① 刘承汉. 陆空运输法概要[M]. 台北：台湾三民书局股份有限公司，1978：58.

② 张心澄. 中国现代交通史[M]. 上海：上海书店出版社，1931：321.

章》等。

3.2.1.2 航空人员

航空署关于航空人员之立法,名为"规则""规定""条例""细则"及"简章"等;内容包括飞航员考试、执照颁发及管理、服务,航空人员薪金、奖惩、抚恤,航空人员服制等。航空立法具体成果主要有:《自用飞机飞航员考试暂行规则》《发给飞航人员驾驶执照及胜任证书暂行规定》《国有航空线飞航员服务规则》《国有航空线管理局员司月薪暂行规则》《航空人员俸给等级条例》《奖章条例(航空事务处规定)》《航空人员特俸给奖细则》《航空署奖励飞行教官暂行规则》《航空人员抚恤简章》《航空署测候员任用章程》《监工简章》《技工工资等级规则》《航空职员服制规则》《航空制服著用规则》等。

3.2.1.3 航空运输

航空署关于航空运输之立法是针对各条航空线运营进行的,包括航空客货运输相关规则。主要有《京师空中游览搭客规则》十五条,1921 年 6 月 14 日航空署署令《京济运输暂行规则》四十二条,1921 年 7 月 3 日公布《京沪航线京济间载客暂行章程》二十条,1921 年 9 月 3 日公布《飞机乘客应守规则》九条,1921 年 11 月 7 日公布《招商代收及接送客货暂行办法》六条,1921 年 7 月 3 日航空署通告《京戴间临时航空线广告》十二条,1921 年 9 月 3 日航空署公布《北戴河空中游览搭客规则》十五条,1921 年 9 月 27 日实行《京师及长城空中游览规则》八条,1922 年 7 月航空署定《京戴飞行则例》十五条等。

3.2.1.4 警务

航空署关于警务之立法涉及航空警察教练队和警察编制。分别为《航站警察教练队暂行编制》和《航空警察编制章程》。

3.2.1.5 航站

航空署关于航站之立法涉及航空站收用土地规则和航站测候所规定。分别为《国有航空站收用土地规则及施行细则》和《航空署航站测候所简章》。

3.2.1.6 飞机及仓库

航空署关于飞机及仓库之立法主要有《支配飞机及飞航员暂行规则》《京沪航空线管理局航空站飞机保管规则》和《仓库机件保管规则》。

另外,航空署还制定了《飞行场手作信号规则》等。

3.2.2 国民政府时期航空立法及主要内容

1927 年 7 月,中华民国军政府成立时,航空署被并入军事部。

1928 年 8 月,军事委员会制定了《临时特许外国飞机飞航国境暂行办法》,并转咨外交部备案。该办法共九条，对外国飞机申请入境、境内飞行、降落地点等进行了规范。

1928年11月24日，中华民国政府公布《军政部航空署条例》，十七条及系统表，重新规定航空署的组成和活动原则。据之，设署长、副署长各一人，职掌为管理全国航空事项。署内分设六科：文书科，管理科，军务科，航务科，教育科，机械科。各科设科长，掌理本科一切事务。航空署因事务上之必要，得设各种委员会。①

1928年11月，国民政府交通部拟具《监督商办航空事业条例草案》23条，呈由行政院转呈国民政府交立法院审核。立法院于同年12月8日，提出第1次会议决付经济委员会审核。经济委员会于第3次常会提出讨论，形成两个决议。②

1929年1月22日，立法院通过《监督商办航空事业条例》，即呈由国民政府提出第18次国务会议议决交国防会议，但最后未公布施行。该条例正式通过后共22条，规定凡经营商办航空事业，以有民国国籍者为限，须先指定航线，拟具计划书、营业章程及所定资本总额，呈请交通部核准；于筹备完毕后，其飞机、飞艇及其他航空器、飞行场、水艇等，应经交通部查验合格，注册给照后，方得开始营业。其营业期限第一期为7年，以后每3年为1期，卓有成效者，期满得呈请继续营业，但交通部亦得收归部办。飞行员非经考验合格，不得充任。商办航空事业负运送邮件之义务；载运货物，应依税则纳税；载运旅客，应负保险之责；军用器、危险品、违禁品，均不准运载。其所用飞机、飞艇及其他航空器、飞行场、水艇等，交通部得随时查验，如有不安全之虞者，应禁止使用，或令其改善。商办他空事业每届年终，须将营业情形及航空并一切设备之现状，呈报交通部备查。

1929年4月15日，国民政府公布《中国航空公司条例》十二条，对公司设立地点、资金及来源、机构及人员等做出了具体规定。③

1929年5月，国民政府交通部航空筹备委员会公布《沪蓉航空线管理处暂行

---

① 署内分设六科：文书科，掌机密文电的拟稿，典守引信及文电的收发保管；管理科，掌交际、内务、军纪、风纪及庶务，预算、决算、金钱出纳及材料的购办保管；军务科，掌各种章制、法令、条例的拟订、审核，水陆飞机队、汽艇队，气球队的运用，计划兵器材料的整理、分配、补充，调查及考查各国军备及空中攻防计划，地面作战队的训练、调遣、禁航区域的规划，空中照相制图及航空军用地图的绘制，考绩及任免、升降、调补、恤赏；航务科，掌空中运输、航空宣传，航空交通及一切航空计划；教育科，掌训练航空人员的计划及考试留学，航空学术的改良及航空学校的设施及教育计划；机械科，掌航空器的发明、改良、设计、制图、制造、修理，航空器通航及航空材料的检验，航空军械的保管。各科设科长，掌理本科一切事务。详见军政部航空署条例[J].行政院公报，1928(特刊号)：42-44.

② (1)付委员张志韩、马寅初初步审查。(2)本条例应采下列原则：①航空事业以国营为原则，商营为例外；②政府为吸收资本鼓励航空事业起见，得于试办期间，允许商人经营航空事业，并酌定试办时期；③航空事业得采用专办方法；④航空之保险及安全，须由政府详密规定及取缔。

③ 民国十八年国民政府为经营发展全国商务邮务航空事业，特设中国航空公司。四月十五日公布中国航空公司条例十二条。

规章》十六条，设主任一人，事务员稽查员各二人，各场站设站长一人，管理员、庶务员、测候员各一人，飞行器之驾驶及修理保存，均由主任呈请交通部聘任或委任飞行师。

1929年6月，国民党第3届2中全会决议航空事业，统归军政部主管；航空邮运及其经费，归交通部主管；海政归海军部管理，航政归交通部管理。[①]

1929年6月12日，沪蓉航空线管理处订定《沪蓉航空线管理处办事细则》《各站办事细则》《机场规则》经交通部核准，开始实施。

1929年6月17日，在国民党第三届中央执行委员会第二次全体会议上，交通部提出，民用航空航政及管理之职权，则应由本部专司。[②] 随后，会议决议航空事业统归军政部主管，邮运航空及其经费归交通部主管。是年8月12日交通部拟具邮运航空处章程，呈请行政院转呈国府公布。嗣经国务会议决议，交院由交通军政两部会商再行呈请。经会商后，将条文内制造厂删去，由两部于1930年2月呈复。

1929年7月8日，沪蓉航空线管理处订定《运货暂行章程》十七条、《载客章程》十六条。11月订定《散放广告传单章程》十一条。

1929年10月29日，国民政府修正公布（原公布日期为同年5月21日）实施了《中国航空公司组织规程》十条，对中国航空公司理事会设置，理事长权利与义务，事务所分组及各组人员组成和权利义务等进行了规范。[③]

1929年11月11日，军政部公布同日施行《航空飞行规则》或《航空署飞行规则》，共十一章六十七条。第一到十一章分别为：总则，飞行场，检查，离地，飞行，落地，滚行，教练飞行，临时飞行，一般规则，附则。

1929年11月23日，立法院第62次会议通过《邮运航空处组织条例》，1930年3月18日公布实施，共九条。该条例规定了邮运航空处的地位，职权，组织机构，人员设置等内容。

1929年12月6日，国民政府交通部公布实施《飞行师飞行奖励金章程》15项，规定了飞行师奖励的具体办法，服务不同年限去职时所存奖励金之本利交付的具体数额。

1929年，军政部公布了《军政部航空线站管理处组织章程》，共十三条。该章

---

① 谢振民.中华民国立法史[M].北京：中国政法大学出版社，1999：373.

② 嗣航空署亦从事航空事业，复另有国立中国航空公司之异军突起，交通部以事权不一，乃于五月二十二日将筹办航空情形，并航空运输事业施设步骤。呈报行政院转呈国府。并称主管行政之权似宜专一，一切航空机关公司团体之组织固应以相辅并行为原则，而民用航空航政及管理之职权，则应由本部专司，恳按本部组织法令规定，再予明令划清界限云云。详见张心澄.中国现代交通史[M].上海：上海书店出版社，1931：324.

③ 上海法学编译社.中华民国国民政府法令大全8交通、建设[M].上海：上海会文堂新记书局，1931：23-25.

程规定应在一省或两省以上区域设置航空线站管理处，直隶于军政部航空署，管理处管理所辖境内各线站间之运输修养检验营业设计及境外航空线网之联络及民办航空之指挥监督等事宜。管理处设总务科、工务科、航务科三科，设处长一人、科长一人、各科科员三人，科员每科三员依各该省区域航空线站事务之繁简得增减之，其他雇员无定额但以上人员之增减应由航空署呈部核定之。还规定了管理处职责，人员任命等。

1930 年 6 月 2 日，国民政府公布并于当日实施了《军政部航空学校条例》，共 25 条，对航空学校设置目的、课程设置、考核等进行了规定。

1931 年 2 月 23 日，国民政府军政部公布《航空机械士章程》46 条，从航空机械士的录用、薪额等级、考核、奖励、惩戒、告假、旅费、恤养等进行了细致规定。[①]

1931 年 5 月 23 日，军政部公布并于当日实施了《飞行人员体格检查暂行规则》，共 12 条。该规则规定飞行人员应由航空署长指定的医院或该队部医官进行检查，检查分为定期和不定期检查，检查成绩分为合格、休养和不合格三类，合格的由航空署填发证书，飞行人员对于医官之检查如有怀疑时得呈请另行指定医官或医院重施检查。

1932 年 10 月 24 日，国民政府交通部颁布并于同日施行《航空安全电报规则》，共九条，对航空安全电报的格式、密语、价目收费等进行了规定。1934 年 4 月 25 日废止，国民政府交通部另行颁布《航空安全电报规则》。

1933 年 8 月，国民政府军事委员会委员长南昌行管令准，颁布了《航空署各省航空场站建筑工务处组织条例》，共九条。该条例规定，为建筑各省航空场站得临时设航空场站建筑工务处，建筑完成后即取消之。航空场站建筑工务处直隶航空署并受当地最高军事长官之指挥。工务处设正副处长各一人，下设工程经理及庶务三组，并对工务处人员编制、职员工资、工程承包方式作了规定。

1935 年，航空署改名为“航空委员会”，直属于国民党军事委员会。航空委员会成立后，先后颁布了《临时特许外国飞机飞航国境暂行办法》(1935 年 1 月 19 日)、《空中交通规则》(1941 年 1 月 18 日)、《航空无线电台设施规则》(1941 年 1 月 18 日)等法令。

1942 年 1 月 20 日，国民政府组建了民用航空局，航空委员会从国民政府军事委员会脱离出来，隶属交通部，同年 7 月，民用航空局制定并颁布了《民用航空统一检查实施细则》。

1947 年先后颁布了《民用航空驾驶员检定给照暂行规则》《民用航空人员体格标准暂行规则》《空中交通暂行规则》《民用航空器登记暂行规则》《民用航空器标志暂行规则》《空中交通管制员检定给照暂行规则》《航空器灯光及目视信号规

① 刘熞元. 民国法规集刊(第 24 集)[M]. 上海：上海民智书局，1931：291 - 306.

则》《外国民用航空器飞航国境机航规则》《民用航空器适航证书请领规则》等 9 种空中交通管制法则。同年 7 月,民航局制发《民用航空局飞行场站收费标准办法》和《民用航空局各航空站收费解缴办法》。

1948 年,国民政府交通部民航局公布《民用航空局管理场站规则》,同年 3 月 2 日又公布《民用航空局使用机场规则》。

1949 年,国民政府交通部民航局修订公布了《空中交通规则》(民航规则第 61 - 2 号)和《空中交通管制程序》,制定公布了《航空器签派员检定给照暂行规则》。在这几年时间内,国民政府交通部民航局陆续公布的这些法规,对统一航行管制和保障飞行安全起到有益作用。①

民国时期,旅客与航空公司之间纠纷赔偿问题,一般都依据航空公司制定的公司章程,适用民国民商事法律加以解决,缺乏专门适用航空民商事法律规范。为此,1946 年 8 月,国民政府交通部拟定了《飞机失事赔偿暂行办法》作为飞机失事时赔偿标准,但在实践中,由于当时国民政府法币不断贬值,实际赔偿只是参考该办法。②

另外,值得一提的是,1941 年 5 月 30 日,国民政府立法会颁布《中华民国民用航空法》,这是中国历史上第一部规范航空活动的法律。但因出于国防政策考虑,即被废止。

这一时期,中国还积极参与国际航空立法。如参与了 1919 年《巴黎公约》的制定,但未签署;签署了 1929 年《华沙公约》,但未批准。1944 年,国民政府签署了 1944 年《芝加哥公约》,并于 1946 年 2 月 20 日递交了批准书。此外,中国政府还签署了 1948 年《日内瓦公约》,但未批准。

3.2.3 民国时期中国航空立法主要特点

从航空立法的主体、内容等来看,民国时期中国航空立法具有以下几个方面的特点。

3.2.3.1 立法主体及权限均为法定

民国时期,中国航空立法主体主要有航空事务处、航空署、军政部航空署、交通部民用航空局等。这些主体进行航空立法及其职权是由其相应组织法明确规定的。如航空署及其立法权限是由 1921 年 2 月 9 日,以大总统令公布的《航空条

① http://www.shtong.gov.cn/Newsite/node2/node2245/node68464/node68480/node68523/userobject1ai66240.html

② 如,1947 年发生的一起空难中。航空公司除了支付每位遇难者法币 360 万元的丧葬费和伤者的医疗费外,每位死者另予抚恤金 100 万元,行李赔偿费 20 万元。当时通货膨胀肆虐,如老车牌面粉,1946 年 8 月为每袋 1.35 万元,到 1947 年 2 月已是近 5 万元,区区 100 万元无异于杯水车薪。详见佚名. 1946 年上海 5 小时坠毁 3 架客机[J]. http://news.ifeng.com/a/20140803/41417884_0.shtml。

例》加以规定。军政部航空署及其立法权限是由1928年11月24日，中华民国军政府公布《军政部航空署条例》加以规定。

1930年12月21日，国民政府公布实施《交通部组织法》（1928年11月7日公布，1930年2月3日修正），第五条规定："交通部得置邮政总局、无线电管理局、邮运航空处及各航政局于必要时得置各委员会，其组织另定之。"第十条规定："航政司职掌内容，第二项为关于筹办管理国营航空及监督民办航空并空中运输事项，第四项为关于船舶飞机发照注册事项。"对交通运输部立法权限进行了明确规定。

立法主体及权限均由法定，避免了相关立法主体越权立法和违法立法情况的发生，也使得航空立法具有很强的计划化和针对性。

3.2.3.2 军民航两条立法主线并存

在北洋政府时期，军民航两条立法主线并存。一条线是以北京政府参谋本部制定有关军用航空立法；另一条线是以交通部航空事宜处和国务院航空事务处（1920年国务院航空处归并交通部航空事宜处，1921年改为航空署）主要制定有关民用航空立法。北洋政府时期，中国航空立法较多，且以民用航空立法为主。

在国民政府时期，参与航空立法的主体主要是航空署、航空委员会及交通部民用航空局等机构。航空署及航空委员会均为军事部门，负责制定军用航空立法。交通部民用航空主要负责制定相关民用航空立法。军民航两条立法主线，贯穿于整个国民政府时期，在1942年以前，以军用航空立法为主；1942年以后，主要以民用航空立法为主。

3.2.3.3 航空立法内容广泛

民国时期，有学者列举了中国航空立法之大要，为：（一）关于航空器属于国籍之事件。（二）关于试验驾驶员之规定。（三）关于飞行场之设置规则。（四）关于决定禁航之地带。（五）关于航空器运输及其检查规则。（六）关于决定国际航空之关税法。（七）关于航空器注册、航员、证书、航空日志及例外事项。（八）关于航空制造、注册标志、国籍标志及灯光标志与空中规则。（九）关于乘客航空器之适航证书。规定其分期检查及查验事项。（十）关于航空教育及航空人员之养成。（十一）关于航空交通警察之规则。（十二）关于航空土地收用及航空材料征收之规则。（十三）关于公安事项及保证航空事项。（十四）关于各种处罚之规定与施行之事项。①

从民国时期航空立法具体内容来看，公法私法兼顾，以公法为主，私法方面仅涉及飞机失事赔偿办法、监督商办航空事业等。内容已经涵盖了航空活动的方方

---

① 胡邌然. 交通政策[M]. 上海：上海启智书局，1933：367.

面面。

3.2.3.4 民商事立法少，管制色彩浓厚

这一时期，我国航空事业基础薄弱，航空器制造业几为空白，航空运输业也不发达，加之战事不断，民用航空执行军事任务较多。航空公司航空器的买卖、航线开辟和运行几乎都是国家行为，航空立法内容突出管制色彩，基于规范平等主体间的民商事立法较少。只有1946年8月国民政府交通部拟定的《飞机失事赔偿暂行办法》，因当时法币贬值等因素，航空承运人不仅根据民国政府制定的《飞机失事赔偿暂行办法》和相关民事立法规定进行赔偿，还自愿根据通胀等因素进行赔偿。

虽然这一阶段我国航空立法数量不少，立法内容涉及面也广，但是管制色彩较浓。如，航空署颁布的系列法令，主要是对航空活动进行管制；航空委员会和交通部民用航空局所制定的众多法规主要是对空中航行进行管制。这种以管制为主的立法，是和当时全球范围内将航空运输业当作"公用事业"的认识相契合的。

3.2.3.5 航空安全立法是核心

民国时期，无论是北洋政府航空署，还是国民政府航空委员会、交通部及交通部民航局所制定的航空法规规章，都是以确保航空安全为核心的。早在1921年8月27日，航空署编发了《航空警察编制章程》，组建了航空警察队伍，[①]以维护航空安全。

3.2.3.6 具有一定的涉外性和国际性

民国时期，虽然和我国通航国家较少，但是已有外国飞机飞航我国过境，为维护领空主权，1935年1月19日航空委员会颁布了《临时特许外国飞机飞航国境暂行办法》，并列出了外国飞机在中国境内的"禁航区"，该法规无疑具有涉外性。

早在1919年北洋政府交通部航空事宜处拟有《航空条例》草案七十五条，后拟就草案十三章[②]一百八十六条分送国务院、外交、内务、财政、陆军、海军、司法、教育、农商、交通等部及税务处、中央气象台研究。"吾国航空条例草案，盖多取英

---

① 为保卫航空业的安全，航空署决定建立航空警察队伍，并于1921年8月27日编发了《航空警察编制章程》。该章程明确规定：航空警察的建制以队为单位，由航空署管理。除派驻勤务督察长外，每队配备47名人员编制。其中设队长、副队长各1人，书记1人，伙夫4人；每队下设4个班，每班设班长1人，一等警察2人，二等警察3人，三等警察4人。对航空署的直属部门及其附属机关应设多少航空警察队以及各队配备警察的具体名额，可由航空署根据需要自行确定。勤务督察长、队长、副队长由航空署派充，书记由队长呈准航空署后派充之。

② 第一章总则；第二章航空器之注册及标志。第三章航空器之适航证书。第四章航空人员之胜任及准许状。第五章航空日记。第六章禁航区域。第七章无线电机之使用。第八章禁载物品。第九章飞行场。第十章发朝降落及近航规则。第十一章国有航空器。第十二章航空器入国境。第十三章附则。详见胡遴然.交通政策[M].上海：上海启智书局，1933：367.

日两国”。

在1947年到1949年期间,国民政府交通部及交通部民航局制定的相关空中交通管制法规,是“采用国际民航组织的标准,参考英美国家的成规”,国际性进一步增强。

此外,中国政府还批准了1944年《芝加哥公约》,并积极参与国际航空相关会议,为国内航空立法开拓了国际视角。

这一时期的航空立法工作也为新中国航空立法工作提供了借鉴。新中国成立后,国民党当局退往台湾地区,原国民党当局在大陆地区所颁布的一些法律法规也在台湾地区适用,如上文中提到的《中华民国民用航空法》,也为新中国的相关航空立法工作提供了借鉴。

3.3 中国航空立法全面移植阶段(1949—1959年)

3.3.1 立法成果汇总

由于中国民用航空局官网关于中国航空立法的记录,主要是1980年以后所立之航空法,对此前的航空立法没有可供查阅的具体资料。本书所引用的航空立法主要通过对中国民航局官网上的《新中国民航60周年大事记》《上海地方志——民用航空志》等地方志中相关航空动立法的查阅,具体航空立法件数的统计可能不准确。

据本书不完全统计,这一时期中国共制定了专门性航空行政法规5件,部门规章29件。具体见表3-1“1950—1959年间中国航空立法成果汇总”。

表3-1 1950—1959年间中国航空立法成果汇总

序号	名称	制定机关	时间	主题分类
1	国内邮件空运临时试行办法	中央军委民航局	1950-10-06	部门规章
2	中华人民共和国飞行基本规则	中央人民政府人民革命军事委员会	1950-11-01	行政法规
3	外国民用航空器飞行管理规则	中央军委民航局	1950-11-01	部门规章
4	航行管制令	中央人民政府人民革命军事委员会	1951-04-24	行政法规
5	旅客意外伤害强制保险条例	中央财政经济委员会	1951-04-24	行政法规

续表 3 - 1

序号	名称	制定机关	时间	主题分类
6	进出口飞机机员旅客行李检查暂行通则	政务院	1951 - 05 - 24	行政法规
7	电信业务管理暂行办法	中央军委民航局	1951 -	部门规章
8	民用航空通讯规则	中央军委民航局	1951 - 07 - 13	部门规章
9	关于整编民用航空的决定	中央军委、政务院	1951 - 12 - 07	行政法规
10	民航飞行暂行规则(草案)	中央军委民航局	1952 - 02 - 01	部门规章
11	航务规则制度(草案)	中央军委民航局	1952 - 02 - 01	部门规章
12	飞行签派制度(草案)	中央军委民航局	1952 - 02 - 01	部门规章
13	空中管制制度(草案)	中央军委民航局	1952 - 02 - 01	部门规章
14	机场开放关闭暂行条例(草案)	中央军委民航局	1952 - 02 - 01	部门规章
15	飞行安全暂行规定	中央军委民航局	1953 - 12 - 13	部门规章
16	电信工作制度	中国民用航空局	1954 -	部门规章
17	广州市禁航区及广州市飞行进出管制规定	中国民用航空局	1955 - 03 - 10	部门规章
18	民航全国飞行调度指挥区域划分规定	中国民用航空局	1955 -	部门规章
19	全国航行管制区域区分规定	空军	1955 -	部门规章
20	中国民航飞行条令	中国民用航空局	1955 -	部门规章
21	中国民航航线上特殊飞行工作细则(草案)	中国民用航空局	1955 -	部门规章
22	中国民航通信条令	中国民用航空局	1955 -	部门规章
23	民航各级调度职务规程	中国民用航空局	1955 - 09 - 16	部门规章
24	中国民用航空飞行指挥工作细则	中国民用航空局	1955 - 12 - 10	部门规章
25	中国民航飞行事故等级及其调查、预防程序工作细则	中国民用航空局	1956 - 12 - 03	部门规章
26	中国民航特殊飞行工作细则	中国民用航空局	1957 -	部门规章
27	专业飞行指挥规定	中国民用航空局	1957 - 03 - 11	部门规章

续表 3-1

序号	名称	制定机关	时间	主题分类
28	外国飞机在中国境内进行专业飞行的规定	中国民用航空局	1957-09-02	部门规章
29	关于确保飞行安全的指示	国务院第六办公室	1957-11-26	部门规章
30	关于确保飞行安全的决议	民航局党委	1958-08-23	部门规章
31	全国飞行指挥调度区域划分的规则	中国民用航空局	1958-11-15	部门规章
32	关于民航制服式样的制作办法的规定	中国民用航空局	1959-06-16	部门规章
33	民航机场等级和净空要求的规定	中国民用航空局	1959-08-20	部门规章
34	关于民航管理体制的报告	中共中央转发交通部党组	1959-09-20	部门规章

注:序号 7、16、18～22、26,本书未能查阅到这些航空立法成果颁布的具体“月”和“日”,故只标注到年。

根据表 3-1 的统计可见,这一时期,中国进行专门性航空立法的主体共八个,为:中央军委民用航空局(中国民用航空局)、中央人民政府革命军事委员会、民航局党委、政务院(国务院)、国务院第六办公室、中央财政经济委员会、空军、国防部。

航空立法内容主要包括中国民用航空局归属、空中交通规则、航空器、航空人员、承运人责任,也包括外国民用航空器飞行管理规则等。

3.3.2 主要内容分析

这一时期,航空立法的主要内容是围绕空中航行规则、航空民商事、航空安全保卫等几个方面进行的。

3.3.2.1 空中航行规则

早在国民政府时期就颁布过一系列空中航行方面的法律法规。新中国成立后,1950 年 11 月 1 日,由中央人民政府人民革命军事委员会主席毛泽东发布了由苏联顾问起草、空军拟定的《飞行基本规则》(下文简称 1950 年《飞行基本规则》)。这是新中国颁布的第一部规范在中国境内全部飞行活动的行政法规。内容包括总则、飞行和专场飞行的种类、符号及信号、飞机识别标志、在机场内活动的规则、机场区域内飞行的规则、长途航线飞行及固定航路飞行、遇险信号、航行调度勤务、地面航行保证设备、通讯等。

1950年《飞行基本规则》在名称上加了括号，标明“适用于各航空部门”，又在“总则”中规定：“1. 凡在中华人民共和国境内飞行的航空器（飞机、飞船、气球等），不论何方所属，均应遵守本规则之规定；……2. 所有空勤人员和航空指挥人员，不论所属何方，均应遵守本规则之规定。3. 中华人民共和国空军及民航局，在编订空军或民航飞行条令时，应以本规则为基础。”另外，1950年《飞行基本规则》还规定，中国人民解放军空军司令部航行处是统筹中国境内航行的中央机关。

1950年《飞行基本规则》确立空中航行规则的适用范围、一般规则、空域使用和管理等内容，奠定了中国空中航行制度的法律基础，后被1964年《飞行基本规则》和1977年《飞行基本规则》加以修订。

在管理体制方面，1950年《飞行基本规则》按活动空域分别实施管制，[①]突出了对民航固定航路的保护作用。为进一步明确空军和民航在空域管理和使用中的职权，1951年4月24日，中央人民政府人民革命军事委员会颁布了《航行管制令》，规定“空军的飞机、民航的飞机均需在飞行之前向军委空军司令部或者军区空军司令部提出申请，待批准后实施”，并对未经申请的飞行的处置作了明确规定，确立了中国空中交通管制工作“空军统一，分级负责实施飞行指挥”的基本原则。

根据1950年《飞行基本规则》的授权，中央军委民航局1952年2月1日，军委民航局发布了《民航飞行暂行规则（草案）》《航务规则制度（草案）》《空中管制暂行制度（草案）》《机场开放关闭暂行条例（草案）》《飞行遣派制度（草案）》《统一遣派制度（草案）》，但与中国当时国情不相适应，同年3月1日起在全国范围内暂行试用。

根据《飞行基本规则》确立的基本原则，1955年中国民用航空局颁布《民航飞行条令》，于1956年开始实施。同年，中国民航局还颁布了《中国民航飞行指挥工作细则》和《中国民航航线上特殊飞行工作细则（草案）》。经过修改，1957年正式颁发了《中国民航特殊飞行工作细则》，作为组织和实施专机飞行的依据。

1955年11月21日，中国民用航空局为在全国实施民航系统的四级航行调度制度，颁布《民航全国飞行调度指挥划分规定》。同年12月10日颁发《中国民用航空飞行指挥细则》，同年12月26日又作了补充修正，并更改中国民航四级调度室的名称，即原民航总局的中央调度室改名为总调度室，原区域调度室改名为管理处调度室，原地区调度室改名为区域调度室，原航站调度室仍称航站调度室，自1956年1月1日在全国民航实施。尽管《中华人民共和国飞行基本规则》和

① 1950年《飞行基本规则》第56条规定：“各部门飞机（军用飞机在内）在使用民航固定航路进行飞行时，受民航航行调度勤务的管制。军用飞机在民用航空固定航路左右30公里并于之平行的航线上，进行航路外的飞行及转场飞行时，应由空军司令部航行处、军区空军司令部航行处与各有关民航勤务组织商讨同意后管制之。”

《民航飞行暂行规则(草案)》规定了中国民航在空中交通管制中的一部分权力和需承担的一定的义务,但在实施过程中,统一管制分级指挥的空中交通管制体制,所存在的弊病日益突出。

这一时期,为加强对外国民用航空器飞行及运营的管理,根据 1950 年《飞行基本规则》的授权,在 1950 年《飞行基本规则》发布的同天,中央军委民航局发布《外国民用航空器飞行管理规则》。这是中国第一部针对外国民航飞机的飞行管理规则,对外国民用航空入境、在中国境内飞行、飞离中国进行了详细规定。后被 1979 年《外国民用航空器飞行管理规则》所取代。1957 年 9 月 2 日,中国民用航空局还发布了《外国飞机在中国境内进行专业飞行的规定》。这些具有涉外性的法规规章,为改革开放后中国航空涉外相关立法奠定了扎实基础。

3.3.2.2 航空民商事立法

1950 年 8 月 15 日起,新中国全国各地邮局开始收寄国内航空邮件,但“无法可依”。针对这种情况,1950 年 10 月 6 日,新成立的中央军委民航局制定了《国内邮件空运临时试行办法》,改变了国内邮件空运“无法可依”的状况。这是据现有资料能够查阅到的新中国第一件专门性航空立法。

1951 年 4 月 24 日,政务院财经委员会发布了《飞机旅客意外伤害强制保险条例》,这是新中国第一个关于国内航空运输旅客身体损害赔偿的行政法规。《飞机旅客意外伤害强制保险条例》规定:“旅客之保险金额,不论全票、半票、免票、一律规定为每人人民币一千五百万元(注解:系指旧人民币,折合新人民币一千五百元)。”“旅客之保险费,包括于票价之内,一律按基本票价千分之五收费,由航空公司核算代收汇缴保险公司。”“本条例所列之保险金额连同医疗津贴,系属法定给付之最高责任,如遇意外事故发生,旅客或其家属不得再向航空公司要求任何额外给付。”

1959 年 6 月 16 日,民航局还颁布了《关于民航制服式样的制作办法的规定》,规定:民航空勤、机务、商务、服务人员统一穿着民航制服。空姐的制服统一为冬装蓝色呢子大衣,双排扣西服,无檐帽,裙子(后来飞到寒冷地区可穿裤子);夏季银灰色双排扣西服,裙子。

3.3.2.3 航空安全保卫立法

1951 年 5 月 24 日,政务院发布《进出口飞机、机员、旅客、行李检查暂行通则》,规定立法目的是“为统一进出口飞机、机员、旅客、行李检查工作,以保证飞航安全,维护国境治安,防止病疫传染,查禁走私”,还规定了航空站、公安机关、检疫机关、海关的主管业务范围,目前仍然有效。

1953 年 12 月 12 日,中央军委民航局发布了《飞行安全暂行规定》,第一次将飞行安全提到“首要地位”。

1956年12月3日，中国民航局颁布《中国民航飞行事故等级及其调查、预防程序工作细则》，自1957年1月1日起实施；1980年6月16日中国民用航空总局修订的规章《中国民用航空飞行事故调查条例》发布生效；1990年6月16日，中国民用航空总局颁布《中国民用航空飞行事故调查条例》生效，取代1956年《中国民航飞行事故等级及其调查、预防程序工作细则》；2000年7月19日中国民用航空总局发布《民用航空器飞行事故调查规定》生效，废止了1980年6月16日《中国民用航空飞行事故调查条例》。目前，2000年颁布的《民用航空器飞行事故调查规定》已经失效。

1957年11月26日，国务院第六办公室发布了《关于确保飞行安全的指示》，进一步指出在航空运输中要确保航空安全。

为了保障航空活动的安全，贯彻劳逸结合的原则，1958年中国民用航空局制定了《关于空勤人员劳动休息几项规定》，规定每个飞行员每月飞行时间通常为80小时，最多不超过100小时。

另外，为保证飞行安全，中国民用航空局在1959年8月20日发布了《民航机场等级和净空要求的规定》；同年8月14日，还颁布了《对运输机空勤人员飞行技术检查》。

3.3.2.4 民航管理体制立法

1949年11月2日，中共中央政治局会议决定，在人民革命军事委员会下设民用航空局，受空军司令部之领导。1950年10月10日中央军委民航局颁发编制表，局本部设九处，另设飞行大队、飞机修理厂、医院各一，下设西南、华北、中南、华东等4个管理处。

1951年4月12日，中央军委民航局《关于民航局领导建制问题给富春同志并总理的请示》。同年5月7日，中央军委、政务院联合发布《关于整编民用航空的决定》，这是新中国成立后第一个由二者联合发布的行政法规。该决定将军委民航局划归空军建制，并将民用航空的行政管理和业务经营机构分开，改设民用航空局①(对外仍保留军委民航局名称)和民用航空公司(至1951年7月27日，正式定名为中国人民航空公司)，对“政企分开”进行了有益尝试。

同年11月24日，邓光同志向钟赤兵传达周恩来总理的指示：兹规定军委民航局在行动上由军委空军司令部指挥，在业务上归中财委领导。

---

① 1954年11月1日，改为国务院直属局，由空军和国务院第六办公室分工领导；1955年1月15日国务院政司字第六号通知，民航局全称为“中国民用航空局”。1958年2月27日，改为交通部部属局，由空军和交通部分工领导；1962年4月15日，又改为国务院直属局，由空军和国务院有关部委分工领导；1969年11月20日，划归中国人民解放军建制，各项制度按军队的执行；1980年3月5日，再次改为国务院直属局，由国务院直接领导；1993年12月20日，国务院决定，中国民用航空总局机构的规格由副部级调整为正部级；2008年3月1日，由交通运输部管理的国家局，2009年3月2日，由正部级调整为副部级。

3.3.3 重要特点归纳

这一阶段,中国航空立法的主要特点是全面移植苏联航空法。例如 1950 年《飞行基本规则》就是由苏联专家起草的。在 20 世纪 50 年代中期,全面移植过来的苏联航空法,经实践证明已不再适合中国国情,为此,空军组织相关人员结合国外航空发达国家航空立法、国际航空条约及中国国情对这些航空立法探索着进行修订,但基本上并未实施。总体而言,这一阶段中国航空立法具有以下四个方面的特点。

3.3.3.1 成果众多名称

这一阶段中,中国共制定了专门性航空行政法规超过 5 件,部门规章超过 29 件,立法成果非常丰硕。这些航空立法成果的名称也"不拘一格",有"办法"(2 件)、"规则"(5 件)、"决定"(1 件)、"规定"(8 件)、"细则"(4 件)、"条例"(2 件)、"条令"(2 件)、"令"(1 件)、"规程"(1 件)、"指示"(1 件)、"决议"(1 件)、"制度"(4 件)、"报告"(1 件)、"通则"(1 件)等。

虽然 1954 年《宪法》第 49 条第 1 款和第 51 条规定,国务院"根据宪法、法律和法令,规定行政措施,发布决议和命令,并且审查这些决议和命令的实施情况","各部部长和各委员会主任在本部门的权限内,根据法律、法令和国务院的决议、命令,可以发布命令和指示",国务院发布行政法规名称应为"决议"和"命令",部门规章名称应为"命令"和"指示"。但在这一阶段的立法实践中,仍存上述众多名称。

3.3.3.2 航空立法主体众多但缺乏明确授权

在这一阶段中,进行过专门性航空立法的主体共 8 个,除了 1950 年《飞行基本规则》中明确规定的"中国人民解放军空军及民航局,在编订空军或民航的飞行条令时,应以本规则为基础"外,即该规则明确规定了中国人民解放军空军有"编订空军的飞行条令"和民航局有"编订民航的飞行条令"外,其他立法主体及立法权限没有明确的法律规定,大多依据其部门职权进行相应的航空立法工作。

3.3.3.3 全面移植苏联的航空立法内容

新中国成立后,中国航空事业发展的基础非常薄弱,是在苏联帮助下逐步恢复和发展,因而新中国航空立法也全面移植苏联的航空立法不足为奇。如 1950 年《飞行基本规则》关于飞行高度①的划分主要是参考苏联体系。这和当时国际

---

① 这两个版本规定:真航线角在 0 度至 179 度的范围内,高度由 600 米至 6 000 米,每隔 600 米为一个高度层;高度在 6 000 米以上,每隔 2 000 米为一个高度层。真航线角在 180 度至 359 度范围内,高度由 900 米至 5 700 米,每隔 600 米为一个高度层;高度在 7 000 米以上,每隔 2 000 米为一个高度层。为了便于记忆,称为"东双西单"。

民用航空组织飞行高度系统分配是相反的。当西欧等国家国际航行的航空器飞入或飞离我国境内时，都需要进行高度层的变更，这样给航空器的运行和空中交通管制都带来了许多不便。为了和国际接轨，1977年《飞行基本规则》采用了国际民航组织的标准，将高度层进行了修改。①

另外，中央人民政府人民革命军事委员会颁布了《航行管制令》，中央军委民航局制定的《外国民用航空器飞行管理规则》《民航通讯规则》《民航飞行暂行规则（草案）》《航务规则制度（草案）》《飞行签派制度（草案）》《空中管制制度（草案）》《机场开放关闭暂行条例（草案）》《飞行安全暂行规定》等，也都是移植苏联的航空立法。

全面移植苏联的航空立法，特别是移植《飞行基本规则》的内容，从而确立了中国空域使用和管理体制。这种体制虽然对维护中国航空安全和国家安全作出了重大贡献，但是其所确立的空军把持空域的管理体制，到目前为止，几无改变，已经严重制约了中国航空事业的进一步发展。

3.3.3.4 确立了中国航空立法大要

这一时期，中国航空立法成果丰硕，立法内容已经涵盖了航空活动的各个方面，包括空中管理、航空器、航空人员、机场、空中交通服务、承运人责任制度、航空保险、航空电信、航空气象②等领域。

虽然这一时期的中国航空立法内容大多移植苏联的航空立法，特别是1950年《飞行基本规则》和1951年《航行管制令》确立了空军全面掌控空域的空域管理体制，在实践中被证明是不符合中国国情的，致使军民航有关空域使用之矛盾延续至今，但这一阶段中国航空立法框架已经基本搭架起来，为后来中国航空立法指明了方向。

3.4 中国航空立法探索发展阶段（1960—1979年）

3.4.1 立法成果汇总

据本书不完全统计，在这一阶段中，中国颁布的专门性航空行政法规超过11件，部门规章超过22件，军事规章2件。见表3-2“1960—1979年间中国航空立

---

① 在真航线角0度至179度范围内，高度由900米至5 700米，每隔600米为一个高度层，6 600米以上每1 200米为一个高度层。在180度至359度范围内，高度由600米至6 000米每隔600米为一个高度层，6 000米以上每隔1 200米为一个高度层。

② 新中国成立后，自组建军委民航局起，即着手建立由民航统一领导和管理的通信导航体制。1951年全国民航统一电信会议召开以后，始终把建立民航通信导航的规章制度作为重要工作放上议事日程。从是年开始，在3年时间内，先后制定颁发了《民航电信业务管理暂行办法》《民用航空通信规则》《民用航空电信规则制度》和《中华人民共和国民用航空通信条令》等一系列规章制度，规范了民航通信导航管理工作。

法成果汇总”。

表 3－2　1960—1979 年间中国航空立法成果汇总

序号	名称	制定机关	时间	主题分类
1	关于飞机场附近高大建筑物设置飞行障碍标志的规定	国务院批准由国防部报送	1961－04－15	行政法规
2	关于改变民航管理体制的通知	中共中央、国务院	1962－04－15	行政法规
3	关于民航各级机构名称、印章和牌子的规定	中国民用航空总局	1962－06－06	部门规章
4	广州市禁航区及广州市飞行进出管制规定	中国民用航空总局	1962－09－22	部门规章
5	关于确保专机飞行安全的决定	中国民用航空总局党委	1963－06－12	部门规章
6	飞行区基本技术要求	中国民用航空总局	1963－06－23	部门规章
7	统一航空客运运价的优待和折扣票价规定	中国民用航空总局	1963－	部门规章
8	关于民航工作管理问题的几项具体规定的通知	中共中央、国务院	1964－01－27	行政法规
9	关于设置机场围界的指示	中国民用航空总局	1964－05－03	部门规章
10	中华人民共和国飞行基本规则	国防部(空军修改、经国务院批准)	1964－05－07	行政法规
11	关于支援农业物资包机按 8 折优待计价收费的通知	中国民用航空总局	1964－05－21	部门规章
12	中国民航飞行条例(草案)	中国民用航空总局	1965－	部门规章
13	中国民航飞行指挥工作细则(草案)	中国民用航空总局	1965－	部门规章
14	外国民用航空器飞行管理规则	中国民用航空总局	1965－	行政法规
15	中国民航通信导航工作条例	中国民用航空总局	1965－	部门规章
16	通信业务规程	中国民用航空总局	1965－	部门规章
17	通信导航设备运行、维修规程	中国民用航空总局	1965－	部门规章
18	广州空中走廊规定	空军	1966－04－01	军事规章
19	关于上海虹桥、龙华机场使用问题	空军	1966－12－31	军事规章

续表 3-2

序号	名称	制定机关	时间	主题分类
20	关于民用航空系统由军队接管的命令	国务院、中央军事委员会	1967-01-26	行政法规
21	关于民航系统“文化大革命”的通知	中共中央、国务院、中央军委、中央文革小组	1967-12-22	行政法规
22	确保空中安全、把好客货关的通知	中国民用航空总局	1968-02-10	部门规章
23	关于进一步改革民航体制和制度的报告	国务院、中央军委批准并转发中共民航总局委员会	1969-11-20	行政法规
24	国务院、中央军委关于使用飞机进行人工降水问题的通知	国务院、中央军委	1973-05-20	行政法规
25	民航运输企业核算(草案)	中国民用航空总局	1974-01-01	部门规章
26	民航航空油料资金管理试行办法	中国民用航空总局	1974-01-01	部门规章
27	关于使用驾驶执照的通知	中国民用航空总局	1974-09-21	部门规章
28	关于改变国内旅客订票制度的通知	中国民用航空总局	1975-03-15	部门规章
29	航空器材供应管理规章制度	中国民用航空总局	1977-	部门规章
30	关于保护机场净空的规定	国务院	1977-02-17	行政法规
31	中华人民共和国飞行基本规则	国务院、中央军事委员会	1977-04-21	行政法规
32	关于认真贯彻周恩来总理“保证安全第一,改善服务工作,争取飞行正常”重要指示的决定	中国民用航空总局党委	1977-08-11	部门规章
33	关于改革民航运输企业核算体制的通知	中国民用航空总局	1978-12-08	部门规章
34	外国民用航空器飞行管理规则	中国民用航空总局制定,经国务院批准发布	1979-02-23	行政法规
35	关于收取机场费的通知	中国民用航空总局	1979-09-18	部门规章

注:序号 7、12～17、29,本书未能查阅航空立法的具体日期,故只标注到年。

从整体上来看，这一时期航空立法成果也非常丰富，不是“萧条期”，主要原因在于中国民用航空归属于空军管理，基本上未受到“文革”的冲击。航空立法主体包括国务院、中央军事委员会、中国民用航空总局、国防部、空军等；航空立法内容涵盖空中航行规则、空域管理和使用、航空人员、承运人责任、使用飞机进行人工降雨以及外国民用航空器等。

3.4.2 主要内容分析

为保持本书写作的逻辑性，这一时期的航空立法内容也按照空中航行规则、航空民商事、航空安全保卫等几个大的方面进行研究。

3.4.2.1 空中航行规则

在1960年以前，中国航空法规建设基本上是采用法律移植的方式，经过多年实践被证实并不完全适应中国的国情。1959年空军组织人员重新编写航空法规，中国民用航空局也派人参加了编写工作。编写人员参考发达国家航空法律法规和相关国际条约，走访了外交、人大等相关部门的专家。计划的主要任务是：第一步编写《飞行基本规则》，第二步编写《中华人民共和国航空法》。

1964年由空军修改、国务院批准，国防部颁布了《飞行基本规则》（简称1964年《飞行基本规则》），将1951年4月24日颁布的《航行管制令》的内容融入其中，《航行管制令》随即撤销。1964年《飞行基本规则》和1951年《飞行基本规则》，在飞行高度层的划分上，采用苏联的体系，简称“东双西单”，这和国际民航组织的飞行高度层系统分配是相反的。当西欧等国家国际航行的航空器飞入或飞离中国境内时，都需要进行高度层的变更，这样给航空器的运行和空中交通管制都带来了许多不便。为了和国际接轨，1977年《飞行基本规则》采用了国际民航组织的标准，修改高度层。但由于当时的条件限制，仍沿用老规定并没有立即执行，直到1993年10月15日才开始执行。

20世纪六七十年代，依据邓小平同志主持制定的“工业七十条”的要求，民航局于1965年完成了《中国民航飞行条例（草案）》和《中国民航飞行指挥工作细则（草案）》的修改和《外国民用航空器飞行管理规则》的编写工作。

1965年先后颁发了《中国民航通信导航工作条例》和《通信业务规程》《通信导航设备运行、维修规程》，使新中国民航通信导航业务走上了制度化、规范化的道路。

空军在1966年颁布了《广州空中走廊规定》，对走廊划分、飞行规定、飞行管制和指挥规定进行了细化。1974年11月15日，空军再次修改广州空中走廊，走廊变化不大。

1964 年《飞行基本规则》和 1977 年《飞行基本规则》[①]确立了"统一管制,分别指挥"的空域管理体制。即在国务院、中央军事委员会空中交通管制委员会领导下,全国的飞行由空军实行统一管制;在空军统一管制下,军用航空器由空军和海军航空兵实施指挥,民用航空器和外国航空器由民航实施指挥。空军在全国划设了七个飞行管制区、四十二个飞行管制分区和二百五十个机场飞行管制区,民航在全国划设了九个飞行情报区、二十三个高空飞行指挥区。这种管理体制,在过去几十年中,为保证军民航飞行安全作出了重大贡献。但是,随着民用航空事业的迅猛发展,这种管理体制的弊端暴露得越来越明显:军民航管制区域划设不统一,空域结构不够合理,空域没有得到充分、合理、有效的利用;飞行指挥不统一,在一个空域内由多家指挥,航空器遇到紧急情况,需要临时改变飞行状态时,因请示层次多,有时得不到及时答复,容易失时误事,酿成事故;航空设施建设不统一,设备陈旧,管理手段落后,程度不同地影响了空中交通的通畅和效率。总之,不适应 20 世纪 90 年代后空中繁忙的交通情况和经济建设要求。[②]

在 1950 年《外国民用航空器飞行管理规则》的基础之上,1965 年中国民用航空局完成了《外国民用航空器飞行管理规则》的编写工作,但一直未予发布,直到 1979 年 2 月 23 日,经国务院批准发布,中国民用航空总局发布了《外国民用航空器飞行管理规则》,取代 1950 年军委民航局颁布的《外国民用航空器飞行管理规则》。该规则规定:"外国民用航空器飞入或者飞出中华人民共和国国界和在中华人民共和国境内飞行或者停留时,必须遵守本规则(第一条)。"并对定期航班和不定期航班在中国境内的飞行条件等作出了详细规定。该规则第五条和第六条的规定有缺陷,即认为"定期航班"和"不定期航班"的飞行是由"外国民用航空器"进行申请不对,而应由外国民用航空器的经营人进行申请。1996 年生效的《民用航空法》第十三章"对外国民用航空器的特别规定"对此进行了修订。

3.4.2.2 航空民商事立法

这一时期的航空民商事立法仅涉及运价、航空运输企业核算、民用航空油料资金管理以及机场收费等,主要包括:1963 年中国民用航空总局颁布的《统一航空客运运价的优待和折扣票价规定》、1964 年《关于支援农业物资包机按 8 折优待计价收费的通知》、1974 年中国民用航空总局颁布的《民航运输企业核算草案》和《民航航空油料资金管理试行办法》、1975 年《关于改变国内旅客订票制度的通知》、1978 年《关于改革民航运输企业核算体制的通知》以及 1979 年《关于收取机

---

① 1977 年《飞行基本规则》规定:"我国境内的一切飞行的指挥,应当在统一的管制下由各航空部门分别组织实施。空军的飞机及其他航空器,由中国人民解放军和海军航空兵的各级司令部实施指挥;民用的飞机及其他航空器,由中国民用航空总局及其所属的民用航空管理局、航空站实施指挥。"

② 曹三明,夏兴华. 民用航空法释义[M]. 沈阳:辽宁教育出版社,1996:155 - 156.

场费的通知》等。

1963年中国民用航空总局制定了《统一航空客运运价的优待和折扣票价规定》,具体对国内航空客运运价的优待和折扣票价作出了明确具体的规定。[①] 1964年5月21日,中国民用航空总局颁发《关于支援农业物资包机按8折优待计价收费的通知》,规定凡交给民航包机承运的有关农业物资和抢救农业灾害物资,从6月1日起按现行包机运价的8折优待计价收费。1975年中国民用航空总局颁布了《关于改变国内旅客订票制度的通知》,对国内航班订座实行协议单位电话订座。

20世纪70年代以前,民航系统的航油资金全部由民航局掌管。1974年1月1日,中国民用航空总局制发《民航航空油料资金管理试行办法》,民航系统所需航空汽油、煤油、润滑油、防冻液等费用资金,仍由中国民用航空总局按照财政部核定的定额统一掌管,其他地面油料,如车用汽油及航空附属油料的资金,划归民航各地区管理局自行管理。由于当时的航油收发价格是按民航计划价格计算,因而属于空军调拨的航油,军内和民航之间的价格差额,也由中国民用航空总局财务部门在航油差价补贴项目中处理。

3.4.2.3 航空安全保卫立法

航空安全保卫一直是中国航空立法的一条中心主线。在这一时期,有关航空安全保卫的航空立法除了继续沿用之前的立法外,鉴于航空事故在航空器起飞和降落时发生的概率较大,因而这一时期的航空安全保卫立法大多围绕着机场及机场净空保护进行。

1961年4月15日,国务院批准由国防部报送的《关于飞机场附近高大建筑物设置飞行障碍标志的规定》,并于同年5月17日由国防部和交通部联合发布。

---

① 按1963年民航总局《统一航空客运运价的优待和折扣票价规定》文件,对于两周岁以下不单独占一座位的儿童,按成人票价的10%收费;两周岁以下需单独占一座位的儿童,以及超过一个以上的未满两周岁的儿童,按成人票价50%收费,可单独占一座位。两周岁至12周岁以下的儿童,按成人全票价的50%收费,可单独占一座位。大专院校和中等学校学生,由其定居国乘机往返学校所在国时,得享受规定运价25%的折扣优待。购买折扣票应具有学校证明,证明本人在该校学习及其前往地点或其定居国。

享受学生折扣优待的旅客,假如没有必要在换机地点等候下一班机,不允许在中途站停留,应在班机衔接地点搭乘去目的地的第一次航班。购买来回程客票和环程客票的旅客得享受全票价5%的折扣优待。

持同一航线单程、来回程或环程客票的团体旅客集体搭机时,10～14人团体,享受票价5%折扣优待;15人以上的团体,享受票价10%折扣优待。团体成员人数按购全票的旅客人数计算。两个购半票的儿童按一全票计算。两周岁以下的儿童不计算在内。

预订游览路线(游览航线)混合旅行的团体,领队人如作单程、来回程和环程飞行,得享受下列折扣:10～14人(团体领队人不计算在内)的团体领队人,享受票价50%折扣优待;15人以上的团体领队人,享受票价100%的折扣优待。给予按游览航线旅行者的折扣优待:按预订的并经各航空企业同意的航线(综合旅行)综合旅行者,其费用包括运费、旅行者的膳食和服务费(膳宿、地面交通、游览等),得享受下列折扣优待:单程25%,来回程或环程16.7%。

在 1959 年 8 月 20 日颁发了《民航机场等级和净空要求的规定》基础上，1963 年中国民航局颁发了《飞行区基本技术要求》，采用国际民用航空组织机场净空要求，并对国内机场进行等级划分，为国内机场建设和净空保护提供立法支持。1964 年 5 月 3 日，中国民航总局下发《关于设置机场围界的指示》，规定了机场围界的范围，确保了飞行安全；1977 年 2 月 17 日国务院颁布了《关于保护机场净空的规定》，由于附件中有的规定不够明确，有些限制较严，有些规定过宽，在执行中出现了一些困难和矛盾。因此，国务院、中央军委决定对该规定作一些修改，重新予以颁发，并于 1982 年 12 月 11 日下发《关于重新颁发〈关于保护机场净空的规定〉的通知》，要求各地严格遵照执行。

除了机场及机场净空保护对航空安全有重大影响以外，加强专机保护、把好客货关等也十分重要。1963 年，中国民用航空总局党委颁布《关于确保专机飞行安全的决定》，对专机责任制、组织和技术准备、飞行指挥和专机警卫等作出规定。1968 年，中国民用航空总局下达《确保空中安全、把好客货关的通知》，要求严把订座售票、办理乘机手续和登机“三关”。

1977 年 8 月 1 日，中国民用航空总局党委发布了《关于认真贯彻周恩来总理“保证安全第一，改善服务工作，争取飞行正常”重要指示的决定》，认真学习党的会议精神和深刻领会总理的重要批示精神紧密结合，联系民航实际，使民航工作更好发展。

由于“近年来，各地在抗旱斗争中，要求派飞机进行人工降水日益增多”，1973 年 5 月 20 日，国务院、中央军委联合发布了《关于使用飞机进行人工降水问题的通知》，要求“加强对人工降水飞机的飞行管制和各项保障工作，人工降水飞机，一般不要进入空中禁区和边境地区，切实保证飞行安全”。

3.4.2.4 民航管理体制立法

这一阶段的航空立法，围绕着民航管理体制进行的有 5 件，其中 4 件为行政法规。

1962 年 4 月 13 日，第二届全国人民代表大会常务委员会第五十三次会议决定将民航局名称改为“中国民用航空总局”。同年 4 月 15 日，中共中央、国务院发布了《关于改变民航管理体制的通知》，将民航总局由交通部部属局改为国务院直属局，民航虽不属空军建制，但飞行安全、政治思想、干部工作、指挥调度等归空军领导；生产任务、计划、商务、财务等，仍由民航统一安排。

1964 年 1 月，中共中央、国务院发布了《关于民航工作管理问题的几项具体规定的通知》,[①]重申了中共中央、国务院1962年发布《关于改变民航管理体制的通知》的内容。

1967年1月26日,国务院、中央军委下达《关于民用航空系统由军队接管的命令》,具体工作由空军组织实施,主要内容为:民航总局、各大区管理局、省局、航空站、指挥勤务保障体系、机场和飞行学校,一律由军队接管;接管后,民航系统的"文化大革命"按照军队系统的安排和做法进行,民航系统各单位的革命组织和民航系统以外的革命组织,一律不进行串联。

1969年11月20日,国务院、中央军委批准并转发中共民航总局委员会《关于进一步改革民航体制和制度的报告》,决定把民航划归中国人民解放军建制,成为空军的组成部分,各项制度按军队的执行。从1980年3月15日起,民航总局不再由空军代管。

3.4.2.5 其他航空立法内容

这一时期,其他航空立法内容还涉及上海虹桥、龙华机场使用问题,航空人员,航材,油料等。

1966年12月31日,解放军空军司令部颁发《关于上海虹桥、龙华机场使用问题》的通知,规定:"龙华机场仍归民航使用,作为民航上海管理局的训练基地和航班飞机的备降机场。"该航空立法加强上海国际、国内民航运输的统一领导和管理,节约人力物力,发挥当时现有设备作用。

1974年9月21日,民航总局下发《关于使用驾驶执照的通知》,明确提出:驾驶执照(包括驾驶、领航、报务、机械)按照国际民航组织规定重新印制,并规定驾驶执照仅供空勤人员执行国际飞行任务的技术证件之用,国内飞行暂不使用。1984年,民航总局颁布了《关于颁发民用航空飞行人员执照的规定》和补充规定。

新中国成立后至20世纪60年代中期,民航系统油料部门的组织机构大体与空军相同,基本上是照搬苏联的模式。民航总局设有油料处,并制发了《油料工作细则》,民航上海管理局设有油料科和油库等,以实施对油料业务的管理。1966

---

① 《关于民航工作管理问题的几项具体规定的通知》关于民航管理体制问题,中共中央、国务院于1962年4月15日已有通知,应继续遵照执行。现对民航的具体工作,作如下几项规定:一、民航总局为国务院的直属局,其业务、党的工作和政治工作、干部人事、行政领导、组织编制和空勤人员的卫生保健工作统一由空军负责管理。民航其他工作中的重大问题经空军审定后,由空军报请军委转报中央、国务院解决,或以民航总局名义,分别报中央、国务院解决。民航总局所属单位党的组织,以民航总局党委为主与地方党委实行双重领导。二、民航的远景规划和年度生产、基建、劳动(包括大专学生分配)、成本、物资供应、外汇等计划,由国家计划委员会统一审查纳入国家计划。三、有关民航企业经营管理的方针、政策、规章制度,运输和专业飞行任务的安排,企业调整工作,国内干线的开辟,与各部门、各省市的协作关系,等等,由国家经济委员会负责指导进行,国家经济委员会并应经常对民航的经营管理工作进行督促和检查。四、民航所需设备、材料等各种物资,由国家物资管理总局单列户头按计划供应。其中航空器材、通讯导航设备和油料等物资纳入军事订货户头。

年 8 月 27 日，民航总局发出通知，鉴于原《油料工作细则》已不适合中国民航现时的情况，决定予以废除。有关航油的各项管理，暂按空军后勤部制发的《油料工作安全规则》。《保证航空油料质量纯洁工作细则》《油料技术器材管理细则》中有关部分和民航总局的有关规定，结合各地区民航的实际情况执行。1974 年 1 月 1 日，民航总局制发《民航航空油料资金管理试行办法》，上海民航的专机加油工作在 20 世纪 80 年代前，按照《中国人民解放军专机工作条例》和民航总局颁发的《民航执行（中国人民解放军专机工作条例）的补充规定》执行。

3.4.3 重要特点归纳

这一时期虽然从时代背景来看，中国经历了“文化大革命”，但是中国民航事业归属军队建制，行业相对稳定，主要航线维持正常运营，继续开展了通用航空业务。航空立法工作也正常有秩序开展。

在 20 世纪 60 年中期以前，中国航空立法的主要成果大多直接移植了苏联航空立法，确实在某些程度上促进了中国航空事业的发展。但在适用过程中，被证实并不完全适应中国的国情。因而，接轨国际航空立法，重新编写航空法规成为共识。从 1959 年起，空军就组织了相关人员重新编写航空法规，中国民用航空局也被要求派员参加，开启了中国航空立法的探索。

因而，从整体上来看，这一时期中国航空立法不断“除旧”，即不断地废止前期移植苏联航空法；连续“创新”，即结合国际航空公约规定，探索适用中国国情的航空立法。如果说，第一阶段的航空立法为以后中国航空立法搭建了体系，这一阶段的航空立法之内容则成了以后中国航空立法之基础，即以后中国航空立法主要内容，均以此为基础进行制定或修订。

除此以外，这一时期的中国航空立法还具有以下特点。

3.4.3.1 成果丰硕名称众

这一阶段，据本书不完全统计，中国颁布的专门性航空法规超过 11 件，部门规章超过 22 件，军事规章 2 件，立法成果丰硕。

这些航空立法成果的名称保持着前一阶段中的“不拘一格”的情形，有“办法”（1 件）、“规则”（4 件）、“决定”（2 件）、“规定”（6 件）、“细则”（1 件）、“条例”（2 件）、“命令”（1 件）、“规程”（2 件）、“指示”（1 件）、“制度”（1 件）、“报告”（1 件）、“通知”（10 件）、“问题（1 件）”等，还有“民航运输企业核算”（1 件）。

从航空立法名称上看，去掉“决议”“条令”，增加了“问题”，有的还单独取了名字，如“民航运输企业核算”。

与前一阶段一样，虽然依据《宪法》，国务院制定的行政法规命令应为“决议”和“命令”，部门规章名称应为“命令”和“指示”，但因缺乏具体的有关航空行政法规和中国民用航空（总）局制定部门规章及其名称的规定，这些航空立法所取名称还是比较随意。

3.4.3.2 航空立法主体众、内容全

这一时期,参与中国航空立法的主体及制定航空法规件数为:中国民用航空总局,20 件,其中,《外国民用航空器飞行管理规则》由中国民用航空总局制定,报国务院批准后发布。

中国民用航空总局党委,2 件;空军,2 件,其中不包括空军修改、国务院批准、国防部公布的 1964 年《飞行基本规则》,还不包括空中专门制定的《保证航空油料质量纯洁工作细则》《油料技术器材管理细则》等工作规程。

国务院单独制定的航空行政法规,1 件;与中共中央联合发布的航空行政法规,2 件;与中共中央、中央军委、中央"文革"小组联合发布的航空行政法规,1 件;与中央军事委员会联合发布的航空行政法规,2 件;国防部报送经国务院批准的航空行政法规,2 件。

这一时期,中国航空立法内容更加全面,涉及空域管理和使用、航空人员、航空器、机场、空中交通服务、运费、航空器材和油料供应、航空运输企业核算等内容。

3.4.3.3 航空民商事立法不足

在这一阶段的航空立法中,有 6 件是关于航空民商事立法的,仅从数量上来看,还是较为丰富的;但从内容上来看,这 6 件航空民商事立法,涉及运价和对机场收费的 4 件,其余 2 件分别涉及民用航空运输企业核算和民用航空油料资金管理。

3.4.3.4 航空立法内容国际性强、适用性差

在这一阶段中,以前的全面移植苏联航空立法已被实践证明是不完全适用中国国情的,因此,从 20 世纪 60 年开始的中国航空立法,一方面参照国际民用航空组织所制定的相关标准;另一方面,也参照立航空发达国家,如美国、法国、英国等国内航空立法的规定,结合中国国情进行航空立法。例如,1964 年《飞行基本规则》和 1977 年《飞行基本规则》主要借鉴了 1944 年《芝加哥公约》及其附件的相关内容,其他一些有关飞行规则的航空法规也借鉴了发达国家的有关规定。

这就造成了在当时中国航空活动领域的问题:一方面,中国制定了众多的具有国际性并结合中国国情的航空法规;另一方面,因航空活动是一个系统工程,牵一发而动全身,短时期内全部改变苏联航空法的适用,将会对航空安全造成巨大影响。因此,在这一时期,中国航空立法虽然丰硕,且国际性较强,但因苏联航空法在中国适用的惯性,这一时期仍以移植的苏联航空法的适用为主。

3.4.3.5 确立中国航空立法主要内容的基础

在这一时期，虽然在航空领域的法律适用上，主要仍以移植苏联的航空立法为主，但因在这一时期，中国陆续加入了一些国际航空公约，于 1974 年承认了 1944 年《芝加哥公约》，1975 年加入了 1955 年《海牙议定书》，1978 年加入了 1963 年《东京公约》(对公约第 24 条第 1 款作出了保留)，开拓了立法的国际视野，并在中国与相关国家签订的双边航空运输协定中得到了运用，因而中国航空立法逐渐与国际航空公约接轨，契合了国际航空立法的主要内容和方向。这些航空立法内容，虽经历次修订，但适用时间较长，如 1977 年《飞行基本规则》适用至 2001 年，1979 年《外国民用航空器非线性管理规则》至今仍在适用，确立了中国航空立法主要内容的基础。

3.5 中国航空立法持续前行走向成熟阶段(1980—1995 年)

3.5.1 立法成果汇总

1980 年 3 月 5 日，民航脱离空军建制，成为国务院的直属局，主管民航事务。中国航空立法开启了以民航立法为主的新局面。在这一阶段中，中国颁布了专门性航空法律《民用航空法》，仍在生效；专门性航空行政法规超过 27 件，仍在生效的有 16 件；专门性航空部门规章超过 155 件，仍在生效的有 7 件。在这一时期，中国航空地方立法成果已经出现，主要为地方政府制定的航空行政规章，超过 3 件。详见表 3-3“1980—1995 年间中国航空立法成果汇总”。其中，1995 年 10 月 30 日全国人民代表大会常务委员会通过了《民用航空法》，标志着中国航空立法走向成熟，为后来航空立法提供了“法律”依据。

表 3-3 1980—1995 年间中国航空立法成果汇总

序号	名称	制定机关	时间	主题分类
1	国务院、中央军委批转空军、国家劳动总局、民航总局关于改革民航义务工役制的请示的通知	空军、国家劳动总局、民航总局	1980-03-18	行政法规/有效
2	关于民航管理体制若干问题的决定	国务院、中央军委	1980-05-17	行政法规/有效

续表 3-3

序号	名称	制定机关	时间	主题分类
3	中国民用航空领航条例	中国民用航空局	1980-07-12	部门规章/失效
4	中国民用航空飞行条例	中国民用航空局	1980-07-28	部门规章/失效
5	中国民用航空飞行指挥工作细则	中国民用航空局	1980-07-28	部门规章/失效
6	中国民用航空飞行事故调查条例	中国民用航空局	1980-09-20	部门规章/失效
7	民航飞行人员飞行、值勤和休息时间的规定	中国民用航空局	1980-10-10	部门规章/失效
8	关于保证飞行安全提高服务质量的命令	中国民用航空局	1980-11-15	部门规章/失效
9	中国民用航空专业飞行工作细则	中国民用航空局	1981-01-28	部门规章/失效
10	国务院批转民航总局、公安部关于组建民航公安机构的请示报告	民航总局、公安部	1981-07-09	行政法规/有效
11	民航能源管理奖惩暂行规定	中国民用航空局	1982-06-09	部门规章/失效
12	关于保障民用航空安全的通告	国务院	1982-12-01	行政法规/有效
13	国务院、中央军委关于重新颁发关于保护机场净空的规定的通知	国务院、中央军委	1982-12-11	行政法规/失效
14	中国民用航空通信导航工作条例	中国民用航空局	1982-12-21	部门规章/失效
15	关于加强防止劫机的安全保卫工作的命令	国务院	1983-05-08	行政法规/失效
16	民用航空器国籍登记证颁发程序和管理规则	中国民用航空局	1983-08-23	部门规章/失效

续表 3－3

序号	名称	制定机关	时间	主题分类
17	维修人员执照颁发程序及管理规则	中国民用航空局	1983－08－23	部门规章/失效
18	国务院批转中国民用航空局关于成立民用机场管理委员会的请示的通知	中国民用航空局	1984－02－27	行政法规/有效
19	关于国内航线实行一种运价的通知	中国民航局、国家物价局、国家旅游局、国务院侨务办公室	1984－09－01	部门规章/失效
20	中国民航旅客、行李国际运输规则	中国民用航空局	1984－10－01	部门规章/失效
21	国务院、中央军委关于使用飞机执行各项专业任务的规定	国务院、中央军委	1984－12－24	行政法规/失效
22	中国民用航空局关于租用外国飞机和直升机以及雇佣外籍飞行(技术)人员在中国飞行的有关规定	中国民用航空局	1984－12－26	部门规章/失效
23	旅客、行李国内运输规则	中国民用航空局	1985－01－01	部门规章/失效
24	中国民用航空局货物国内运输规则	中国民用航空局	1985－01－01	部门规章/失效
25	关于民航系统管理体制改革的报告	国务院批转民航局	1985－01－07	部门规章/失效
26	中国民用航空局飞行安全监察工作规则	中国民用航空局	1985－01－10	部门规章/失效
27	贵阳市人民政府关于保障民用航空安全的通告	贵阳市人民政府批准，公安局发布	1985－01－28	地方行政规章/失效
28	中国民用航空直升机近海飞行规则	中国民用航空局	1985－05－08	部门规章/失效

续表 3-3

序号	名称	制定机关	时间	主题分类
29	关于开办民用航空运输企业审批权限的暂行规定	国务院	1985-05-28	行政法规/失效
30	民航审计工作暂行规定	中国民用航空局	1985-06-09	部门规章/失效
31	关于颁发民用航空器飞行人员执照暂行规定	中国民用航空局	1985-07-10	部门规章/失效
32	关于建设机场和合用机场审批程序的若干规定	国务院办公厅、中央军委办公厅	1985-07-11	行政法规/有效
33	中国民航局关于民用航空运输企业及其所使用机场的安全保卫规定	中国民用航空局	1985-08-14	部门规章/失效
34	关于开办民用航空运输企业审批程序的通知	中国民航局与国家工商行政管理局	1985-10-10	部门规章/有效
35	中国民用航空局关于使用协调世界时(UTC)的通知	中国民用航空局	1985-11-01	部门规章/失效
36	民航空勤人员运输飞行小时费暂行规定	中国民用航空局	1985-11-02	部门规章/失效
37	民航空勤人员专业飞行小时费暂行规定	中国民用航空局	1985-11-02	部门规章/失效
38	民航学校空勤教员飞行小时费暂行规定	中国民用航空局	1985-11-02	部门规章/失效
39	关于简化购买国内飞机票手续问题的请示	国务院批转公安部、民航局	1985-11-25	行政法规/失效
40	民航空勤人员退休年龄和停飞、退休后待遇的暂行规定	中国民用航空局	1985-12-09	部门规章/失效
41	关于军民合用机场使用管理的若干暂行规定	国务院、中央军委	1985-12-30	行政法规/有效
42	运输类飞机适航标准	中国民用航空局	1985-12-31	部门规章/失效

续表 3-3

序号	名称	制定机关	时间	主题分类
43	关于通用航空管理暂行规定	国务院	1986-01-08	行政法规/有效
44	中国民用航空局关于简化乘坐民航专业飞机手续的通知	中国民用航空局	1986-02-18	部门规章/失效
45	颁发空中交通管制员、航行调度员执照规则(暂行)	中国民用航空局	1986-02-14	部门规章/失效
46	民用机场管理暂行规定	国务院	1986-04-06	行政法规/失效
47	颁发航空公司航行签派员执照规则(暂行)	中国民用航空局	1986-04-14	部门规章/失效
48	空中交通管制员、航行调度员、航空公司签派员执照管理办法(暂行)	中国民用航空局	1986-04-14	部门规章/失效
49	直升机吊挂飞行暂行规定	中国民用航空局	1986-04-30	部门规章/失效
50	开办通用航空企业审批程序	中国民用航空局	1986-05-07	部门规章/失效
51	中国民用航空飞行事故调查条例	中国民用航空局	1986-06-16	部门规章/失效
52	关于提高国内行李赔偿额和临时生活补偿额的通知	中国民用航空局	1986-08-02	部门规章/失效
53	中国民用航空油料工作条例	中国民用航空局	1986-08-08	部门规章/失效
54	中国民用航空局关于加强领航理论考核和领航技术检查的规定	中国民用航空局	1986-08-26	部门规章/失效
55	关于不准货机载运旅客的通知	中国民用航空局	1986-10-15	部门规章/失效
56	民航饮食行业(含集体食堂)食品卫生管理标准和要求	中国民用航空局	1986-10-21	部门规章/失效

续表 3 - 3

序号	名称	制定机关	时间	主题分类
57	航空公司航行资格审定规则	中国民用航空局	1986 - 11 - 12	部门规章/失效
58	民用航空规章制定程序	中国民用航空局	1986 - 12 - 10	部门规章/失效
59	关于租用带机组的航空器经营航空运输业务的管理办法	经国务院批准，中国民用航空局、国家工商行政管理局发布	1986 - 12 - 23	部门规章/失效
60	关于民航管理体制改革方案和实施步骤报告	国务院批准 中国民航局	1987 - 01 - 30	行政法规/失效
61	关于民航技术改造和技术引进项目管理程序的规定	中国民用航空局	1987 - 03 - 26	部门规章/失效
62	国际航空运输销售代理人管理暂行规定	中国民用航空局	1987 - 04 - 27	部门规章/失效
63	中华人民共和国航空器适航管理条例	国务院	1987 - 05 - 04	行政法规/有效
64	取消飞机接受制度的暂行规定	中国民用航空局	1987 - 05 - 04	部门规章/失效
65	关于认真执行《航空货物运输合同实施细则》的通知	中国民用航空局	1987 - 07 - 01	部门规章/失效
66	民航建设项目竣工验收的暂行规定	中国民用航空局	1987 - 07 - 13	部门规章/失效
67	关于下放不正常航班旅客地面服务费用标准的通知	中国民用航空局	1987 - 08 - 19	部门规章/失效
68	民用航空安全保卫工作规则	中国民用航空局	1987 - 09 - 06	部门规章/失效
69	组织与实施航空公司飞机飞行的暂行规定	中国民用航空局	1987 - 09 - 20	部门规章/失效

续表 3-3

序号	名称	制定机关	时间	主题分类
70	民航系统实施技师聘任制的实施意见	中国民用航空局	1987-10-13	部门规章/失效
71	关于严禁飞行人员超时限飞行的紧急通知	中国民用航空局	1987-11-20	部门规章/失效
72	民用航空运输企业全面质量管理暂行办法	中国民用航空局	1987-11-30	部门规章/失效
73	国内航空运输销售代理人管理暂行规定	中国民用航空局	1987-12-11	部门规章/失效
74	螺旋桨适航标准	中国民用航空局	1987-12-17	部门规章/有效
75	关于改变厦门国际机场管理体制的请示	国务院办公厅批复中国民航局和福建省人民政府	1987-12-21	行政法规/失效
76	关于加强合同订票管理工作的通知	中国民用航空局	1987-12-22	部门规章/失效
77	国务院关于加强民航安全工作的紧急通知	国务院	1988-02-02	行政法规/有效
78	《航空运输、通用航空定期统计表》中民航生产七表、八表、九表、十表	中国民用航空局	1988-02-09	部门规章/失效
79	一般类旋翼航空器适航标准	中国民用航空局	1988-04-21	部门规章/失效
80	运输类旋翼航空器适航标准	中国民用航空局	1988-04-21	部门规章/失效
81	民航局关于技师考评和聘任试行办法	中国民用航空局	1988-05-12	部门规章/失效
82	关于民用航空器零部件、机载设备国产代用品程序的暂行规定	中国民用航空局	1988-06-18	部门规章/失效

续表 3 - 3

序号	名称	制定机关	时间	主题分类
83	关于民用航空器时控件管理的暂行规定	中国民用航空局	1988 - 06 - 18	部门规章/失效
84	关于民用航空器保留项目控制的暂行规定	中国民用航空局	1988 - 06 - 18	部门规章/失效
85	民航建设项目竣工验收的暂行规定	中国民用航空局	1988 - 07 - 13	部门规章/失效
86	国务院关于加强交通运输安全工作的决定	国务院	1988 - 07 - 24	行政法规/有效
87	民航公共场所卫生管理实施办法	中国民用航空局	1988 - 08 - 03	部门规章/失效
88	民用机场建设行业管理暂行规定	中国民用航空局	1988 - 08 - 22	部门规章/失效
89	海口机场口岸管理暂行规定	海南省人民政府	1988 - 9 - 23	地方行政规章/失效
90	民航航材仓库高价周转件管理试行办法	中国民用航空局	1988 - 10 - 27	部门规章/失效
91	关于民用飞机管理的暂行规定	中国民用航空局	1988 - 10 -	部门规章/失效
92	维修许可审定	中国民用航空局	1988 - 11 - 02	部门规章/失效
93	民航基本建设项目档案管理细则	中国民用航空局	1988 - 11 - 12	部门规章/失效
94	《中国民用航空局“三定”方案》的通知	国家机构编委	1988 - 11 - 15	行政法规/失效
95	中国民用航空局关于处理旅客、货主投诉和批评信函的规定的通知	中国民用航空局	1988 - 12 - 14	部门规章/失效
96	关于民用机场土地使用和管理有关问题的通知	中国民用航空局	1988 - 12 - 29	部门规章/失效

续表 3-3

序号	名称	制定机关	时间	主题分类
97	民航局设备管理办法	中国民用航空局	1989-01-10	部门规章/失效
98	关于航线试航和机场试飞的规定	中国民用航空局	1989-01-14	部门规章/失效
99	关于经营空中游览业务的暂行规定	中国民用航空局	1989-01-18	部门规章/失效
100	中国民航机载农用设备主要技术性能指标暂行规定	中国民用航空局	1989-01-27	部门规章/失效
101	关于机场归口管理的暂行规定	中国民用航空局	1989-02-01	部门规章/失效
102	国内航空运输旅客身体损害赔偿暂行规定	国务院	1989-02-20	行政法规/失效
103	民用航空运输不定期飞行管理暂行规定	国务院	1989-03-02	行政法规/有效
104	民用航空器适航管理处罚暂行办法(使用和维修部分)	中国民用航空局	1989-04-18	部门规章/失效
105	中国民航飞行学院招收飞行学生实施办法	民航局、国家教委、公安部	1989-06-30	部门规章/失效
106	民航系统审计事项的报告和审定的试行办法	中国民用航空局	1989-07-27	部门规章/失效
107	实施居民身份证查验制度后民航办理乘机的货运手续的有关规定	中国民用航空局	1989-09-29	部门规章/失效
108	民航工作中国家秘密及其密级具体范围的规定	中国民用航空局	1989-10-25	部门规章/失效
109	民航局科技基金管理办法	中国民用航空局	1989-11-04	部门规章/失效
110	民航局工作规则	中国民用航空局	1989-12-01	部门规章/失效

续表 3-3

序号	名称	制定机关	时间	主题分类
111	关于地方、部门组建民用机场管理机构的暂行规定	中国民用航空局	民航局发〔1989〕383号	部门规章/失效
112	关于在北京进近和上海—广州航路进行雷达管制试点的通知	中国民用航空局	1990-03-16	部门规章/失效
113	民用航空器适航管理处罚暂行办法(使用和维修部分)	中国民用航空局	1989-04-18	部门规章/失效
114	中国民用航空机场生产统计实施办法	中国民用航空局	1990-01-01	部门规章/失效
115	中国民用航空局法规起草、制定程序的规定	中国民用航空局	1990-02-29	部门规章/失效
116	中国民用航空无线电管理规定	中国民用航空局	1990-05-26	部门规章/有效
117	中国民用航空气象工作规则	中国民用航空局	1990-05-26	部门规章/失效
118	中国民用航空通信导航雷达工作规则	中国民用航空局	1990-05-26	部门规章/失效
119	中国民用航空空中交通管制工作规则	中国民用航空局	1990-05-26	部门规章/失效
120	民用航空器适航指令规定	中国民用航空局	1990-06-13	部门规章/有效
121	长沙黄花机场空港口岸管理暂行办法	湖南省人民政府	1990-06-21	地方行政规章/失效
122	民航企业标准制定程序的暂行规定	中国民用航空局	1990-06-21	部门规章/失效
123	单方经营中国大陆与台湾间民用航空运输补偿费的规定	中国民用航空局	1990-07-06	部门规章/失效
124	运输类飞机适航标准	中国民用航空局	1990-07-18	部门规章/失效

续表 3-3

序号	名称	制定机关	时间	主题分类
125	民用机场停车场建设和管理暂行规定	中国民用航空局	1990-07-21	部门规章/失效
126	民航局关于对航空运输服务方面罚款的暂行规定	中国民用航空局	1990-07-29	部门规章/失效
127	民用航空产品和零件合格审定的规定	中国民用航空局	1990-08-08	部门规章/失效
128	国务院、中央军委空中交通管制委员会关于向国际开放两条过境航路问题的通知	民航局转发	1990-10-10	行政法规/失效
129	中国民用航空飞行规则	中国民用航空局	1990-11-01	部门规章/有效
130	中国民用航空空中交通管制工作规则	中国民用航空局	1990-11-01	部门规章/失效
131	中国民用航空通信导航雷达规则	中国民用航空局	1990-11-01	部门规章/失效
132	中国民用航空气象工作规则	中国民用航空局	1990-11-01	部门规章/失效
133	外国民用航空运输不定期飞行管理细则	中国民用航空局	1990-11-23	部门规章/失效
134	我国民用航空不定期飞行管理规则	中国民用航空局	1990-11-26	部门规章/失效
135	民用航空器国籍和登记的规定	中国民用航空局	1990-12-02	部门规章/失效
136	中国民用航空机场生产统计实施办法	中国民用航空局	1990-12-10	部门规章/失效
137	郑州机场口岸管理试行办法	河南省人民政府	1991-04-23	地方行政规章/失效

续表 3-3

序号	名称	制定机关	时间	主题分类
138	民航特种车辆、地面专用设备生产许可证管理暂行规定	中国民用航空局	1991-03-09	部门规章/失效
139	民用航空器维修人员合格审定的规定	中国民用航空局	1991-02-10	部门规章/失效
140	中国民用航空局内部审计工作的规定	中国民用航空局	1991-02-22	部门规章/失效
141	关于单发飞机、单发直升机进行游览飞行的暂行规定	中国民用航空局	1991-02-28	部门规章/有效
142	民用航空产品和零件合格审定的规定	中国民用航空局	1991-04-09	部门规章/失效
143	中国民用航空法规起草、制定程序的规定	中国民用航空局	1991-04-29	部门规章/失效
144	关于航空运输服务方面罚款的暂行规定	中国民用航空局	1991-07-29	部门规章/失效
145	机场运行最低标准的制定与实施规定	中国民用航空局	1991-08-22	部门规章/失效
146	民用机场管理暂行规定实施办法	中国民用航空局	1991-09-09	部门规章/失效
147	中国民用航空机场生产统计实施办法	中国民用航空局	1991-12-10	部门规章/失效
148	中国民用航空局科学技术进步奖励办法	中国民用航空局	1992-01-08	部门规章/失效
149	关于征收民航机场管理建设费的通知	民航局、财政部、国家物价局	1992-03-01	部门规章/失效
150	关于调整民用机场收费标准的通知	民航局、财政部、国家物价局	1992-03-08	部门规章/失效
151	民用航空材料、零部件和机载设备技术标准规定	中国民用航空局	1992-04-01	部门规章/有效

续表 3-3

序号	名称	制定机关	时间	主题分类
152	民用航空节约能源管理实施细则	中国民用航空局	1992-04-29	部门规章/失效
153	民用航空节约能源奖惩规定	中国民用航空局	1992-04-29	部门规章/失效
154	民用航空企业节能管理考核暂行办法	中国民用航空局	1992-04-29	部门规章/失效
155	中华人民共和国搜寻援救民用航空器规定	中国民用航空局	1992-12-08	行政法规/有效
156	民用航空器适航委任代表和委任单位代表的规定	中国民用航空局	1992-12-11	部门规章/失效
157	开办航空运输企业审批基本条件和承办程序细则	中国民用航空局	1993-01-06	部门规章/失效
158	国务院批转中国民用航空局关于加强民用航空安全管理意见的通知	中国民用航空局	1993-01-12	行政法规/有效
159	湿租外国民用航空器从事商业运输的暂行规定	中国民用航空局	1993-01-22	部门规章/失效
160	民用航空器维修许可审定的规定	中国民用航空局	1993-02-03	部门规章/失效
161	全民所有制民航企业转换经营机制实施办法	中国民用航空局	1993-03-11	部门规章/失效
162	云南省民航机场建设费征收使用办法	云南省人民政府	1993-05-23	地方行政规章/失效
163	雇用外籍飞行人员从事公共航空运输飞行的暂行规定	中国民用航空总局	1993-06-08	部门规章/失效
164	民用机场运营管理暂行办法	中国民用航空总局	1993-07-13	部门规章/失效
165	定期国际航空运输管理规定	中国民用航空总局	1993-07-29	部门规章/失效

续表 3-3

序号	名称	制定机关	时间	主题分类
166	民用航空运输销售代理业管理规定	中国民用航空总局	1993-08-02	部门规章/失效
167	民航运输飞行人员飞行时间、值勤时间和休息时间的规定	中国民用航空总局	1993-08-25	部门规章/失效
168	关于严格审查处理劫持、爆炸飞机嫌疑人员的通知	民航总局、公安部	1993-12-06	部门规章/失效
169	中国民用航空总局、中华人民共和国公安部关于民航安全的通告	民航总局、公安部	1993-12-06	部门规章/失效
170	关于加强民用航空安全工作的通知	国务院	1993-12-08	行政法规/有效
171	关于加强反劫机的措施	民航总局、公安部	1993-12-13	部门规章/失效
172	关于积极配合民航部门认真做好空防安全工作的通知	国务院办公厅	1993-12-17	行政法规/有效
173	国内航空运输旅客身体损害赔偿暂行规定	中国民用航空总局	1993-12-30	部门规章/失效
174	中国民用航空空中交通管制工作规则	中国民用航空总局	1994-02-01	部门规章/失效
175	关于外商投资民用航空业有关政策的通知	中国民用航空总局	1994-05-06	部门规章/失效
176	关于发布《关于外商投资民用航空业有关政策的通知》若干问题的解释的通知	中国民用航空总局	1994-10-25	部门规章/失效
177	中国民用航空飞行人员训练管理规定(试行)	中国民用航空总局	1994-11-17	部门规章/失效
178	关于进一步加强民航特种车辆、地面专用设备生产、使用管理的通知	中国民用航空总局	1994-12-13	部门规章/失效

续表 3-3

序号	名称	制定机关	时间	主题分类
179	中国民用航空总局职能部门规范性文件制定程序规定	中国民用航空总局	1995-03-30	部门规章/失效
180	民用机场工程设计管理规定	中国民用航空总局	1995-08-26	部门规章/失效
181	民用机场工程施工许可证管理规定	中国民用航空总局	1995-08-26	部门规章/失效
182	民用机场工程建设监理规定	中国民用航空总局	1995-08-26	部门规章/失效
183	中华人民共和国民用航空法	全国人民代表大会常务委员会	1995-10-30	法律/有效
184	中国民用航空总局规章制定程序规定	中国民用航空总局	1995-11-15	部门规章/失效
185	民用航空器维修人员合格审定的规定	中国民用航空总局	1995-12-14	部门规章/失效
186	运输类飞机适航标准	中国民用航空总局	1995-12-18	部门规章/失效

除了上述本书所列举的专门性航空立法外，1986年《中华人民共和国民法通则》(简称《民法通则》)、1979年《刑法》、1995年《中华人民共和国担保法》(简称《担保法》)等非专门性航空立法中也有关于航空活动的规定。

3.5.2 主要内容分析

这一阶段，中国不仅制定了大量的专门性航空立法，主要内容已经涵盖了航空事业发展的方方面面，包括航空立法的程序、空中航行规则、航空民商事立法、航空行政立法、航空安全保卫立法及其他航空立法。还制定了一些非专门性航空立法，涉及航空运输、航空侵权、航空犯罪及航空器权利等内容。

3.5.2.1 航空行政立法

在这一时期，航空行政立法内容包括空中航行、航空器、航空人员、机场、公共航空运输企业等。

(1) 空中航行

空中航行包括空域的使用和管理、空中交通服务的提供等。在这一时期，有关空中航行的立法有1件法律、19件航空行政法规和部门规章。

在前两个阶段的航空立法中,有关空中航行的基本规则的立法已经较为完善了。空中航行仍然依照1977年《飞行基本规则》所确立的基本制度进行。为进一步保障空中航行安全和有秩序地运行,1980年中国民用航空局主要参照空军相关规定,先后颁布了《中国民用航空领航条例》《中国民用航空飞行条例》《中国民用航空飞行指挥工作细则》。1982年又颁布了《中国民用航空通信导航工作条例》。

1980年《中国民用航空领航条例》一直生效至2005年。由于民航业已经有了很大的技术进步,此规定中有关管理内容已经不存在。2005年中国民用航空总局颁布了《中国民用航空总局关于废止部分民用航空规章和规章性文件的决定》,废止了该条例。

1990年3月16日,中国民用航空局发出《关于在北京进近和上海—广州航路进行雷达管制试点的通知》,12月1日在北京实行雷达监控试点,随后分别在广州和上海实行雷达监控试点工作。

1990年5月26日,中国民用航空局发布《中国民用航空飞行规则》,废止了1980年《中国民用航空飞行条例》,这是"中国民用航空飞行规则是组织与实施民用航空飞行的基本依据。凡拥有航空器,从事民用航空飞行活动的部门及其所属人员都必须遵照执行。民用航空的训练飞行和检查试验飞行,除按照本规则执行外,还应当遵守有关的飞行规定。制定有关民用航空飞行的一切规章,都必须符合本规则的规定"。该规则对"飞行的一般规定""飞行的组织与实施""机场区域内飞行""航线飞行""通用航空飞行""复杂条件下的飞行"以及"飞行中特殊情况的处置"等作出了详细的规定。

在1990年《中国民用航空飞行规则》颁布的同一天,中国民用航空局颁布了《中国民用航空空中交通管制工作规则》《中国民用航空通信导航雷达工作规则》《中国民用航空气象工作规则》《中国民用航空无线电管理规定》,均于同年11月1日生效。

1990年《中国民用航空空中交通管制工作规则》废止了1980年《中国民用航空飞行指挥工作细则》,在1994年2月1日被中国民用航空总局修订,修订内容包括"程序管制员在同一时间、同一扇区内所能管制航空器的数量,应当考虑下列限制因素""雷达管制员实施雷达管制的连续工作时间""管制区内划分扇区的方法",2000年1月5日被中国民用航空总局发布的《中国民用航空空中交通管理规则》命令废止。

1990年《中国民用航空通信导航雷达工作规则》是在1982年的《中国民用航空通信导航工作条例》基础上制定的,对通信导航雷达工作的基本任务、管理原则进行了概括性规则,对通信的组织与实施、导航和雷达保障的组织与实施、专机和特殊情况下飞行的通信导航雷达保障、技术管理、业务管理制度和业务技术培训进行了详细规定。该规则在中国民用航空局网站上被标注“失效”，但我们尚未查到确切有关废止该规则的规定。

1990 年《中国民用航空气象工作规则》是在 1977 年《中国民用航空气象工作条例(试用本)》基础上制定的，共九章，为：总则、组织领导、航空气象观测、行气象情报、航空天气预报、重要气象情报、机场警报和风切变警报、航空气象服务、资料与科研和气象仪器设备。2005 年 6 月 27 日中国民用航空总局令第 146 号发布的《中国民用航空气象工作规则》废止了该规则。

1990 年《中国民用航空无线电管理规定》共七章，按顺序分别为：总则、航空无线电台站的设置、航空无线电台执照、航空无线电台站呼号频率的指配、外国航空公司使用航空无线电台的管理、航空无线电台站干扰的申诉与处理、无线电通信纪律和保密。该规则的制定依据为《中华人民共和国无线电管理条例》，至今仍然有效。

另外，中国民用航空局还在 1985 年 5 月 8 日颁布了《中国民用航空直升机近海飞行规则》，1986 年 4 月 30 日颁布了《直升机吊挂飞行暂行规定》。前者已被 1997 年中国民用航空总局颁布的《民用直升机海上平台运行规定》所取代，后者因管理内容已过时，被 2005 年的《中国民用航空总局关于废止部分民用航空规章和规章性文件的决定》废止。

在这一时期，中国航空立法最大成果是 1995 年《民用航空法》，这是我国现行航空法中唯一的法律。虽然名称是“民用航空法”，但却专辟一章“第七章空中航行”，亦规范在中国空域飞行的所有航空器。第七章空中航行共四节二十一条，对空域管理原则、飞行管理原则和飞行规则、飞行保障规范、飞行必备文件等作了规定。

(2) 航空器

在这一时期，有关航空器立法的共 28 件，其中《民用航空法》第二、三、四、十一和十三章分别对民用航空器国籍、权利、适航管理、搜寻援救和事故调查、对外国民用航空器的特别规定进行了详细规定。行政法规共 2 件，部门规章共 25 件。

《民用航空法》中关于航空器之规定，主要结合了 1944 年《芝加哥公约》及其附件，借鉴了美国、日本、法国、苏联、罗马尼亚航空法和中国台湾地区航空法规的有关规定，从中国实际出发，规定了上述五章内容。

1980 年 6 月，中国民用航空总局发布了《中国民用航空飞行事故调查条例》，对航空事故调查的目的、基本原则、事故调查的组织、事故调查员、通知、事故调查、事故调查报告等作出了具体规定。1986 年 6 月，中国民用航空局稍加修订，重新颁布，1990 年再次修订，被 2000 年中国民用航空总局颁布的《民用航空器飞行事故调查规定》废止。

在航空活动,航空器具有适航性对保证飞行安全至关重要。1987年国务院颁布了《中华人民共和国航空器适航管理条例》,对民用航空器适航管理的范围、类型、标准制定、适航证领取以及违反适航管理规则的处罚措施进行了明确规定,至今有效。

根据1987年国务院颁布的《中华人民共和国航空器适航管理条例》第二十七条"民航局应当在广泛征求航空工业部及各有关部门意见的基础上,制定本条例的实施细则及有关技术标准"之规定,中国民用航空局在1988年先后制定了《一般类旋翼航空器适航标准》《运输类旋翼航空器适航标准》《关于民用航空器零部件、机载设备国产代用品程序的暂行规定》《关于民用航空器时控件管理的暂行规定》《关于民用航空器保留项目控制的暂行规定》以及《关于民用飞机管理的暂行规定》。其中,《运输类旋翼航空器适航标准》至今仍在适用。

在1990年,中国民用航空总局根据《中华人民共和国民用航空器适航管理条例》第二十七条的规定,制定了《民用航空器适航指令规定》和《民用航空产品和零件合格审定的规则》。前者共三章九条,至今有效,分别规定了"制定依据"(第一条)、"适用范围"(第二条)、"要求"(第三条)、"责任"(第四条)、"授权"(第五条)、"适航指令的概述"(第六条)、"适航指令的颁发"(第七条)以及适航指令的"解释"(第八条)和"施行"(第九条)。后者共九章,规定了适用范围、定义、型号合格证、生产许可证的条件,适航证书和批准书申请条件、审查、颁发、重新颁发、有效期限,特许飞行证和材料、零部件、机械设备的批准,出口适航证的适用范围、条件、审查、颁发等。其后经历了1991年第一次修订,名称改为"民用航空产品和零件合格审定",1998年第二次修订,2007年第三次修订以及2017年第四次修订,现在生效的是最后一次修订的版本。

同样根据《中华人民共和国民用航空器适航管理条例》第二十七条之授权,中国民用航空局在1992年先后颁布了《民用航空材料、零部件和机载设备技术标准规定》和《民用航空器适航委任代表和委任单位代表的规定》,1993年颁布了《民用航空器维修许可审定的规定》,1995年又先后颁布了《民用航空器维修人员合格审定的规定》和《运输类飞机适航标准》。

《民用航空材料、零部件和机载设备技术标准规定》对该规定制定依据、目的、适用范围、定义,技术标准的颁发、授权、编号、格式要求、组成、适用性、标记、资料要求、溯及力以及引用资料进行了细致规定,至今有效。

《民用航空器适航委任代表和委任单位代表的规定》对委任代表定义、适用范围以及资格要求进行了规定,1997年1月6日,中国民用航空局对该二十条进行了修改,现使用的是修订后的版本。

1993年《民用航空器维修许可审定的规定》是对1988年《维修许可审定的规定》全面修订而形成的,该规定对保障民用航空器维修质量及规范民用航空器维修行业方面发挥了重要作用。2001 年再次进行修订时，名称改为“民用航空器维修单位合格审定规定”，目前仍在适用。

1995 年《运输类飞机适航标准》是在 1985 年 12 月 31 日发布的《运输类飞机适航标准》及 1990 年 7 月 18 日第一次修订的基础上进行第二次修订的版本，主要是根据国际民用航空组织和美国、欧盟等的新标准不断修订完善。后在 2001 年、2011 年和 2016 年又进行了三次修订，现正在生效的是 2016 年修订版。

为加强对民用航空器国籍的管理，保障民用航空活动安全，维护民用航空活动秩序，依据《中华人民共和国民用航空器适航管理条例》，1990 年中国民用航空局发布了《民用航空器国籍和登记的规定》，对民用航空器国籍登记条件、登记证书、国籍和登记标志进行了规定。1998 年中国民用航空局另行制定，名称改为“民用航空器国籍登记规定”，增加了临时登记和法律责任两章，并废止了 1990 年《民用航空器国籍和登记的规定》。

（3）航空人员

这一时期，有关航空人员的专门性航空立法有法律 1 件，部门规章 14 件。

《民用航空法》专辟一章第五章航空人员，共 14 条，分两节：第一节，一般规定；第二节，机组。主要从保障民用航空活动的安全出发，对航空人员的条件以及机长和其他机组成员在民用航空活动中的权利、义务作了明确的规范。在《民用航空法》颁布之前，围绕着航空人员执照的颁发、飞行时限、考评和聘任等，中国民用航空（总）局也制定了一系列规章。

有关航空人员执照的颁发的行政规章主要有：1983 年《维修人员执照颁发程序及管理规则》、1985 年《关于颁发民用航空器飞行人员执照暂行规定》、1986 年《颁发空中交通管制员、航行调度员执照规则（暂行）》、1986 年《空中交通管制员、航行调度员、航空公司签派员执照管理办法（暂行）》以及 1995 年《民用航空器维修人员合格审定的规定》。这些规章主要从申请执照人员的年龄、学历、思想品德、身体健康状况、语言等几个方面加以规定。其中，空中交通管制员和航行情报员还要求要具有中国国籍。这些规章均已经失效，被相关新的执照规则所取代。

航空活动属于高度危险作业，航空人员没有充足的休息时间，对飞行安全有重大影响。为此，1981 年中国民用航空局颁布了《民航运输飞行人员飞行时间、值勤时间和休息时间的规定》。但在实践中飞行人员超时限飞行现象非常严重，飞行事故征候屡发。中国民用航空局在 1987 年制定颁布了《关于严禁飞行人员超时限飞行的紧急通知》，要求各管理局、公司领导将制止当前飞行人员超时飞行工作放在第一位，要采取有效的措施制止超飞。随着中国航空运输市场化不断深入，原有规定存在不足。1993 年中国民用航空局修订并废止了《民航运输飞行人员飞行时间、值勤时间和休息时间的规定》，对飞行时间、执勤时间、休息时间进行了定义，并具体规定了三者的时限。1999 年 5 月 5 日中国民用航空总局发布《公共航空运输承运人运行合格审定规则》,包含了对上述三个时间的规定,并明令废止了1993年《民航运输飞行人员飞行时间、值勤时间和休息时间的规定》。

随着航空运输市场化不断推进,对飞行人员给予飞行小时费,能够激励他们更好地工作。为此,在1985年,中国民用航空局先后颁布了《民航空勤人员运输飞行小时费暂行规定》《民航空勤人员专业飞行小时费暂行规定》《民航学校空勤教员飞行小时费暂行规定》三个部门规章。劳动部、财政部《关于调整民航直属企业空勤人员飞行小时费及空地勤人员伙食费标准的复函》(1994年1月3日〔1994〕劳部发59号)和人事部、财政部《关于调整中国民用航空飞行学院空勤人员飞行小时费及空勤地勤人员伙食费标准的批复》(1994年10月26日〔1994〕人薪函6号)两个文件对该规定规范的内容已经重新作出规定,该规定应当废止。

另外,中国民用航空局还颁布了1985年《民航空勤人员退休年龄和停飞、退休后待遇的暂行规定》,①1987年《民航系统实施技师聘任制的实施意见》,②1988年《民航局关于技师考评和聘任试行办法》,③1993年《雇用外籍飞行人员从事公共航空运输飞行的暂行规定》④和1994年《中国民用航空飞行人员训练管理规定(试行)》。⑤

(4) 机场

机场是航空活动的主要场所,把机场的管理纳入法制化轨道,对于保证航空飞行安全,提高服务质量,促进中国航空事业实现持续、快速、健康的发展的良性循环,具有重要意义。

这一阶段,有关机场的立法共30件,其中法律1件,行政法规6件,部门规章20件,地方性法规3件。立法内容涉及大机场的分类、机场建设和管理、机场的收费、机场生产统计、机场管理体制等内容。

关于机场建设的审批,1985年国务院办公厅、中央军委办公厅联合下发了

---

① 该暂行规定的内容已由《关于确定民航提前退休工种范围的通知》(民航局字〔1986〕第400号)、民航局《关于转发劳动部、财政部〈关于民航空勤人员停飞和离退休后发给生活补助费办法的通知〉的通知》(民航局发〔1992〕383号)作出了新规定。同时根据国务院规定,1998年民航企业养老保险移交地方管理后,退休人员的退休费由地方社保部门按规定计发。该规定在2003年4月8日中国民用航空总局颁布的《中国民用航空总局关于废止部分民用航空规章和规章性文件的决定》废止。

② 该暂行办法已被2005年《中国民用航空总局关于废止部分民用航空规章和规章性文件的决定》废止。废止理由是:国家劳动人事部门已经有新的职业技术鉴定办法,此文件应当废止。

③ 该暂行办法已被2005年《中国民用航空总局关于废止部分民用航空规章和规章性文件的决定》废止。废止理由是:国家劳动人事部门已经有新的职业技术鉴定办法,此文件应当废止。

④ 该规定已被2005年《中国民用航空总局关于废止部分民用航空规章和规章性文件的决定》废止。废止理由是:该规定主要是对雇用外籍飞行人员驾驶在中国登记的民用航空器从事公共航空运输飞行的管理规范,目前已被其他规定取代,应当废止。

⑤ 该规定被1998年7月3日中国民用航空总局令第77号发布、自发布之日起施行的《中国民用航空飞行人员训练管理规定》明令废止。

《关于建设机场和合用机场审批程序的若干规定》,至今有效。相关规定为:"地方需合用非军事单位的机场,由省、自治区、直辖市人民政府或国务院有关部委、直属机构行文,报送国务院审批。""已合用的机场需改建、扩建,由省、自治区、直辖市人民政府,国务院有关部委、直属机构,或海军、空军、大军区行文,报送国家计委、总参谋部审批。""地方需利用军队的保留机场修建民用机场,按照新建机场的审批程序办理;需将保留机场改作他用的,由省、自治区、直辖市人民政府或国务院有关部委、直属机构行文,报送总参谋部审批。"

在1977年国务院颁布的《关于保护机场净空的规定》的基础上,1982年国务院、中央军委发布《关于重新颁发关于保护机场净空的规定的通知》,这是这一时期最为重要的行政法规。该行政法规规定:"在机场净空区域内,严禁修建超出本规定的高大建筑物和影响机场通信、导航的设施。""凡属擅自在机场净空区域内修建的超高建筑物,超高部分必须拆除。其损失由建筑物产权单位负责。"机场净空区域内原有的超高建筑物,应设置飞行障碍标志。对于超出本规定的高大建筑物,按照1961年的《关于机场附近高大建筑物设置飞行障碍标志的规定》办理。

这一阶段颁布的有关机场建设和管理的航空立法还有:国务院、中央军委1985年颁布的《关于军民合用机场使用管理的若干暂行规定》,国务院1986年颁布的《民用机场管理暂行规定》等行政法规2件,中国民用航空(总)局颁布的《民用机场建设行业管理暂行规定》等部门规章15件,涉及民用机场土地使用和管理、机场运行最低标准的制定与实施、机场停车场的使用和管理等内容。

这一时期,地方政府颁布了3件航空地方政府规章,主要涉及机场口岸管理和机场收费两个方面,这一阶段地方开启了关于机场的航空立法,为《民用航空法》的制定提供了重要基础。在《民用航空法》中专辟一章第六章民用机场,共17条,对民用机场的概念、民用机场建设和管理、机场净空、名称、收费等进行了具体规定,并授权国务院、中央军事委员会另行制定管理办法来规范军民合用机场。至此,中国有关机场方面的航空立法已经成熟。

(5) 公共航空运输企业

这一时期,有关公共航空运输的航空立法共31件,其中,法律1件,行政法规2件,部门规章28件。

为支持、引导地方、部门创办航空运输企业,以发展民用航空运输,适应社会主义现代化建设的需要,保障运输飞行安全,1985年5月28日,国务院发布了《关于开办民用航空运输企业审批权限的暂行规定》,共16条,现已失效。该行政法规规定"航空运输企业一律实行独立核算、自负盈亏",并规定了航空运输企业申请审批手续、开办条件以及权利和义务。根据该行政法规,中国民航局与国家工商行政管理局于同年10月10日发布了《关于开办民用航空运输企业审批程序的通知》,进一步明确先由民航局批准公司成立,工商行政管理部门再核发营业执照。1993年1月,民航局又发布了《开办航空运输企业审批基本条件和承办程序细则》,共21条。2004年12月16日,中国民用航空局颁布的《公共航空运输企业经营许可规定》废止了1993年《开办航空运输企业审批基本条件和承办程序细则》。但1985年《关于开办民用航空运输企业审批程序的通知》仍在生效,而它的"根据"——1985年国务院发布的《关于开办民用航空运输企业审批权限的暂行规定》已经失效,"皮之不存毛将焉附"?

简化乘坐民用航空器手续,对提高乘客乘坐航空器的积极性极为重要。1985年,国务院批转公安部、民航局《关于简化购买国内飞机票手续问题的请示》。1986年,中国民用航空局颁布了《关于简化乘坐民航专业飞机手续的通知》。为加强对民用航空运输企业航行资格、合同履行、运价、标准制定、航空运输服务质量和食品卫生等方面的管理,中国民用航空(总)局分别颁布了《航空公司航行资格审定规则》(1986年)、《关于认真执行〈航空货物运输合同实施细则〉的通知》(1987年)、《关于加强合同订票管理工作的通知》(1987年)、《关于国内航线实行一种运价的通知》(1984年中国民航局、国家物价局、国家旅游局、国务院侨务办公室联合发布)、《民航企业标准制定程序的暂行规定》(1990年)、《关于下放不正常航班旅客地面服务费用标准的通知》(1987年)、《关于对航空运输服务方面罚款的暂行规定》(1990年)、《民航饮食行业(含集体食堂)食品卫生管理标准和要求》(1986年)。对民用航空运输企业的质量进行全面管理(1987年中国民用航空局发布了《民用航空运输企业全面质量管理暂行办法》)。

为吸引更多乘客乘坐航空器,给他们提供方便的买票条件也很重要。中国民用航空局在1987年先后颁布了《国际航空运输销售代理人管理暂行规定》和《国内航空运输销售代理人管理暂行规定》,1993年8月中国民用航空总局又发布了《民用航空运输销售代理业管理规定》。这些规定,规范了航空运输销售代理人资格、权利和义务等内容。

为加强两岸的交流与合作,鼓励航空公司开辟大陆通往台湾地区的航线,1990年中国民用航空局颁布了《单方经营中国大陆与台湾间民用航空运输补偿费的规定》,规定"经营取酬的包机飞行,最初二年,单方经营补偿费按其包机价格的百分之三十计算"(第三条)、"经营定期航班,最初二年,单方经营补偿费按定期航班实际收入的百分之十五计算"(第四条)、"本规定第三条、第四条所列的单方经营补偿费,二年以后,中国民用航空局有权根据情况随时重新核定"(第五条)。

另外,为促进通用航空业的发展,1986年国务院发布了《关于通用航空管理暂行规定》,对通用航空范围、申请审批手续、通用航空许可证等进行了规范。根据该行政法规,中国民用航空局1986年发布了《开办通用航空企业审批程序》,对上述内容进行了更加详细的规定。

这一时期的上述有关航空运输企业的规定,直接为《民用航空法》第八章公共航空运输企业的制定提供了素材。《民用航空法》第八章公共航空运输企业，共15条，对公共航空运输企业定义、设立条件、组织形式、组织机构、服务准则、营业收费项目、禁运物品、运输危险品及对旅客的安全检查等进行了规范。

3.5.2.2 航空民商事立法

在这一阶段，航空民商事立法较少，共9件，法律和行政法规各1件，部门规章7件。除《民用航空法》外，内容涉及运输规则、损害赔偿、强制保险等几个方面。

1984年，中国民用航空局颁布了《中国民航旅客、行李国际运输规则》，共13章52条。该规则主要根据1955年《海牙议定书》相关规定进行制定，主要规定了客票、票价、航路、承运人责任及免除、索赔和诉讼的时限等内容。特别是其第四十八条"责任的限额"只规定了"符合华沙公约规定的国际运输，中国民航对每一旅客所负的责任以十二万五千法国金法郎或其他等值货币(约折合一万美元)为限"和"符合一九五五年在海牙修改的华沙公约规定的国际运输，中国民航对每一旅客所负的责任以二十五万法国金法郎或其他等值货币(约折合二万美元)为限"。这对国际运输符合1929年《华沙公约》和1955年《海牙议定书》有关"国际运输"之规定时，成立；但对非上述两个公约之国际运输也规定了这样的责任的限额，显然是错误，因为"条约只对加入国有效"，而对非加入国无效。因而，《民用航空法》中对国际运输责任的限额之规定仅适用于上述两个公约意义上的国际运输。该规则后被1998年生效的《中国民航旅客、行李国际运输规则》废止。

1985年中国民用航空局颁布了《旅客、行李国内运输规则》，共5章44条，从定义、旅客运输、行李运输、包机运输、责任与赔偿等几个方面，进行了详细规定，所用术语，也基本采用1955年《海牙议定书》之规定。该规则后被中国民用航空总局在1996年颁布的《中国民用航空旅客、行李国内运输规则》明令废止。

在《旅客、行李国内运输规则》颁布的同一天，中国民用航空局又颁布了《中国民用航空局货物国内运输规则》，作为其姊妹篇，共4章43条，为总则、货物运输、货物包机包舱运输、责任与赔偿。后被1996年《中国民用航空货物国内运输规则》明令废止。

1984年《中国民航旅客、行李国际运输规则》、1985年《旅客、行李国内运输规则》和《中国民用航空局货物国内运输规则》在当时实际起到了"航空运输总条件"的作用。

在这一阶段及以前，对旅客的赔偿实际上并不是由承运人承担的，而是适用1951年政务院财经委员会发布的《飞机旅客意外伤害强制保险条例》，在旅客的票价中含有强制保险费用，由承运人收取后交给保险公司，发生事故后，由保险公司进行赔偿。对国内航空旅客运输每名旅客最高赔偿限额为人民币一千五百元[①],赔偿限额太低。1989 年国务院颁布的《国内航空运输旅客身体损害赔偿暂行规定》规定"承运人按照本规定应当承担赔偿责任的,对每名旅客的最高赔偿金额为人民币二万元",并废止了 1951 年《飞机旅客意外伤害强制保险条例》。1993 年国务院对《国内航空运输旅客身体损害赔偿暂行规定》做了修订,规定"承运人按照本规定应当承担赔偿责任的,对每名旅客的最高赔偿金额为人民币七万元",并规定了"旅客可以自行决定向保险公司投保航空运输人身意外伤害险。此项保险金额的给付,不得免除或减少承运人应当承担的赔偿金额"。

因 1985 年《旅客、行李国内运输规则》第四十二条规定"行李全部或部分丢失时,按丢失行李的实际价值赔偿,但赔偿金额每公斤不得超过十元,已收行李运费退还。如旅客已办理行李声明价值,民航应按声明价值赔偿",赔偿额太低,故中国民用航空局在 1986 年颁布的《关于提高国内行李赔偿额和临时生活补偿额的通知》中规定:"持国内公布票价客票的旅客,行李赔偿额由原每公斤 10 元提高到每公斤 40 元,持国内折扣票价客票的旅客,行李赔偿额由原每公斤 10 元提高到每公斤 25 元。""持公布票价客票的旅客,临时生活用品补偿费由原来 20 元提高到 30 元,持折扣票价客票的旅客,临时生活用品补偿费由原来 5～10 元提高到 15 元。"

中国民用航空局认为,旅客、货主对民航运输服务工作质量的投诉函(包括报刊上登载的批评),是对民航事业的关心,也是对民航工作的监督和促进。处理好投诉和批评信函的工作,对提高运输服务质量和民航的声誉具有重要意义。故在 1988 年颁布了《中国民用航空局关于处理旅客、货主投诉和批评信函的规定的通知》。

《民用航空法》一方面吸收了这一阶段有关航空民商事立法,制定了第八章"公共航空运输企业";另一方面借鉴了华沙体制相关规定,制定了该法第九章"公共航空运输"。符合 1929 年《华沙公约》和 1955 年《海牙议定书》意义上的国际运输,强制性适用这两个国际公约之规定;对于非这两个国际公约意义上的国际运

① 1951 年《飞机旅客意外伤害强制保险条例》第五条规定,旅客之保险金额,不论全票、半票、免票、一律规定为每人人民币一千五百万元。第七条规定,旅客在保险有效期间内,由于遭受外来、剧烈及明显之意外事故(包括战争所致者在内),受有伤害须治疗者,由保险公司按实际情况给付医疗津贴,其数额以不超过保险金额之全数为限。第八条规定,旅客遭受意外事故受有伤害,以致死亡、残废、丧失身体机能或失踪者,除依照第七条之规定给付医疗津贴外,另由保险公司依照下列规定给付保险金:甲、死亡者,给付保险金额全数。乙、双目永久完全失明者,两肢永久完全残废者,或一目永久完全失明与一肢永久完全残废者,给付保险金额全数。丙、完全丧失身体机能永久不能继续工作者,给付保险金额全数。丁、一目永久完全失明者或一肢永久完全残废者,给付保险金额半数。戊、丧失一部分身体机能永久不能复原影响工作能力者,视其丧失机能之程度,酌给一部分保险金。己、因飞机失踪,满三个月下落不明者,给付保险金额全数。第九条规定,旅客在一次旅程中,遭受意外事故,构成第八条所列一项以上之情事时,其保险金给付,以不超过保险金额之全数为限。第十条 本条例所列之保险金额连同医疗津贴,系属法定给付之最高责任,如遇意外事故发生,旅客或其家属不得再向航空公司要求任何额外给付。

输，则参照这两个国际公约之规定。对于国内航空运输，《民用航空法》的相关核心条文是第一百二十八条，该条规定："国内航空运输承运人的赔偿责任限额由国务院民用航空主管部门制定，报国务院批准后公布执行。"这一授权至今仍然适用。

另外，《民用航空法》第三章"航空器的权利"，主要借鉴1948年《日内瓦公约》之相关规定加以制定，第十二章"对地面第三人损害的赔偿责任"则主要借鉴1952年《罗马公约》之规定加以制定。

3.5.2.3 航空安全保卫立法

安全第一一直是航空立法的核心任务，无论是有关航空管理体制改革的立法，还是有关航空人员资格、机场建设和使用管理、航空运输企业资格、飞行规则等的立法，都是为"航空安全"这一核心任务服务的。

在这一时期，除了上述立法以外，专门对航空安全保卫的立法共15件，法律1件，行政法规7件，部门规章7件。

1980年11月15日，中国民用航空局就贯彻中共中央书记处、国务院联席会议对民航安全生产的指示，发布《关于保证飞行安全提高服务质量的命令》。

1981年7月9日，国务院批转民航总局、公安部《关于组建民航公安机构的请示报告》，同意民航总局、公安部《关于组建民航公安机构的请示报告》，仿照铁道部、交通部的办法，组建民航系统公安机构（总局、地区管理局的现有保卫机构改为相应的公安机构）。该请示报告共计三个方面内容，即：民航公安机构的性质和任务、机构设置和权限、领导关系。在性质上，"民航系统的公安机构既是民航的一个机构，又是公安部门的派出机关"，主要任务有八个方面。民航总局设公安局，执行公安部业务局权限。民航地区管理局设公安处，执行行署公安处权限。民航省（自治区）管理局、飞行专科学校设公安分处，执行县公安局权限。"民航总局公安局列入公安部编制序列，受民航总局和公安部双重领导"。这个行政法规至今仍在适用。

为保障民用航空的安全，防止劫持、破坏民航飞机和破坏民用航空设施事件的发生，确保公共财产和旅客生命财产的安全，1982年国务院发布了《关于保障民用航空安全的通告》，旅客携带物品、安全检查、机场范围内的禁止行为，并规定"对阴谋策划劫持飞机和其他破坏民用航空安全的罪犯，任何人都应当向人民政府揭发、检举。对于防范和制止预谋劫持飞机和其他破坏民用航空安全的有功单位和个人，给予表扬和奖励。"各地也纷纷以此为依据，发布通知或通告，以确保航空安全。如贵阳市1985年发布了《贵阳市人民政府关于保障民用航空安全的通告》。

1983年"五·五"劫机事件后，国务院发布了《关于加强防止劫机的安全保卫工作的命令》，该命令规定：国内旅客购买飞机票"一律凭县团级以上单位出具的证明信和身份证件……并必须有单位主要负责同志签名或盖章。”这一规定在当时的情况下是非常必要的，对防止劫机事件的再次发生起到了积极作用。

鉴于1985年大多数机场已经建立了安全检查机构，配备了安全检查仪器，设置了隔离区，机场保卫工作有所加强，为使民航客运更好地为经济体制改革和四化建设服务，方便旅客，1985年，国务院批转公安部、民航局《关于简化购买国内飞机票手续问题的请示》，简化了国内旅客飞机票购买手续。

1988年1月18日，中国西南航空公司一架伊尔十八222号飞机在重庆机场附近坠毁，给国家和人民生命财产造成重大损失。为了确保民航飞行安全，国务院于同年2月2日颁布了《国务院关于加强民航安全工作的紧急通知》，至今有效。该行政法规从飞机飞行前适航检查、严格飞行技术管理、加强飞行管制等主要方面要求“民航系统要立即开展自上而下、全面深入的安全教育和安全检查”。

1993年，先后发生三起空难事故和七起劫机事件，给国家和人民的生命财产造成了重大损失，民航安全形势严峻。为了迅速扭转局面，确保民用航空飞行安全和空防安全，使民航事业更好地为改革开放和社会主义现代化建设服务，同年12月6日中国民用航空总局、公安部联合发布了《关于严格审查处理劫持、爆炸飞机嫌疑人员的通知》和《关于民航安全的通告》，要求“依法从重从快惩处犯罪分子”，维护民用航空治安秩序，保障飞机和旅客的安全。同年12月8日，国务院发布了《国务院关于加强民用航空安全工作的通知》。根据该通知，同年12月13日，中国民用航空总局、公安部又联合发布了《关于加强反劫机的措施》，12月17日，国务院办公厅发布了《关于积极配合民航部门认真做好空防安全工作的通知》。

在《民用航空法》中，除了第七章“空中航行”外，第十五章“法律责任”专门规定了行政处罚措施、航空犯罪等内容，对加强飞行安全、打击航空犯罪发挥了重大作用。

3.5.2.4 航空管理体制立法和航空规章制定程序立法

(1) 民航管理体制立法

经国务院、中央军委批准，民航自1969年起实行义务工役制。十多年的实践证明，民航实行义务工役制，因受服役年限的限制，影响技术骨干的稳定和劳动生产率的提高，不适应现代化企业管理的需要。同时，它与固定工制度并行，在劳动管理、工资福利待遇等方面，有不少矛盾不好解决。为了加快民航的社会主义现代化建设，提高企业管理水平，1980年2月21日，空军、国家劳动总局、中国民用航空总局向国务院、中央军委提交了《关于改革民航义务工役制的请示》，建议将义务工役制改为固定工制。国务院、中央军委原则同意该请示，并于3月18日下发了《国务院、中央军委批转空军、国家劳动总局、民航总局关于改革民航义务工役制的请示的通知》，该通知规定：“从一九八〇年起，民航不再补充义务工。今后随着生产发展需要增加的人员，按国家劳动管理制度规定，由民航拟订劳动计划，报请国家劳动总局审批。”

1980 年 5 月 17 日，国务院、中央军委发布了《关于民航管理体制若干问题的决定》。该决定规定了“民航总局是国家管理民航事业的行政机构”“民航地区管理局、省(市、区)局、学校、工厂等企业、事业单位由民航总局和省、市、自治区人民政府(革命委员会)实行双重领导，以民航总局领导为主”“民航干部由民航系统实行分级管理”“民航机场警卫按国务院、中央军委的有关规定执行”等事项。同年 8 月 4 日，《人民日报》发表社论《民航要走企业化的道路》。

1982 年 6 月 11 日，国务院常务会议决定，为了使机构名称规范化，同意去掉民航总局中的“总”字，称“中国民用航空局”。8 月 23 日全国五届人大常委会第 24 次全会审议通过。

1985 年 1 月 7 日，国务院批转民航局《关于民航系统管理体制改革的报告》，报告要求现行民航管理体制要按“政企分开、简政放权”的原则进行改革。将民航局、地区管理局、省(自治区、市)局、航空站四级管理改为民航局和地区管理局两级管理，组建 6 个国家骨干航空公司，并将机场和航务管理分开。1987 年 12 月 21 日，国务院办公厅批复中国民航局和福建省人民政府《关于改变厦门国际机场管理体制的请示》，同意该机场下放给厦门市人民政府管理。

(2) 航空规章制定程序立法

新中国成立后，对于航空立法主体及其职权并没有专门的法律法规加以明确规定。1982 年 12 月 10 日，全国人大常务委员会发布了《中华人民共和国国务院组织法》，其第十条规定：“各部、各委员会工作中的方针、政策、计划和重大行政措施，应向国务院请示报告，由国务院决定。根据法律和国务院的决定，主管部、委员会可以在本部门的权限内发布命令、指示和规章。”因中国民用航空局是国务院直属机构，故其作为航空立法主体，可在“本部门的权限内发布命令、指示和规章”。

1986 年 12 月 10 日，中国民用航空局颁布了《民用航空规章制定程序》，规定了中国民用航空局作为航空立法主体制定民用航空规章之程序。

1990 年 4 月 29 日，中国民用航空局发布了《中国民用航空局法规起草、制定程序的规定》，其第二十九条废止了 1986 年 12 月 10 日中国民用航空局发布的《民用航空规章制定程序》，[①]该规定第二条[②]规定了民用航空法规的制定主体是

---

① 1990 年《中国民用航空局法规起草、制定程序的规定》第二十九条：“本规定自发布之日起施行。一九八六年十二月十日中国民用航空局发布的《民用航空规章制定程序》同时废止。”

② 1990 年《中国民用航空局法规起草、制定程序的规定》第二条：“民用航空法规是全国人大、国务院及中国民用航空局为领导和管理民用航空各项工作而按规定程序制定的符合下列要求的规范性文件：(一) 具有法律约束力；(二) 能在较长时间内普遍适用；(三) 内容通常用条文表达。中国民用航空局发布的内部的具体工作制度、文件、对具体事项的通知、布告、公告以及行政处理决定，不适用本规定。”

全国人大、国务院、中国民用航空局。该规章第三条①明确规定了中国民用航空局之立法权限是:法律草案和行政法规草案的起草,行政规章的制定。该规定还涉及法律和行政法规的起草程序,而法律、行政法规的起草程序国家已有规定,不属于中国民用航空局规章规定的范畴,因而这个专门性航空立法实属于越权立法、违法立法。

1995年10月30日,第八届全国人民代表大会常务委员会第十六次会议通过《民用航空法》,其第二百一十五条规定:"本法自1996年3月1日起施行。"《民用航空法》第三条、第三十七条第四款、第四十三条第二款、第五十三条第三款、第六十八条、第七十二条、第七十六条第三款、第七十七条第一款、第九十四条第二款、第九十七条第一款和第二款、第九十九条、第一百零一条第四款、第一百一十条、第一百一十五条、第一百二十八条第一款、第一百五十三条第三款、第一百五十六条、第一百七十六条第二款、第二百一十四条,明确了航空立法相关主体及其权限。

在《民用航空法》生效前,意识到法律、行政法规的起草和制定不属于民用航空规章规定的范畴,1995年11月15日,中国民用航空总局颁布了《中国民用航空总局规章制定程序规定》,废止了1990年颁布的《中国民用航空局法规起草、制定程序的规定》,该规定对中国民用航空总局制定或者与国务院有关部门联合制定、以民航总局令形式发布的民用航空规章,作出了较为具体的规定。

3.5.2.5 非专门性航空立法

这一时期的非专门性航空立法主要有1986年《民法通则》、1979年《刑法》(之所以将1979年《刑法》也列入这一时期,是因为该法自1980年1月1日起开始施行;也属于这一时期施行的涉及航空活动的法律)、1995年《担保法》等。

《民法通则》中涉及航空法内容的条文主要有:第123条,该条规定:"从事高空、高压、易燃、易爆、剧毒、放射性、高速运输工具等对周围环境有高度危险的作业造成他人损害的,应当承担民事责任;如果能够证明损害是由受害人故意造成的,不承担民事责任。"这与《民用航空法》十二章的内容有所冲突,依《民法通则》规定,航空器给地面人员造成损害,作业人只有两个免责事由:不可抗力和受害人的故意;但《民用航空法》中不仅规定了这两个免责事由,而且还涉及第三人的过错、损害是武装冲突或者骚乱的直接后果以及"损害仅是民用航空器依照国家有关的空中交通规则在空中通过造成的"。另外,在诉讼时效方面,《民法通则》规定

---

① 1990年《中国民用航空局法规起草、制定程序的规定》第三条:"中国民用航空局起草和制定的有关民用航空的法规包括:(一)法律草案,由国务院审议通过后报全国人大或其常务委员会审议公布;(二)行政法规草案,报国务院审议发布或经国务院批准,中国民用航空局发布;(三)行政规章,由中国民用航空局单独或与有关部门联合发布。"

“身体受到伤害要求赔偿的”诉讼时效是 1 年，而《民用航空法》第 171 条规定为：“地面第三人损害赔偿的诉讼时效期间为二年，自损害发生之日起计算；但是，在任何情况下，时效期间不得超过自损害发生之日起三年。”《民法通则》第 241 条规定：“法律对诉讼时效另有规定的，依照法律规定。”保持了二者的和谐一致。

1979 年《刑法》中涉及航空犯罪的条文主要有：第 100 条，规定为：“以反革命为目的，进行下列破坏行为之一的，处无期徒刑或者十年以上有期徒刑；情节较轻的，处三年以上十年以下有期徒刑：(一) 爆炸、放火、决水、利用技术或者以其他方法破坏军事设备、生产设施、通讯交通设备、建筑工程、防险设备或者其他公共建设、公共财物的；(二) 抢劫国家档案、军事物资、工矿企业、银行、商店、仓库或者其他公共财物的；(三) 劫持船舰、飞机、火车、电车、汽车的；(四) 为敌人指示轰击目标的；(五) 制造、抢夺、盗窃枪支、弹药的。”第 107 条规定：“破坏火车、汽车、电车、船只、飞机，足以使火车、汽车、电车、船只、飞机发生倾覆、毁坏危险，尚未造成严重后果的，处三年以上十年以下有期徒刑。”另外，1979 年《刑法》第 108 条、110 条、113 条、115 条等条文都涉及航空犯罪的规定。

1995 年《担保法》中涉及航空活动条文主要有：第 34 条规定，交通运输工具可以设定担保；第 41 条和 42 条规定，航空器设定抵押，应当办理登记手续，否则无效。这与《民用航空法》第 16 条的规定有差别，该条为：“设定民用航空器抵押权，由抵押权人和抵押人共同向国务院民用航空主管部门办理抵押权登记；未经登记的，不得对抗第三人。”

3.5.3 重要特点归纳

这一时期的航空立法在前两阶段航空立法之基础上，体系框架结构更加合理，内容更加丰富，特别是《民用航空法》的制定，标志着中国航空立法已经成熟。《民用航空法》颁布后，中国航空行政法规、部门规章的制定有了明确的依据。具体来说，这一阶段的航空立法具有以下特点。

3.5.3.1 民用航空立法数量迅速增多

在 1980 年以前，由于中国航空管理体制方面的原因，民用航空属于军方管制。因此，所立的航空法既要规范军用航空活动，同时也要规范民用航空活动。在 1980 以后，民航逐步脱离军方管理，走向了以市场为导向的法制化发展道路。在航空安全管理、航空市场和经济管理及行政管理等几个方面，迫切需要加强航空立法；加之民用航空活动，特别是民用航空运输急速发展，这几个方面的立法工作随之得到了加强。

到 1996 年《民用航空法》实施前，中国所颁布的关于航空活动的法律、法规和行政规章，基本上都是关于民用航空活动方面的立法。至 1996 年，中国民航立法工作已形成了以《民用航空法》为中心的、大量航空行政法规和行政规章为两翼的较为完备的航空法律体系。

3.5.3.2 航空规章制定依据更加明确

这一时期，不仅有一般性的规范航空立法的规范，如 1982 年的《中华人民共和国国务院组织法》，规定了“根据法律和国务院的决定，主管部、委员会可以在本部门的权限内发布命令、指示和规章”。为规范专门规范民用航空规章的制定，中国民用航空(总局)先后颁布了 1986 年《民用航空规章制定程序》、1990 年《中国民用航空局法规起草、制定程序的规定》、1995 年《中国民用航空总局规章制定程序规定》《中国民用航空总局职能部门规范性文件制定程序规定》以及《民用航空法》等。除《民用航空法》外，其余三个程序性规范已失效，最新的为 2007 年 5 月 14 日中国民用航空总局颁布的《中国民用航空总局规章制定程序规定》，但这些程序性规章对规范航空部门规章的制定发挥过重要作用。虽然 2007 年《中国民用航空总局规章制定程序规定》明令废止了 1995 年《中国民用航空总局规章制定程序规定》，但二者在内容上却是一脉相承的。

从这一时期航空规章的制定来看，在 1986 年《民用航空规章制定程序》生效后，相关航空规章的制定严格按照上述相关程序性规范的要求，制定依据更加明确。

3.5.3.3 立法内容非常广泛

从 1980 年到 1995 年《民用航空法》通过前，中国航空立法的内容非常广泛，既有航空公法的内容，又有航空私法的内容。在航空公法领域，涉及空中航行法律制度、航空器法律制度、航空人员法律制度、机场法律制度以及空中交通管理法律制度等。在航空私法领域，涉及国内航空承运人责任制度、国际航空承运人责任制度、航空保险法律制度、航空侵权行为法律制度等，内容十分广泛。

这些航空立法为后来中国航空立法的不断完善奠定了扎实基础。

3.5.3.4 国际性强

这一时期，航空立法主要以国际航空法的相关内容为基础，结合中国实际情况，并参照其他国家航空立法的内容进行的。这突出表现在《民用航空法》中，如在第八章和第九章中，大量引用了 1929 年《华沙公约》、1955 年《海牙议定书》、1961 年《瓜达拉哈拉公约》、1975 年《蒙特利尔第四号附加议定书》中的内容，同时也结合了中国实际情况。在第一章到第七章、第十一章到十三章中，不仅参照了 1944 年《芝加哥公约》及其附件、《罗马公约》等国际公约的内容，还借鉴了苏联航空法、美国航空法、日本民用航空法及罗马尼亚航空法中的相关内容。

《民用航空法》第十章、十四章和十五章主要以中国其他法律法规为基础，结合中国实际情况而制定的。

《民用航空法》第十六章主要参考 1963 年《东京公约》、1970 年《海牙公约》和 1971 年《蒙特利尔公约》的内容，结合 1979 年《刑法》的规定进行制定的。

在 1980 年以后，中国航空立法除了《民用航空法》外，大量的航空行政法规和行政规章也都以中国参加或缔结的国际航空条约为基础，结合中国具体情况而制定的。例如，关于航空器适航的技术标准、航空人员执照，承运人的责任制度等。

3.6 中国航空立法不断完善和发展阶段（1996 年至今）

3.6.1 立法成果汇总

从 1996 年至今，中国航空立法获得了不断的完善和发展，目前已经形成了以《民用航空法》为核心、33 件专门性航空行政法规和 139 部门规章为两翼、18 件航空地方性法规和 40 件地方行政规章为补充的较为完备的航空法律体系。

据本书不完全统计，自 1996 年以来，中国共制定专门性航空立法共 287 件。其中，行政法规 8 件，部门规章 193 件，地方性法规 14 件，地方行政规章 72 件。具体见表 3－4“1996 年至今中国航空立法成果汇总表”。除此以外，在一些法律和决定中，也有关于航空活动的立法，如 1999 年《合同法》、1997 年《刑法》、2007 年《物权法》、2009 年《侵权责任法》、2009 年《全国人民代表大会常务委员会关于修改部分法律的决定》等。

表 3－4　1996 年至今中国航空立法成果汇总表

制定时间（年）	数量（件）	主题分类	名称	制定机关
1996	1	行政法规	中华人民共和国民用航空安全保卫条例	国务院
	10	部门规章	略	中国民用航空总局
1997	2	行政法规	中华人民共和国航空器国籍和权利登记条例 中华人民共和国民用航空器国籍登记条例	国务院
	10	部门规章	略	中国民用航空总局
1998	7	部门规章	略	中国民用航空总局
	1	地方性法规	安徽省民用机场净空环境保护条例	安徽省人大常委会
	1	地方政府规章	福州长乐国际机场周边地区用地规划管理规定	福州市人民政府
1999	4	部门规章	略	中国民用航空总局
	1	地方性法规	上海市民用机场地区管理条例	上海市人大常委会
	1	地方政府规章	上海市民用机场航空油料管线保护办法	上海市人民政府

续表 3-4

制定时间(年)	数量(件)	主题分类	名称	制定机关
2000	5	部门规章	略	中国民用航空总局
	1	地方政府规章	重庆江北国际机场及其航空安全管理规定	重庆市人民政府
2001	1	行政法规	中华人民共和国飞行基本规则	国务院
	6	部门规章	略	中国民用航空总局
	1	地方性法规	四川省民用机场净空及电磁环境保护条例	四川省人大常委会
	2	地方政府规章	贵阳龙洞堡机场净空保护区域饲飞鸟禽管理暂行规定	贵阳市人民政府
			乌鲁木齐市施放气球飞艇管理办法	乌鲁木齐市人民政府
2002	10	部门规章	略	中国民用航空总局
	1	地方性法规	福州长乐国际机场保护条例	福建省人大常委会
	1	地方政府规章	上海市民用机场航空油料管线保护办法	上海市人民政府
2003	1	行政法规	通用航空飞行管制条例	国务院、中央军委
	4	部门规章	略	中国民用航空总局
	1	地方性法规	重庆市民用机场保护条例	重庆市人大常委会
	2	地方政府规章	四川省升空气球和系留气球灌充施放安全管理办法	四川省人民政府
			南京禄口国际机场保护办法	南京市人民政府
2004	20	部门规章	略	中国民用航空总局
2005	20	部门规章	略	中国民用航空总局
	2	地方政府规章	贵阳市施放气球安全管理规定	贵阳市人民政府
			无锡硕放机场净空环境保护办法	无锡市人民政府
2006	1	行政法规	国内航空运输承运人赔偿责任限额规定	国务院批准
	15	部门规章	略	中国民用航空总局
	2	地方政府规章	重庆市军用机场净空区保护办法	重庆市人民政府
			深圳市宝安国际机场管理办法	深圳市人民政府

续表 3－4

制定时间（年）	数量（件）	主题分类	名称	制定机关
2007	1	行政法规	略	国务院、中央军委
	16	部门规章	略	中国民航总局
	3	地方政府规章	广东省民用机场电磁环境保护规定	广东省人民政府
			江西省民用机场净空和民用航空电磁环境保护办法	江西省人民政府
			贵州省施放气球管理办法	贵州省人民政府
2008	1	地方政府规章	无锡硕放机场地区管理暂行办法	无锡市人民政府
2009	1	行政法规	民用机场管理条例	国务院
2010	3	地方性法规	湖南省民用运输机场管理条例	湖南省人大常委会
			西藏自治区民用机场保护条例	西藏自治区人大常委会
			湖北省民用机场净空安全保护条例	湖北省人大常委会
	7	地方政府规章	上海市人民政府关于加强小型航空器和空飘物飞行活动安全管理的通告	上海市人民政府
			广州市人民政府关于加强小型航空器和空飘物等飞行活动安全管理的决定	广州市人民政府
			上海浦东机场综合保税区管理办法	上海市人民政府
			北京市民用机场净空保护区域管理若干规定	北京市人民政府
			无锡硕放机场地区管理暂行办法	无锡市人民政府
			无锡硕放机场净空环境保护办法（2010 年修正）	无锡市人民政府
			上海市民用机场航空油料管线保护办法（2010 年修正本）	上海市人民政府

续表 3-4

制定时间（年）	数量（件）	主题分类	名称	制定机关
2011	2	地方性法规	云南省民用运输机场保护条例	云南省人大常委会
			上海市民用机场地区管理条例(2011年修正本)	上海市人大常委会
2012	1	行政法规	国务院关于促进民航业发展的若干意见	国务院
	2	地方政府规章	重庆市民用机场管理办法	重庆市人民政府
			河北省民用机场净空和电磁环境保护办法	河北省人民政府
2013	1	行政法规	国务院办公厅关于印发促进民航业发展重点工作分工方案的通知	国务院办公厅
	2	地方政府规章	贵阳龙洞堡国际机场净空和电磁环境保护管理规定	贵阳市人民政府
			南京禄口国际机场保护办法	南京市人民政府
2014	2	地方性法规	贵州省民用运输机场管理条例	贵州省人大常委会
			河南省民用运输机场管理条例	河南省人大常委会
	4	地方政府规章	江西省民用运输机场管理办法	江西省人民政府
			内蒙古自治区民用机场管理办法	内蒙古自治区人民政府
			浙江省民用机场管理办法	浙江省人民政府
			北京市民用运输机场管理办法	北京市人民政府
2015	1	地方性法规	吉林省民用机场管理条例	吉林省人大常委会
	3	地方政府规章	甘肃省民用机场净空和民用航空电磁环境保护规定	甘肃省人民政府
			宁夏回族自治区民用机场保护办法	宁夏回族自治区人民政府
			青岛市民用机场净空和电磁环境保护管理办法	青岛市人民政府

续表 3-4

制定时间（年）	数量（件）	主题分类	名称	制定机关
2016	47	部门规章	略	交通运输部
	3	地方政府规章	陕西省民用运输机场管理办法	陕西省人民政府
			秦皇岛市“孔明灯”管理规定	青岛市人民政府
			浙江省人民政府关于对小型航空器和空飘物采取临时性管理措施的决定	浙江省人民政府
2017	18	部门规章	略	交通运输部
	1	地方性法规	江苏省民用航空条例	江苏省人大常委会
	8	地方政府规章	福建省人民政府关于对民用小型航空器和空飘物采取临时性行政措施的决定	福建省人民政府
			福州市人民政府关于对民用小型航空器和空飘物采取临时性行政措施的决定	福州市人民政府
			重庆市民用无人驾驶航空器管理暂行办法	重庆市人民政府
			四川省民用无人驾驶航空器安全管理暂行规定	四川省人民政府
			无锡市民用无人驾驶航空器管理办法	无锡市人民政府
			邯郸市民用机场净空和电磁环境保护管理规定	邯郸市人民政府
			江西省民用机场净空和民用航空电磁环境保护办法	江西省人民政府
			广州市民用运输机场管理办法	广州市人民政府
2018	21	部门规章	略	交通运输部
	1	地方政府规章	新疆维吾尔自治区民用无人驾驶航空器安全管理规定	新疆维吾尔自治区人民政府

续表 3-4

制定时间(年)	数量(件)	主题分类	名称	制定机关
2019	3	地方政府规章	深圳市民用微轻型无人机管理暂行办法	深圳市人民政府
			西北地区民用无人驾驶航空器物流配送经营活动管理办法(试行)	中国民用航空西北地区管理局
			浙江省无人驾驶航空器公共安全管理规定	浙江省人民政府
合计	286	行政法规	8件	
		部门规章	213件	
		地方性法规	16件	
		地方政府规章	49件	

注:表中行政法规、部门规章、地方性法规和地方政府规章是不完全统计。

在这一阶段中,进行过专门性航空立法的主体众多。其中,中央航空立法主体共5个,为:国务院,国务院、中央军事委员会,中国民用航空总局,交通运输部,国务院办公厅。地方航空立法主体38个,为:安徽省人大常委会,福州市人民政府,上海市人大常委会,上海市人民政府,重庆市人民政府,贵阳市人民政府,乌鲁木齐市人民政府,福建省人大常委会,重庆市人大常委会,四川省人民政府,南京市人民政府,无锡市人民政府,深圳市人民政府,广东省人民政府,江西省人民政府,贵州省人民政府,湖南省人大常委会,西藏自治区人大常委会,湖北省人大常委会,广州市人民政府,北京市人民政府,云南省人大常委会,河北省人民政府,贵州省人大常委会,河南省人大常委会,江西省人民政府,内蒙古自治区人民政府,浙江省人民政府,吉林省人大常委会,甘肃省人民政府,宁夏回族自治区人民政府,青岛市人民政府,陕西省人民政府,江苏省人大常委会,福建省人民政府,新疆维吾尔自治区人民政府,邯郸市人民政府,中国民用航空西北地区管理局。

这一时期,中国航空立法主要内容是在前一阶段的基础上不断修正和完善,而地方航空立法则是集中在机场安全运营和管理方面。近三年来,无人机、通用航空事业、航空产业发展促进立法较多。

3.6.2 主要内容分析

在这一时期,中国航空立法的主要内容包括航空行政立法、航空民商事立法、航空安全保卫立法、航空行政规则和非专门性航空立法。

虽然在2008年至2016年间，因中国民用航空局被并入交通运输部，其制定部门规章的权力丧失，并没有制定部门规章，但是从2107年起，交通运输制定发布了大量的部门规章，加之这一时期地方立法崛起，因而在整体上这一时期中国专门性航空立法数量激增。但这一时期的专门性航空立法内容，主要是对前三个阶段航空立法内容的修正和完善。

在这一时期，因《民用航空法》的实施，中国专门性航空立法主要围绕着《民用航空法》篇章结构的内容进行立法，专门性航空行政法规、部门规章、地方性法规和地方政府规章，都有了制定的法律依据。

3.6.2.1 航空行政立法

这一时期的航空行政立法主要包括有关航空器、航空人员、机场、空中航行及公共航空运输企业。

(1) 航空器

这一时期，有关民用航空器的立法主要包括民用航空器的国籍登记、权利登记、适航管理、搜寻援救与事故调查。

民用航空器的国籍是民用航空器国籍国和民用航空器相联系的法律纽带，1996年《民用航空法》虽然在第二章中用了六个条文进行了规定，但是较为抽象。为执行《民用航空法》第二章的规定，1997年10月21日，国务院制定发布了《中华人民共和国民用航空器国籍登记条例》，共5章22条。该条例重申了民用航空器单一国籍原则，确定了应在中国进行国籍登记的民用航空器范围，规定了民用航空器国籍登记证书的申请、审核、颁发及注销条件，规定了中国民用航空器国籍标志是罗马体大写字母B，登记标志为阿拉伯数字、罗马体大写字母或者二者的组合，并对这两个标志喷涂的位置、尺寸和字体，授权给国务院民用航空主管部门制定，还规定了尚未取得国籍登记证书的民用航空器，可向国务院民用航空主管部门申请临时登记。

民用航空器不仅是执行航空运输的工具，而且还具有重要的融资功能。早在1948年《日内瓦公约》中，对民用航空器的所有权、占有权(租赁)、抵押权和优先权进行了详细规定。在1995年《民用航空法》制定时，考虑到航空活动的国际性，《民用航空法》大量移植了1948年《日内瓦公约》关于民用航空器权利的规定。为执行《民用航空法》中关于民用航空器权利的规定，为保护债权人的利益，在《中华人民共和国民用航空器国籍登记条例》颁布同日，国务院制定颁布了《中华人民共和国民用航空器权利登记条例》。该条例共20条，规定了民用航空器权利登记的范围、登记条件、审查期限、权利登记簿及在事项，变更登记和注销登记的条件等内容。

这两个条例和 1987 年国务院批准的《中华人民共和国搜寻援救民用航空器规定》、1992 年制定的《中华人民共和国民用航空器适航管理条例》以及《民用航空法》一起为有关民用航空器地方性法规、部门规章和地方政府规章的制定提供了范围和依据。

为执行《民用航空法》和《中华人民共和国民用航空器国籍登记条例》的规定，1998 年 6 月 10 日，中国民用航空总局颁布了《民用航空器国籍登记规定》。该规定共 7 章 36 条，具体规定了民用航空器国籍登记的具体条件、申请提供的资料、审查期限、国籍登记簿载明事项、国籍变更和注销、国籍标志和登记标志、民用航空器的标识、临时登记以及法律责任。

为执行《民用航空法》和《中华人民共和国民用航空器权利登记条例》的规定，1999 年 9 月 1 日，中国民用航空总局公布了《中华人民共和国民用航空器权利登记条例实施办法》。该办法共 26 条，详细规定了民用航空器不同权利登记应提交申请材料，行政机关的审查期限，权利证书的颁发、变更和注销的条件等内容。

为执行《民用航空法》和《中华人民共和国搜寻援救民用航空器规定》的规定，中国民用航空总局先后制定了《民用运输机场应急救援规则》(失效)、《民用航空器飞行事故调查规定》(失效)、《民用航空器事故和飞行事故征候调查规定》(有效)、《中国民用航空应急管理规定》(有效)、《民用运输机场突发事件应急救援管理规则》(有效)等部门规章，进一步完善了中国民用航空器搜寻援救和事故调查的法律体系。

适航的民用航空器是保障航空安全非常重要的一环，随着民用航空器技术不断发展，适航标准应不断提升。为执行 1992 年《中华人民共和国民用航空器适航管理条例》和《民用航空法》的规定，及时修正以前所制定的有关民用航空器适航标准，中国民用航空总局先后制定了 22 件部门规章，15 件仍在生效，具体见表 3 - 5 “1996 年至今中国制定的民用航空器适航管理的部门规章”。

这些部门规章与《中华人民共和国民用航空器适航管理条例》和《民用航空法》，及仍在生效的 1987 年《螺旋桨适航标准》、1990 年《民用航空器适航指令规定》、1992 年《民用航空材料、零部件和机载设备技术标准规定》共同构成了中国民用航空器适航管理的法律基础，从民用航空器型号设计、生产许可、持续适航性直至报废整个环节施行了无缝隙的管理，确保了民用航空器合格适航，保障了航空活动的安全。

表 3-5 1996 年至今中国制定的民用航空器适航管理的部门规章

序号	名称	颁布时间
1	涡轮发动机飞机燃油排泄和排气排出物规定	2002-03-20
2	正常类、实用类、特技类和通勤类飞机适航规定	2004-10-12
3	民用航空用化学产品适航规定	2004-10-12
4	民用航空油料适航规定	2005-04-29
5	维修和改装一般规则	2006-01-16
6	载人自由气球适航规定	2007-03-15
7	航空发动机适航规定	2016-03-17
8	运输类飞机适航标准	2016-03-17
9	运输类飞机的持续适航和安全改进规定	2016-03-17
10	交通运输部关于修改《正常类旋翼航空器适航规定》的决定	2017-04-01
11	交通运输部关于修改《运输类旋翼航空器适航规定》的决定	2017-04-01
12	民用航空产品和零部件合格审定规定	2017-05-24
13	航空器型号和适航合格审定噪声规定	2017-12-12
14	交通运输部关于修改《维修和改装一般规则》的决定	2018-11-16

注:2008 年 3 月,中国民用航空总局由国务院直属机构改制为部委管理的国家局,同时更名为中国民用航空局。随后以交通运输部名义发布部门规章。

(2) 航空人员

航空人员对确保航空安全至关重要,因此对航空人员的立法一直是中国航空立法的重点。这一时期,有关航空立法人员的立法,主要为执行《民用航空法》的规定,对前期中国有关航空人员的立法进行进一步修正完善。航空人员立法具体成果为航空部门规章。据本书统计,这一时期,国务院民用航空主管部门(中国民用航空总局和交通运输部)共颁布了有关航空人员的部门规章计 32 件,目前仍在生效的计 5 件,具体见表 3-6“1996 年至今中国航空人员立法成果汇总”。立法内容主要包括航空人员体格合格证的管理,驾驶员、空中交通管制员、飞行签派员、航行情报员、航空气象员、航空电信人员、航空维修人员、航空安全员、飞行机械员等合格审定和执照管理等。

表3-6 1996年至今中国航空人员立法成果汇总

序号	名称	颁布时间
1	民用航空空中交通管制员执照管理规则	2016-03-17
2	民用航空人员体检合格证管理规则	2016-03-17
3	民用航空飞行签派员执照管理规则	2016-03-17
4	民用航空情报员执照管理规则	2016-03-17
5	民用航空气象人员执照管理规则	2016-03-17
6	民用航空电信人员执照管理规则	2016-03-17
7	民用航空器驾驶员合格审定规则	2016-03-28
8	民用航空器维修人员执照管理规则	2016-04-07
9	民用航空空中交通管制培训管理规则	2016-04-21
10	民用航空情报培训管理规则	2016-08-15
11	交通运输部关于修改《民用航空人员体检合格证管理规则》的决定	2017-04-24
12	航空安全员合格审定规则	2018-08-31
13	民用航空器飞行机械员合格审定规则	2018-08-31
14	交通运输部关于修改《民用航空人员体检合格证管理规则》的决定	2018-11-16
15	交通运输部关于修改《民用航空器驾驶员合格审定规则》的决定	2018-11-16

注:2008年3月,中国民用航空总局由国务院直属机构改制为部委管理的国家局,同时更名为中国民用航空局。随后以交通运输部名义发布部门规章。

在1995年《民用航空法》第五章航空人员中,共用14个条文对航空人员做了概括性规定,主要取材于1944年《芝加哥公约》附件1《人员执照的颁发》、1958年美国《联邦航空法》和苏联航空法中有关航空人员的规定。

为执行《民用航空法》有关航空人员的规定,跟上国际航空立法中有关航空人员立法的步伐,结合中国航空活动中的通常做法,中国民用航空总局(交通运输部)及时对前期制定的有关航空人员的立法进行了修正,不断满足中国航空事业蓬勃发展的需要。

在美国"9·11"事件后,航空犯罪出现了新特点,即将航空器作为武器进行攻击。为了保障航空安全,航空公司在原有机组人员组成的基础上,派专职人员与原机组人员一起,共同保卫航空安全。在现在已完成的《民用航空法》修订草案中,航空安全员已成为机组一员。

随着卫星导航技术的普遍使用,在原机组人员的组成中,航空领航员实际上已名存实亡了,使用电台传递民用航空信息和情报已远落后于时代发展了。因此，在现已完成的《民用航空法》修订草案中，删除了航空领航员的规定，将航空电台通信员改为“航空电信人员”。

另外，在现已完成的《民用航空法》修订草案中，将原来乘务员需要取得执照的规定进行了删除。

(3) 民用机场

有关民用机场的立法，是中央立法和地方立法共同关注的领域。目前，中国已形成了以《民用航空法》为引领、《民用机场管理条例》及有关民用机场的行政法规为基础、大量部门规章和地方性法规和地方政府规章为补充的较为完备的民用机场法律体系。

①全国性机场立法。在这一时期，有关民用机场建设和管理的专门性中央航空立法有行政法规 1 件，即 2009 年《民用机场管理条例》，5 件部门规章，其中 2 件部门规章已经失效。

在《民用航空法》第六章民用机场中，用了 37 个条文对民用机场概念、建设和管理等进行了概括性规定。为了执行《民用航空法》中有关民用机场的规定，2009 年 4 月 13 日，国务院发布了《民用机场管理条例》，共 6 章 87 条。第一章总则，规定了条例的适用范围，即“适用于中华人民共和国境内民用机场的规划、建设、使用、管理及其相关活动”，将《民用航空法》中的民用机场细分为运输机场和通用机场，并将民用机场界定为“公共基础设施”。第二章到第五章，对民用机场的建设和使用、民用机场安全和运营管理、民用机场安全环境保护以及法律责任进行了详细规定。第六章附则，定义了运输机场、通用机场、飞行区指标为 4D 的运输机场、飞行区指标为 4E 的运输机场，规定军民合用机场民用部分的管理既要遵守本条例，又要遵守国务院、中央军事委员会的有关规定，并规定“本条例自 2009 年 7 月 1 日起施行”。

为执行《民用航空法》《民用机场管理条例》等法律法规的规定，适应中国民用机场属地化改革完成后实际运营情况，及民用机场急剧扩张的现实情况，实现前期有关民用机场立法的现代化，对确保民用机场有序发展，保障航空安全意义重大。

2016 年 4 月 21 日，中国民用航空局发布了《民用机场建设管理规定》。该规定共 11 章 120 条，对运输机场选址、运输机场总体规划、运输机场工程初步设计、运输机场工程施工图设计、运输机场建设实施、运输机场工程验收、运输机场工程建设信息、空管工程建设管理以及法律责任等内容进行了非常详细的规定。

2018 年 11 月 16 日，交通运输部颁布了《交通运输部关于修改〈民用机场建设管理规定〉的决定》。具体修订为：一、将规章名称修改为“运输机场建设管理规定”。二、将第一条、第三条、第一百一十七条中的“民用机场”修改为“运输机场”，但第一条中的“《民用机场管理条例》”除外。三、将第二条修改为：“本规定适用于运输机场(包括军民合用运输机场民用部分)及相关空管工程的规划与建设。"四、将第四条第一款修改为:"运输机场的规划与建设应当符合全国民用机场布局规划。运输机场及相关空管工程的建设应当执行国家和行业有关建设法规和技术标准,履行建设程序。"五、删去第一百一十九条。修订的规章,适用范围非常明确,即为运输机场,不包括通用机场,规避了对通用机场的适用,符合现阶段用政策促进更能推进通用机场建设和发展的要求。

为加强对民航专业工程建设质量的监督管理,规范质量监督行为,保证民航专业工程质量,维护公众利益,2007 年 1 月 25 日,中国民用航空总局发布了《民航专业工程质量监督管理规定》。该规定共 6 章 41 条,质量监督机构、民航专业工程质量监督管理内容、质量监督基本程序及要求。

②地方机场立法。在这一时期,机场属地化改革完成,围绕着民用机场建设和管理的地方航空立法勃兴,立法内容主要包括民用机场净空环境保护、机场周边地区用地规划管理、民用机场地区管理、航空安全管理、民用机场航空油料管线保护等。

从形式上来看,这些有关民用机场的地方航空立法,确实是为执行《民用航空法》和相关机场行政法规的规定而制定的。但是具体立法内容多大同小异,不仅基本上照抄了全国性机场立法的主要内容,而且互相"抄袭"。据本书不完全统计,现有地方民用机场立法中在机场净空区域内禁止的行为,基本抄袭了《民用航空法》第五十八条、《民用机场管理条例》第四十九条、《民用机场安全运行管理规定》第一百五十条。例如,某省颁布的《××省航空条例》不仅照搬了全国性民用机场立法之规定,还将《××市××国际机场管理办法》《××市××机场安全管理规定》等内容进行"归纳和总结"。可以说,就现有地方政府和地方人大所立之关于机场立法的内容来看,基本雷同。

就地方有关机场的立法主体来看,目前,地方性法规共 14 件(其中 2 件已经失效),均为省级人大常委会进行的立法,包括安徽省人大常委会、上海市人大常委会、江苏省人大常委会、四川省人大常委会、福建省人大常委会、重庆市人大常委会、湖南省人大常委会、西藏自治区人大常委会、湖北省人大常委会、贵州省人大常委会、河南省人大常委会、吉林省人大常委会,共 12 个。

机场地方行政规章共 52 件,省级人民政府制定了 20 件,较大的市人民政府共制定了 32 件,主要内容均大同小异。

(4) 空中航行

有关空中航空的立法一直也是中国航空立法的重点,在这一时期以前,已经制定了大量的行政法规和部门规章。早在 1950 年《飞行基本规则》中,就授权给空军制定相关航行令,民用航空主管部门制定民用航空相关飞行规则。在《民用航空法》通过前,1977 年《飞行基本规则》是由国务院、中央军事委员会共同制定,并规定了具体管理空域的机关为国务院、中央军事委员会空中交通管制委员会。实际上,《民用航空法》第七十二条规定的“空域管理的具体办法,由国务院、中央军事委员会制定”,及第七十六条第三款规定的“飞行规则由国务院、中央军事委员会制定”,与其说是授权,不如说是对现状的确认。而在2001年《飞行基本规则》第一条所规定的立法目的和依据是“为了维护国家领空主权,规范中华人民共和国境内的飞行活动,保障飞行活动安全有秩序地进行,制定本规则”,而不是根据《民用航空法》。

2001年7月27日,国务院、中央军事委员会颁布了《飞行基本规则》,并于同年8月1日起施行,废止了1977年4月21日颁发的《飞行基本规则》。2007年10月18日,国务院、中央军事委员会发布了修改后的《飞行基本规则》,并于同年11月22日起施行。该规则共12章124条,在中国境内所有飞行活动都应遵守。一件行政法规中有关飞行的相关规则却成了法律的制定依据,实属罕见,这与《立法法》所规定的法规为执行法律的规定而制定的要求相悖。

2003年1月10日,国务院、中央军事委员会制定了《通用航空飞行管制条例》,并于同年5月1日起实施。该条例第一条规定,为了促进通用航空事业的发展,规范通用航空飞行活动,保证飞行安全,根据《中华人民共和国民用航空法》和《中华人民共和国飞行基本规则》,制定本条例。可见,《民用航空法》第七十六条第三款规定的“飞行规则由国务院、中央军事委员会制定”,授权给国务院、中央军事委员会制定飞行规则、通用航空飞行管制条例。所以,该条例依据《民用航空法》的授权进行制定是依法立法的具体体现。

但是,该条例制定依据能否是《飞行基本规则》? 本书认为,不能。原因有二:一是二者法律位阶平级。根据《立法法》之规定,行政法规是为执行法律而制定的,作为行政法规的《飞行基本规则》不是法律。二是《飞行基本规则》中没有明确授权给国务院、中央军事委员会制定相关通用航空飞行管制规则。因此,本书建议,应将该条例第一条中“和《中华人民共和国飞行基本规则》”删除。

《通用航空飞行管制条例》共7章45条。第一章总则,规定“在中华人民共和国境内从事通用航空飞行活动,必须遵守本条例。在中华人民共和国境内从事升放无人驾驶自由气球和系留气球活动,适用本条例的有关规定”。第二章到五章分别规定了飞行空域的划设与使用、飞行活动的管理、飞行保障、升放和系留气球的规定。第六章法律责任,第七章附则。对于通用航空空域使用者而言,该条例核心条文规定不明,仅规定为“向飞行管制部门提出申请,经批准后方可实施”,飞行管制部门是哪个部门? 条例没有明确规定,致使空域使用者不知所从。

在这一时期,国务院民用航空主管部门共发布了有关空中航行的部门规章共29件,15件已经失效或被废止。其中,中国民用航空总局制定的共19件,交通运输制定的共10件。这些部门规章的主要内容涉及空域、导航设施、空中交通规则和一般运行规则，全部是在第三阶段相关部门规章基础上进行修改或修订。

值得一提的是，在这一时期，有关空中航行的地方性专门立法共11件，主要围绕着无人机进行，内容大同小异，主要涉及无人机的概念、无人机飞行管理以及法律责任等。

(5) 航空运输企业

在这一时期，有关航空运输企业的立法共11件，失效和被废止的共6件，见3－7“1996年以来航空运输企业立法成果汇总”，基本为部门规章，主要围绕着通用航空企业和航空运输企业合格审定及运输进行立法。

表3－7 1996年以来航空运输企业立法成果汇总

序号	名称	颁布时间	有效性
1	外国公共航空运输承运人运行合格审定规则	2004－08－23	失效
2	通用航空经营许可管理规定	2004－10－12	废止
3	大型飞机公共航空运输承运人运行合格审定规则	2005－02－25	失效
4	中国民用航空总局关于修订《民用航空器驾驶员、飞行教员和地面教员合格审定规则》《大型飞机公共航空运输承运人运行合格审定规则》的决定	2006－10－30	失效
5	通用航空经营许可管理规定	2007－02－14	失效
6	大型飞机公共航空运输承运人运行合格审定规则	2007－09－30	失效
7	大型飞机公共航空运输承运人运行合格审定规则	2016－03－04	有效
8	小型航空器商业运输运营人运行合格审定规则	2017－02－27	有效
9	大型飞机公共航空运输承运人运行合格审定规则	2017－09－04	有效
10	外国公共航空运输承运人运行合格审定规则	2017－12－18	有效
11	交通运输部关于修改《小型航空器商业运输运营人运行合格审定规则》的决定	2018－11－16	有效

从表3－7可见，这一时期有关航空运输企业的规定的航空立法，主要是对前一阶段相关立法的补充和完善。

3.6.2.2 航空民商事立法

在这一时期，航空民商事立法共计21件，6件已经失效。核心内容主要包括两个方面：一是有关中国民用航空国内运输规则和国际运输规则。二是有关承运人对消费者赔偿的规定。

在《民用航空法》生效的同一天，中国民用航空总局2月28日颁布的《中国民用航空旅客、行李国内运输规则》生效了，3月1日颁布《中国民用航空货物国内运输规则》于同日生效。

《中国民用航空旅客、行李国内运输规则》共 13 章 63 条。在第一章总则中，对适用范围、相关概念等作了界定。从第二章到第十章，对订座、客票、票价、购票、客票变更、退票、客票遗失、团体旅客、乘机进行了规范。第十一章为行李运输，对行李进行了分类，对承运人责任进行了界定。第十二章为旅客服务。最后一章为附则，规定了该规则生效时间，并废止了中国民用航空局 1985 年 1 月 1 日制定的《旅客、行李国内运输规则》。这个规则实际上起到了国内航空旅客运输总条件的作用。2004 年 7 月 12 日，中国民用航空总局发布决定修订《中国民用航空旅客、行李国内运输规则》，主要对原规则中的票价进行修订。

《中国民用航空货物国内运输规则》共 8 章 49 条。在第一章总则中，对适用范围、相关概念等作了界定。从第二章到第六章，分别对货物托运、货物承运、特种货物运输、航空邮件及航空快递运输、货物包机、包舱运输进行了规范。第七章货物不正常运输的赔偿处理，规定承运人对货物赔偿的每公斤赔偿限额。已向承运人办理货物声明价值的货物，按声明的价值赔偿；如承运人证明托运人的声明价值高于货物的实际价值时，按实际损失赔偿。但按实际价值赔偿，每公斤不超过 20 元。第八章附则规定了生效时间，并废止了中国民用航空局 1985 年制定发布的《中国民用航空局货物国内运输规则》。该规则至今有效，实际起到了国内航空货物运输总条件的作用。

1997 年 12 月 8 日，中国民用航空总局发布了《中国民用航空旅客、行李国际运输规则》，并于 1998 年 4 月 1 日起施行。该规则至今有效，共 13 章 77 条。在第一章总则中，对适用范围、相关概念进行了界定。从第二章到第五章，分别对客票、票价和费用、订座和乘机进行了规范。第六章行李，对行李的分类、行李的收运、小动物、导盲犬、助听犬、托运行李的交付进行了规范。第七章到第九章，分别规定了班期时刻和航班取消及变更、改变航程和更改客票、退票。第十章和第十一章，对旅客在航空器上的行为以及行政手续进行了规范。第十二章只有一个条文，规定“承运人应当按规定制定和修改其运输条件、运输规定、票价和费用。任何修改不适用于修改前已经开始的运输”。第十三章附则，规定了生效时间，并废止了 1984 年 10 月 1 日中国民用航空局发布的《中国民航旅客、行李国际运输规则》。

2000 年 4 月 21 日中国民用航空总局又颁布了《中国民用航空货物国际运输规则》，共 9 章 49 条，至今有效。这个规则主要借鉴 1999 年《蒙特利尔公约》中有关货物运输的规定。在第一章中，规定了规则的适用范围，并对相关概念进行了界定。第二章到第七章，分别规定了货物托运、货物收运、运价、运费和其他费用运输货物、货物交付以及特种货物运输。第八章只有一个条文，规定“为了对货物国际航空运输进行管理，承运人应当依法制定、公布和修改其运输条件、运输规定及运价和其他费用。任何修改不适用于修改前已经开始的运输。”第九章附则规定了该规则自 2000 年 8 月 1 日起生效。这个规则实际上也起到了中国航空公司进行国际货物运输的总条件的作用。

但对于航空民商事之核心问题，即承运人对消费者的损害赔偿问题，在《民用航空法》中授权给国务院民用航空管理部门制定并报国务院批准后执行。2006 年 3 月 1 日，经国务院批准，《国内航空运输承运人赔偿责任限额规定》生效。该规定规定“对每名旅客的赔偿责任限额为人民币 40 万元”，“对每名旅客随身携带物品的赔偿责任限额为人民币 3 000 元”，“对旅客托运的行李和对运输的货物的赔偿责任限额，为每公斤人民币 100 元”。该规定至今适用，一直是学界批判的对象。

3.6.2.3 航空安全保卫立法

航空安全保卫一直是航空立法的重点，1996 年 7 月 6 日，国务院颁布了《中华人民共和国民用航空安全保卫条例》。该条例共 6 章 40 条。在第一章总则中，规定了适用范围以及相关主体在航空安全保卫中的权利和义务。第二章到第四章，分别规范民用机场的安全保卫、民用航空营运的安全保卫以及安全检查。第五章罚则，规定了相关违反本条例行为的新政处罚措施。第六章附则，对该条例相关概念进行了定义，并规定了条例生效日期。

在这一时期，中国民用航空总局（交通运输部）共制定了 11 件规章，失效 4 件。具体见表 3－8“1996 年至今航空安全保卫立法成果汇总”。

表 3－8 1996 年至今航空安全保卫立法成果汇总

序号	名称	颁布时间	有效性
1	民用机场和民用航空器内禁止吸烟的规定	1997－12－30	有效
2	民用机场航空器活动区道路交通管理规则	1998－06－03	失效
3	中国民用航空安全检查规则	1999－05－14	失效
4	民用机场航空器活动区道路交通安全管理规则	2006－07－12	有效
5	国际航班载运人员信息预报实施办法	2008－03－12	失效
6	公共航空旅客运输飞行中安全保卫规则	2016－03－04	失效
7	民用航空运输机场航空安全保卫规则	2016－04－21	有效
8	公共航空运输企业航空安全保卫规则	2016－04－21	有效
9	民用航空安全检查规则	2016－10－28	有效
10	公共航空旅客运输飞行中安全保卫工作规则	2017－02－27	有效
11	交通运输部关于修改《公共航空运输企业航空安全保卫规则》的决定	2018－11－16	有效

这些部门规章，都是根据《中华人民共和国民用航空安全保卫条例》不同章节的规定进行细化的既有对民用航空安全检查的一般性规定，又对机场、航空运输企业、旅客、行李和货物的安全检查等方面，进行了详细规定。

另外，在这一时期，地方有关民用机场安全管理的相关法规和规章，以及有关无人机管理的相关规章，也都涉及航空安全，亦属于航空安全保卫之立法。

值得一提的是，中国民用航空总局于 2007 年 12 月 30 日发布了《民用机场和民用航空器内禁止吸烟的规定》，这在世界范围内亦属首次。该规定共 16 条，明确了禁止吸烟的区域、卫生检查员的权利和义务、被动吸烟者享有的权利以及相关处罚措施。

3.6.2.4 航空行政程序规则

在这一时期，随着《立法法》的颁布、实施和修订，航空立法也向科学化、依法立法不断前进。除了《立法法》中的一般性规范也适用航空立法外，国务院还颁布《规章制定程序条例》，规范航空规章制定程序，保证规章质量。

根据《立法法》《民用航空法》《安全生产法》《行政处罚法》《行政许可法》《国家赔偿法》等法律和《规章制定程序条例》，结合民航规章制定工作实际，在这一时期中国民用航空总局（交通运输部）先后制定了 17 件航空行政程序规则。其中，3 件已经失效。具体见表 3 - 9“1996 年至今航空行政程序规则立法成果汇总”。

表 3 - 9　1996 年至今航空行政程序规则立法成果汇总

序号	名称	颁布时间	有效性
1	关于修订和废止部分民用航空规章的决定	1997 - 01 - 06	有效
2	中国民用航空监察员规定	2002 - 08 - 27	失效
3	中国民用航空总局关于废止部分民用航空规章和规章性文件的决定	2003 - 04 - 08	有效
4	民用航空行政处罚实施办法	2003 - 04 - 08	有效
5	中国民用航空监察员规定	2005 - 03 - 03	失效
6	中国民用航空总局关于废止部分民用航空规章和规章性文件的决定	2005 - 06 - 28	有效
7	民航行政机关行政赔偿办法	2005 - 12 - 23	有效
8	民用航空行政检查工作规则	2006 - 02 - 08	失效
9	民用航空行政许可工作规则	2006 - 02 - 20	有效
10	民航总局行政复议办法	2006 - 02 - 20	有效

续表 3-9

序号	名称	颁布时间	有效性
11	中国民用航空总局规章制定程序规定	2007-05-14	有效
12	中国民用航空总局职能部门规范性文件制定程序规定	2007-09-10	有效
13	中国民用航空总局关于废止部分民用航空规章和规章性文件的决定	2007-09-10	有效
14	中国民用航空监察员管理规定	2016-03-28	有效
15	民用航空行政检查工作规则	2016-04-13	有效
16	关于修改《定期国际航空运输管理规定》《民用航空国内航线经营许可规定》和《公共航空运输企业经营许可规定》的决定	2016-04-13	有效
17	关于修改《民用航空器领航员、飞行机械员、飞行通信员合格审定规则》和废止《民用航空运输凭证印制管理规定》的决定	2016-04-21	有效

在这些航空规章中，有 4 件是修订和废止相关滞后的航空立法；有 2 件是关于中国民用航空总局制定航空规章和规章性文件的程序。另外，中国民用航空总局还对行政处罚、行政检查、行政许可、行政复议等进行了详细规定，为“依法行政”提供了航空法基础。为确保航空安全，中国民用航空总局在 2002 年 8 月 27 日颁布了《中国民用航空监察员规定》，2005 年进行修订。2016 年 3 月 28 日，交通运输部发布了《中国民用航空监察员管理规定》，前两个规定已经失效，后一个规定目前仍在实施。

3.6.2.5 非专门性航空立法

这一时期，非专门性航空立法主要有 1999 年《合同法》、1997 年《刑法》(2013 年进行了修订)、2007 年《物权法》、2009 年《侵权责任法》以及 2009 年《全国人民代表大会常务委员会关于修改部分法律的决定》等。

在航空运输中，消费者和承运人之间是合同法律关系。航空运输合同分为航空旅客运输合同和航空货物运输合同，也适用于《合同法》第七章关于运输合同的规定。航空器租赁合同、抵押合同等，也同样遵守《合同法》第十三章(租赁合同)和第十四章(融资租赁合同)的规定。消费者与承运人的航空运输合同属于格式合同，应适用《合同法》第 39 条到第 41 条的规定。当对航空合同内容的理解发生分歧时，应适用《合同法》中的“对格式条款的理解发生争议的，应当按照通常理解予以解释。对格式条款有两种以上解释的，应当作出不利于提供格式条款一方的解释”的规定。可见，《合同法》弥补了航空法中关于合同规定的欠缺。

1997 年中国重新修订并颁布实施了《刑法》。由于《民用航空法》的颁布和生效时间早于《刑法》，因此，在《民用航空法》中所规定的对相关航空犯罪行为的处罚，在《刑法》中找不到相对应的条款，但可依据《刑法》的规定进行处罚。在《刑法》中，涉及航空犯罪的条文主要有：第 6 条第 2 款“凡在中华人民共和国船舶或者航空器内犯罪的，也适用本法”。第 116 条“破坏火车、汽车、电车、船只、航空器，足以使火车、汽车、电车、船只、航空器发生倾覆、毁坏危险，尚未造成严重后果的，处三年以上十年以下有期徒刑”。第 117 条“破坏轨道、桥梁、隧道、公路、机场、航道、灯塔、标志或者进行其他破坏活动，足以使火车、汽车、电车、船只、航空器发生倾覆、毁坏危险，尚未造成严重后果的，处三年以上十年以下有期徒刑”。第 119 条“破坏交通工具、交通设施、电力设备、燃气设备、易燃易爆设备，造成严重后果的，处十年以上有期徒刑、无期徒刑或者死刑。过失犯前款罪的，处三年以上七年以下有期徒刑；情节较轻的，处三年以下有期徒刑或者拘役”。第 121 条“以暴力、胁迫或者其他方法劫持航空器的，处十年以上有期徒刑或者无期徒刑；致人重伤、死亡或者使航空器遭受严重破坏的，处死刑”。第 123 条“对飞行中的航空器上的人员使用暴力，危及飞行安全，尚未造成严重后果的，处五年以下有期徒刑或者拘役；造成严重后果的，处五年以上有期徒刑”。第 125 条“非法制造、买卖、运输、邮寄、储存枪支、弹药、爆炸物的，处三年以上十年以下有期徒刑；情节严重的，处十年以上有期徒刑、无期徒刑或者死刑。非法制造、买卖、运输、储存毒害性、放射性、传染病病原体等物质，危害公共安全的，依照前款的规定处罚。单位犯前两款罪的，对单位判处罚金，并对其直接负责的主管人员和其他直接责任人员，依照第一款的规定处罚”。130 条“非法携带枪支、弹药、管制刀具或者爆炸性、易燃性、放射性、毒害性、腐蚀性物品，进入公共场所或者公共交通工具，危及公共安全，情节严重的，处三年以下有期徒刑、拘役或者管制”。第 131 条“航空人员违反规章制度，致使发生重大飞行事故，造成严重后果的，处三年以下有期徒刑或者拘役；造成飞机坠毁或者人员死亡的，处三年以上七年以下有期徒刑”等。《刑法》对确保航空安全，打击航空犯罪起到了重要作用。

在《民用航空法》中，专辟一章第三章民用航空器权利，规定了航空器所有权、抵押权、优先权和占有权等权利。《物权法》中对此也有规定，主要体现在：第 24 条“船舶、航空器和机动车等物权的设立、变更、转让和消灭，未经登记，不得对抗善意第三人”。第 180 条规定了交通运输工具可以抵押，“正在建造的航空器”也可以设定抵押。第 188 条规定了用航空器抵押或正在建造的航空器抵押的，抵押权自抵押合同生效时设立；未经登记，不得对抗善意第三人。第二编中的所有权规定也适用于航空器。《物权法》的颁布，弥补了中国担保法的不足，与中国航空法的规定进行了契合，为研究航空器的物权制度提供了丰富的素材。

《侵权责任法》第 71 条规定：“民用航空器造成他人损害的，民用航空器的经营者应当承担侵权责任，但能够证明损害是因受害人故意造成的，不承担责任。”这与《民用航空法》对第三人侵权及侵权责任形成了呼应。

2009 年《全国人民代表大会常务委员会关于修改部分法律的决定》对《民用航空法》相关条文进行了修改，主要有：将《民用航空法》第 192 条修改为："对飞行中的民用航空器上的人员使用暴力，危及飞行安全的，依照刑法有关规定追究刑事责任。"第 193 条第 1 款修改为："违反本法规定，隐匿携带炸药、雷管或者其他危险品乘坐民用航空器，或者以非危险品品名托运危险品的，依照刑法有关规定追究刑事责任。"第 3 款修改为："隐匿携带枪支子弹、管制刀具乘坐民用航空器的，依照刑法有关规定追究刑事责任。"第 195 条修改为："故意在使用中的民用航空器上放置危险品或者唆使他人放置危险品，足以毁坏该民用航空器，危及飞行安全的，依照刑法有关规定追究刑事责任。"第 197 条修改为："盗窃或者故意损毁、移动使用中的航行设施，危及飞行安全，足以使民用航空器发生坠落、毁坏危险的，依照刑法有关规定追究刑事责任。"

3.6.3 重要特点归纳

这一时期，中国航空立法体现出如下几个方面的特点。

3.6.3.1 全面接轨国际

在这一时期所施行的专门性航空立法中，不仅《民用航空法》借鉴和吸收国际航空条约和典型国家国内航空立法之规定，具有较强的国际性；而且中国专门性航空行政法规和规章，也全面与国家接轨。

如：2001 年制定《飞行基本规则》，2007 年修订，全面接轨了 1944 年《芝加哥公约》附件 2《空中规则》。相关航空人员执照颁发与管理也全面借鉴了 1944 年《芝加哥公约》附件 1《人员执照的颁发》。

再如：有关机场管理部门规章，全面借鉴了 1944 年《芝加哥公约》附件 14《机场》。有关民用航空器适航管理及搜寻援救全面借鉴了 1944 年《芝加哥公约》附件 12《搜寻援救》。

复如：有关中国民用航空运输的相关规则，全面借鉴了华沙体制和 1999 年《蒙特利尔公约》之规定。

另外，在本次《民用航空法》的修订过程中，全面借鉴了 1999 年《蒙特利尔公约》、2001 年《开普敦公约》及 2001 年《移动设备国际利益公约关于航空器设备特定问题的议定书》、2009 年《关于航空器对第三方造成损害的赔偿的公约》等内容。

全面与国际接轨，是这一时期中国航空立法特色之一，且随着航空运输全球化及规则一体化趋势的发展，这个趋势无疑仍是未来中国航空立法之走向。

3.6.3.2 依据更加充分

在《民用航空法》颁布实施前，1986 年《民用航空规章制定程序》、1990 年《中国民用航空局法规起草、制定程序的规定》、1995 年《中国民用航空总局规章制定程序规定》《中国民用航空总局职能部门规范性文件制定程序规定》四个部门规章对航空部门规章的制定加以规范，中国航空行政规章制定没有明确的法律依据。

《民用航空法》颁布后，在第 3 条中为航空行政规章的制定提供了法律依据，即：中国民航局“根据法律和国务院的决定，在本部门的权限内，发布有关民用航空活动的规定、决定”。2000 年，中国制定了《立法法》，为国务院制定航空行政法规和国务院民用航空主管部门制定行政规章提供了更为明确的法律依据。另外，在《中华人民共和国行政复议法》《中华人民共和国国家赔偿法》（简称《国家赔偿法》）等法律中，也为航空行政法规和规章的制定提供了具体的法律依据。

目前，中国航空行政法规的制定依据主要有：《民用航空法》《立法法》以及相关法律的授权。中国航空行政规章制定的依据主要有：上述法律和国务院航空行政法规，特别是《中国民用航空总局职能部门规范性文件制定程序规定》和《中国民用航空总局规章制定程序规定》为航空行政规章的制定提供了直接依据。

国务院民用航空主管部门设立的地区民用航空管理机构依照国务院民用航空主管部门的授权，进行本地区相关规范性文件的制定；地方各级人民政府根据法律授权和国务院行政法规、国务院民用航空主管部门颁布的行政规章为依据进行地方性航空法规和规章的制定。可见，自 1996 年以来，中国航空立法的程序和职权非常清晰明了，各部门根据各自的立法依据进行航空立法的工作。

3.6.3.3 范围广内容细

自 1996 年以来，虽在 2008 至 2015 年间，部门规章的制定处于停滞状态，但从整体上来看，中国航空立法仍呈现出爆发式增长。相比于前几个阶段的航空立法，这一阶段专门性航空立法数量达到 287 件，涉及范围更广，且内容更加详细。

就专门性航空行政法规涉及的范围来说，相比于前几个阶段的专门性航空行政法规，范围扩展到航空器国籍登记、航空器权利登记、通用航空飞行管制等领域。

就专门性航空部门规章涉及的范围来看，相比于前几个阶段的专门性航空部门规章，范围扩展到民用航空器领航员、飞行机械员、飞行通信员合格审定，国内航线和航班经营管理、国际国内航空运输规则、机场应急援救等领域。

从 2016 年以来，有关无人机安全管理立法兴起，扩展了前几个阶段航空立法的范围。

就专门性航空立法的内容来看，相比前几个阶段的专门性航空立法，内容更加详细。如在 2007 年的《飞行基本规则》的内容中，不仅对 1977 年及其后修订的内容进行全面完善和发展，而且，对空域的具体划分更加细化。

在机场建设和管理方面亦是如此。前几个阶段均对机场建设和管理进行了一般性规定；在这一阶段中，不仅继承了前几个阶段的有关立法，而且还对机场选址、用地、设计、标准等进行了细致规定。

另外，在航空器、空中航行、航空安全等领域，这一阶段除了继承前几个阶段航空立法内容外，还不断扩展立法范围，细化立法内容。

3.6.3.4 地方航空立法勃兴

这一时期相比前三个阶段的航空立法而言，地方航空立法勃兴是这一时期的一个显著特点。

在这一时期，中国专门性航空立法共有287件，其中，行政法规8件，部门规章193件，地方性法规14件，地方行政规章72件，地方性立法占了30%。地方航空立法主体中既有省级人大常务委员会，共计12个；又有省级人民政府，共计15个；还有较大市的人民政府，共计10个。

但这些专门性地方航空立法的内容主要集中在民用机场方面。自2016年以来，主要集中在无人机安全管理方面。

随着中国民用机场建设步伐的加快和近年来的地方立法主体对无人机安全管理立法方面的示范效应，以及修订后的《立法法》进一步扩大了地方立法主体的范围，相关地方立法主体会不断制定民用机场和无人机安全管理方面的立法。因此，地方航空立法数量会急剧增加。

3.6.3.5 2008—2015年间航空规章处于立法空白期

据本书不完全统计，在这一时期，中国航空规章的数量为193件。其中，1996—2007年间，共120件；2008—2015年间，共0件；2016年至现在，共73件。1996—2007年间所制定的部门规章，发布主体是中国民用航空局；2016年至现在所制定的部门规章，发布主体是交通运输部。可见，2008—2015年间中国航空规章的制定处于空白期。

究其原因，主要是：2008年中国民用航空总局由国务院直属机构改制为交通运输部管理的国家局，根据《立法法》之规定，只有国务院各部、各委员会、中国人民银行、审计署和具有行政管理职能的直属机构有权制定部门规章。中国民用航空局已不再具有《民用航空法》及《飞行基本规则》授权国务院民用航空主管部门的立法权，而应以交通运输部之名义发布部门规章。

第4章 中国航空立法现存问题解析

4.1 规范性不足、民主化不够

4.1.1 规范性不足的具体表现及原因

航空立法的规范性，不仅要求在航空立法的过程中要严格遵守法定程序，而且还要求所立之法在整体体系、篇章结构、内容等方面也要规范。在本书第二章中，已对中国航空立法的过程中存在的不规范情况进行了分析，并研究提出了具体的改进措施。本章所研究的航空立法的规范性，主要从所立航空法之体系、篇章结构和内容等方面进行研究。通过对现有中国航空立法的系统梳理和分析，本书发现，中国航空立法规范性不足。

4.1.1.1 规范性不足的具体表现

第一，《民用航空法》名称及篇章结构规范性不足。从国际航空立法的发展历程来看，一直都是围绕着国际民用航空活动进行立法的。所以，在国际航空立法中，大都规定了“不适用于供军事、海关或警察用的航空器”。①

在各国早期国内航空立法中，参照国际航空公约之规定，大都规定了“不适用于供军事、海关或警察用的航空器”。然而，在国内航空活动中，既有民用航空，又有军用航空，还有试验航空，均需要通过立法促进他们的发展，并对他们之间的活动进行协调，故许多国家在制定本国规范航空活动的法律时，大都取名“航空法”，而非“民用航空法”，并以“航空法”为基础，建立了对本国所有航空活动均适用的航空法律体系。

在中国，早在1979年，国家就开启了制定了《中华人民共和国航空法》的历程，但是在1995年通过时，名称却改为了“中华人民共和国民用航空法”。作为专门规范航空活动领域的现行唯一法律，《民用航空法》应在现有航空法律体系居于核心和统领地位，其他专门性航空行政法规、部门规章、地方性法规和地方政府规

---

① 1944年《芝加哥公约》第三条民用航空器和国家航空器：一、本公约仅适用于民用航空器，不适用于国家航空器。二、用于军事、海关和警察部门的航空器，应认为是国家航空器。

1952年《罗马公约》第二十六条 本公约不适用于供军事、海关或警察用的航空器所造成的损害。

1963年《东京公约》第一条第四款、1970年《海牙公约》第三条第二款、1971年《蒙特利尔公约》第四条第一款、2010年《北京公约》第五条第一款等都规定了“本公约不适用于供军事、海关或警察用的航空器”。

章均应以其为依据进行制定。

由于《民用航空法》制定较晚，其内容不仅是融合了国际航空公约的内容，借鉴了相关国家国内航空立法的内容，还是对其之前中国航空立法的总结和概括。而在《民用航空法》制定前的中国航空立法，军事色彩浓厚，如 1950 年、1977 年《飞行基本规则》分别由中央人民政府人民革命军事委员会，国务院、中央军事委员会制定，适用于在中国境内的所有航空活动，且在 1980 年 3 月 5 日前，中国民用航空(总)局，都是军队建制，其所制定的航空法，也多为军民航共同适用。因此，从名称上来看，《民用航空法》只能适用于民用航空活动以及民用航空活动过程中所产生的各种社会关系，而对军用航空活动及试验航空活动不适用。所以，从中国现有航空法体系来看，其中既有规范民用航空活动的，也有规范军用航空活动的，《民用航空法》作为航空活动领域的唯一法律，不能统领所有中国航空立法。故许多学者认为，其名称不规范，应修改为“航空法”为妥。

虽然其名称为“民用航空法”，但从其内容来看，却又在第七章空中航行中的第一节“一般规定”涉及对空域管理、划分方法及具体办法的制定，以及在第二节“飞行管理”第七十三条规定“在一个划定的管制空域内，由一个空中交通管制单位负责该空域内的航空器的空中交通管制”。这些并非仅针对的是民用航空活动，而是针对所有航空活动。这不仅验证了其名称的不规范，而且也证明了名称与内容的不匹配、不协调。

从《民用航空法》的篇章结构来看，规范性也不足。如该法第二章为“民用航空器国籍”、第三章为“民用航空器权利”、第四章为“民用航空器适航管理”，实际上这三章内容均是规范民用航空器的，分三章安排不太规范。

另外，《民用航空法》第十五章法律责任有关航空犯罪的规定，主要是采集了 1963 年《东京公约》、1970 年《海牙公约》和 1971 年《蒙特利尔公约》中有关航空犯罪的规定，并借鉴了 1979 年《刑法》中有关航空犯罪的规定。而在 1997 年《刑法》制定后，《民用航空法》中有关犯罪的规定与之严重不符，且至今未变。在中国，是否是犯罪，以及对犯罪处以什么样的刑罚，只能由《刑法》加以规定，故《民用航空法》中有关航空犯罪之规定形同空文，也是其内容不规范的一个具体表现。

第二，航空法的修订规范性不足，“头病医头、脚痛医脚”的现象较为严重。在新中国成立后，中国航空立法全面移植苏联，在实施过程中出现了诸多问题，随后虽然针对相关问题进行了修订，但忽视了航空活动的系统性和航空法的国际性特征，致使所修订的航空法在中国几无实施之可能。

随着 1986 年《民用航空规章制定程序》、1990 年《中国民用航空局法规起草、制定程序的规定》、1995 年《中国民用航空总局规章制定程序规定》、2007 年《中国民用航空总局规章制定程序规定》等的制定和实施，以及《立法法》等的实施，航空法的修订也“有法可依”了。中国航空立法逐渐重视航空活动的系统性和航空法的国际性特征，航空法的制定和修订工作更加科学，更有规划性。

2016年中国民用航空局发布了《民航“十三五”立法规划》，在该规划中，提出完善行业发展的基础法律制度，积极配合全国人大、国务院做好《民用航空法》修订和航空法研究制定工作，开展《民用航空安全保卫条例》等法规修订制定，着力完善行政程序、民航安全、改革发展三方面规章的制定修订工作。除《民用航空法》修订等法律项目，列入规划的法规、规章项目98件。

虽然中国航空立法有着诸多程序性规范在形式上保障了航空立法的规范性，但是在航空立法实践中，特别是在航空法的修订中，不规范现象还时有发生，“头病医头、脚病医脚”的现象较为严重。

例如，在航空民商事立法中，国内航空承运人对旅客赔偿限额是核心。早在1993年，经国务院批准中国民用航空总局发布了《国内航空运输旅客身体损害赔偿暂行规定》，规定承运人对旅客最高赔偿限额为7万元，一直实施至2006年。这个规定，一方面未考虑中国国情，另一方面也未考虑航空法的国际性特征。在理论界、司法界不断的批评声中，在包头空难遇难者家属起诉中国民用航空总局后，中国民用航空总局才在2006年制定了《国内航空运输承运人赔偿责任限额规定》，将对空难旅客赔偿最高限额提高到40万元。但其规范性不足，未根据国民生产总值和物价指数等因素实行弹性的伸缩制度，并一直实施至今。但是这种“头病医头、脚病医脚”的状况，致使该规定至今在司法实践中仍为一纸空文，几无适用。

再如，2016年8月8日，中国民用航空局发布了《关于中华人民共和国民用航空法修订征求意见稿的说明》，指出修订的原则为“急用先修”。这种“急修急用”就是“头病医头、脚病医脚”的具体明证。

第三，没有建立事后评估制度，致使所立之法实施状况和实施效果无从考查，这也是航空立法规范性不足的表现之一。在现有航空立法中，立法后评估制度缺乏，致使下位法违反上位法、具体航空立法如同摆设等现象时有发生。如2001年《飞行基本规则》规定“凡辖有航空器的单位、个人和与飞行有关的人员及其飞行活动，必须遵守本规则”，而《民用航空法》却只适用民用航空领域所产生的社会关系。前者适用范围比后者大，后者相关规定“却源于且不得违背前者的规定”。

航空立法的生命力，不在于制定的数量，而在于实施效果。就《民用航空法》的实施情况来看，不容乐观。根据本书所查阅的众多航空法案例，发现在涉及航空承运人对旅客赔偿责任的法律适用、有关对第三人的赔偿责任、有关航空运输延误赔偿等的法律适用，司法判决多适用《民法通则》《合同法》及《侵权责任法》等规定。《民用航空法》的规定成了摆设，相关航空立法也无用武之地。

这些现象的出现，主要是由于没有建立相应事后评估制度所致，致使所立之航空法成为“花瓶”、红头文件满天飞的情况改观不大。

第四，未能对航空立法进行及时修订和废止，航空法律、法规、规章之间在法律术语的使用上不一致，内容冲突，缺乏连续性和一致性。

在中国，全国人大常委会分别于 2009 年、2015 年、2016 年、2017 年和 2018 年，对《民用航空法》的部分内容进行了细微修订，但并未充分考虑法律实施中的问题和行业的发展变化，未对《民用航空法》的一些核心问题，如承运人对旅客的赔偿期间、责任数额等问题进行修订。

在专门性航空行政法规中，国务院分别于 2011 年、2014 年和 2019 年，废止了 1982 年国务院、中央军委制定的《关于保护机场净空的规定》、修改了《国务院关于通用航空管理的暂行规定》第八条[①]、删去了《外国民用航空器飞行管理规则》第三十八条中的“检疫”。

1997 年、2003 年、2005 年和 2007 年中国民用航空总局对中国航空规章进行过四次清理，取得了较好效果。但从 2007 年至今，没有对现有航空规章及时修订和废止，致使航空法律、法规、规章直接在法律术语使用上不一，内容冲突，缺乏连续性和一致性。

如，《民用航空法》第一百四十五条对通用航空[②]的范围进行了界定，而与 2003 年《通用航空飞行管制条例》第三条[③]、2004 年《非经营性通用航空登记管理管理规定》第五条[④]、2018 年《通用航空经营许可管理规定》附录中[⑤]的规定存在着较大不同。

再如，2002 年 3 月 3 日，国务院发布了《国务院关于印发民航体制改革方案的通知》，明确要求“要实行政企分开，企业化经营”，但 2009 年国务院发布的《民用机场管理条例》第三条规定：“民用机场是公共基础设施。”同为行政法规，立法内容冲突明显，这也致使立法的连续性和一致性受到冲击。

---

① 将《国务院关于通用航空管理的暂行规定》第八条修改为：“经营通用航空业务的企业，可以承担中国境外通用航空业务，但是应当按照国家有关规定办理相关手续。”

② 通用航空，是指使用民用航空器从事公共航空运输以外的民用航空活动，包括从事工业、农业、林业、渔业和建筑业的作业飞行以及医疗卫生、抢险救灾、气象探测、海洋监测、科学实验、教育训练、文化体育等方面的飞行活动。

③ 本条例所称通用航空，是指除军事、警务、海关缉私飞行和公共航空运输飞行以外的航空活动，包括从事工业、农业、林业、渔业、矿业、建筑业的作业飞行和医疗卫生、抢险救灾、气象探测、海洋监测、科学实验、遥感测绘、教育训练、文化体育、旅游观光等方面的飞行活动。

④ 非经营性通用航空活动项目包括：不以营利为目的的人工降水、医疗救护、自用公务飞行、搜索救援飞行、海洋监测、渔业飞行、气象探测、科学实验、城市消防、空中巡查、飞机播种、空中施肥、空中喷洒植物生长调节剂、空中除草、防治农林业病虫害、草原灭鼠，防治卫生害虫、航空护林、空中拍照、航空运动训练飞行、个人飞行与娱乐飞行活动。

⑤ 通用航空包机飞行、石油服务、直升机引航、医疗救护、商用、私用、运动驾驶员执照培训使、空中游览、升机机外载荷飞行、人工降水、航空探矿、航空摄影、海洋监测、渔业飞行、城市消防、空中巡查、电力作业、航空器代管、跳伞飞行服务、航空护林、航空喷洒(撒)、空中拍照、空中广告、科学实验、气象探测、航空表演飞行、个人娱乐飞行。

第五，相关航空行政法规、部门规章、地方性法规和地方政府规章在制定时，只是概括性依据《民用航空法》，没有写明具体是依据《民用航空法》哪一条、哪一款的规定进行制定的。在《民用航空法》实施后，中国共制定或修订了专门性航空行政法规 8 件、部门规章 193 件、地方性法规 14 件和地方行政规章 72 件。这些专门性法规和规章，如《飞行基本规则》《中华人民共和国民用航空安全保卫条例》等极少数航空立法在第一条立法依据中指出了不是根据《民用航空法》进行制定的；极少数航空立法写明了根据《民用航空法》哪一条、哪一款的规定进行制定，如《国内航空运输承运人赔偿责任限额规定》第一条规定："为了维护国内航空运输各方当事人的合法权益，根据《中华人民共和国民用航空法》（以下简称《民用航空法》）第一百二十八条，制定本规定。"除此以外，这些航空立法基本都在第一条规定了"根据《中华人民共和国民用航空法》"，制定"本条例"或"本规定"，并没有明确写明具体根据《民用航空法》哪一条、哪一款的规定进行制定的。这些没有根据或只是概括性地在形式上标明是"根据《民用航空法》"所进行的立法，是不规范的，其内容合法性往往容易受到质疑。

4.1.1.2 规范性不足的原因

中国航空立法之所以会出现规范性不足，其原因主要有以下三个方面。

第一，在《民用航空法》制定前，大量专门性航空行政法规和规章已经制定。《民用航空法》于 1995 年通过前，中国已经制定了 40 件专门性航空行政法规、206 件专门性航空部门规章、5 件专门性地方政府规章。这些行政法规、部门规章和地方政府规章不是根据《民用航空法》制定的，而《民用航空法》却是这些行政法规、部门规章和地方政府规章的综合。故才会出现《飞行基本规则》中调整的航空活动的范围大于《民用航空法》所调整的范围的不规范现象。

第二，中国的部门立法传统，也是导致中国航空立法规范性不足的原因之一。在《民用航空法》制定时，中国只有《宪法》对立法活动进行了概括性规定，而对立法程序、立法主体职权等核心内容缺乏明确规定，实践中所立之法的起草工作通常是由行业主管部门负责的。一个通常的做法便是，法律的起草交由具有相关管理职能的政府部门负责，比如公安部起草治安处罚法、铁道部起草铁路法、邮政局起草邮政法、民航总局起草民航法等。[①] 当时《民用航空法》的制定也不例外地由中国民用航空总局负责起草，由于法律条文规则化的安排和处理不够、实施机制欠缺，导致了《民用航空法》的规范性水平较低，严重影响了该法的实施绩效。这也导致了在《民用航空法》实施后，依据《民用航空法》所制定的相关航空行政法规、部门规章、地方性法规和地方政府规章的规范性也明显不足。

---

① 张千帆，龙卫球，董杜骄，等. 建立统一的中国航空法体系——理论初探与立法建议[J]. 北京航空航天大学学报（社会科学版），2008，21(02)：43.

第三,《立法法》规定未得到充分贯彻实施,也是导致中国航空立法规范性不足的原因之一。根据《立法法》第六十五条规定,行政法规可以就下列事项作出规定:(一) 为执行法律的规定需要制定行政法规的事项;(二) 宪法第八十九条规定的国务院行政管理职权的事项。第七十三条规定,地方性法规可以就下列事项作出规定:(一) 为执行法律、行政法规的规定,需要根据本行政区域的实际情况作具体规定的事项;(二) 属于地方性事务需要制定地方性法规的事项。第八十条规定,部门规章可以根据法律和国务院的行政法规、决定、命令,在本部门的权限范围内,制定规章。第八十二条规定,地方政府规章可以就下列事项作出规定:(一) 为执行法律、行政法规、地方性法规的规定需要制定规章的事项;(二) 属于本行政区域的具体行政管理事项。

因航空法具有国际性特征,加之从现有《民用航空法》的规定来看,航空立法多属于授权性立法(授权立法主体及范围详见本书表 2-1),故中国专门性航空行政法规的制定应为执行《民用航空法》的规定,部门规章、地方性法规和地方政府规章的制定应为执行《民用航空法》和专门性航空行政法规的规定。在《民用航空法》和相关航空行政法规没有规定的情况下,可在不违反上位法规定的情况下,依照法定职权制定相关航空立法。

因《民用航空法》制定早于《立法法》,不可能依据《立法法》第十条"授权决定应当明确授权的目的、事项、范围、期限以及被授权机关实施授权决定应当遵循的原则等"的规定在《民用航空法》中进行详细规定。因而,《民用航空法》在制定时,授权立法的目的、事项、范围、期限等规定存在着一定的瑕疵,致使在立法惯性的推动下,即在《立法法》颁布前,航空行政法规、部门规章、地方性法规和地方政府规章已经被大量制定。现有《立法法》未得到充分贯彻实施,也是导致中国航空立法规范性不足的原因之一。

第四,对中国航空事业发展和国际航空立法研究不足,致使航空立法内容不仅忽视了国情,而且还具有一定的滞后性,这也是中国航空立法规范性不足的原因之一。如在新中国成立初期,中国实行"一边倒"政策,表现在航空立法中,就是全面学习苏联航空立法,未深入思考中国航空事业发展走向,也忽视了航空法的国际性,致使所立的航空法缺乏规范性,且在如今仍产生巨大影响。最为典型的就是 1950 年制定的《飞行基本规则》,到目前虽经三次修订,其适用范围却仍比《民用航空法》更大;同为行政法规,《飞行基本规则》却可以成为《通用航空飞行管制条例》制定依据①。

另外,在"急修急用"原则的指导下,专门性航空行政法规、地方性法规、部门

① 《通用航空飞行管制条例》第一条规定:为了促进通用航空事业的发展,规范通用航空飞行活动,保证飞行安全,根据《中华人民共和国民用航空法》和《中华人民共和国飞行基本规则》,制定本条例。

规章和地方政府规章在制定时，往往是“头疼医头，脚疼医脚”。如无人机“黑飞”频繁，中国民用航空局和地方立法主体，为了加强民用无人驾驶航空器管理，维护社会公共安全，纷纷出台相关规定。因缺乏对无人机行业深入思考，在仓促的情形下出台的航空立法，不仅未能促进无人机产业的发展，而且还会阻碍其产业发展。

再如，国内航空承运人对旅客赔偿限额，《民用航空法》授权国务院民用航空主管部门制定具体规定，并经国务院批准。因缺乏对中国航空事业发展走向的深入思考，缺乏对国际航空立法的深入研究，虽然在2006年国务院民用航空主管部门，即中国民用航空局制定了承运人对旅客最高赔偿限额40万元人民币的规定，但其远远低于1999年《蒙特利尔公约》第一梯度10万个特别提款权（当时约合124.5万元人民币）的规定，也远低于其他国家国内航空运输承运人赔偿限额的规定，也不契合中国国民经济发展水平。

可见，在《民用航空法》中授权给国务院民用航空主管部门制定相关赔偿数额规定，也是《民用航空法》相关内容不规范的明证。

4.1.2 民主化不够的具体表现及原因

中国航空立法民主化不够的具体表现和原因主要有三个方面。

第一，航空法案的起草和审议环节民主化不够。法案的起草是立法的第一步，是把好立法质量的第一关。尽管中国相关法律规定的航空法案的起草主体比较广泛，但在实践中，绝大多数的航空法案都由中国民用航空（总）局来起草，而且不同性质的航空法案也多由中国民用航空（总）局职能部门来起草。这样造成的问题是：中国民用航空（总）局既是实际的立法者，又是实际的执法者，有可能制定出对自己有利的航空法案。

另外，中国民用航空（总）局虽然按照民航管理体制改革的要求，实现了政企分开，但他们和民用航空企业单位之间存在着千丝万缕的联系，制定有利于这些民用航空企业单位的立法也成了可能或现实。如《民用航空法》对其核心内容即承运人对消费者的赔偿限额，授权国务院民用航空主管部门进行赔偿限额的制定，而国务院民用航空主管部门（中国民用航空总局）不出意外地规定了较低的赔偿限额，如对旅客赔偿最高限额，当时中国民用航空总局制定了7万元的最高标准，无疑是有利于航空运输企业的，尽管公众一直对该规定进行批评。

审议环节是航空立法的关键。审议者的能力和素质与审议质量密切相关。但从实际来看却不容乐观。一方面中国航空立法机关组成人员虽然有着丰富的实践经验，但是，他们大多数都非法律专业出身，在中国航空立法中审议水平不高、审议积极性不足，很难发现和提出问题。另一方面，中国航空立法组成人员专职化程度不高，甚至呈下降之势，这就很难有充足的时间参与法案的审议。立法审议制度被虚化，不能通过审议达到慎思、明辨的作用。

第二，公众参与航空立法尚无制度保障，积极性不高。公众参与航空立法成为中国航空立法民主化的核心内容。公众充分和平等地参与航空立法过程是构成航空立法合法性和正当性的真正基础，能对航空立法活动实施有效监督。公众参与水平的评价标准有两个方面：

一是公众参与航空立法的广度。这是指通过航空立法机关开辟的途径和方式参与到航空立法过程中来的公众，其整体数量上的多少及在全体社会成员中的比例。虽然公众参与的积极性受到政治、经济、文化发展水平的制约，但是，作为航空立法机关而言，必须为公众参与航空立法开辟途径，“开门立法”的大门必须为公众打开，这是公众参与航空立法的前提条件。从近些年的航空立法实践来看，航空立法机关适应社会主义民主政治的需求，也在积极探索公众参与航空立法的有效途径，通过听证会、座谈会、论证会、网上公开征求意见等方式，让公众参与到航空立法过程中来。但由于缺乏制度安排，公众参与航空立法途径具有不确定性，直接导致公众参与航空立法的广度不够。

二是公众参与航空立法的深度。这是指公众参与航空立法对立法最终结果产生的实际影响。公众参与广度是从参与的普遍性来讲的，而公众参与的深度是从公众参与的实际效果上来讲的。从航空立法的实践来看，由于公众意见的收集和反馈机制不健全，很多时候公众会认为“开门立法”只是航空立法机关在搞民主秀，最终影响了公众参与的积极性。

如 2003 年 7 月 15 日，中国民用航空总局就《民航国内航空运输价格改革方案》在北京召开听证会，听证会代表共 15 名，其中消费者代表 9 位、经营者代表 4 人、专家学者代表 2 人。会后，中国民用航空总局政治部某官员表示，方案的大方向不会变，如航空运输价格监管和配套措施，但机票的折扣幅度会有些变化。不少北京市民通过看电视台对此次听证会的全程直播认为，专家的发言缺少自己的立场，好像在为民航说话。从此次听证会可以看出，涉及普通民众利益时，民众参与积极性较高，但效果不佳。

第三，航空立法信息未能全面及时公开。因现有中国航空立法仍属于部门立法，通常在所立之法实施后，公众才能了解其详情。这无疑制约了公众参与的积极性。虽然《立法法》第五条明确规定：“立法应当体现人民的意志，发扬社会主义民主，坚持立法公开，保障人民通过多种途径参与立法活动。”但是中国现有以部门立法为主的航空立法机制，即使能够回应航空立法对专业性和技术性的要求，也并没有全面体现人民的意志，特别是诸多航空法律关系主体的意志。

这种部门立法机制导致了闭门立法的情况时常发生，与《立法法》所规定“坚持立法公开，保障人民通过多种途径参与立法活动”的要求相违背。即使是相关航空法律关系主体，实质参与航空立法过程的程度也较低，如本书作者在 2017 年走访众多航空企业单位，谈及《民用航空法》修订和《航空法》制定时，众多航空企业表示不知情。这种情况的存在表明，航空法的政治功能、社会功能及利益平衡功能未能实现，制约了立法质量。

4.2 立法主体数量过多、权限不清

4.2.1 立法主体及权限汇总

通过对新中国成立后至今的中国具体航空立法实际制定主体进行梳理，可从总体上将这些具体航空立法主体分为中央航空立法主体和地方航空立法主体。

中央航空立法主体有：全国人民代表大会常务委员会、中央军委民航局、中央人民政府人民革命军事委员会、中央财政经济委员会、政务院、中央军委和政务院、空军、国务院第六办公室、中国民用航空局党委、中央文革小组、交通部党组、国防部、中共中央和国务院、中国民用航空总局、国家劳动总局、物价局、公安部、交通运输部。这些主体分别制定了航空法律、行政法规和部门规章。

地方航空立法主体有：省级航空立法主体和较大的市的航空立法主体。

省级航空立法主体之省级政府有：上海市人民政府、四川省人民政府、广东省人民政府、贵州省人民政府、北京市人民政府、河北省人民政府、江西省人民政府、内蒙古自治区人民政府、浙江省人民政府、甘肃省人民政府、宁夏回族自治区人民政府、陕西省人民政府、福建省人民政府、重庆市人民政府、新疆维吾尔自治区人民政府。另外，还有中国民用航空西北地区管理局。这些主体均制定了航空地方行政规章。

省级人大常务委员会有：安徽省人大常委会、上海市人大常委会、湖南省人大常委会、西藏自治区人大常委会、湖北省人大常委会、云南省人大常委会、贵州省人大常委会、河南省人大常委会、吉林省人大常委会、江苏省人大常委会、重庆市人大常委会、福建省人大常委会。这些主体均制定了航空地方性法规。

较大的市的人民政府有：福州市人民政府、贵阳市人民政府、乌鲁木齐市人民政府、深圳市人民政府、无锡市人民政府、广州市人民政府、青岛市人民政府、邯郸市人民政府、南京市人民政府。这些主体均制定了航空地方行政规章。

根据《宪法》《立法法》《民用航空法》等规定，理论上享有航空立法权的主体有：全国人大常委会、国务院、中央军事委员会、国务院民用航空主管部门、民用航空地区管理局、省级人民代表大会及其常务委员会、较大的市人民代表大会及其常务委员会、省级人民政府以及省级人民政府所在地、经济特区所在地人民政府和其他国务院批准的较大市的人民政府。他们根据上述法律规定，分别享有制定航空法律、行政法规、部门规章、地方性法规和地方政府规章的权力。

在上述众多的航空立法主体中，除了《民用航空法》具体授权给相关主体制定

具体航空立法外,其他主体制定航空法的权限都没有明确的规定。在《民用航空法》中,具体规定了国务院,中央军事委员会,国务院民用航空主管部门,国务院物价部门,省、自治区、直辖市人民政府的立法权限,详见《民用航空法》中规定的航空立法主体及其立法权限内容。

4.2.2 造成的影响

这些众多的航空立法主体在实践中已经制定了大量的专门性航空法,但是由于立法权限不够明晰,出现了下位法违反上位法、法律位阶失位的现象。这些理论上享有航空立法权的主体,在部门利益驱动下立法,重复立法现象也时有发生,造成了国家立法资源的浪费。另外,从现有航空立法的内容来看,重复较多,降低了上位法的权威,造成了立法内容几世同堂现象的存在。

第一,享有航空立法权的主体过多,可能导致航空立法权限分配模糊,造成所立之法位阶失位。

在《民用航空法》中,对中国享有航空立法权的主体及权限作出了明确规定。因此,从理论上来看,这些主体进行航空立法是有着明确的依据和范围的。

在《立法法》修正前,中国享有地方立法权的主体包括 31 个省(自治区、直辖市)和 49 个较大的市;2015 年 3 月 15 日《立法法》修正实施后,中国享有立法权的主体增加了 274 个,包括 240 个设区的市、30 个自治州和 4 个未设区的地级市。这 354 个地方立法主体从理论上来看,也应享有航空立法权。

和其他活动相比,航空活动是一个系统工程,涉及空域、航空器、航空人员、机场、空中交通服务、空中航行、航空保险、承运人责任等因素。因而,要制定航空法,应该围绕着上述这些因素进行。然而,除了《民用航空法》对具体航空立法主体及其权限进行明确规定外,《立法法》并未规定哪些主体有权制定哪些因素的航空法。

正是由于《立法法》只是对上述相关主体及立法权限作出了概括性规定,没有明确、也不可能明确规定上述享有航空立法权的主体及其立法权限。尽管《民用航空法》明文规定了相关航空立法主体及权限,相关航空立法主体,特别是地方航空立法主体还是未能完全“恪守本分”,制定了诸多专门性航空地方性法规和规章。其间,时有公然违反上位法的现象发生,造成了法律位阶的失位。

如《民用航空法》第七十二条规定,空域管理的具体办法,由国务院、中央军事委员会制定。这条规定非常明确,即空域管理的具体办法是由国务院和中央军事委员会联合制定。《飞行基本规则》第二十七条进一步规定,升放无人驾驶航空自由气球或者可能影响飞行安全的系留气球,须经有关飞行管制部门批准。具体管理办法由国务院、中央军事委员会空中交通管制委员会会同国务院民用航空主管部门、中国人民解放军空军拟定,报国务院、中央军事委员会批准实施。因此,从

《民用航空法》和《飞行基本规则》的规定来看，关于空域使用和管理的立法主体及其权限非常明确。其他任何涉及空域管理和使用的立法即为非法立法，其中具有代表性的有：四川省人民政府颁布并于 2017 年 9 月 20 日起施行的《四川省民用无人驾驶航空器安全管理暂行规定》第十六到十八条，[①]重庆市人民政府发布并于 2017 年 12 月 1 日施行的《重庆市民用无人驾驶航空器管理暂行办法》第十三条和第十四条[②]等。另外，工业和信息化部发布的《无人驾驶航空器飞行管理暂行条例(征求意见稿)》第四章飞行空域的规定也违反了《民用航空法》和《飞行基本规则》关于空域使用和管理的规定，也属于违法立法。

再如，《飞行基本规则》第二条规定，凡辖有航空器的单位、个人和与飞行有关的人员及其飞行活动，必须遵守本规则。而《民用航空法》有关民用航空活动飞行相关规定，却要遵守《飞行基本规则》的规定，这种儿子变老子、老子变儿子的情况，是典型的法律位阶失位的具体表现。

第二，这些理论上享有航空立法权的主体，在部门利益驱动下，重复立法现象

---

① 《四川省民用无人驾驶航空器安全管理暂行规定》第十六条　对全省民用无人机的飞行空域实行分类管理，划分为管控空域、报备空域和自飞空域。

报备空域和自飞空域由省人民政府有关部门根据实际情况提出划设需求，经空域主管部门批复后，向社会公布。

管控空域为除报备空域和自飞空域之外的空域。

第十七条　民用无人机在管控空域内飞行，应当依法向飞行管制部门提出飞行空域和飞行计划申请，经批准后实施，飞行全程接受监控。

第十八条　民用无人机在报备空域内飞行，无需飞行空域和飞行计划审批，但应当服从报备空域管理者的管理。

民用无人机在自飞空域内飞行，无需飞行空域和飞行计划审批，但不得超出该空域规定的范围，且应当在驾驶员视距内操作飞行。

民用无人机在报备空域和自飞空域应当遵守的具体安全规则由省人民政府公安机关会同相关部门及行业协会制定，向社会公布。

② 《重庆市民用无人驾驶航空器管理暂行办法》第十三条　民用无人机飞行空域分为自飞空域、报备空域和管控空域。

自飞空域和报备空域由市人民政府有关部门根据实际情况提出划设需求，经飞行管制部门、民航部门批准后向社会公布。

除自飞空域和报备空域以外的空域为管控空域。

第十四条　在自飞空域内开展民用无人机飞行活动，无需飞行任务审批、临时飞行空域审批、飞行计划申请或者报备手续，但不得超出规定的范围，且应当在驾驶员的视距范围内操控飞行。

在报备空域内开展民用无人机飞行活动，无需飞行任务审批、临时飞行空域审批、飞行计划申请或者报备手续，但不得超出规定的范围，且应当服从报备空域管理者的管理。报备空域管理者应当按照规定向飞行管制部门报备飞行动态，并服从飞行管制部门管制调配指令。

在管控空域内开展民用无人机飞行活动，应当依法取得必要的飞行任务、临时飞行空域审批，并按照《中华人民共和国飞行基本规则》和《通用航空飞行管制条例》规定提出飞行计划申请，经批准后实施。

飞行管制部门、民航部门应当为单位或者个人取得飞行任务、临时飞行空域审批以及申请飞行计划提供便利、高效服务。

也时有发生，造成了国家立法资源的浪费。

目前，航空事业发展过程中的新问题不断涌现，《民用航空法》滞后性凸显，修订《民用航空法》或制定《航空法》已成各方共识。中国民航局从2009年起就着手修订《民用航空法》，2015年完成了草案初稿；中央军委相关机构自2010年起开始了《航空法》草案的起草工作，现也已完成。这两部草案都已被列入了全国人大常委会的立法规划之中，并在2015年4月13日同被国务院列入了“2015年立法规划研究项目”，“两法并立”已成事实。这两部法律都是为了保障航空活动安全和有秩序地运行，促进航空事业发展而定的，没有必要使用两套人马，联合立法是最佳模式。目前状况的发生是军方和民航部门利益博弈的结果，造成了国家立法资源的浪费。

再如，在地方立法层面上，以江苏为例，2005年无锡市人民政府发布并于同年1月16日实施了《无锡硕放机场净空环境保护办法》；2008年无锡市人民政府发布并于同年10月1日起实施了《无锡硕放机场地区管理暂行办法》；2013年南京市人民政府发布并于2014年2月1日起施行了《南京禄口国际机场保护办法》；2017年江苏省人大常委会发布并于同年7月1日施行了《江苏省民用航空条例》，该条例实际上主要是对江苏省境内民用机场进行发展促进和管理的地方性法规。在一个省内，关于机场规定的地方立法就有三部，且内容大同小异，实属浪费立法资源。其他省份，诸如广东省、北京市、上海市、重庆市、贵州省等也存在这样的问题。

第三，现有航空立法的内容有冲突且有重复，降低了上位法的权威，造成了立法内容几世同堂现象的存在。

就目前来看，大量的中国航空立法主体制定了专门性航空法律1件，涉及航空活动的法律有10余件；航空行政法规34件，不包括已经失效的3件；航空行政规章139件，不包括已经失效的52件；航空地方性法规18件，地方规章40件，其中规范民用机场的最多。这些立法内容有冲突且有重复，特别是地方航空立法内容与中央航空立法内容以及地方航空立法内容之间重复较多，降低了上位法的权威，造成了立法内容几世同堂现象的存在。这主要体现在有关民用机场和无人机立法方面。

如作为航空行政法规且都正在生效的《民航体制改革方案》和《民用机场管理条例》对民用机场性质的界定差异很大。前者规定，机场要实行企业化经营；而后者却规定，民用机场是公共基础设施。在现实中，民用机场在法律性质上是公司，依《公司法》规定，公司是企业法人，因而民用机场是企业法人，应以营利为目的。而后者将民用机场界定为公共基础设施，与前者冲突明显，违背了市场经济规律。再如，作为航空行政规章且都正在生效的《民用航空器国籍登记规定》和《外商投资民用航空业规定》之间也存在着较大的冲突。前者第五条第二款规定：“企业法人的注册资本中有外商出资的，外商在该企业法人的注册资本或者实收资本中所占比例不超过35%，其代表在董事会、股东大会(股东会)的表决权不超过35%，该企业法人的董事长由中国公民担任。”而后者第六条第二款却规定：“外商投资公共航空运输企业，应当由中方控股，一家外商(包括其关联企业)投资比例不得超过25%。”可见，这两部航空行政规章冲突较大。

在民用机场立法方面，内容重复最为严重。在《民用航空法》第六章中用十七个条文对民用机场进行了概括性规定。在民用机场属地化改革完成后，2009年4月13日国务院发布并于同年7月1日起施行了《民用机场管理条例》。该条例共6章87条，对民用机场分类、民用机场的建设和使用、民用机场安全和运营管理、民用机场安全环境保护、法律责任等进行了较为详细的规定。交通运输部于2016年根据该条例颁布并于同年5月21日和22日起分别施行了《民用运输机场突发事件应急救援管理规则》和《民用机场建设管理规定》，①具体细化了《民用机场管理条例》之内容，几无重复。

而在《民用机场管理条例》施行后，地方立法主体纷纷出台地方性法规或规章，来“规范本地区民用机场”。照抄《民用机场管理条例》第五十六条和七十九条的有：湖南省人大常委会制定于2010年7月1日施行的《湖南省民用运输机场管理条例》第三十条和第三十三条，西藏自治区人大常务委员会制定并于2011年3月1日施行的《西藏自治区民用机场保护条例》第三十六条和四十九条，重庆市人民政府制定并于2012年11月1日施行的《重庆市民用机场管理办法》第三十一条和三十六条，贵州省人大常委会制定并于2014年7月1日施行的《贵州省民用运输机场管理条例》第四十四条和第四十九条。另外，《河南省民用运输机场管理条例》《江西省民用运输机场管理办法》《内蒙古自治区民用机场管理办法》《浙江省民用机场管理办法》《北京市民用运输机场管理办法》《吉林省民用机场管理条例》《陕西省民用运输机场管理办法》等也都基本照抄了这两个条文。

中国地方有关民用机场的专门性立法主要包括三类：一是根据《民用机场管理条例》，各地纷纷制定的“民用机场管理办法”或“民用运输机场管理办法”；二是根据《民用航空法》有关机场净空保护和电磁环境保护，各地纷纷制定民用机场净空和电磁环境保护“办法”“管理规定”等；三是各地针对本地区具体民用机场，根据《民用航空法》有关机场安全运营管理之规定，制定的具体机场运营管理办法或保护办法。从这些地方有关机场立法的内容来看，大同小异，重复率高，不仅降低了上位法的权威，还造成了立法内容上的“四世同堂”“五世同堂”甚至“六世同堂”等现象。

---

① 2018年11月16日，交通运输部颁布了并于2019年1月1日起施行了《交通运输部关于修改〈民用机场建设管理规定〉的决定》，主要将规章名称改为“运输机场建设管理规定”以及将原规章正文中的“民用机场”改为“运输机场”。

在有关无人机立法方面，内容重复率也很高。2018 年 12 月 29 日第十三届全国人民代表大会常务委员会第七次会议，修改了《民用航空法》，在第二百一十三条后增加一条，作为第二百一十四条："国务院、中央军事委员会对无人驾驶航空器的管理另有规定的，从其规定。"而至目前为止，国务院、中央给军事委员会尚未对无人驾驶航空器的管理制定相关规定，中国民用航空局 2019 年 2 月 1 日制定并于当日施行了《特定类无人机试运行管理规程(暂行)》，尚未制定相应部门规章。正是由于中央有关无人机立法的缺失，各地纷纷抓住时机。2017 年，重庆市、四川省、无锡市分别出台了《重庆市民用无人驾驶航空器管理暂行办法》《四川省民用无人驾驶航空器安全管理暂行规定》《无锡市民用无人驾驶航空器管理办法》；2018 年，新疆维吾尔自治区人民政府出台了《新疆维吾尔自治区民用无人驾驶航空器安全管理规定》；2019 年 4 月前，深圳市人民政府、中国民用航空局西北地区管理局、浙江省人民政府分别出台了《深圳市民用微轻型无人机管理暂行办法》《西北地区民用无人驾驶航空器物流配送经营活动管理办法(试行)》《浙江省无人驾驶航空器公共安全管理规定》。这些有关无人机的地方性航空立法基本围绕着无人机的概念、分类、生产、制造、销售、操作人、飞行规则、法律责任进行的，在内容上基本相同。

4.3 立法内容庞杂、适用无序

4.3.1 立法内容庞杂

目前，中国正在生效的专门性航空立法主要有 1 件法律、33 件行政法规、139 件部门规章、18 件地方性法规和 40 件地方政府规章。除了专门性航空地方性法规和地方政府规章的立法内容主要集中在民用机场、无人机等领域外，法律、行政法规和部门规章涉及的内容非常庞杂。

第一，《民用航空法》内容庞杂。《民用航空法》虽然名称为"民用航空法"，但其内容却非常庞杂，包括领空主权原则的宣示、国家领空范围、民用航空管理体制、航空器国籍、航空器权利、航空器适航管理、航空人员、民用机场、空中航行、公共航空运输企业、公共航空运输、通用航空、搜寻援救和事故调查、对地面第三人损害的赔偿责任、对外国民用航空器的特别规定、涉外关系的法律适用、法律责任、附则。这其中既有公法，又有私法，几乎涵盖了中国现有所有部门法。

第二，行政法规内容庞杂。现有正在生效的专门性航空行政法规的内容包括民航管理体制、飞行基本规则、机场(含军民合用机场)、使用飞机进行人工降雨、外国民用航空器飞行管理规则、通用航空、航空安全、公共航空运输企业、承运人责任、民用航空器国籍登记、民用航空器权利登记、民用航空器适航管理、民用航空器搜寻援救、民航业发展等。这其中既有公法，又有私法，涉及行政法、民商法、刑法、经济法等领域。

第三，部门规章内容庞杂。按照中国民用航空局民用航空部门规章的部号编制来看，现有编制为：行政程序规则（1－20部），航空器（21－59部），航空人员（60－70部），空域、导航设施、空中交通规则和一般运行规则（71－120部），民用航空企业合格审定及运输（121－139部），学校、非航空人员及其他单位的合格审定及运行（140－149部），民用机场建设和管理（150－179部），委任代表规则（180－189部），航空保险（190－199部），综合调控规则（201－250部），航空基金（251－270部），航空运输规则（271－325部），航空保安（326－355部），科技和计量标准（356－390部），航空器搜寻援救和事故调查（391－400部）。这其中既有公法，又有私法，几乎涵盖了中国现有所有部门法。

4.3.2 适用无序

《立法法》第五章适用与备案审查，从第八十七条到九十七条用了十一个条文，对广义上的法律适用进行了细致的规定。

在法律效力上，宪法具有最高效力，法律的效力高于行政法规、地方性法规、规章；行政法规的效力高于地方性法规、规章；地方性法规的效力高于本级和下级地方政府规章；省、自治区的人民政府制定的规章的效力高于本行政区域内的设区的市、自治州的人民政府制定的规章；部门规章之间、部门规章与地方政府规章之间具有同等效力，在各自的权限范围内施行。

在法律适用上，同一机关制定的法律、行政法规、地方性法规、自治条例和单行条例、规章，特别规定与一般规定不一致的，适用特别规定；新的规定与旧的规定不一致的，适用新的规定；法律、行政法规、地方性法规、自治条例和单行条例、规章不溯及既往，但为了更好地保护公民、法人和其他组织的权利和利益而作的特别规定除外。

《立法法》有关法律效力和法律适用的规定，同样适用于航空法律体系。

然而，在实践中，作为行政法规的《飞行基本规则》，其效力却高于作为航空活动领域基本法的《民用航空法》，这一直是学者们批评的对象。《飞行基本规则》第二条规定，凡辖有航空器的单位、个人和与飞行有关的人员及其飞行活动，必须遵守本规则。这条规定，明确了在中国境内的所有飞行活动都必须遵守《飞行基本规则》的规定，民用航空飞行活动属于飞行活动的一类，也必须遵守。但因航空法具有国际性的特点，相关民用航空飞行规则应保持国际一致性，那么，民用航空管理部门在制定与飞行有关的规范时，多采用1944年《芝加哥公约》附件所规定的技术标准和国际措施。但这些规定却不得违反《飞行基本规则》的规定，因为《飞行基本规则》第十条规定，各航空管理部门制定与飞行有关的规范，应当符合本规则的规定。这表明了作为行政法规的《飞行基本规则》的效力高于作为法律的《民用航空法》,下位法变成了上位法,上位法变成了下位法,违反了《立法法》有关法律效力的规定。

在法律适用方面,亦是如此。作为法律的《民用航空法》与全国人大常委会制定的其他法律相比,是特别法与一般法的关系,应享有优先适用的权利。然而,在现实司法实践中,它却鲜有适用的空间,《合同法》《侵权责任法》《民法通则》等适用较广,替代了《民用航空法》作为审判的依据。究其原因,乃为《民用航空法》法律规则存在着诸多问题,如在《民用航空法》第一百二十八条中规定,国内航空运输承运人的赔偿责任限额由国务院民用航空主管部门制定,报国务院批准后公布执行。而国务院民用航空主管部门在《民用航空法》授权下,在 1996 年制定了对国内航空旅客最高赔偿限额 7 万元人民币的规定,这仅相当于 1929 年《华沙公约》所规定的承运人对旅客最高赔偿限额的规定。后在理论界和司法界的严厉批评下,在包头空难遇难者家属起诉中国民用航空局行政不作为后,中国民用航空局才于 2006 年匆忙制定规章,将对旅客赔偿限额提高到 40 万元,仍然与 1999 年《蒙特利尔公约》以及国内相关法律规定的数额存在较大差距,司法实践几无采用。这种对航空消费者权利保护的不力,违背了《民用航空法》第一条中所规定的"保护民用航空活动当事人各方的合法权益"的立法目的,致使国家有关航空活动的政策和意志未得到贯彻执行。"如果一种国家意志的表达得不到执行,它就是一张空文"。①

另外,作为法律的《民用航空法》,根据《立法法》的规定,是所有航空行政法规、部门规章、地方性法规和地方行政规章的制定依据,理应享有优先适用的地位。然而,在航空实践中,在适用方面,却呈现出一种倒金字塔的形状,作为法律的《民用航空法》鲜有适用的空间。这主要是因为现有航空管理体制存在着诸多问题。《民用航空法》在第三条中规定,国务院民用航空主管部门对全国民用航空活动实施统一监督管理;根据法律和国务院的决定,在本部门的权限内,发布有关民用航空活动的规定、决定。国务院民用航空主管部门设立的地区民用航空管理机构依照国务院民用航空主管部门的授权,监督管理各该地区的民用航空活动。这在中国航空活动未充分市场化的情形下,是较为行之有效的。但目前,作为航空活动的基本参与主体——公共航空运输企业早已成为市场主体,应按照市场经济规律办事,而作为法律的《民用航空法》在制定时实际上就是作为一部管制法而制定的,这直接导致了其对航空运输企业几无适用状况的发生。

作为航空活动另一重要参与主体——民用机场,在中国机场属地化改革完成后,其管理权限已下放至地方,成为企业法人,也应按照市场经济规律和《公司法》的相关规定从事相应活动。《民用航空法》相关规定对其而言,也形同虚设。如

① 何清涟.现代化的陷阱:当代中国的经济社会问题[M].北京:今日中国出版社,1998:76.

《民用航空法》第六十八条规定，民用航空器使用民用机场及其助航设施的，应当缴纳使用费、服务费；使用费、服务费的收费标准，由国务院民用航空主管部门制定。从理论上来说，航空运输企业和民用机场之间是一种相互合作的关系，航空公司向机场租用场地使用以及购买一定的服务完成自己的运输合同，机场向航空公司提供起降场所和航空相关服务。他们之间的使用费、服务费的收费标准，应当根据市场需求状况由双方协商确定，而非由"由国务院民用航空主管部门制定"。这些法律条文自身存在诸多问题，致使其在实践中适用性差。

当下，就中国目前航空管理体制而言，根据《民用航空法》第三条第二款的规定，地区民用航空管理机构是国务院民用航空主管部门的派出机构，现有七个地区管理局，分别为中国民用航空局华北地区管理局、东北地区管理局、西北地区管理局、中南地区管理局、华东地区管理局、西南地区管理局、新疆管理局，享有中国民用航空局赋予的一定的监督管理权，其在监督管理过程中，首先适用的是中国民用航空管理部门政策文件和规章，很少适用专门性航空行政法规和《民用航空法》，也致使中国航空法的适用处于一种乱序状态。

本书还认为，造成现有航空法适用乱序、冲突较多的主要原因是作为法律的《民用航空法》自身存在诸多瑕疵，加之修订不及时，致使依据其制定的下位法往往只是在名义上"根据"，而在内容上却很少"根据"。

可见，根据中国现有航空活动的发展状况，结合国家航空战略发展的需要，修订《民用航空法》或制定《航空法》确实非常迫切了。

4.4 军民航深度融合立法欠缺

4.4.1 中国航空立法的两条主线

从本书第三章中国航空立法的发展历程可以看出，从民国时期到现在，中国航空立法一直存在着泾渭分明的两条线：一条就是军方立法，另一条就是民用航空立法。

如在北洋政府时期，一条线是北京政府参谋本部，制定有关军用航空立法；另一条线是交通部航空事宜处和国务院航空事务处，1920 年国务院航空处归并交通部航空事宜处，1921 年改为航空署，主要制定有关民用航空立法。北洋政府时期，中国航空立法较多，且以民用航空立法为主。

在国民政府时期，参与航空立法的主体主要是航空署、航空委员会及交通部民用航空局等机构。航空署及航空委员会均为军事部门，负责制定军用航空立法；交通部民用航空主要负责制定相关民用航空立法。军民航两条立法主线，贯穿于整个国民政府时期：在 1942 年以前，以军用航空立法为主；1942 年以后，主要以民用航空立法为主。

新中国成立后至今，参与中国航空立法的主体主要有中央军委民用航空局（中国民用航空局）、中央人民政府革命军事委员会、政务院（国务院）、国务院第六办公室、中央财政经济委员会、空军、国防部。军方主要负责飞行活动基本规则的立法，民用航空相关部门主要负责民用航空活动的立法。民用航空立法较多，军用航空立法较少。目前，军方主要参与相关航空立法活动。

4.4.2 中国现有军民航航空立法现状分析

中国航空立法部门立法特征自民国以来一直延续至今，即军方主要制定空域管理和使用以及空中飞行相关规则；而民用航空管理部门则主要起草制定有关民用航空活动的法律法规。在新中国成立后至 1980 年 3 月 5 日，中国民用航空局脱离空军管制前，虽然中国民用航空局在管理体制上归属于空军管理，但其也颁布了众多民用航空立法。自中国民用航空局脱离空军管制后，包括《民用航空法》在内的众多专门性航空法律法规规章等，亦主要是由中国民用航空（总）局起草或制定。

就军方的有关航空立法来看，主要存在着三种情况。

第一种，由军方单独立法。如中央人民政府人民革命军事委员会在 1950 年和 1951 年分别颁布了《中华人民共和国飞行基本规则》和《航行管制令》；空军在 1955 年制定颁布的《全国航行管制区域区分规定》，1964 年由空军修改，报经国务院批准；空军在 1966 年分别制定了《广州空中走廊规定》和《关于上海虹桥、龙华机场使用问题》等。

第二种，联合立法。在中国，军民航联合立法的典型代表是国务院、中央军事委员会联合制定行政法规。如 1951 年中央军委、政务院联合发布了《关于整编民用航空的决定》，1967 年国务院、中央军事委员会联合发布了《关于民用航空系统由军队接管的命令》，1973 年国务院、中央军事委员会联合发布了《国务院、中央军委关于使用飞机进行人工降水问题的通知》，1977 年国务院、中央军事委员会联合发布了《中华人民共和国飞行基本规则》和《关于保护机场净空的规定》，1980 年国务院、中央军事委员会联合发布了《关于民航管理体制若干问题的决定》《国务院、中央军委关于加强机场地面安全措施的通知》和《国务院、中央军委批转空军、国家劳动总局、民航总局关于改革民航义务工役制的请示的通知》，1982 年 12 月 11 日国务院、中央军委联合发布了《国务院、中央军委关于重新颁发关于保护机场净空的规定的通知》，1984 年国务院、中央军事委员会联合发布了《国务院、中央军委关于使用飞机执行各项专业任务的规定》，1985 年国务院、中央军事委员会联合发布了《国务院、中央军委〈关于军民合用机场使用管理的若干暂行规定〉的通知》，2003 年国务院、中央军事委员会联合发布了《通用航空飞行管制条例》，2007 年国务院、中央军事委员会联合发布了《国务院、中央军委关于修改〈中华人民共和国飞行基本规则〉的决定》。

第三种，被书面征求意见。如 2009 年《民用机场管理条例》第八条第三款规定："运输机场建设项目法人编制运输机场总体规划，应当征求有关军事机关意见。"在许多地方有关民用机场建设和管理的地方性法规和行政规章中，也将《民用机场管理条例》第八条的规定加以照抄。

就法律性质而言，航空法具有准军事性，因而在航空事业发展过程中协调军民航发展是航空发达国家航空立法的基本指导思想。在中国，在民航业走向市场化之前，它是隶属于空军管理的，形成了以军方为主导的空域管理体制并沿用至今。军方对空域资源拥有绝对的管控权是"有法可依"的，"法"是《飞行基本规则》第二十八条的规定："中华人民共和国境内的飞行管制，由中国人民解放军空军统一组织实施，各有关飞行管制部门按照各自的职责分工提供空中交通管制服务。"

作为代表国家行使这种权力的国务院中央军事委员会国家空中交通管制委员会（下文简称国家空管委），具体工作由总参谋部承担，实际上是由军方主导，人员也主要来自军队。目前，国家空管委在中国空域中划设了 2 个空中禁区、66 个空中危险区、199 个空中限制区以及若干个军事训练空域，直接造成了在目前中国空域使用中，军方约占 80%、民航约占 20%的现状。空域受限制约了民用航空事业发展的空间，限制了民航应对各种恶劣天气和突发事件的灵活性。特别是随着中国民用航空事业的膨胀式发展，对空域资源的使用必将扩展。只有重新通过航空立法来合理分配空域资源，才能实现军民航协调发展，进而实现习近平总书记所指示的，民航业要满足"更好服务国家发展战略，更好满足广大人民群众需求"的要求。

就目前而言，军民航融合的立法主要表现为，根据《民用航空法》第七十二条和第七十六条委任立法，授权国务院和中央军事委员会制定空域管理办法和飞行规则。实际上，国务院、中央军事委员会已经制定了诸多空域管理的具体办法和飞行规则，且已经确立了空军把持空域管理的航空空域管理体制，限制了民用航空事业的发展，应通过立法加以规范。

4.4.3 存在的问题

在飞机发明后，它首先被应用在国防和军事上。二战结束后，民用航空运输业的潜力得到了充分发挥，民用航空对空域的使用的需求越来越多。由于军民航不仅在所使用的航空器方面差异较大，而且对空域的要求亦有不同。民用航空严格遵守飞行规则，且以定期飞行为主，以确保民用航空活动安全和有秩序地运行；而军用航空飞行则相对灵活，定期飞行较少，主要目的是为了保护国家主权和国防安全。

4.4.3.1 国际上的一般规定

随着民用航空的不断发展，民用航空对空域需求增多，协调与军用航空的矛盾，实现空域资源的优化利用至关重要。许多国家纷纷在国内立法中，对二者关系进行了协调。如 1958 年美国《联邦航空法》第 301 条到 307 条，对军民航协调使用空域进行了详细规定。根据该法，设立了联邦航空局，并规定了其军民航双方人员组成及职权，对空域管理施行平战结合：平时由民航统一管理，战时空域管理权移交给国防部。《俄罗斯联邦航空法》也在第二章，从第 11 条到 19 条，对空域管理和使用进行了规定。该法规定“所有的空域使用人享有平等的空域使用权”，并规定了 14 种空域使用的国家优先权，还规定了政府对空域结构、空中交通管理等的权力。《印度尼西亚航空法》也在第六条规定，在实施印度尼西亚共和国领空主权的框架下，政府慎重对待其为了航空、国家经济、国防和国家安全、社会文化和空中环境等方面的利益而对空域进行法律规制的权利和职责。

可见，从其他国家国内航空立法来看，军民航协调的主要举措就是通过立法设立专门空域使用和管理机构，由军民航双方人员组成，并对空域管理和使用实行平战结合措施，平时由政府民用航空管理机构统一对空域实行管理。另外，还通过立法制定了军民航的优先权规则和空域分配原则等内容，协调军民航的关系，确保空域使用和管理的有序。

从国际航空法的规定来看，1944 年《芝加哥公约》附件 11 对军事当局和空中交通服务单位的协调做了两个方面的原则性规定。一是规定，空中交通服务当局必须与负责可能影响民用航空器飞行的活动的军事当局建立并保持密切的协调（第 2.16.1 条）。二是规定，缔约国必须作出安排使有关民用航空器飞行安全和加速运行的情报，可以在空中交通服务单位和有关军事单位之间迅速交换（第 1.16.3 条）。

4.4.3.2 中国现存问题

中国虽然在《民用航空法》和《飞行基本规则》中对中国空域管理使用进行了较为详细的规定，但仍存在下列一些问题。

第一，现有《飞行基本规则》中规定了以军方掌控空域的空域管理模式，已经滞后于中国航空事业发展的步伐。1980 年以后，中国民用航空（总）局不再由空军代管，但民航的飞行管制工作仍按《中华人民共和国飞行基本规则》规定的“中国人民解放军空军统一领导全国的飞行管制”执行。相对于民航而言，军航在空域管理中处于领导地位。因而，在空域使用中，目前军方约占 80%、民航约占 20%的状况就不足为奇了。但民用航空事业的膨胀式发展，对空域提出了更多的需求，原有《飞行基本规则》所确立的空域管理模式，已严重滞后于中国航空事业发展的步伐。

第二,现有立法有关空域划分不合理,航路设置经济性原则体现不足,空域利用率较低。目前,国家空管委在中国空域中划设了2个空中禁区、66个空中危险区、199个空中限制区,以及若干个军事训练空域,不仅现有民航航路多曲折设置,不符合“尽可能减少飞行里程”的航路设置规范,而且新辟航路困难,造成少数航路容纳不合理的高飞行流量。在我国总体飞行密度仍较小的情况下已普遍出现流量控制造成的延误,空域划分与利用的不合理是重要原因之一。

第三,未设立军民航深度融合的机构。《民用航空法》第七十条规定,国家对空域实行统一管理。但并未对具体管理机构及其职权进行规定。《飞行基本规则》第三条规定,国家对境内所有飞行实行统一的飞行管制。在第四条中规定,国务院、中央军事委员会空中交通管制委员会领导全国的飞行管制工作。第二十八条进一步规定,中华人民共和国境内的飞行管制,由中国人民解放军空军统一组织实施,各有关飞行管制部门按照各自的职责分工提供空中交通管制服务。可见,根据现有法律规定,中国飞行管制工作的领导机构是国家空管委。国家空管委是国务院议事协调机构之一,具体工作由总参谋部作战部承担。国家空管委的办事机构——国家空管委办公室设在军方的总参谋部,办公室主任由总参作战部部长兼任。可见,目前,尚未设立军民航深度融合的机构。

4.5 航空重点领域立法亟需完善

航空活动的发展有着自身的历史规律,不同时代航空活动的重点领域有异,决定了不同时代航空重点领域的立法有所不同。相同时代国家所处航空活动发展阶段也可能不同,处于不同航空活动发展阶段的国家之间的航空重点领域立法就会有差异。一个国家在不同的航空活动发展阶段,其航空重点领域立法就会有差异。

4.5.1 不同时期国际航空立法重点领域

在航空活动发展早期,航空器主要被用于作战,规范使用航空器的作战行为是这一时期国际社会航空立法的重点。为此,国际社会签署一系列有关使用航空器进行作战的规则。例如,1899年第一次海牙和平会议通过的《禁止从气球上或用其他新的类似方法投掷投射物和爆炸物宣言》(简称1899年《海牙第一公约》)。因1899年《海牙第一公约》有效期为5年,加之只对缔约国适用,故一旦非缔约国加入交战一方,宣言即失去了拘束力。1907年,在第二次海牙和平会议期间,国际社会对1899年《海牙第一公约》进行重订,名称改为“禁止从气球上投掷投射物和爆炸物宣言”(简称《海牙第十四公约》),但内容完全相同,会后通过了修订后的《海牙第十四公约》。另外,还有1907年在第二次海牙和平会议上制定通过的《关于战时海军轰炸公约》(简称《海牙第九公约》)。

在第一次世界大战结束后,民用航空活动获得了较快的发展,因欧洲国家之间小国林立,航空器特别是飞机在很短时间内可能飞越几个国家,国际社会的立法重点首先是要解决国家之间如何通航。基于此,1919 年《巴黎公约》就运用而生了。

随着民用航空活动进一步发展,航空事故时有发生,国际航空重点领域的立法转移到了承运人责任制度上。因单靠传统国际私法来解决在飞行过程中承运人对消费者赔偿的法律适用几无可能,加之当时国际上两大法系有关民用航空运输认识上存在差异,如英美法系认为航空旅客和承运人之间是侵权关系,而大陆法系认为是合同关系,两个法系的规定需要进行调和,以促进国际航空运输的发展,故 1929 年《华沙公约》就运用而生了。随着航空技术水平不断提高,航空风险不断减少并可转嫁给保险公司,在二战后,国际社会航空立法的重点,就是不断对 1929 年《华沙公约》进行修订,重点领域是不断提高对消费者赔偿责任限额,保障消费者的权益。因华沙体制存在着九个文件并存的状况,实际上破坏了国际航空运输规则的统一性,故在 20 世纪 90 年代,国际航空立法的重点转向了统一国际航空运输的规则,1999 年《蒙特利尔公约》的制定就是这一时期国际航空立法重点的具体表现。

在 20 世纪 60 年代,国际航空运输领域的犯罪现象不断出现,严重影响了国际航空运输安全和有秩序地运行,加之各国国内立法对有关航空犯罪的规定不一,又因意识形态等因素对航空犯罪的影响,加强国家之间的合作,打击国际航空犯罪成为国际航空立法的重点。为此,国际社会相继制定了 1963 年《东京公约》、1970 年《海牙公约》和 1971 年《蒙特利尔公约》,对加强国家之间的合作,打击国际航空犯罪,保障国际航空运输安全和有秩序地运行发挥了巨大作用。进入 21 世纪以来,特别是“9 · 11”事件以后,国际航空犯罪出现了一些新的特点,对传统国际航空公约进行修订,打击新型航空犯罪成为国际航空立法重点。故国际社会先后制定了 2010 年《北京公约》、2010 年《北京议定书》和 2014 年《蒙特利尔议定书》,分别实现了 1971 年《蒙特利尔公约》、1970 年《海牙公约》和 1963 年《东京公约》的现代化。

在二战结束后,不仅跨国航空运输得到了迅速发展,而且航空器跨国权利不断涌现,如跨国买卖航空器、租赁航空器、航空器抵押,对航空器进行搜寻援救和保管维护所产生的相关费用,如何保护上述航空器权利人的利益,促进跨国航空活动的发展成了国际社会航空立法的重点。故国际社会于 1948 年制定了《关于国际承认航空器权利的公约》。在 20 世纪初期,航空器融资活动在国际社会已非常普遍了,1948 年《关于国际承认航空器权利的公约》已明显滞后于国际航空器权利人利益的保护。保护这些国际航空器权利利益成为国际航空立法之重点,故

2001年《移动设备国际利益公约》及2001年《移动设备国际利益公约关于航空器设备特定问题的议定书》运用而生了。

不可否认，不同时期航空活动重点领域不一定都通过制定相关立法加以保障，特别是在国际航空活动领域，因各国航空发展阶段有所不同，加之国际航空条约的制定持续时间长，即使制定完成后，其也可能因达不到生效国家数而作废。因此，即使在不同历史时期存在着应该进行航空立法的重点领域，但也不一定会制定出相关航空立法。

4.5.2 不同时期中国航空重点领域立法梳理

中国航空立法经历了民国时期和新中国航空立法两个发展阶段。在这两个发展阶段中，因航空活动发展状况不同，重点领域立法有异。

在民国时期，作为新型交通运输的航空活动，由谁进行掌管、是先发展军用航空还是民用航空，是考虑重点。因此，厘清航空活动掌管机构、制定相关飞行规则是这一时期的航空立法重点。

新中国成立后到民航脱离空军管制前，中国航空活动发展较为缓慢，航空运输业处于起步阶段，保卫国家安全是这一时期中国国内航空立法的重点。故围绕着空域管理和使用、飞行基本规则等，中国制定了诸多航空法。

民航脱离空军管制后，中国航空活动获得了长足的发展，特别是在民用航空领域，航空器的适航标准、民用航空飞行规则、承运人对消费者的责任等领域渐成中国航空重点立法领域。

4.5.3 现阶段中国航空重点领域立法评析

现阶段，中国围绕着航空运输活动的立法已经非常完备了，但在航空活动的一些新兴领域，如通用航空、无人机等领域的立法尚存在诸多问题，这些领域目前已成为中国航空重点立法领域，必须完善这些领域的相关航空立法。

4.5.3.1 通用航空

民用航空分为航空运输和通用航空两种。因航空运输具有国际性特征，致使国际航空立法大多围绕着航空运输进行。而通用航空则一般在一国境内进行活动，受本国管辖和管理。因而，在国际立法层面上很少涉及通用航空。

目前，世界公认的是：通用航空首先能够促进一国国民经济的增长。GAMA（2006）研究发现通用航空在2005年直接与间接为美国贡献了1 500亿美元的产值，约占美国GDP的1%；ACP研究报告（2008）结果显示美国通航对GDP的拉动是1∶10；中国通用航空蓝皮书（2018）指出我国通用航空对我国GDP的拉动是1∶8.24；Sherry and Hansman（2012）研究发现2009年通用航空为美国综合贡献 49.6 万个工作岗位。[①] 还有学者研究发现，通用航空产业投入产出比为 1∶10，就业带动比为 1∶12。[②]

另外，通用航空业还能促进和改善民生，在抵御自然灾害、抢险救灾中大都能发挥重大的作用。因此，许多国家纷纷采取政策和法律措施，来发展本国通用航空。

在中国，2016 年 5 月 17 日国务院办公厅印发《关于促进通用航空业发展的指导意见》。《关于促进通用航空业发展的指导意见》突出通用航空问题导向，提出了培育通用航空市场、加快通用机场建设、促进产业转型升级、扩大低空空域开放、强化全程安全监管五个方面重点任务。在现有政策指导下，在前期通用航空发展的基础上，中国通用航空业获得了飞速的发展。

根据中国民用航空局 2019 年 5 月 8 日发布的《2018 年民航行业发展统计公报》，截至 2018 年底，我国共有颁证运输机场 235 个，2018 年共有 126 座通用机场获得颁证，全行业颁证通用机场数量达到 202 座；获得通用航空经营许可证的通用航空企业 422 家，通用航空在册航空器总数达到 2 495 架，其中教学训练用飞机 692 架；2018 年，全行业完成通用航空生产飞行 93.71 万小时，比上年增长 11.9%。[③]

相比其他通用航空发达国家而言，中国通用航空发展空间巨大。单纯依靠政策支持，在一段时间内能迅速刺激通用航空的发展。但相比于法律而言，政策具有不稳定性，有必要将中国有关通用航空发展政策通用航空立法固定下来，以便持续促进通用航空的发展。

因通用航空活动主要在一国国内进行，因而在国际范围通过签订国际航空公约对其进行规范是不能实现的。但为避免通用航空对航空运输安全和有秩序的运行造成影响，1944 年《国际民用航空公约》附件 6《航空器的运行》和附件 17《保安——保护国际民用航空免遭非法干扰行为》在定义部分均将通用航空定义为"除商业航空运输运行或空中作业运行以外的航空器运行"。

在中国，现有涉及通用航空的主要有《民用航空法》第十章通用航空，从第一百四十五条到一百五十条，共六个条文对通用航空的定义、从事通用航空活动、应当具备的条件、从事通用航空活动登记（非经营性通用航空）和申请领取经营许可证（经营性航空）、飞行中应注意的问题、投地面第三人责任险进行了规定。

有关通用航空的专门性航空行政法规有 1986 年《国务院关于通用航空管理

---

① 黄涛，张波，邵文武，等. 中国通用航空产业发展问题研究综述[J]. 商业经济，2018(08)：65.

② 贾凌民，胡象明，文国庆，等. 加快我国通用航空产业发展[J]. 中国行政管理，2015(12)：94－96.

③ 其中：载客类作业完成 8.47 万小时，比上年增长 7.9%；作业类作业完成 15.39 万小时，比上年增长 6.4%；培训类作业完成 30.65 万小时，比上年增长 18.6%；其他类作业完成 4.99 万小时，比上年增长 200.5%；非经营性完成 34.21 万小时，比上年增长 0.8%。详见《2018 年民航行业发展统计公报》第 11 页。

的暂行规定》和 2003 年《通用航空飞行管制条例》两件。前者共 17 条，对通用航空的定义、管理机构、许可证申领、法律责任等进行了规定，2014 年《国务院关于修改部分行政法规的决定》，将其第八条修改为“经营通用航空业务的企业，可以承担中国境外通用航空业务，但是应当按照国家有关规定办理相关手续”。后者共 7 章 45 条，对通用航空的定义、飞行空域的划设与使用、飞行活动的管理、飞行保障、升放和系留气球的规定、法律责任进行了详细规定。

另外，2009 年《民用机场管理条例》第十四条、十八条和十九条专门对通用机场进行了规范。第十四条规定，通用机场的规划、建设按照国家有关规定执行。第十八条规定通用机场投入使用应当具备下列条件：（一）有与运营业务相适应的飞行场地；（二）有保证飞行安全的空中交通服务、通信导航监视等设施和设备；（三）有健全的安全管理制度、符合国家规定的民用航空安全保卫条件以及处理突发事件的应急预案；（四）配备必要的管理人员和专业技术人员。第十九条规定，通用机场投入使用的，通用机场的管理者应当向通用机场所在地地区民用航空管理机构提出申请，并附送符合本条例第十八条规定条件的相关材料。地区民用航空管理机构应当自受理申请之日起 30 个工作日内审查完毕，作出准予许可或者不予许可的决定。准予许可的，颁发通用机场使用许可证；不予许可的，应当书面通知申请人并说明理由。

有关通用航空的专门性部门规章，且正在施行的有 2004 年《非经营性通用航空管理规定》和 2016 年《通用航空经营许可管理规定》2 件。2004 年《非经营性通用航空管理规定》共 5 章 39 条，分别对非经营性通用航空的定义、范围、登记管理、监督检查、法律责任等进行了详细规定。2016 年《通用航空经营许可管理规定》前身是 2004 年的《通用航空经营许可管理规定》，共 6 章，计 46 个条文，分别对通用航空经营许可条件和程序、经营许可证的管理、监督检查和法律责任进行了规定。2018 年交通运输部对 2016 年《通用航空经营许可管理规定》进行了修改。

从中国现有通用航空法律体系和立法内容来看，尚存在一些问题。

第一，现有通用航空法律体系均以“管制”通用航空为立法目的，与“促进”通用航空发展的政策背道而驰。从上文中对现有 5 件通用航空专门立法的内容来看，都强调对通用航空加以管制，与当下促进通用航空发展的政策是相矛盾的。但这些专门立法制定时间较国家相关政策为早。因此，非常有必要对现有专门性通用航空立法进行修订，将国家促进通用航空发展的政策纳入立法之中，保证持续促进通用航空的发展。

第二，就现有通用航空立法内容来看，存在着矛盾与冲突。《民用航空法》未将航空作业飞行与通用航空区别开来。《民用航空法》第一百四十五条对通用航空活动具体列举了十二项内容，前五项规定了通用航空包括从事工业、农业、林业、渔业和建筑业的作业飞行。航空作业飞行与其他通用航空运行有相同之处，但航空作业飞行是以“出租和报酬”为目的的，而通用航空大多不以“出租和报酬”为目的，因此世界上大多数国家不将航空作业飞行作为通用航空来对待，并且一般不对通用航空运行颁发“航空运营人合格证”，而对航空作业飞行进行管理并颁发航空运营人合格证。① 因而《民用航空法》的规定显然混淆了航空作业飞行与通用航空的区别。

中国航空立法中对通用航空管理主要沿用公共航空运输标准，忽略了通用航空自身特征。② 从《民用航空法》第一百四十七条到一百五十条的规定来看，是将经营性通用航空等同于公共航空运输来进行规范的，但公共航空运输一般都有固定班期时刻表、固定航线，而通用航空则具有灵活多变的特点。另外，通用航空主要是低空飞行，其实施者的权利义务和公共航空运输实施者的权利义务也是有差异的，通用航空服务的提供者与被提供者之间的关系和公共航空运输承运人和消费者之间的关系也是有明显区别的。因而在中国现有航空立法中将通用航空管理沿用公共航空运输标准进行管理是不妥的。

第三，缺乏类似美国的《通用航空振兴法》，能抓住通航产业的痛点、难点，有针对性的立法。③ 该法在 1994 年于美国国会以 91 比 8 的结果高票通过。全面考虑通航制造商、通航运营商、通航消费者等各方面利益，在修改《民用航空法》时增加有关航空产品质量侵权的除斥期间、例外情形、“滚动计算”等规定。根据美国审计总署 2001 年对《通用航空振兴法》的立法效果评估，在 1994 年至 2000 年间，因通用航空器产品责任提出诉讼的数量、通用航空器生产量、劳工雇佣量、对外出口总额、空难事故与非空难事故率均有非常明显的改善。④

4.5.3.2 民用无人机

对于什么叫无人机，至今尚无一个统一的定义。从字面意义上来理解，所谓无人机就是无人机驾驶的航空器。中国民用航空局 2015 年颁布的《轻小无人机运行规定(试行)》规定，无人机(UA：Unmanned Aircraft)，是由控制站管理(包括远程操纵或自主飞行)的航空器，也称远程驾驶航空器(RPA：Remotely Piloted Aircraft)。2019 年中国民用航空局颁布的《特定类无人机试运行管理规程(暂行)》规定，无人机(UA：Unmanned Aircraft)，是指机上没有驾驶员进行操作的遥控航空器或自主航空器，不包括模型航空器。2018 年 9 月，世界海关组织协调制度委员会(HSC)第 62 次会议决定，将无人机归类为“会飞的照相机”。

---

① 刁伟民. 中国通用航空法律制度及其完善[J]. 北京航空航天大学学报(社会科学版)，2009，22(02)：50.

② 任蓉. 我国通用航空法律制度问题初探[J]. 南昌航空大学学报(社会科学版)，2011(01)：34.

③ 燕福民. 美国《通用航空振兴法》研究及其启示[J]. 吉林广播电视大学学报，2018(10)：118.

④ 燕福民. 美国《通用航空振兴法》研究及其启示[J]. 吉林广播电视大学学报，2018(10)：117－118.

在无人机的发展过程中，首先是被用于军事领域，在军事领域的无人机分为侦察机和靶机。近年来，民用无人机行业异军突起，给人们的社会生活带来了极大便利，无人机现已经被广泛运用于各行各业，未来发展前景更加广阔。

根据中国民用航空局2019年发布的《2018年民航行业发展统计公报》，截至2018年底，全行业无人机拥有者注册用户达27.1万个，其中个人用户24万个，企业、事业、机关法人单位用户3.1万个。2018年，全行业无人机有效驾驶员执照44 573本。2018年，全行业注册无人机共28.7万架，无人机经营性飞行活动达37万小时。[①]

在民用无人机行业飞速发展给人民带来巨大便利的同时，却也危及了航空活动安全和有秩序地运营，对公民隐私权等权利也造成了侵犯，这也凸显了中国民用无人机行业的立法规制的滞后性。因此，加强对民用无人机的立法规制已成共识。

要研究现有中国有关民用无人机立法存在的问题，首先要对中国现有有关无人机立法进行详细梳理。目前，中国有关民用无人机立法亦可分为法律、行政法规、部门规章、地方行政规章几个部分。

从理论上来看，《民用航空法》第五条规定，本法所称的民用航空器，是指除了用于执行军事、海关、警察飞行任务外的航空器。民用无人机属于民用航空器的一种，在理论上也应适用《民用航空法》的调整。另外，《民用航空法》第十章关于通用航空的规定，也应适用于使用民用无人机进行通用航空活动。因民用无人机仅为一种工具，是从事航空活动的工具，主要用于通用航空活动。

在行政法规方面，《飞行基本规则》对中国境内所有航空活动都适用，当然适用于无人机飞行活动。民用无人机主要用于通用航空活动，因而也应适用《通用航空飞行管制条例》的规定。

在民用航空规章方面，中国民用航空局先后颁布了《轻小无人机运行规定（试行）》（2015年，有效）、《民用无人机驾驶员管理规定》（2015年，失效）、《低空联网无人机安全飞行测试报告》（2018年，有效）、《民用无人机驾驶员管理规定》（2018年，有效）、《特定类无人机试运行管理规程（暂行）》（2019年，有效）。

在地方政府规章方面，浙江省人民政府2016年颁布了《浙江省人民政府关于对小型航空器和空飘物采取临时性管理措施的决定》，福建省人民政府2017年颁布了《福建省人民政府关于对民用小型航空器和空飘物采取临时性行政措施的决定》，福州市人民政府2017年颁布了《福州市人民政府关于对民用小型航空器和空飘物采取临时性行政措施的决定》，重庆市人民政府2017年颁布了《重庆市民用无人驾驶航空器管理暂行办法》，四川省人民政府2017年颁布了《四川省民用

---

① 中国民用航空局. 2018年民航行业发展统计公报[R]，2019：11.

无人驾驶航空器安全管理暂行规定》，无锡市人民政府 2017 年颁布了《无锡市民用无人驾驶航空器管理办法》，新疆维吾尔自治区人民政府 2018 年颁布了《新疆维吾尔自治区民用无人驾驶航空器安全管理规定》，深圳市人民政府 2019 年颁布了《深圳市民用微轻型无人机管理暂行办法》，浙江省人民政府 2019 年颁布了《浙江省无人驾驶航空器公共安全管理规定》，中国民用航空西北地区管理局 2019 年颁布了《西北地区民用无人驾驶航空器物流配送经营活动管理办法(试行)》[①]等。

中国现有的有关民用无人机管理的相关法律法规和规章制度，对规范中国民用无人机行业发展具有一定的积极意义。但是面对着中国民用无人机行业的飞速发展，现有立法还存在着下列问题：

第一，民用无人机立法缺乏法律规定的委托性立法的法源。虽然从理论上来看，《民用航空法》也应规范无人机活动，但是《民用航空法》中并没有明确规定有关无人机立法的法源。实际上，在《民用航空法》制定时，并未预测到无人机行业的飞速发展，因而其立法主要是规范航空运输活动的。

正是因为《民用航空法》中并无明确规定，有关无人机管理的行政法规也只能进行模糊性规定。虽然中国民用航空局制定了 5 件规范性文件，但是根据《立法法》规定，部门规章规范性文件在法律效力上等同于地方政府规章，致使中国民用航空局 5 件有关无人机专门性立法，虽为国家层面的立法，但也基本上成为摆设。这也可能造成地方政府有关无人机立法在近一两年时间内还会加速制定。这种情况的出现，可能造成以后中国无人机方面立法的无序状况，从而不利于中国无人机行业的发展。

第二，从立法内容来看，都着重对民用无人机进行管制，忽视了对其保护机制的建立。从现有专门性无人机立法的内容来看，中国民用航空局制定的 5 件立法，地方政府制定的 10 件立法，管制色彩浓厚，主要是围绕着无人机登记注册、飞行管理及法律责任进行立法，忽视了通过立法保护该行业发展的机制，普遍缺少关于民用无人机制造、使用、管理的明确具体的法律细则。

第三，未将有关无人机发展政策通过立法加以固定。目前，国家和有关省市已经出台了无人机发展的相关政策措施。2016 年 11 月 29 日，国务院印发了《"十三五"国家战略性新兴产业发展规划》，规划对工业无人机行业的发展作出了部署。

以农业植保无人机为例，国家早在 2013 年就出台了多项政策推进农业领域无人机的发展。如 2013 年 5 月 22 日，发布的《关于加快推进现代农业植物保护

---

① 根据现有《立法法》规定，其不是部门规章，亦不是地方政府规章。根据《中国民用航空总局规章制定程序规定》(CCAR－12)第二条规定："民航总局、民航总局职能部门或者民航地区管理局制定并对外发布的涉及行政管理相对人权利、义务、具有普遍约束力的其他规范性文件不得与民航规章相抵触。"其应属于规范性文件。因其适用于特定地区，为研究方便，放入此处。

体系建设的意见》,提出鼓励有条件的地区发展无人机、直升机和固定翼飞机防治病虫害;2015 年 2 月 17 日,农业部发布了《到 2020 年农药使用量零增长行动方案》,提出开发应用现代植保机械,替代跑冒滴漏落后机械,减少农药流失和浪费。

另外,江苏、河南、安徽、广东、湖南、重庆、江西、浙江等省从 2016 年起,纷纷出台了无人机植保机补贴政策。

但是,从目前中国有关无人机立法的内容来看,尚未将有关无人机行业发展的政策通过立法形式加以固定,不利于该行业的发展。

第 5 章 和谐统一的中国航空法律体系的建构研究

5.1 修订《民用航空法》或另行制定《航空法》

目前,中国已经形成了以《民用航空法》为核心,包括 33 件专门性航空行政法规、139 件专门性航空行政规章、18 件专门性地方性航空法规和 40 件专门性地方政府规章的较为和谐的中国航空法律体系。

但从整体上来看,中国航空法律体系还存在着冲突较多、立法规范性不足和民主性不够、航空立法成果未得到及时归类、立改废释尚不及时、相关领域的立法缺失等问题。在本书第 4 章中,对中国现有航空法律体系存在的问题,已进行了较为详细的研究。要构建和谐统一的中国航空法律体系,必须解决上述问题。

和谐统一的中国航空法律体系构建的根基是航空法律,它是中国专门性航空行政法规、部门规章、地方性法规和地方政府规章制定的根据。因此,构建和谐统一的中国航空法律体系的关键在于航空法律的制定。

从世界范围来看,航空活动包括军用航空活动和民用航空两大类。在国际立法层面,大都是围绕着民用航空活动进行立法;但从国内航空立法具体内容来看,很多国家不仅对本国民用航空活动进行立法,而且对军用航空活动进行立法,即制定了本国航空法,在法律中对军民航均进行规范。

在中国,法律层面的航空法目前是《民用航空法》,该法名称虽为“民用航空法”,但第七章空中航行对所有航空活动均适用。若以该法为核心,所构建的和谐的中国航空法律体系,只能称为中国民用航空法律体系。故许多学者认为,应首先从法律层面上制定军民航都适用的法律规范,实现军民航的深度融合,并以此为基础,真正建立和谐统一的中国航空法律体系。所以,近年来,一些人大代表不断呼吁制定《航空法》,国家空管委也研究起草了《航空法》。但也有学者认为,可直接修改现有《民用航空法》,或改其名、修内容,无需制定《航空法》。

从国家层面上来看,实际上,从 2009 年起,中国就开启了《民用航空法》的全面修订和《航空法》制定工作。2015 年 4 月 13 日,《航空法》和现行《民用航空法》同时被列入国务院 2015 年立法工作计划研究项目,“两法并立”已成事实,现有航空法立改废释工作也将随着“两法关系”明晰后全面展开。

5.1.1 修订《民用航空法》理由分析

大多数学者认为虽然《民用航空法》存在诸多问题，但是中国已经以该法为基础建立了较为完备的法律体系，若另行制定《航空法》，则需要将现有航空法律体系推倒重建，代价太大。虽然有些国家所制定的专门规范航空活动的法律称为"民用航空法"，有些国家称为"航空法"，但是从其内容上来看，均大体相同，且主要是调整民用航空活动的。虽然现在《民用航空法》的修订、《航空法》制定都正在进行，"两法并立"已成事实，但是这"两法"无论是从篇章结构还是内容来看，差异不大。因此，多数学者建议，只要对现有《民用航空法》进行修订即可，无需另行制定《航空法》。

第一，虽然《民用航空法》现存诸多问题，但是现有中国航空法律体系是围绕着《民用航空法》为核心建立的，若另行制定《航空法》，则现有航空法律体系将被推倒重建，代价太大。

在现有航空法律体系中，《民用航空法》第七章空中航行对中国所有航空活动适用，但与该法名称不符；《飞行基本规则》规范在中国境内的所有飞行活动，其制定依据非《民用航空法》，而是相反。除了《飞行基本规则》外，在《民用航空法》实施后，现有专门性航空行政法规、航空部门规章、地方性法规和地方政府规章，均在立法中明确规定是"根据《中华人民共和国民用航空法》"制定的。简言之，若废止现有《民用航空法》，另行制定《航空法》，那么，现有"根据《中华人民共和国民用航空法》"而制定的现有航空行政法规、部门规章、地方性法规和地方政府规章都没有根据，以《民用航空法》为基础所形成的中国航空法律体系将轰然倒塌，必须以另行制定的《航空法》为基础进行重建，代价太大。

第二，目前世界上大多数国家和地区仍将航空法当成是民用航空法的同义词。航空法有广义和狭义之分。广义上的航空法是规定领空主权、管理空中航行和民用航空活动的法律规范的总称，是主要调整民用航空活动及其相关领域中产生的社会关系的法律。狭义上的航空法，专指航空法典，如中国《民用航空法》、1958年美国《联邦航空法》《俄罗斯联邦航空法》《英国民用航空法》《日本民用航空法》《印度尼西亚航空法》等。可见，从狭义上来看，无论名称为"航空法"抑或"民用航空法"，在立法实践中都是作为同义词加以使用的，主要都是规范民用航空活动的。

因此，中国没有必要另行制定《航空法》。即使另行制定了《航空法》，其内容仍应是主要规范民用航空的。

第三，从中国《民用航空法》及《航空法(草案)》的篇章结构和内容来看，大同小异。在篇章结构上，《航空法(草案)》与《民用航空法》一致，在立法目的、立法内容、管理部门职能和管理事项等诸多方面存在重复和交叉。

在立法目的中,《民用航空法》第一条规定,为了维护国家的领空主权和民用航空权利,保障民用航空活动安全和有秩序地进行,保护民用航空活动当事人各方的合法权益,促进民用航空事业的发展,制定本法。《航空法(草案)》仅将"民用"二字删除,并将"保障民用航空活动安全和有秩序地进行"改为"保障航空活动顺畅、高效进行"。

在立法内容方面,《民用航空法》(征求意见稿)和《航空法》(草案)对于航空器适航管理都进行了规定。两部法律对于航空器生产、维修许可证书制度、航空器型号合格证书制度、航空器型号认可证书制度、航空器适航证书的效力以及航空器持续适航要求均设置了相关条文加以规范。只不过《航空法(草案)》中将"民用"二字删除,将《民用航空法》中的"民用航空器"改为"航空器",将"民用航空主管部门"改为"航空主管部门"。在航空人员、机场、空中航行、公共航空运输企业、公共航空运输、对外国民用航空器特别规定、搜寻援救和事故调查、涉外法律关系的适用等内容中,《航空法(草案)》基本是将《民用航空法》中的"民用"二字删除,除了在航空人员中增加了"航空管制人员的从业条件"、在公共航空运输中不再区分国内运输和国际运输、航空承运人统一适用1999年《蒙特利尔公约》规定外,内容基本重复。

由此可见,《航空法(草案)》的基本框架结构和内容与《民用航空法》差异不大。一方面,仅将《民用航空法》的"民用"二字删除。另一方面,对航空器适航证,规定了按该航空器性质由相关机构进行标准的制定及证书颁发;取消了《民用航空法》中国际国内运输承运人责任制度"两张皮"的现象,主张全面适用1999年《蒙特利尔公约》所规定的承运人责任制度。故没有必要另行制定《航空法》,对《民用航空法》进行修订即可。

第四,在第三个理由的基础上,还有学者认为,因航空法在本质上是"民用航空法",若一定坚持另行执行《航空法》,可直接将《民用航空法》改名为"航空法",并将相关内容进行修订,没有必要另行制定《航空法》。

有学者通过考查各国的《航空法》或《民用航空法》后认为,称为"民用航空法"的并不是仅适用民用航空活动,其也协调军民航关系,在和平时期,非民用航空活动也必须遵守《民用航空法》的相关规定;称为"航空法"的,也不一定调整一切航空活动,亦是以民用航空活动为主。例如,美国1925年颁布了《航空邮政法》,1926年颁布了《商业航空法》,1938年完善颁布了《民用航空法》,1958年为进一步协调好军民航关系,保障飞行安全,改称"1958年联邦航空法"。这一修改并没有改变航空法的性质,只是新增设了"联邦航空局"机构,规定了平时与战时军民航关系规则,以协调民用航空与外交、国防的关系,实施统一的空中交通管制和飞行规则，保障空中航行安全和通畅，更好地促进和保障民用航空的发展。①

所以，若一定要制定《航空法》，没有必要另起炉灶，应在现有《民用航空法》的基础上修订而成。这样既可以大大节约立法成本，也能解决新《航空法》与现有《民用航空法》的协调和处置问题。

5.1.2 制定《航空法》的原因判辨

少数学者建议，应废止现有《民用航空法》，另行制定《航空法》，来适用中国境内所有的航空活动。有以下理由可做支撑。

第一，制定规范所有航空活动的《航空法》符合国内航空立法发展趋势。目前，国际上有关航空立法均为民用航空立法，排除了对军事、海关、警察使用航空器进行活动的适用。在1944年《芝加哥公约》制定后，许多国家在制定规范本国航空活动的法律时，大多取名为“民用航空法”。但是，在具体实施过程中，在一国国内，民用航空活动和非民用航空活动在相同空域进行活动，若不遵守相同规则，则无法保障航空安全。故许多国家在制定本国规范航空活动的法律时，改名或取名为“航空法”已成国内航空立法趋势。如美国在1938年完善颁布了《民用航空法》，但为充分利用空域，协调军民航关系，在1958年将1938年颁布的《民用航空法》，改名为“联邦航空法”。另外，诸多国家都将原《民用航空法》改名为“航空法”，对境内所有航空活动均进行规范。

因此，中国需要另行制定《航空法》，规范国内所有航空活动，这不仅是协调中国军民航关系，改变现有航空管理体制的迫切需求，而且也符合国内航空立法的发展趋势。

第二，另行制定《航空法》，是协调《飞行基本规则》和《民用航空法》关系的迫切需要。由于《飞行基本规则》的制定早于《民用航空法》，且“凡辖有航空器的单位、个人和与飞行有关的人员及其飞行活动，必须遵守本规则”(《飞行基本规则》第二条)，即《飞行基本规则》调整中国境内所有飞行活动，因此，《民用航空法》中所规定的民用航空活动的规则必须以《飞行基本规则》的规定为依据，“源于且不得违背《飞行基本规则》的规定”。②

《飞行基本规则》是国务院和中央军事委员会联合制定并颁布的，属于行政法规，而全国人大常委会制定的《民用航空法》是法律。一件法律的规定却是为执行一件行政法规的规定，与《立法法》第六十五条的规定相悖，颠倒了上位法和下位法的关系。因此，必须另行制定《航空法》，并以此为根据，修订现有的《飞行基本

① 郝秀辉.《民用航空法》的修订应往何处去[M]//航空法评论(第5辑).北京：法律出版社，2015：15.

② 张千帆，龙卫球，董杜骄，等.建立统一的中国航空法体系：理论初探与立法建议[J].北京航空航天大学学报(社会科学版)，2008，21(02)：43-49.

规则》。

除了上述两个理由外，还有学者从宏观和微观视角给出了另行制定《航空法》理由。

第三，在宏观上，有关民用航空运输的法律法规数量比较多，比较完善，如民用航空损害赔偿的有关规定、民用航空安全的有关规定；相对来说，对于中国空域管理和空中交通管制的行政法规数量少，而且目前没有一件与此有关的法律。同时，中国也缺少一部统一的、为民用运输和空域管理提供指导性原则的综合性航空法。因此，应另行制定《航空法》，协调空域管理和民用航空运输。

第四，在微观上，中国的空中交通管理体制需要进一步改革，需要另行制定《航空法》来确立具体空中交通管理机构及其职权。目前，中国空域管理权是由国务院、中央军事委员会空中交通管制委员会和国务院民用航空主管部门分享，但起决定性作用的是空军，其根据为《飞行基本规则》第二十八条的规定："中华人民共和国境内的飞行管制，由中国人民解放军空军统一组织实施，各有关飞行管制部门按照各自的职责分工提供空中交通管制服务。"第十四条还规定，机场飞行空域的划设，由驻机场航空单位提出方案，报所在地区的中国人民解放军军级航空单位或者军区空军批准。第三十五条还规定，所有飞行必须预先提出申请，经批准后方可实施。获准飞出或者飞入中华人民共和国领空的航空器，实施飞出或者飞入中华人民共和国领空的飞行和各飞行管制区间的飞行，必须经中国人民解放军空军批准。这种以军方为主的空中交通管理体系，在实践中容易造成混乱，不利于航空活动安全和有秩序地运行，改变现有空中交通管理体制，由一个部门进行统一管理，势在必行，且《飞行基本规则》相关规定和国际规则不尽衔接，与主要国家之间航空规则也存在一定的差异。因此，建议废止《飞行基本规则》，另行制定《航空法》，以法律形式确立统一的空中交通管理机构及其职权，改变现有空中交通管理体系。

5.1.3 本书提出的制定航空法律的五种模式

目前，航空事业发展过程中新问题不断涌现，《民用航空法》滞后性凸显，修订《民用航空法》或另行制定《航空法》已成各方共识。中国民航局从 2009 年起就着手修订《民用航空法》，2015 年完成了草案初稿；中央军委相关机构自 2010 年起开始了《航空法》草案的起草工作，现也已完成。这两部草案都已被列入了全国人大常委会的立法规划之中，并在 2015 年 4 月 13 日同被国务院列入了 2015 年立法规划研究项目，"两法并立"已成事实。这两部法律都是为了保障航空活动安全和有秩序地运行、促进航空事业发展而定的，没有必要使用两套人马，联合立法是最佳模式。本书认为，目前状况的发生是军方和民航部门利益博弈的结果，造成了国家立法资源的浪费。

据本书统计，到目前为止，有关一国航空法律的立法模式存在着《航空法》模式和《民用航空法》模式。《航空法》模式是指制定一部综合的“大”航空法统一规范管理各种航空活动，包括民用航空活动与非民用航空活动，而不单独制定一部只用来规制民用航空活动的法律。这种模式最典型的代表是美国。其好处是协调了军民航关系，统一了空域使用和管理规则，优化了空域资源的有效利用。

《民用航空法》模式是指不设立一部综合性的航空法，而是以只规范民用航空和通用航空的民航法作为航空活动的基本法。这种模式的典型代表是日本和英国。在这种模式中，通过制定《民用航空法》只对民用航空活动进行规范，不涉及空域管理和使用问题。

本书认为，修订《民用航空法》或另行制定《航空法》之争的核心，在于如何优化空域资源的使用，实现军民航深度融合。由于一国空域资源的有限性，军用航空活动所占空域资源多，民用航空活动所占空域资源就少，反之亦然。

如何平衡二者对空域的使用，成为航空发达国家国内航空立法的重点。据统计，美国、澳大利亚等航空大国的可航空域，占整个空域的百分之九十以上。但国防安全也是一国安全的重要保证，在空域资源的划分和使用上也要充分考虑国防利益，主要考虑军用航空的利益。同时，航空事业本身还具有公共利益的性质，必须考虑公共利益，如机场噪声、航空器飞行安全及低空空域的开放供公众使用等。这就需要在航空立法中不仅要平衡军用航空和民用航空活动之间的利益，而且还要平衡二者和公共利益之间的关系。

本书还认为，无论是修订现有《民用航空法》还是另行制定一部《航空法》，抑或“两法并立”，都应由国家统一协调和管理。

结合中国实际情况，本书认为，在《民用航空法》和《航空法》的关系上，至少有五种立法模式可供决策者参考。

(1) 维持现有空域管理法律格局不变

中国现有的空域管理模式和空中交通管制体制在新中国成立后不久就通过1950年《飞行基本规则》加以固定，虽然《飞行基本规则》经过历次修订，但是空域管理模式和空中交通管理体制并未发生实质性的改变。这也表明了空域管理模式和空中管理体制的改变并非一朝一夕，要循序渐进地进行。

不可否认，无论是理论界还是实务界，都认为现有空域管理模式和空中交通管理体制存在空管体制不合理，即名义上空军负责组织实施全国的飞行管制，但是与海军、陆航、民航等单位只是协调关系，没有行政管辖权，组织实施全国飞行管制的职能难以充分发挥。军民航空域划设不一致，民航参照全国的行政管理区界，军航与部队作战指挥责任区挂钩，这样人为造成了军航、民航管制区划分不一致的矛盾，不利于军民航之间的相互协调。另外，还存在空域管理方法不灵活、军民航指挥对象和管制方式差异大、军民航协调机制还不完善，运行不够顺畅，基础设施建设标准不统一等问题。①

虽然现有空域管理和空中交通管制存在着诸多问题，但由于其适用时间较长，已形成实施惯性，一旦通过另行制定《航空法》加以全面改变，可能会对航空活动安全和有秩序运营造成严重影响。因此，亦有学者认为，可在不改变现有空域管理法律的情况下，保持现有空域管理和空中交通管制的格局，即我国空域管理体制仍然以《民用航空法》为基础，根据《飞行基本规则》的具体规定，以军方管理为主。即：空域归军方管理，空军统一领导全国的飞行管制，各地空军部队统一领导各飞行管制区、分区和机场的飞行管制；我国境内的一切飞行指挥，在统一管制下由各航空部门分别组织实施。这种模式的好处是能保持目前中国空域管理的稳定性和持续性。在实践中，军民航已经加强沟通交流，理顺通报关系，发布安全风险通告，飞行管制员、空中交通管制员交叉培训等进行了充分协调。

其不利之处在于满足不了民用航空运输膨胀式发展的需要。但若在现有体制下，军民航通过协商，军方能不断让渡空域的使用权给民航，则能变不利为有利。近年来，军民航反映最为强烈的问题是空域紧张的问题。航路、航线及机场区域通常被训练空域覆盖，航班飞行与训练飞行的航线高度交叉、重合，不仅大幅增加了双方管制工作的强度和安全隐患，而且使空域效益得不到充分发挥，飞行流量的发展受到很大程度上的制约。根据中国民用航空局 2019 年 5 月 8 日发布的《2018 年民航行业发展统计公报》，2018 年全国客运航空公司共执行航班 434.58 万班次，其中正常航班 348.24 万班次，平均航班正常率为 80.13%。在不正常航班的原因中，空管原因（含流量原因）占到 2.31%。而在 2015 年，不正常航班的原因中，空管原因占到 30.68%。这也表明，近年来，军民航协调进一步加强，军方不断让渡空域的使用权给民航，变不利为有利。

(2) 军民航适用统一的法律体系，由法律授权政府在平时对空域实行统一管理

据本书统计，目前世界范围内主要有三类空域管理模式。第一类是政府统一型，如美国、加拿大和日本；第二类是军民联合型，如英国、前南斯拉夫和前苏联；第三类是军民协调型，如法国和联邦德国。这三种空域管理体制有一个共同点，即民用航空的空中管制服务均由政府主管部门负责提供。

由于我国空域管理模式在新中国成立期初全面借鉴苏联模式，并在 1950 年《飞行基本规则》中加以确认，目前实际上仍在施行，可归入第二类中。不过，与第二类军民联合型相比，《飞行基本规则》第四条规定，"国务院、中央军事委员会空中交通管制委员会领导全国的飞行管制工作。"第二十八条又规定，"中华人民共

① 郭小军，黄志平，徐德津，等. 我国军民航联合空管运行相关问题研究[C]. 2010 年航空器适航与空中交通管理学术年会，2010：90 - 91.

和国境内的飞行管制，由中国人民解放军空军统一组织实施，各有关飞行管制部门按照各自的职责分工提供空中交通管制服务。”第七条规定，“组织与实施飞行，应当按照飞行预先准备、飞行直接准备、飞行实施和飞行讲评等阶段进行。飞行阶段的具体内容和要求，由各航空管理部门自行规定。”第一百二十三条规定，“航空管理部门，是指对从事飞行活动的航空单位具有管理职能的机关或者单位，包括中国民用航空总局、国家体育总局、航空工业集团公司，中国人民解放军海军、空军、总参谋部陆航局等。”

虽然《飞行基本规则》中规定空军负责组织实施全国的飞行管制，但与海军、陆航、民航单位只是协调关系，没有行政管辖权，组织实施全国飞行管制的职能难以充分发挥。特别是航路管制移交后，军民航协调难度进一步加大。另外，就军航内部而言，各级航管部门隶属各级指挥机关和航空兵部队，也是分区(含)以下单位的航管部门，受行政隶属关系制约，工作中一定程度上存在“不敢管、管不了”的问题。[①]

基于中国空域管理和飞行管理体制的现有状况存在着诸多问题，结合国际实践经验，本书建议，可修订现有《民用航空法》，增加相关条文，将空域管理和空中交通管制分为平时和战时，因航空法的平时法特点，平时空域管理和空中交通管制服务归属于国务院民用航空主管部门，战时(包括紧急状态)可将该权力移交给国防部行使。这样，就能够统筹空域资源，优化空域的使用。若废止《民用航空法》，另行制定《航空法》，也应作出上述规定。

然后，再根据增加上述内容后的《民用航空法》，或另行制定的《航空法》，修订现有《飞行基本规则》。

这种模式有利于促进民用航空运输业的发展，但会对军航产生不利影响。

(3) 删除《民用航空法》中关于空域管理和空中交通管制的内容，提升《飞行基本规则》的法律位阶至法律，形成两法并行模式

《民用航空法》的立法目的就是“保障民用航空活动安全和有秩序地进行，保护民用航空活动当事人各方的合法权益，促进民用航空事业的发展”，《飞行基本规则》的立法目的是“维护国家领空主权，规范中华人民共和国境内的飞行活动，保障飞行活动安全有秩序地进行”。

在中国，有关空域管理和空中交通管制主要是由《飞行基本规则》加以规定的。《飞行基本规则》是由国务院、中央军事委员会联合制定的，在法律性质上属于行政法规。虽然其是行政法规，但在中国有关空域管理和空中交通管制(飞行管制)活动中发挥了法律的作用。《民用航空法》虽然是法律，但其有关飞行活动

---

① 郭小军，黄志平，徐德津，等.我国军民航联合空管运行相关问题研究[C].2010年航空器适航与空中交通管理学术年会，2010:90.

的规定却源于且不得违背《飞行基本规则》,实践中造成了上位法和下位法在效力上的乱序。

本书建议,可删除《民用航空法》第七章空中航行,将《民用航空法》第一条立法目的进行修订为“为了保障民用航空活动安全和有秩序地进行,保护民用航空活动当事人各方的合法权益,促进民用航空事业的发展”。这样,《民用航空法》的内容就与其名称保持了一致。

将现有《飞行基本规则》的法律位阶提升至法律地位,名称改为“空中航行法”。在《空中航行法》中,增加中国空域管理的专门机构,并在全国范围内建立起统一的空中交通管制体系,由民用航空主管部门统一管理。

这样,在中国航空活动领域,就形成了修订后的《民用航空法》和改名后的《空中航行法》两法并行的局面,二者调整对象泾渭分明,共同促进中国航空事业的发展。待条件成熟后,亦可专门制定《航空工业促进法》,形成“三法鼎立”的局面。

但如果改名后的《空中航行法》并不改变先行空域管理模式,即整个空域管理仍由军方实质性把控,则民用航空所使用的空域不会出现明显增加。

(4) 建立统一适用的《航空法》,保障空中安全并促进空域资源的合理使用

在中国,不论在理论界还是在实务界,赞成另行制定统一适用的《航空法》呼声都较高。而且在国家层面上,国家空中交通管制委员会从 2010 年起已经开启制定《航空法》的工作,在 2015 年《航空法(草案)》已基本完成。

2018 年 9 月 7 日,十三届全国人大常委会立法规划正式对外公布,《航空法》(《民用航空法》修改,一并考虑)被列入第二类项目:需要抓紧工作、待条件成熟时提请审议的法律草案。

依据本书所能查阅到的资料来看,一个国家规范航空活动的一般只有一部法律,未出现过两件或两件以上的法律,不论其名称为“民用航空法”抑或“航空法”。基于目前《民用航空法》存在诸多问题,加之现有航空法律体系不能真正做到军民航协调发展,与国家提出的军民深入融合的发展战略不相符。故本书建议,可废止《民用航空法》和《飞行基本规则》,制定一件统一适用的《航空法》。

该《航空法》应由三大部分组成,第一部分为空域航行,包括空域使用和管理的机构、职权,空域利用的原则,具体办法的制定,军民航协调具体规定,飞行管理以及外国航空器入境与方性等内容。第二部分为航空运输,包括航空器国籍、权利、适航管理,航空人员,机场,航空运输企业设立条件,承运人责任制度,通用航空,搜寻援救和事故调查,对第三人损害的赔偿责任,涉外关系的法律适用等内容。第三部分为法律责任和附则,在法律责任中,应删除现有《民用航空法》中所规定的航空犯罪和处罚规定,将《飞经基本规则》中相关法律责任和《民用航空法》中除航空犯罪和处罚外的责任进行归并,附则则规定《航空法》生效时间等内容。

然后根据《航空法》的规定,对现有航空法律体系及时进行修订,与之保持

一致。

这样,在法律体系上,空域管理、空中航行和民用航空活动融为一体,受同一件航空基本法律《航空法》的管辖。这种模式也是世界上大多数国家空域的管理模式。建立军民一体的统一航空法体系,能同时满足保障空中安全和促进资源利用的发展需要。

(5) 将《航空法》界定为法律,将《民用航空法》法律位阶下降至行政法规,改名为"民用航空条例",形成以《航空法》为统领、《飞行基本规则》和《民用航空条例》为两翼的"一体两翼"的中国航空基本立法格局

可参照第四种模式,但不废除《民用航空法》和《飞行基本规则》。将《航空法》主要分成空域管理使用和航空运输两大部分,将《飞行基本规则》中第一章总则、第二章空域管理、第三章中的有关飞行管制的一般规定,放入《航空法》中,作为空域管理使用的一个重要组成部分;将《民用航空法》第七章空中航行放入《航空法》中,亦作为空域使用管理的重要组成部分。并在《航空法》中对空域管理、使用、空中航行等一般原则进行规定,授权国务院民用航空主管部门统一对空中航行进行管制,并授权国务院、中央军事委员会制定具体的空中航行规范。

将《民用航空法》中有关航空运输一般性规定的内容放入《航空法》之中,作为航空运输的基本组成部分。对不适合在《航空法》中进行细化的内容,可授权国务院、国务院民用航空主管部门对相关法律规则进行细化。

在这种模式下,应将《民用航空法》法律位阶从法律降至行政法规,《飞行基本规则》仍为行政法规,这样就可形成以《航空法》为统领、《飞行基本规则》和《民用航空条例》为两翼的"一体两翼"的中国航空基本立法格局。

本书认为,无论是修订《民用航空法》,抑或另行制定《航空法》,都必须坚持国家视角,立足两个基本点:一是要优化空域资源的利用,二是要以"民用航空"发展为主。特别是要关注通用航空和无人机行业发展对空域的实际需求,贯彻"划分空域,应当兼顾民用航空和国防安全的需要以及公众的利益,使空域得到合理、充分、有效的利用"的原则,执行"国家对空域实行统一管理"的规定,及时清理现有地方性有关空域使用和管理的地方性法规和地方政府规章。

另外,航空事业的发展,不单单是指民用航空运输业的发展,还包括航空器制造业的发展以及航空教育事业等的发展,而且航空器制造业的发展更为基础,航空制造业发展主要依靠航空人才。因此,在修订《民用航空法》或另行制定《航空法》时,应在条文中对国家支持航空事业发展,特别是支持航空器制造业和航空教育事业发展,有非常明确的规定。同时,不仅不应鼓励地方制定所谓的"民用航空条例""民用航空发展条例",不顾本地区航空事业发展实况,心血来潮式地"结合本地区实际"促进本地区航空事业的发展,而且还应及时清除那些已经制定的类似的地方性法规和规章。因为航空事业的发展有自身规律。

5.2 加强航空立法规范性和民主化建设

在本书第二章第四节和第四章第一节中，分别对中国航空立法应坚持的规范性原则以及中国航空立法中存在的规范性不足和民主化不够的问题进行了深入研究。在前述研究的基础上，本书在此处继续系统研究加强中国航空立法规范性民主化建设的具体举措。

根据《立法法》第四条之规定，立法应当依照法定的权限和程序，从国家整体利益出发，维护社会主义法制的统一和尊严。第五条规定，立法应当体现人民的意志，发扬社会主义民主，坚持立法公开，保障人民通过多种途径参与立法活动。第六条规定，立法应当从实际出发，适应经济社会发展和全面深化改革的要求，科学合理地规定公民、法人和其他组织的权利与义务、国家机关的权力与责任。法律规范应当明确、具体，具有针对性和可执行性。这些规定，同样适用于中国航空法律、行政法规和地方性法规的制定、修改和废止，国务院航空部门规章和航空地方政府规章的制定、修改和废止，依照《立法法》的有关规定执行。

加强航空立法规范性和民主化建设意义重大。从宏观上来说，所立之航空良法能为中国航空事业的发展保驾护航，所立之航空恶法则会成为中国航空事业发展的绊脚石。从微观上来看，所立之航空良法能全方位保护航空法律关系的参与者的合法权益，所立之航空恶法则会侵犯航空法律关系参与者的合法权益。加强航空立法规范性和民主化建设，能在一定程度上确保所立之航空法具有“良法”性质。

要贯彻《立法法》之规定，加强中国航空立法规范性和民主化建设，应制定科学立法规划、规范法律条文用语、推进立法民主化进程、建立立法事后评估制度、加强理论对立法实践的指导。

5.2.1 制定科学的航空立法规划

从1988年七届全国人大常委会开始，每届全国人大常委会都编制立法规划，统筹安排五年任期内立法工作。这些立法规划紧紧围绕党和国家中心工作，编制和实施立法规划，有利于增强立法工作的统筹性、协调性、科学性，是建设中国特色社会主义法律体系的一条重要经验。[①]

这一条重要经验，成了2015年修订后的《立法法》第五十二条的法律条文。该条规定，全国人民代表大会常务委员会通过立法规划、年度立法计划等形式，加

---

① 陈菲，罗沙. 全国人大常委会法工委副主任许安标就十三届全国人大常委会立法规划答记者问[EB/OL]. http://www.xinhuanet.com/politics/2018-09/08/c_1123397572.htm.

强对立法工作的统筹安排。编制立法规划和年度立法计划，应当认真研究代表议案和建议，广泛征集意见，科学论证评估，根据经济社会发展和民主法治建设的需要，确定立法项目，提高立法的及时性、针对性和系统性。立法规划和年度立法计划由委员长会议通过并向社会公布。全国人民代表大会常务委员会工作机构负责编制立法规划和拟订年度立法计划，并按照全国人民代表大会常务委员会的要求，督促立法规划和年度立法计划的落实。

《立法法》第六十六条还规定，国务院法制机构应当根据国家总体工作部署拟订国务院年度立法计划，报国务院审批。国务院年度立法计划中的法律项目应当与全国人民代表大会常务委员会的立法规划和年度立法计划相衔接。国务院法制机构应当及时跟踪了解国务院各部门落实立法计划的情况，加强组织协调和督促指导。国务院有关部门认为需要制定行政法规的，应当向国务院报请立项。

对国务院直属机构、地方人大及常委会和地方政府如何制定立法规划，《立法法》并没有明确规定。

在航空活动领域，2015 年 10 月 15 日，在中国国际通航大会开幕式大会上中国民用航空局局长王志清发表了致辞，提出要加强政府引导，编制《通用航空五年立法规划》，统筹推进涵盖无人机管理的通用航空法规、规章、标准体系建设。①

2016 年 8 月 15 日，民航局印发《民航“十三五”立法规划》，这是行业法治建设历史上首部专门立法工作五年规划。作为“十三五”期间开展民航行业立法工作的指导性文件，规划的实施将有力推动民航法规体系的完善，提升行业立法质量，更好发挥立法在民航强国建设中的引领和保障作用。②

虽然在航空立法领域，不仅中国民用航空局已制定了相关航空立法规划，而且地方相关航空立法主体也纷纷制定了航空立法规划，但是这些航空立法规划的制定主要仍由相关航空立法部门享有，科学性还有待进一步提升。因此，本书认为，要制定科学的航空立法规划，还要做到以下几个方面。

第一，在制定航空立法规划前，应首先对现有航空立法进行系统研究和梳理，查找出现有立法存在的主要问题，根据轻重缓急进行分类，进而进行立法规划的制定。这样，不仅能提高立法质量，还能避免重复立法。如《民航“十三五”立法规划》明确提出：“完善行业发展的基础法律制度，积极配合全国人大、国务院做好民用航空法修订和航空法研究制定工作，开展《民用航空安全保卫条例》等法规修订制定，着力完善行政程序、民航安全、改革发展三方面规章的制定修订工作。除民用航空法修订等法律项目，列入规划的法规、规章项目 98 部。”除了“积极配合全

① 临云行. 2015 中国国际通用航空大会今日盛大开幕[EB/OL]. http://www.sohu.com/a/35883472_204255.

② 中国民用航空局. 民航局全面实施行业十三五立法规划[EB/OL]. http://www.caac.gov.cn/XWZX/MHYW/201701/t20170124_42064.html.

国人大、国务院做好民用航空法修订和航空法研究制定工作”外，民航“十三五”其他立法规划并没有真正结合民航业发展情况及特点说明为什么要做这样的规划。

本书认为，要科学制定航空立法规划，首先要对现有航空立法进行系统研究和梳理，结合航空事业发展情况和特点，对近年来及今后一段时间内，可能对航空事业发展产生影响的现有航空立法进行系统研究和梳理，查找出现有航空立法存在的问题，根据轻重缓急，进行分类，制定立法规划。这样，既能提高随后的立法质量，又能避免重复立法。

第二，编制航空立法规划时，要坚持理论和实践相结合，充分听取各方面的意见和建议。航空法的发展有自身的规律，这个规律就是航空事业发展的不同阶段需要不同的航空立法。因而，在编制航空立法规划时，要将中国航空事业发展放入国际航空事业发展的历史阶段中，分析中国航空事业发展所处阶段，运用航空立法理论进行指导，结合中国航空事业的发展实况，坚持理论与实践相结合，进行航空立法规划的编制。另外，虽然各国航空立法具有个性，但因各国航空活动参与主体有所不同，具体条文可能千差万别，因而在编制航空立法规划时，要充分听取各方面的意见，特别是航空活动参与主体的意见和建议，才能真正编制出科学的航空立法规划。

另外，对于中国来说，航空事业发展具有不平衡性，特别要求地方航空立法主体在编制航空立法规划时，一定要和地方航空事业发展实际相结合，避免为了“立法”而进行航空立法规划的编制。如，目前，地方性航空主体航空立法积极性太强，一个地方航空主体出台了一件地方性航空立法后，多地纷纷仿效。据本书不完全统计，在《江苏省民用航空条例》出台后，许多地方航空立法主体在地方立法规划中，也将制定《民用航空条例》，丝毫不顾本地区航空事业发展的实际，多为“立法”而进行航空立法规划的编制。

第三，编制航空立法规划，要坚持立改废释并举的方针，更加注重航空法的修改。相比于其他部门法律而言，目前，中国航空法律体系已经非常完备，航空立法已经涉及了航空活动的方方面面。实际上，根据本书第二章对中国航空立法发展历程的研究，在 2008 年以后，中国另行制定的航空行政法规 3 件，航空部门规章基本上都是对 2008 年以前的航空部门规章的修改。修改航空法产生的法律成本低且航空法修改落实率比法律制定的落实率相比要高，有必要更加重视航空法的修改和清理工作。但对于确实需要制定航空法的领域，如通用航空、无人机等领域，应有针对性进行立法规划，及时制定。

相比于航空行政法规和部门规章来说，近年来，地方航空立法激增且有进一步膨胀的趋势，地方航空立法主要是“立”。但从现有地方所立之航空法以及欲立之航空法的名称和内容来看，趋同性非常明显。正如上述第二方面所言，多数地方航空立法主体为“航空立法”而进行航空立法规划的编制。因此，本书建议，在地方进行航空立法编制时，不仅要结合本地区航空事业发展实况，还应系统分析国家现有航空立法，避免实施立法规划过程中的重复立法。

第四，航空立法规划要从现有航空活动领域实际存在或将要发生的重大问题出发，不固守现有部门立法模式，通过设立航空基金或奖励基金鼓励专家学者或相关航空活动参与者从不同角度提出立法规划。

目前，中国航空事业已经获得了蓬勃的发展，本着深入贯彻党的十九大精神，实现航空强国的战略目标的立法指导思想，无论是现有的航空行政立法、部门立法、地方性立法，都应从现有航空活动领域实际存在或将要发生的重大问题出发，进行航空立法规划的制定。现有航空活动领域实际存在的问题有消费者权益保护、空域资源的有限性和航空活动膨胀式发展与空域资源使用之间的矛盾、承运人责任制度、航班不正常等。根据现有航空活动的发展，可以合理预测通用航空、无人机行业在将来发展过程中可能会出现行业保护与规制、对第三人侵权等重大问题。这些都应统筹在航空立法规划中。

根据现状，我国目前仍为部门立法，因此航空立法规划的制定和实施也主要是由这些部门来完成，在某些程度上会出现“换汤不换药”的情形。故要改变航空立法这种由部门立法“拼盘式”的立法模式（以中国部门规章制定为例，即由中国民用航空局不同部门之间提出的立法项目为基础，该部门立法后，以中国民用航空局或交通运输部名义颁布，一起放入部门规章中，类似“拼盘”）。

要改变这种状况，相关航空权力部门应通过设立航空基金或通过奖励方式向社会征集相关航空活动领域重大问题，并委托相关专家学者进行规划之制定，甚至可以进行委托立法，来执行航空立法的规划。否则，不完善目前这种部门立法的状况，无论是航空立法规划的制定，还是执行，都有可能流于形式。

第五，航空立法规划的制定应具有全球视野，统筹规划，避免出现“头病医头、脚病医脚”等现象的再次发生。

航空法的制定具有规律性，这个规律就是航空立法要适应航空事业发展的具体情况，既不能冒进，也不能滞后。从世界范围来看，国际航空立法的不断发展就是为了解决不同阶段国际航空事业发展过程出现的问题，因此，目前的具体国际航空立法就是要解决各国航空活动中出现的共性问题，或将要出现的共性问题。中国在进行航空立法规划时，应坚持国际视野，分阶段、有步骤地将国际航空立法之内容进行有目的地转为为国内立法。

在制定航空立法规划时，还应统筹规划，避免出现“头病医头、脚病医脚”等现象的再次发生。一方面，要对中央立法和地方立法进行统筹。另一方面，要还统筹现有航空立法与将要立改废释的航空法。这就需要对现有的航空法律规范进行系统的梳理和归类，发现现有的航空法规则中的矛盾和冲突之处，根据航空事业发展实况及时对航空法内容及时进行修、改、废。还需要在航空立法过程中保证内容上的连续性和一贯性，避免“头病医头、脚病医脚”现象的发生。

5.2.2 规范法律术语的使用

航空法有国际航空法和国内航空法之分。国际航空法是成员国之间所签订的条约或协定，是成员国共同意志的反映。特别是全球性多边国际航空私法公约，要综合诸多国家的国内法律的相关规定，因而，在法律术语的使用上，也多综合相关国家的一般性法律术语。在出现航空法律纠纷时，多由一国法院根据该法律术语，结合本国法律具体规定进行解释。又因各国具体规定在内容上千差万别，故各国在具体法律术语的解释上也可能存在着诸多不一致的情况。

1929 年《华沙公约》第二十条第一款，作为推定过失责任制的组成部分，具有关键作用，因为去掉它，责任根据就会根本改观，成为“完全责任”了。[①] 该条款的全文是：“承运人如果证明自己和他的代理人为了避免损失的发生，已经采取一切必要的措施，或不可能采取这种措施时，就不负责任。”

1929 年《华沙公约》虽以法国法为代表的大陆法系国家的法律为蓝本，但第二十条第一款中作为免责事由的“一切必要措施”，却源自普通法系的“应有谨慎”原则。什么叫作“应有谨慎”，各国法律的解释有所不同。如美国《布莱克法律词典》的解释为：“期待于一个有正常辨别力而谨慎的人在某种情况下正常地应该采取的谨慎的、积极的或关怀照顾的措施；不是衡量事物的一个绝对标准，而是依据具体有关事实情况而定的。”[②]而大陆法系各国法律传统中没有与“应有谨慎”相当的概念。因而，当发生此类航空运输纠纷时，各国主要以本国法律相关规定对其作出具体解释。

而对于该条中的“一切必要措施”，各国法院解释亦有不同，美国法院解释成“一切可能措施”，法国法院则解释为承运人能够“在正常情况下进行照料”。

再如，1929 年《华沙公约》第二十五条第一款规定：“如果损失的发生是由于承运人的有意的不良行为，或由于承运人的过失，而根据受理法院的法律，这种过失被认为等于有意的不良行为，承运人就无权引用本公约关于免除或限制承运人责任的规定。”此款规定中出现的“有意的不良行为”，各国法院解释时亦有差异。公约签订时，大陆法系国家将其表达为“严重过失”，而普通法系则表述为“有意或不顾后果不良行为”。即使对“严重过失”，各国也没有统一规定。

此种情况在国际航空多边私法公约中大量存在，如对 1929 年《华沙公约》第

---

① 赵维田. 国际航空法[M]. 北京：社会科学文献出版社，2000：261.

② Black's Law Dictionary(5th edit)，p. 411. 转引自赵维田. 国际航空法[M]. 北京：社会科学文献出版社，2000：262.

十七条中的“事故”的解释，第二十八条中“地”的解释[①]等。还存在于国际航空多边公约之中，如1963年《东京公约》第一条中所规定的“违反心法的犯罪”等。

国际航空公约之所以这样规定，主要是基于各国法律具体规定的千差万别，只能在国际公约中进行概括性规定，具体解释权留给了各国国内法院，以保证国际航空多边公约能在成员国内得到具体适用。

一国国内航空法是属于一国国内法。因航空法和航空活动的国际性，许多国家在制定本国国内航空法时，一方面，不仅要遵守“条约必须恪守”这个国际法义务，尽量保持与国内航空公约之规定的一致，以保证条约在本国境内的适用；另一方面，还要保持国内航空法与国内其他法律之间的协调，作为航空法律体系各组成部分之间的和谐协调。

许多国家在本国国内航空立法中，一般都规定，本国参加或缔结的国际条约与本法有不同规定的，适用国际条约的规定。如《俄罗斯联邦航空法》第三条、我国《民用航空法》第一百八十四条第一款。[②]

对于中国来说，表现在航空法律术语的使用上，基本上是与国际航空多边公约的规定保持了一致，如《民用航空法》第一百二十四条中所使用的“事件”一词，就是直接摘取了1929年《华沙公约》第十七条中的“事件”一词；在《民用航空法》第十五章法律责任中，涉及航空犯罪有关词语时，均是直接采用了国际航空刑法的用词，等等。

本书认为，在制定中国航空法时，特别在《民用航空法》修改时，要与国际航空公约中普遍采用的航空法律术语保持一致，还要与国内法律术语保持一致，且应使现有航空法律体系中的法律术语保持一致。

第一，对一些国际普遍采用的航空法律术语，应与其保持一致。在国际航空公约中，特别是最新国际航空公约中所使用的法律术语，在航空活动领域往往具有特定的含义，也被国际社会所普遍采用。中国在制定航空法时，特别是在修改《民用航空法》时，应始终与国际航空公约，特别是与最新国际航空公约中所使用的法律术语保持一致。

因《民用航空法》是中国航空法律体系的核心，是其他航空行政法规、部门规

---

① 1929年《华沙公约》第十七条：对于旅客因死亡、受伤或身体上的任何其他损害而产生的损失，如果造成这种损失的事故是发生在航空器上或上下航空器过程中，承运人应负责任。

第二十八条：(1) 有关赔偿的诉讼，应该按原告的意愿，在一个缔约国的领土内，向承运人住所地或其总管理处所在地或签订契约的机构所在地法院提出，或向目的地法院提出。(2) 诉讼程序应根据受理法院的法律规定办理。

② 《俄罗斯联邦航空法》第三条：俄罗斯联邦参加的国际协议与本法有不同规定的，适用国际协议的规定。

《民用航空法》第一百八十四条第一款：中华人民共和国缔结或者参加的国际条约同本法有不同规定的，适用国际条约的规定；但是，中华人民共和国声明保留的条款除外。

章、地方性法规和地方政府规章制定的根据，故应首先保证《民用航空法》中的相关法律术语与国际普遍采用的最新航空法律术语保持一致。进而，保证国内其他航空立法与《民用航空法》保持一致。

目前，在《民用航空法》实施后，国际社会所制定的国际航空公约主要有 1999 年《蒙特利尔公约》、2001 年《开普敦公约》、2009 年《一般风险公约》、2009 年《特殊风险公约》、2010 年《北京公约》、2010 年《北京议定书》以及 1944 年《芝加哥公约》19 个附件。在《民用航空法》修订时应与上述国际航空公约中的法律术语保持一致的具体内容，本书将在第七章中进行详细研究，此处不再赘述。

第二，应与国内一般性法律术语保持一致。因航空活动是一个系统工程，涉及范围极广，因而规范航空活动的航空法亦如此。就目前而言，航空法所涉及的内容基本涵盖了中国特色法律体系所有部门法。但在航空运输纠纷发生时，却往往很少适用航空法的规定，究其原因，主要就是航空法中的相关法律术语未与中国国内一般法律术语保持一致。

如在航空运输纠纷领域，有关承运人对旅客、行李或托运货物的延误赔偿责任，现有《民用航空法》规定的承运人的除外责任是“承运人证明本人或者其受雇人、代理人为了避免损失的发生，已经采取一切必要措施或者不可能采取此种措施的”，不承担赔偿责任。但此规定，在我国一般性法律法规中，找不到相对应的法律术语，因我国尚无类似于海事法院的专门解决航空运输纠纷的法院，故在司法实践中，不得不寻找适用《民法典》《合同法》等具体法律规定。在《民用航空法》中还有诸多条款存在此类问题。因此，本书建议在修订现有《民用航空法》或另行制定《航空法》时，其相关法律术语应与国内一般性法律术语保持一致。

第三，现有航空法律体系内部法律术语要保持一致。保持现有航空法律体系内部法律术语的一致性，是构建和谐统一的中国航空法律体系的基本前提和保障，也是保障航空活动参与主体各方合法权益的基础。

在现有航空法律体系中，有关法律术语的界定还存在着诸多不一致之处。如有关民用航空器、通用航空、机场等法律术语在现有航空法律体系中存在着较大差异。具体为：

有关民用航空器在现有航空法律体系中使用情况。《民用航空法》第五条规定：“本法所称民用航空器，是指除用于执行军事、海关、警察飞行任务外的航空器。”2002 年中国民用航空总局颁布了《涡轮发动机飞机燃油排泄和排气排出物规定》第 34.1 条定义，航空器是“用于或预期用于空气中飞行的一种器具，并指已具有中国标准适航证或等效外国适航证的任何飞机”。2016 年 3 月的《航空发动机适航规定》通篇都是使用“航空器”而非“民用航空器”。

建议：在修订《民用航空法》时或另行制定《航空法》时，首先对“民用航空器”或“航空器”进行准确界定，在保持与国际航空公约一致的同时，考虑到中国实际，可在条文中设定授权国务院对尚未涵盖的航空器进行界定的兜底条款。并以修订后的《民用航空法》或另行制定的《航空法》为依据，规范其他航空法中对该法律术语的使用，且与航空法律保持一致。

有关"通用航空"这个法律术语，在航空法律体系中使用情况，学者们已经做了较为深入的研究，都认为：《民用航空法》《通用航空管制条例》等规定存在着较大的区别，应修订《民用航空法》，对"通用航空"作出明确规定，后以该法为基础，修订具体有关航空法规、规章中有关"通用航空"的界定，保持与该法一致。

本书认为，在《航空法》未取代《民用航空法》的前提下，学者们的建议非常好。若《航空法》取代《民用航空法》，应在制定的《航空法》中对"通用航空"作出明确界定，然后以该法为基础，重新对航空法规、规章中有关"通用航空"界定时与之一致，保持航空法律体系的一致性。

有关机场等法律术语的统一适用，本书将在第七章中进行详细研究，此处不再赘述。

5.2.3 推进立法民主化进程

对中国航空立法民主化不够的具体表现及原因，在本书第四章第一节中进行了详细研究。结合前述研究，本书认为，应从以下几个方面推进中国航空立法民主化进程。

第一，在航空立法规划中，要贯彻民主因素。目前，中国航空立法依然为部门立法，由相关航空主管部门拟定航空立法规划，形成一种自上而下式的立法计划引导，贯彻的是相关航空部门的意志。航空活动主体参与程度低。

航空立法规划一般以五年为期限，是对未来五年内立法的具体内容和步骤所做出的方案和计划。它一般是以科学的立法预测为根据。这不仅要对以前相关立法进行详细梳理和全面评估，还要能够合理预测国内外航空事业和国际国内航空立法发展走向等内容。不可否认，航空立法规划的制定机构确实能对相关问题进行详细研究。但因立法规划还涉及诸多航空活动参与主体的切身利益，因此，应充分吸收这些航空活动参与主体对未来航空立法的一些观点。

本书认为，要在航空立法规划中贯彻民主因素。首先应在立法规划制定前，由相关立法部门组织航空法研究相关专家、学者、航空活动参与者等，与航空立法规划起草部门一起对未来航空立法进行科学预测，再由相关航空立法部门按照所形成的共识，制定航空立法规划，说明具体规划理由，向社会公示，征询意见，之后形成航空立法规划。其次，在航空立法规划通过后，还应具体情况定期和不定期对航空立法规划进行修补，以保证航空立法规划的科学性。

第二，在航空立法草案的起草中，应广开立法之门，方便公众参与。就目前中国现有立法环境来看，承担航空立法草案的起草工作，相关航空部门责无旁贷。

在航空立法的起草过程中，应由相关航空部门组织成立相关立法小组，广泛吸收专业能力强对航空法具有深入研究的专家，代表航空人员、机场、航空运输企业等人员，以及其他航空活动参与主体不同利益团体的代表，并要求这些立法小组成员严守中立性之原则，共同完成对航空立法草案的起草工作。

航空立法草案在起草的过程中，除了涉及国家秘密外，应定期和不定期向社会公开发布，任何外部组织和公众均可直接参与，提出建议和意见。然后，由立法小组对相关意见和建议进行整理和论证，形成新的航空立法草案，再次向社会公开发布，由相关外部机构组织和公众再次提出建议和意见。

第三，在航空立法草案的起草中，应对每一条法律规则的起草依据、设计条文的理由和来源，与现有航空立法是否重复、冲突等都要进行详细说明，便于公众进行立法监督。根据现有航空立法草案起草的说明来看，概括性内容居多。一般仅在第一条立法目的和根据中进行概括性规定，其立法根据一般仅简单概括为依据×××法，没有明确为依据×××法×××条，致使"依据"本身缺乏依据。建议在以后的航空立法草案起草中，应明确规定所依据的是什么，如"依据×××法×××条"。这样，公众在参与时，就能非常明确地进行立法监督，全程推进航空立法民主化进程。

对具体制定或修订的航空法条文来说，立法者应对每一具体条文制定理由、来源，与现有航空立法内容是否重复、冲突等都要进行详细说明。这样，也便于公众根据该具体法律条文的上述内容，进行有针对性的监督，不断推进航空立法民主化进程。

第四，对某些涉及消费者切身利益的航空立法，可以采取座谈会、论证会、听证会、网上征求意见等多种形式，充分听取消费者的意见，实质性推进航空立法民主化进程。在航空活动领域，涉及消费者切身利益的航空立法较多，如票价和对消费者的赔偿数额的制定等。应当广泛听取相关机关、组织、人民代表大会代表和社会公众的意见，听取意见的方式可以采取座谈会、论证会、听证会等多种形式，特别是要充分听取消费者的意见。

在以中国民用航空(总)局为主导的中国航空立法领域，已经采取过座谈会、论证会、听证会和网上征求意见等多种形式，听取各方面的意见，但收效甚微。以 2003 年 7 月 5 日中国民用航空总局就《民航国内航空运输价格改革方案》在北京召开听证会为例，该听证会代表共 15 人，其中消费者代表 9 人、经营者代表 4 人、专家学者代表 2 人。听证会通过电视台全程直播，虽然大多数代表均认为，建议机票打折不设下限，同时按照现有方案，消费者的实际利益和知情权将无法保证，但是在听证会结束后，中国民用航空总局政治部某官员表示，方案的大方向不会变,如航空运输价格监管和配套措施,但机票的折扣幅度会有些变化。[1] 可见,整个听证会的召开在形式上轰轰烈烈,实质收效甚微,影响了公众参与的积极性,不利于航空立法民主化进程的推进。

本书认为,以中国民用航空(总)局为主导的航空立法,已经采取了多种方式,充分听取了各方意见,确实领先于中国其他部门立法。但本书也认为,在中国航空立法中要充分贯彻民主立法的指导思想,仅采取丰富多彩的形式是不够的,还要产生实质性的效果。这就要求相关航空立法主体应确实做到不仅仅要"听"各方意见和建议,更重要的是要"取"各方意见和建议,要实质性地推进航空立法民主化进程。

5.3 建立航空立法评估制度

《立法法》第三十九条、五十二条和六十三条[2],建立了制定法律的评估制度。中国民用航空局在 2011 年 8 月 13 日发文《中国民用航空局规章立法后评估规定》,共 30 条,对评估主体及职权、评估事项、评估工作的开展程序等进行了详细规定。从形式上建立了航空立法的事后评估制度。

但对航空立法进行评估,不仅仅是单纯的立法后的评估,还应包括对航空立法规划、航空立法计划、航空立法草案等进行评估。只有这样,才能确实保证航空立法的质量。

第一,应建立航空立法规划和计划的评估制度。在中国,航空立法已经形成了较为完备的航空法律体系,涵盖了航空活动的方方面面,加之国内航空立法不仅仅是单纯的国内立法,还要借鉴国际航空立法的新内容。在中国航空立法领域,主要是对现有航空法进行修订和完善。故在制定航空立法规划和计划时,首先应对现有国内航空立法和国际航空立法进行系统梳理,查找现有国内航空立法存在的主要问题,按照轻重缓急,进行航空立法规划和计划的制定工作。这样才

---

① 吴焕. 民航价格听证平静收场,成本和最低限价成焦点[EB/OL]. http://news.sohu.com/95/49/news211124995.shtml;白天亮. 民航价格听证会 5 小时,"最低限价"遭围攻[EB/OL]. https://www.chinacourt.org/article/detail/2003/07/id/69669.shtml.

② 第三十九条 拟提请常务委员会会议审议通过的法律案,在法律委员会提出审议结果报告前,常务委员会工作机构可以对法律草案中主要制度规范的可行性、法律出台时机、法律实施的社会效果和可能出现的问题等进行评估。评估情况由法律委员会在审议结果报告中予以说明。

第五十二条 全国人民代表大会常务委员会通过立法规划、年度立法计划等形式,加强对立法工作的统筹安排。编制立法规划和年度立法计划,应当认真研究代表议案和建议,广泛征集意见,科学论证评估,根据经济社会发展和民主法治建设的需要,确定立法项目,提高立法的及时性、针对性和系统性。立法规划和年度立法计划由委员长会议通过并向社会公布。

第六十三条 全国人民代表大会有关的专门委员会、常务委员会工作机构可以组织对有关法律或者法律中有关规定进行立法后评估。评估情况应当向常务委员会报告。

能够保证所制定的航空立法规划和计划科学合理。

本书认为,结合目前中国航空立法的实践,应在全国范围内建立起航空立法前评估制度,对所有中国航空立法规划进行评估,保证航空立法规划科学合理。

该评估机构可由中国民用航空局、中央军事委员会、机场代表、航空人员代表、航空运输企业代表、消费者代表和专家学者代表等组成,由中国民用航空基金提供活动经费,每年举行定期会议一次,不定期会议根据国际航空立法状况和国内航空事业发展实况而定,需要修改航空立法规划或立法计划时举行。

选择上述人员组成评估机构,主要理由在于:中国民用航空局是中国航空立法的部门主导者,而航空法本身具有准军事性,且目前中国空中交通虽然实行军民航分别管制,但是军方对空域资源的绝对控制局面短期内不可能改变,而中国航空立法未来发展方向主要是军民航协调立法,因而中央军事委员会也应为该机构的当然成员。就中国航空立法的范围来看,主要围绕着空域使用和管理(《民用航空法》第七十二条授权国务院、中央军事委员会制定具体管理办法),航空器、航空人员、机场、航空运输企业等进行,因而,航空器制造企业、航空人员机场、航空运输企业等主体都一直参与航空活动,航空立法对他们影响较大,故应由上述这些主体选派代表参与该评估机构。对于消费者代表和专家学者代表,应对选任人员的资格作出具体规定。不应与上述主体存在利益关系应是选任消费者代表和专家学者代表的首要条件。

该评估机构不仅应对航空立法规划和计划进行评估,而且还应对制定或修订的航空立法草案进行全面评估。

第二,建立对航空立法草案的评估制度。目前,中国航空立法仍为部门立法,不同位阶的航空立法草案在提交给相关部门进行表决前,都应由专门评估机构进行评估。至于航空立法草案的制定,可由相关部门进行制定,亦可由相关部门委托相关科研机构或专家进行制定。对于具体的航空立法草案,本书认为,不仅要从整体上对航空立法草案制定的根据(应具体到×××法×××条)、指导思想、基本原则等进行详细描述,而且还应对制定或修订的具体法律条文的理由、与现有航空立法的关系(区别与联系及详细理由、是否存在冲突、重复等)等内容进行详细论述。

航空立法草案制定后,可由相关部门交由上述第一点中所建立的评估机构进行评估。对于评估机构评估人员的组成,可根据所制定的航空立法草案的适用范围进行确定。然后由该评估机构出局具体的评估报告,交由相关主导立法部门,由相关主导立法部门,在不涉及国家秘密等的情况下,向社会公示,由社会主体提出相关意见和建议。之后由主导部门将相关意见和建议,交由具体航空立法起草者,进行修订,修订后再次由评估机构进行评估,最后形成完整的航空立法建议稿。

第三，建立航空立法后评估制度。在航空立法时，不仅应明确制定该航空法应发挥什么样的作用，达到什么样的价值，而且对所制定的每一条法律条文，都要详细说明制定的目的以及所要发挥的作用。

航空立法的生命力在于实施，制定后的航空法，若在现实生活中没有被适用，说明航空立法是失败的。但在实施过程中，可能会出现立法时所没有预测到的情况，需要对相关航空立法进行修订。要对相关航空法进行修订，必须要对现有航空法进行评估，以该评估内容为依据，有针对性地进行修订。

要进行航空立法后评估，就要解决由谁评估、何时评估、评估内容和程序为何等内容。《立法法》六十三条规定，全国人民代表大会有关的专门委员会、常务委员会工作机构可以组织对有关法律或者法律中有关规定进行立法后评估。评估情况应当向常务委员会报告。《中国民用航空局规章立法后评估规定》第二条规定，民航局是民航规章的评估机关。民航局法制部门负责立法后评估工作的组织实施。

可见，从现有法律等规定来看，中国航空立法后评估是根据所立航空法位阶，由相关部门进行评估。这是一种对自己所立之法进行评估的制度，可能因为部门利益等因素，致使评估缺乏中立性。

本书建议，可由上述第一点中所设立的评估机构进行航空立法后评估。因为这个评估机构组成人员来自航空活动的各个领域，最具有代表性，而且对所立航空法在具体实施过程中存在的问题能有着清晰的认识，而且这些组成人员在航空立法出台前就已经参与了航空立法草案的评估工作，对进行航空立法时的目的，具体条文的含义有着更为深入的了解，也能够与实施后的航空法所产生的问题进行鲜明对比，评估效果会更好。

对于何时评估，本书认为，首先应根据所立航空法在实施过程中问题出现的时间而定。所立航空法在实施过程中一旦出现了问题，就应该马上进行评估。若所立航空法在实施过程中，新的国际航空立法出现了，也应该根据该新的国际航空立法对中国相关航空立法进行评估。另外，本书认为，还应建立定期评估制度，定期评估三年一次为宜。《中国民用航空局规章立法后评估规定》第十六条所规定的评估对象选择应当综合考虑的时间因素为“规章发布满二年的”。

对具体评估内容，本书认为，可依据《中国民用航空局规章立法后评估规定》第十七条立法后评估所依据“六性”标准进行，即：（一）合法性，即规章的各项规定是否与上位法一致，尤其是出台了新的上位法或者上位法进行修订的；没有上位法的，要考察是否符合立法精神和原则。（二）协调性，即与同阶位的立法是否存在冲突，立法本身规定的制度之间是否衔接，配套规定是否完备。（三）合理性，即各项规定是否符合公平、公正原则；是否符合立法目的，所规定的措施和手段是否适当、必要；可以采用多种方式实现立法目的的，是否采用对当事人权益损害最小的方式；法律责任设定是否适当；法规、规章是否适应经济社会发展需要；在相关社会关系调整中是否必需。（四）可操作性，即规定的制度是否有针对性地解决行业管理中存在的问题；规定的措施是否高效、便捷；规定的程序是否正当、简便，易于操作；规章中提及的配套制度是否完备。（五）规范性，即逻辑结构是否严密；概念界定是否准确，条文表述是否简洁明了；立法用语是否规范。（六）实效性，即是否实现立法预期的效果；规章执行是否造成其他负面影响。

此外，还应考虑航空法的国际性特征，增加与国际先进航空立法接轨等内容。

第四，应在《民用航空法》中或另行制定的《航空法》中，增加有关航空立法的评估规定。按照《立法法》等法律法规的规定，中国立法评估分为事前评估和事后评估，均为"谁立法，谁评估"。在航空立法领域，航空法律是由全国人大及有关机构进行评估，航空行政法规由国务院进行评估，部门规章由国务院民用航空主管部门进行评估，地方性法规和地方政府规章由地方相关机构进行评估。这种评估方式，中立性不足，也可能会破坏航空法律体系的统一。

航空法具有天然的国际性特征，因而，国内航空立法不仅仅是一个国内立法，更为重要的是要在立法时吸收国际航空立法先进经验。在制定航空法时，不仅要考虑航空事业发展状况，还应深入研究国际航空立法发展走向，这样才能制定出高质量的航空法。而根据《立法法》的规定，理论上享有航空立法权的主体激增，这些主体，特别是地方立法主体，立法积极性非常高，但所立之航空法存在着重复率高、违法立法等状况。进行事前评估和事后评估都是非常必要的，但对自己所立之航空法进行评估，缺乏中立性，因而，考虑到航空法体系的完整性以及航空法的国际性特征，应由专门评估机构进行评估为宜。虽然目前中国民用航空局已经制定了《中国民用航空局规章立法后评估规定》，但其只是中国民用航空局事后评估民用航空规章的依据，且仍为自己立法自己评估。因而，本书建议，应在修订的《民用航空法》或另行制定的《航空法》中，增加由有关专门评估机构对除航空法律以外的航空立法进行评估的规定。

5.4 加强航空立法理论研究，奠定航空立法的理论基础

各国航空立法基本上都是围绕着空域管理和使用、航空器、航空人员、机场、空中交通管制、承运人责任制度、消费者权益保护、通用航空、对第三人赔偿责任、航空安全保卫等方面进行，基本框架大体相同，但具体条款却千差万别。

之所以会出现这种情况，主要是因为各国航空事业发展阶段和各国立法基本理论存在差异。在中国，在航空立法领域中，尤其是在《民用航空法》立法中，主要是移植国际航空公约之内容和典型国家国内航空立法之相关规定，从而造成了中国在航空领域的立法属于"拼盘式"立法。

在上文中，本书研究了现有航空立法要与国际航空立法进行协调，主张在航空法律术语的使用上要与国际航空公约保持一致。实际上，在中国航空立法中，特别是在作为法律的《民用航空法》中，所使用的法律术语确实与国际航空公约保持了一致，但因缺乏对航空立法基本理论的研究，对相关法律术语的具体含义未能有深入理解，往往导致这些直接移植国际航空公约的相关规定无法直接使用，从而使相关航空立法几无可操作性和实效性。

如在国际航空公约中，在航空“事故”和“事件”这两个法律术语的使用上，1929 年《华沙公约》使用的是“事件”，1999 年《蒙特利尔公约》使用的是“事故”，由于对在航空运输领域“事故”和“事件”的理论研究不够，中国《民用航空法》至今仍采用 1929 年《华沙公约》使用的“事件”一词。

再如，在国际航空公约中，经常出现体现运输性质或飞行性质的几个航空法律术语，如国际航空运输、国际航班、国内航空运输、国内航班、国际空中航行、国内空中航行。在中国，由于对这几个航空法律术语缺乏系统研究，经常会出现将国际航空运输等同于国际航班、等同于国际空中航行，将国内航空运输等同于国内航班、等同于国内空中航行的情形。出现这些情况，主要是由于缺乏对这些航空法律术语的系统研究，未将这些航空法律术语结合相应国际航空条约加以系统研究。根据笔者研究发现，在 1944 年《芝加哥公约》第九十六条规定的“国际航班”指经过一个以上国家领土之上的空气空间的航班，此处的国际航班实际上就是国际空中航行，就是指航空器飞越两个或两个以上国家领空的活动。可见，无论是国际航班/国内航班或是国际空中航行/国内空中航行，均是以作为执行运输任务的飞机(航空器)飞经的国家领空数作为判断依据的。而国际航空运输/国内航空运输却不是如此。其判断依据不是飞机所飞经的国家领空数，而是消费者与承运人的约定，若运输的始发地点、目的地点位于两个或两个以上国家境内，则为国际航空运输；若运输的始发地点、目的地点位于一个国家境内，但在另一国境内有事先约定的经停地点，也为国际航空运输。除此以外，均为国内航空运输。由于对相关国际航空公约所规定的航空法律术语缺乏系统研究，无论是理论界抑或实务界，经常出现对上述法律术语理解不深刻的情况。

另外，还有一些经常在国际航空公约中使用的、且经常作为司法判决依据的一些法律术语，如“有意的不良行为”“一切可合理要求的措施”等，这些作为加重或减轻承运人责任的航空法律术语，在《民用航空法》中被移植了。由于对其具体含义缺乏系统研究，致使在中国的司法判决中，鲜有使用这类相关法律术语，导致相关法律条文成为摆设。

因此，要加强对航空立法基本理论的研究。鉴于中国航空立法大量移植了国际航空公约的相关规定，首先应加强对国际航空公约制定背景、具体条款等内容进行深入研究。

要加强对中国航空法基本理论的系统研究。在本书第一章中，对中国现有有关航空法研究成果进行了系统研究，发现航空法基本理论的研究成果相对较少，范围较窄，仅涉及航空法的概念、性质与特征、调整对象、渊源和历史发展等内容。对航空法的功能、作用和价值等基本理论问题几无研究成果。因此，要加强对航空法基本理论研究，应重点关注航空法的功能、作用和价值等的研究，以期为中国航空立法提供些许理论指导。

从广义上来看，航空立法就是立改废释航空法的活动。在立改废释航空法前，必须要回答为什么要进行航空法的立改废释、立改废释后的航空法应该发挥哪些作用。这无疑就需要加强航空法功能的研究，即研究航空法应该发挥哪些作用。这是进行航空立法的前提和基础。

加强航空法作用和价值研究也至关重要。如果说航空法功能回答了为什么要进行航空法的立改废释；航空法的作用则回答了已经制定的航空法在实施过程中发挥了哪些实际作用，包括积极作用和消极作用。对比立改废释航空法时立法者想要达到的作用，分析具体条文发挥及未发挥作用的原因，以便为修订和解释现有航空法、或另行制定航空法、或废止航空法提供方向性指导，这样才能有的放矢地对现有航空法进行立改废释。

无论是立改废释航空法，还是执行航空法，都应当贯彻航空法的价值，如秩序、安全、效益、公平、自由、正义等。然而，目前关于法的价值的研究成果较多，但对于航空法的价值的研究成果较少，致使在航空立法和航空执法中，未能将航空法的价值贯彻于其中。因此，应加强对航空法价值的研究，为航空立法提供思想先导，为航空法的实施提供价值指导，为防止航空法的失效提供屏障，为校正航空恶法提供准则。

要加强航空法基本理论研究的重点。除了应加强国际航空公约和航空法功能、作用和价值研究外，还应加强航空法与相关部门法关系的研究。从现有中国特色法律体系的部门法划分来看，《民用航空法》属于经济法部门。但是航空法律体系并不是单指一部《民用航空法》，还包括大量专门性航空行政法规、部门规章、地方性法规和地方政府规章。如将《飞行基本规则》放入经济法部门就不太妥当。可以说，航空法所涉及的范围太广，其内容已经涵盖了现有中国特色法律体系所有的部门法。因此，有必要厘清航空法与现有部门法的关系，要厘清航空法与现有部门法的关系，就必须加强航空法基本理论研究，如航空法调整对象、调整方法，航空法与现有部门法的联系和区别。这些内容都应成为航空法理论研究的重点。

目前，《民用航空法》的修订和《航空法》的制定工作正在紧张而有序地进行。二者之间的关系也应是当下航空法基本理论研究的重点。本书在本章第一节中已对此问题进行了深入研究，此处不再赘述。

从整体上来看，中国航空立法主要采用跟随战术，即紧跟国际航空立法的步伐。但当下随着中国航空事业膨胀式发展，单纯采取跟随战术是远远不够的，我们还应深入研究国际航空立法发展走向、国内航空立法发展走向等航空法基本理论问题，为中国制定具有领先地位的航空法提供理论指导。

5.5 及时归类和修订航空立法成果，完善重点领域航空立法

5.5.1 及时归类和修订航空立法成果

我国航空立法内容庞杂且重复现象较为严重，上位法和下位法的适用乱序。要改变这种局面，应首先修订《民用航空法》或另行制定《航空法》，然后按照《民用航空法》或《航空法》的编排体例对现有航空行政法规、规章、航空地方性法规和规章进行归类，同时进行清理和修订，形成逻辑清晰、内容健全且不重复的航空法律体系。

5.5.1.1 航空立法成果归类和修订的法律基础

航空立法成果归类和修订的法律基础应该是修订后的《民用航空法》或另行制定的《航空法》。

若修订《民用航空法》，建议将《民用航空法》第二章(民用航空器国籍)、第三章(民用航空器权利)和第四章(民用航空器适航管理)合并为一章，章名为民用航空器。将第十章(通用航空)并入第八章和第九章；将第三章中对外国民用航空器的特别规定，并入第二、三、四章合并后的民用航空器一章，或并入第十四章(涉外法律关系的适用)。又因中国民用航空局在2008年已被并入交通运输部，建议在修订《民用航空法》时应重新对我国航空管理机构及职权进行明晰。

若制定《航空法》，建议按照航空活动的要素进行体例编排，即：总则、空域规定、航空器、航空人员、机场、空中交通服务、承运人责任制度、第三人责任制度、航空保险制度、涉外法律关系、法律责任及附则。

修订后的《民用航空法》或制定的《航空法》都应根据《立法法》的规定，明确规定航空立法主体及其权限，为下位法的制定提供法律依据。

5.5.1.2 归类和修订航空行政法规

要对现有的航空行政法规进行归类并及时进行修、改、废。建议将现有的31部航空行政法规按修订后的《民用航空法》或另行制定的《航空法》的编排体例进行归类。通过归类，不仅可以鲜明地梳理出这些航空行政法规是否违背了上位法的规定，以便及时进行修、改、废；还可以为今后航空行政法规的制定提供归类指导并减少内容上的重复性。另外，对现有航空行政法规进行归类，也便于公众的查阅和监督。

5.5.1.3 归类和修订航空部门规章、地方性法规和地方政府规章

要对现有的航空部门规章、航空地方性法规以及地方政府规章进行归类并及时进行修、改、废。建议也应按照修订后的《民用航空法》或另行制定的《航空法》的编排体例进行归类。

通过归类,不仅可以对违反上位法的内容进行废止和清理,对内容冲突部分按照法律冲突的一般规定及时进行修、改、废,对出现的立法盲点有的放矢地进行立法填补;也便于公众进行查阅和监督。

第 2 项建议和第 3 项建议是以第一项措施的完成为基础的,因而当务之急应加快《民用航空法》的修订或《航空法》的制定工作。在第一项工作尚未完成的情况下,亦可以航空活动的要素为依据对航空行政法规、行政规章、航空地方性法规和规章进行归类,以便最终能形成逻辑清晰、内容健全且不重复的动态的航空法律体系。

5.5.2 完善航空重点领域立法

目前,在通用航空、无人机、大飞机等航空重点领域立法匮乏,制约了中国航空事业的整体发展。其中加强通用航空立法是重中之重。

就通用航空来说,随着社会需求的增长以及通用航空的发展,建立一套与国际条约和惯例接轨的,由法律、行政法规、部门规章和规范性文件共同组成的内容完善的通用航空法律制度,将有助于我国通用航空事业稳定、健康地发展。

5.5.2.1 修订《民用航空法》,对通用航空的定义、表现形式做出明确规定,增加对非经营性通用航空活动放松管制条款

借鉴国际民航组织的标准和要求,通过制定和修改航空行政法规和规章,完善有关通用航空的运营标准。

5.5.2.2 修订《通用航空飞行管理条例》

增加实施通用航空飞行的具体条款,特别是增加通用航空低空飞行标准的具有可操作性的具体规范;增加鼓励现有运输机场向通用航空企业或个人开放的规定,包括停机场地的使用、起降支持、维修服务等,进而形成具有中国特色的低空空域管理法规标准体系。

5.5.2.3 以《民用航空法》和《通用航空飞行管理条例》为基础,制定鼓励和支持通用航空活动的航空行政规章

要在规章中具体规定通用航空活动实施者的权利和义务等。如增加通用航空服务主体的公益性义务,由政府对其进行相应补偿或由设立的航空基金进行补偿等规定,从而进一步完善社会救援机制,保障通用航空能够有效地为社会公众提供公共性服务。

5.5.2.4 完善通用航空、无人机、大飞机的具体立法建议

第一,对通用航空、无人机、大飞机的定义、表现形式等做出明确规定,增加对此类航空活动放松管制条款。借鉴国际民航组织的标准和要求,通过制定和修改航空行政法规和规章,完善运营标准。

第二,增加实施前两类航空飞行的具体条款,增加鼓励现有机场向通用航空企业或个人开放的规定,包括停机场地的使用、起降支持、维修服务等,形成具有中国特色的低空空域管理法规标准体系。

第三,制定鼓励和支持三类航空活动的航空行政规章。在规章中具体规定实施者的权利和义务等。如增加由政府对其进行相应补偿或由设立的航空基金进行补偿等规定,从而进一步完善社会救援机制,保障此三类航空活动能有效地为社会公众提供公共性服务。

第6章　中国航空立法主体体系完善研究

6.1　航空立法主体的研究价值

研究航空立法主体,对维护宪法权威、推进航空法治进程以及实现航空强国战略都具有重要的价值。

第一,维护宪法权威。研究航空法立法主体是维护宪法权威的重要条件。中国坚定不移地走中国特色社会主义法治道路,建设有中国特色的社会主义法治体系,这要求我们完善以宪法为核心的中国特色社会主义法律体系。宪法是中国法律体系的最高权威,是中国众多下位法的根源所在。中国宪法对于国家机关立法主体的立法权限进行了严格的层级划分,建立起了严密、有序的法制规范体系框架。

中国立法主体的立法权限由宪法赋予,受宪法监督,任一立法主体的立法权限皆不得逾越宪法之规定,航空法立法主体也不例外。而现实中航空法领域法出多门、越位立法、立法主体权限边界模糊、立法相互冲突等频发现象引发国家机关立法权力的膨胀,进而导致中国现有法制规范体系内部发生紊乱,最终会危及宪法的最高权威和尊严。

因而,在宪法框架下研究航空法立法主体具有重要意义,这有助于将不合理的立法权力关在制度的笼子里,增强中国法制规范体系内部的严密性和有序性,践行和维护中国宪法的权威。

第二,推进航空法治进程。研究航空法立法主体是推进法治进程的必要环节。中国民主法治建设在新时代背景下更上一层楼,全面依法治国进一步深化,新时代建设中国特色社会主义法治体系,建设社会主义法治国家的重要新命题在于如何提高立法质量、提升立法技术、增强立法有序性、树立立法权威。

航空法作为中国特色社会主义法治体系的分支之一,研究其立法构造和体系对于深化中国全面依法治国的法治进程具有重要意义,而立法主体是决定立法质量的先决条件,具有首要的研究价值。立法质量的高低并非取决于立法数量的多少,过多的重复立法将致使国家法治资源大量浪费。针对航空法立法主体的研究旨在着力于为中国航空法领域立法做“减法”,有利于减少重复立法、消弭纵向与横向立法之间的冲突和矛盾,促进科学、协调、有序的高质量航空法立法体系形成,进而有效地推动中国法治现代化进程,为社会主义法治国家的建设添砖加瓦。

第三,实现航空强国战略。研究航空法立法主体是实现航空强国的关键因素。实现航空强国目标是中国响应全球化浪潮、增强国家综合实力的新时代发展目标。中国航空强国梦的实现,航空科技、航空产业、航空服务等诸多领域的繁荣发展都离不开法治的保障。航空法具有极强的技术性,航空法立法主体的立法行为是否科学、协调将直接作用于中国航空事业的发展进程。

科学、协调的航空法能够为中国航空事业的腾飞提供坚实的法律保障和有效的促进作用,而诸航空法之间的混乱与冲突则将制约、阻滞中国航空事业的发展进程。此外,立法是法治的起始环节,航空法立法主体权限边界模糊、立法相互冲突、大量重复立法等现实乱象将直接影响法律运行过程中的执法、司法、守法其他环节,导致法治的社会效果难以有效发挥。因此,为实现中国航空事业的腾飞、实现航空强国目标提供坚实的法律保障、创造良性的发展条件,必须从研究航空法立法主体这一根源起始。

6.2 中国航空立法主体体系现状分析及问题考究

6.2.1 现状分析

6.2.1.1 中国现有立法主体体系

立法是指由特定的主体,依据一定职权和程序,运用一定技术,制定、认可和变动具有普遍效力的法规范和法规则的活动。由特定主体进行、依据一定职权、依据一定程序、运用一定技术、活动内容旨在制定、认可和变动法五个特征构成了立法活动区别于其他活动的共同标示的总和。[①] 航空法立法主体即依据法定程序规定,在制定、认可和变动有关于调整航空活动及其相关领域中的社会关系的法规范和法规则方面享有法定立法权限的国家机关。中国广义上的立法主体之中涉及规制中国航空领域公法、私法上一切事务的立法机关统称为航空法立法主体,中国航空法立法主体体系框架与中国总体立法主体体系框架呈现相同的内在逻辑,皆依其法定权限和行政体制的区别纵向层层划分,既包括中央权力机关及其常设机关,也涵盖地方权力机关等国家机关。

中国实行"一元二级多层次"立法体制。[②] 所谓"一元"即全国人民代表大会为最高国家权力机关,全国人民代表大会及其常务委员会行使立法权。"二级"指中央一级立法和地方一级立法。"多层次"即制定规范性法律文件的立法主体由中央至地方呈现出层级分明、权限清晰的宝塔型体制框架,与其所制定的相应规

① 张文显.法理学(第4版)[M].北京:高等教育出版社,2018:189.

② 郭道晖.论国家立法权[J].中外法学,1994(04):9-19.

范性法律文件的效力同样呈现阶梯式地位。在该立法体制框架下,中国不同层级的立法主体所制定的地位、效力各异的规范性文件,即宪法、法律、行政法规、地方性法规、规章和自治条例、单行条例共同构成了中国完整统一的法律体系。

中国现有立法主体既涵盖了中央立法主体也涵盖了地方立法主体,既包括权力机关立法主体也包括行政机关立法主体。不同层级立法主体的立法权限由中国《宪法》和《立法法》进行基本规定。

依据中国《宪法》和 2015 年 3 月新修订的《立法法》之规定,国家立法权即全国人民代表大会及其常务委员会所享有的立法权是立法权之源,享有最高的地位,而国务院及其部委、地方权力机关和地方政府的立法权则都是由国家最高立法权派生的支流。[①] 中国全国人民代表大会制定修改基本法律,全国人大常委会制定应由全国人大制定的基本法律以外的法律,《立法法》所列举的涉及国家主权、根本政治制度、基本经济制度等十项必须由法律加以规定的立法事项专属于全国人大及其常委会;国务院根据宪法和法律制定行政法规,其立法权限限于为执行法律的规定需要制定行政法规的事项或《宪法》第 89 条规定的国务院行政管理职权的事项,专属于全国人大及其常委会立法权的事项经全国人大或其常委会授权,也可由国务院制定行政法规;省、自治区、直辖市的人民代表大会及其常务委员会可以根据客观实际制定不与上位法相抵触的地方性法规;设区的市的人民代表大会及其常务委员会在不同上位法相抵触的前提下,享有针对城乡建设与管理、环境保护、历史文化保护等具体事项制定地方性法规的立法权限;经济特区所在地的省、市的人民代表大会及其常务委员会经全国人大授权可制定适用于本经济特区的各项单行经济法规;民族自治地方的人民代表大会依照当地民族政治、经济和文化需要可制定变通性的自治条例、单行条例;国务院各部委、中国人民银行、审计署和具有行政管理职能的直属机构在本部门权限内有权制定相应的部门规章;省、自治区、直辖市和设区的市、自治州的人民政府有权制定地方政府规章。

2015 年 3 月《立法法》的新修对中国现行立法体制作出了具有宪制性意义的重大调整,其最主要的变化在于所有设区的市在此次修法之后均被赋予了地方立法权,原先享有地方立法权的 49 个市扩容为现在的 282 个市。[②]

立法主体数量猛增和立法权下放在一定程度上体现了中国愈发重视地方在国家立法体制中的价值与地位,国家法治建设着力于依照不同地域的现实情况、区位优势为地方发展提供必需的制度创新力。但同时立法主体数量的扩容也带来不小的弊端。立法主体的猛增,地方立法主体立法积极性的大大提高将带来立法数量的急剧上升。据统计,中国现行有效规范性法律文件中法律共 276 件,行

---

① 郭道晖. 论国家立法权[J]. 中外法学,1994(04):9-19.

② 焦洪昌,马骁. 地方立法权扩容与国家治理现代化[J]. 中共中央党校学报,2014(05):41-46.

政法规共 730 件;地方性法规共 11 008 件,其中省级地方性法规 6 032 件,设区的市地方性法规 3 615 件,经济特区法规 342 件,自治条例和单行条例 1 019 件。规章共 11 616 件,其中部门规章 2 799 件,地方政府规章 8 817 件。地方性法律规范文件的数量多达万件,并且仍在不断增长。①

立法权的膨胀衍生大量立法,致使立法与立法之间重复或同质化、立法冲突、立法质量低下、法治资源浪费的困局出现概率大为增加,如何保障立法主体与立法主体之间权力配置的优化和衡平成为当下维护中国现行法律体系内部协调统一的新难题。

6.2.1.2 中国航空法立法主体体系

中国航空法立法主体同样呈现由中央至地方层级分明的宝塔式体系框架,多元层级的航空法立法主体制定效力各异的规范性法律文件,从而形成中国阶梯式的航空法律体系。中国现行航空法律体系是由多元立法主体所制定的宪法、法律、行政法规、地方性法规、规章等多层次规范性法律文件共同构成的严密法律体系框架下的"子系统"之一。②

截至 2018 年底,涉及规制中国各项航空相关活动的规范性法律文件共有 1 件法律、13 件行政法规、13 件地方性法规、36 件现行有效规章以及 799 件其他规范性文件,它们共同构成了中国完备统一的航空法律制度框架,为中国民用航空活动的规范化及民用航空事业的现代化提供了基本准则和法治环境。

(1) 全国人大及其常委会制定民用航空基本法律/非基本法律

在中国航空法立法主体体系框架中,全国人民代表大会及其常委会作为行使国家立法权的中央权力机关有权制定航空相关法律。1996 年全国人民代表大会常务委员会通过主席签署主席令颁布了中国现行唯一一件综合性民用航空基本法律,即《中华人民共和国民用航空法》。随着中国航空事业的发展壮大,航空法治也不断与时俱进,《中华人民共和国民用航空法》颁布至今共历经 2009 年、2015 年、2016 年、2017 年、2018 年五次修正。③ 该法首次对中国民用航空活动中所涉各事项进行全面、系统地规定,是下位立法主体制定相应的其他民航法规、规章的基本依据。④

---

① 中国现行规范性法律文件数据库,载 http://www.chinalawindex.cn/,2019 年 1 月 23 日访问。

② 徐维如,黄志平,崔浩林. 我国航空管制法规体系建设和发展初探[J]. 西安政治学院学报,2008(02):61-66.

③ 中国民用航空局. 民用航空法修改决定公布[J]. http://www.caac.gov.cn/PHONE/XWZX/MHYW/201901/t20190104_193859.html? from=timeline&isappinstalled=0.

④ 郝秀辉. 海峡两岸航空法之比较研究[M]. 北京:法律出版社,2013:28.

(2) 国务院、中央军委制定民用航空行政法规

中国规范各项民用航空活动的相关行政法规由国务院依照宪法和法律规定制定或批准，以国务院令形式发布或授权民用航空局发布。现行航空行政法规以国务院为制定主体的共 9 件，包括：1979 年《外国民用航空器飞行管理规则》、1987 年《民用航空器适航管理条例》、1989 年《民用航空运输不定期飞行管理暂行规定》、1997 年《民用航空器权利登记条例》、1997 年《民用航空器国籍登记条例》、2009 年《民用机场管理条例》、2011 年《民用航空安全保卫条例》、2014 年《关于通用航空管理的暂行规定》以及 1992 年由国务院批准以民用航空局令发布的《搜寻救援民用航空器规定》。[①]

此外，中国领空由空军管理，空域由军方统一管控，空域内的一切民用航空活动皆须经空军允许。基于此，法律赋予中央军事委员会及其各总部、军兵种、军区以立法主体地位，以规范各项航空事务。根据中国《立法法》规定，中央军事委员会享有根据宪法和法律制定军事法规的立法权限；中央军事委员会各总部、军兵种、军区可以根据法律和中央军委的军事法规、决定、命令，制定合乎其权限范围的军事规章。[②] 中央军事委员会与国务院共同制定、联合颁布民用航空相关行政法规，以国务院、中央军委令形式发布。由国务院与中央军委共同为制定主体的现行有效行政法规有 4 件：2001 年《国务院、中央军委关于修改〈中华人民共和国飞行基本规则〉的决定》、2003 年《通用航空飞行管制条例》、2007 年《飞行基本规则》、2007 年《国务院、中央军委关于修改〈中华人民共和国飞行基本规则〉的决定》。[③]

(3) 交通运输部制定民用航空行政规章

国务院下各部委以及具有行政管理职能的各直属机构等在部门权限范围内享有制定部门规章的立法职权。中国现行有效的大部分民用航空行政规章原主要由民用航空主管部门进行制定并以民用航空总局令发布，现民用航空行政规章主要由交通运输部予以制定，以交通运输部令的形式发布。民用航空局为交通运输部管理的国家局，其前身为民用航空总局，原属国务院直属机构，2008 年国务院大部制改革将民用航空总局划入交通运输部管理。依据中国《立法法》规定，国

---

① 中国现行规范性法律文件数据库，载 http://www.chinalawindex.cn/，2019 年 1 月 23 日访问。

② 《立法法》第一百零三条："中央军事委员会根据宪法和法律，制定军事法规。中央军事委员会各总部、军兵种、军区、中国人民武装警察部队，可以根据法律和中央军事委员会的军事法规、决定、命令，在其权限范围内，制定军事规章。军事法规、军事规章在武装力量内部实施。军事法规、军事规章的制定、修改和废止办法，由中央军事委员会依照本法规定的原则规定。"

③ 中国现行规范性法律文件数据库，载 http://www.chinalawindex.cn/，2019 年 1 月 23 日访问。

务院直属机构享有立法权,[①]而部委管理的国家局不得以自己名义制定规章,因此,改革后的民用航空局已经失去继续制定行政管理规章的立法主体身份及立法权力。

民用航空行政规章在中国民用航空法律体系中数量最为庞大,目前共有142件,包括:1997年《民用机场和民用航空器内禁止吸烟的规定》、2004年《民用航空使用空域办法》、2010年《民用航空情报工作规则》、2016年《公共航空旅客运输飞行中安全保卫规则》、2018年《定期国际航空运输管理规定》、2018年《交通运输部关于修改〈一般运行和飞行规则〉的决定》等等,[②]2018年内制定了20件。

此外,少量的民用航空行政规章涉及特殊事项,由国务院其他部委或直属机构参与制定、发布。如:原中国民用航空总局、原对外贸易经济合作部、原国家发展计划委员会联合制定2002年《外商投资民用航空业规定》;原民航总局、商务部、国家发展和改革委员会联合制定2005年《〈外商投资民用航空业规定〉的补充规定》;商务部、海关总署联合制定2006年《民用航空零部件出口分类管理办法》;原民航总局、商务部、国家发展和改革委员会联合制定2007年《〈外商投资民用航空业规定〉的补充规定(二)》;原民航总局、商务部、国家发展和改革委员会联合制定2007年《〈外商投资民用航空业规定〉的补充规定(三)》;国家食品药品监督管理总局制定2015年《药品医疗器械飞行检查办法》;交通运输部、商务部、国家发展和改革委员会联合制定2017年《〈外商投资民用航空业规定〉的补充规定(六)》;公安部、交通运输部联合制定2018年《出境入境航空器载运人员信息预报预检实施办法》。[③]

(4) 地方人大及其常委会、设区的市人大及其常委会制定地方性民用航空法规

在中国航空立法主体体系中,除中央立法主体外,中国地方立法机关也享有制定民用航空有关地方性规范的职权。依据中国《宪法》《立法法》赋予的立法职权,省、自治区、直辖市的人民代表大会及其常务委员会、设区的市可以在权限范围内制定不与上位法相抵触的地方性民用航空法规。目前现行有效地方性法规13件,其中省级地方性法规12件,包括:1998年《安徽省民用机场净空环境保护条例》、2001年《四川省民用机场净空及电磁环境保护条例》、2010年《湖南省民用运输机场管理条例》、2010年《西藏自治区民用机场保护条例》、2010年《湖北省民

---

① 《立法法》第八十条:"国务院各部、委员会、中国人民银行、审计署和具有行政管理职能的直属机构,可以根据法律和国务院的行政法规、决定、命令,在本部门的权限范围内,制定规章。部门规章规定的事项应当属于执行法律或者国务院的行政法规、决定、命令的事项。没有法律或者国务院的行政法规、决定、命令的依据,部门规章不得设定减损公民、法人和其他组织权利或者增加其义务的规范,不得增加本部门的权力或者减少本部门的法定职责。"

② 中国现行规范性法律文件数据库,载 http://www.chinalawindex.cn/,2019年1月23日访问。

③ 中国现行规范性法律文件数据库,载 http://www.chinalawindex.cn/,2019年1月23日访问。

用机场净空安全保护条例》、2011 年《上海市民用机场地区管理条例》、2012 年《云南省民用运输机场保护条例》、2014 年《贵州省民用运输机场管理条例》、2014 年《河南省民用运输机场管理条例》、2015 年《吉林省民用机场管理条例》、2017 年《江苏省民用航空条例》、2018 年《重庆市民用航空条例》,[①]分别由安徽省、四川省、湖南省、西藏自治区、湖北省、上海市、云南省、贵州省、河南省、吉林省、江苏省、重庆市 12 个省级行政区人大常委会制定。设区的市地方性法规目前仅 2002 年《福州长乐国际机场保护条例》1 件,[②]由福州市人大常委会制定,经福建省人大常委会批准。

(5) 地方人民政府制定地方民用航空规章

地方政府规章的效力处于法律效力等级体系中最低一层,其效力低于地方性法规、行政法规、法律等上位法。地方政府规章对执行上位法规定、规范本地区民用航空具体事项发挥重要作用。中国省、自治区、直辖市及设区的市、自治州的人民政府有权在上位法规定的权限范围内制定适用于本地方的政府规章。随着地方立法权下放至 282 个设区的市,可预见未来设区的市地方民用航空规章数量还将不断上升。现民用航空涉及的地方政府规章数量较多,共 36 件,其中省级地方政府规章 23 件,包括:2014 年《北京市民用运输机场管理办法》、2015 年《宁夏回族自治区民用机场保护办法》、2015 年《吉林省民用机场管理条例》、2015 年《甘肃省民用机场净空和民用航空电磁环境保护规定》、2016 年《陕西省民用运输机场管理办法》、2017 年《四川省民用无人驾驶航空器安全管理暂行规定》、2017 年《重庆市民用无人驾驶航空器管理暂行办法》、2018 年《内蒙古自治区民用机场管理办法》等。[③] 分别由重庆市、四川省、福建省、浙江省、江西省、甘肃省、河北省、上海市、贵州省、北京市、天津市、辽宁省、宁夏回族自治区、陕西省、内蒙古自治区 15 个省级人民政府予以制定。

现行有效地方政府规章中,设区的市地方政府规章 13 件,有:2006 年《深圳市宝安国际机场管理办法》、2010 年《无锡硕放机场净空环境保护办法》、2013 年《南京禄口国际机场保护办法》、2015 年《青岛市民用机场净空和电磁环境保护管理办法》、2017 年《无锡市民用无人驾驶航空器管理办法》、2017 年《广州市民用运输机场管理办法》等,[④]其立法主体涵盖了青岛市、深圳市、无锡市、贵阳市、南京市、郑州市、广州市共 7 个设区的市人民政府。

(6) 民族自治地方人大制定民用航空自治条例、单行条例

中国民族自治区、自治州、自治县人民代表大会根据《宪法》《立法法》规定享

---

① 中国现行规范性法律文件数据库,载 http://www.chinalawindex.cn/,2019 年 1 月 23 日访问。

② 中国现行规范性法律文件数据库,载 http://www.chinalawindex.cn/,2019 年 1 月 23 日访问。

③ 中国现行规范性法律文件数据库,载 http://www.chinalawindex.cn/,2019 年 1 月 23 日访问。

④ 中国现行规范性法律文件数据库,载 http://www.chinalawindex.cn/,2019 年 1 月 23 日访问。

有制定符合当地民族特点的变通性自治条例和单行条例。关涉民用航空事务的民族自治条例现行仅有 1995 年由凉山彝族自治州人民代表大会制定、经四川省人民代表大会常务委员会批准生效的《凉山彝族自治州东西河飞机播种林区保护管理条例》唯一一件，[①]其用以规范与当地林业有关的民用航空活动。

(7) 多元立法主体制定其他民用航空规范性

中国民用航空法律体系中还存在大量法律、法规、规章以外的对民用航空活动具有一定约束力的非立法性文件，即民用航空规范性文件。规范性文件可分为立法性规范性文件和行政性规范性文件，中国民用航空规范性文件基本为行政性规范性文件。民用航空规范性文件制定主体范围十分广泛，国务院及其所属工作部门，地方人民政府及其所属工作部门，还有法律法规授权的组织皆可应需要制定规范性文件。现行有效的民用航空规范性文件绝大多数由民航局及其职能部门发布，数量多达 799 件；[②]此外，还有一些由国务院、中央军委以及地方人民政府发布的规范性文件。民用航空规范性文件数量过于庞大，在此不再一一列举。

6.2.2 问题考究

中国民用航空法立法已形成层次分明的体系框架，但多元的航空法立法主体体系结构、数量庞大的立法主体数量在立法活动中仍衍生出了不少的问题和困境，它们将严重阻滞中国航空强国目标的实现，因此，深入挖掘、审思并矫正航空法立法主体体系中的现存问题是当下刻不容缓的任务。

6.2.2.1 航空法立法主体之间权限混乱重叠

中国民用航空法律规范内容涉猎十分广泛，涵盖了行政程序规制、航空器管理、航空人员规制、空中交通规则与一般运行规则、导航设施、民航企业合格审定、机场等航空安全管理等诸多方面。但在不同层级法律规范性文件所规范事项在内容上却存在严重的交叉混乱。依据立法职权法定的基本原则，不同立法主体对其法定或授权权限范围内的事项加以规定。而现行有效规范对某一民用航空相关事项的规定往往出现在多个效力级别相异的法律规范性文件之中，譬如对于民用航空安全保卫事务，不仅由国务院制定行政法规对此进行了规制，交通运输部也发布了相应的政府规章进行规范。究其根源，同一事项上的立法权由多个立法主体共享因中国民用航空立法主体立法权限边界模糊、立法事项范围划分不清而产生。

不同立法主体之间权限混乱重叠极易造成现实执法、司法法律适用难度的增

---

① 中国现行规范性法律文件数据库，载 http://www.chinalawindex.cn/，2019 年 1 月 23 日访问。

② 中国民用航空局信息公开，载 http://www.caac.gov.cn/XXGK/XXGK/index_172.html?fl=12，2019 年 1 月 27 日访问。

加,法律体系内部冲突的发生概率也大为提升。此外,加之中国民用航空立法主体数量在 2015 年《立法法》新修后猛然增多,诸多立法主体之间的权限混乱重叠更是致使大量不必要的重复立法出现,造成了法治资源的极大浪费。在现行民用航空法律规范中,重复立法现象不仅表现在立法名称的相似性、立法体例结构的趋同性,还表现在立法条款内容的同质化。

重复立法通常存在两种情形:一是在法律效力体系纵向层级上,地方立法对中央立法的照搬。如:内蒙古自治区人民政府制定的《内蒙古自治区民用机场管理办法》不仅与国务院制定的上位立法《民用机场管理条例》在立法名称上趋于一致,同时,为求大求全,《内蒙古自治区民用机场管理办法》在章节结构上也与上位法保持高度的趋同性。此外,该规章中所表述的大部分条款,包括:"第十条:运输机场内的建设项目应当符合运输机场总体规划。任何单位和个人不得在运输机场内擅自新建、改建、扩建建筑物或者构筑物。""第十三条:机场管理机构对机场的安全和运营实施统一协调管理,负责建立健全机场安全运营责任制,组织制定机场安全运营规章制度,保障机场安全投入的有效实施,督促检查安全运营工作,及时消除安全事故隐患,依法报告生产安全事故……"等,也只是对上位法原文条款的直接照搬。二是在横向相同法律效力层级上,不同地域立法之间彼此抄袭。如:江西省人大常委会、甘肃省人大常委会、辽宁省人大常委会、天津市人大常委会、河北省人大常委会、北京市人大常委会所出台关于净空的地方性法规,其在有关保护原则、管理机构、基础设施建设、禁止事项范围、管理主体权利义务设置、法律责任等核心条款内容的表述上,无一不呈现出明显的同质化特征。中国《立法法》已明确指出,"制定地方性法规,对上位法已经明确规定的内容,一般不作重复性规定"。[①] 地方立法的价值和功能在于秉持自身地域差异性及必要的制度创新性对中央上位立法进行细化、具体化,因而保持适当数量的地方立法有其合理性,但地方立法主体忽视客观实际需要而创设多余的重复立法却严重损害了地方立法应有的功能,使得地方立法丧失存在的根基和价值。

6.2.2.2 航空立法主体存在越权立法现象

对中国民用航空立法主体立法权限的规制失调是造成下位层级立法主体僭越上位立法主体专有立法权的行为出现的重要诱因之一。

---

① 《立法法》第七十三条:"地方性法规可以就下列事项作出规定:(一) 为执行法律、行政法规的规定,需要根据本行政区域的实际情况作具体规定的事项;(二) 属于地方性事务需要制定地方性法规的事项。除本法第八条规定的事项外,其他事项国家尚未制定法律或者行政法规的,省、自治区、直辖市和设区的市、自治州根据本地方的具体情况和实际需要,可以先制定地方性法规。在国家制定的法律或者行政法规生效后,地方性法规同法律或者行政法规相抵触的规定无效,制定机关应当及时予以修改或者废止。设区的市、自治州根据本条第一款、第二款制定地方性法规,限于本法第七十二条第二款规定的事项。制定地方性法规,对上位法已经明确规定的内容,一般不作重复性规定。"

第一，在中央立法主体中，中国民用航空局于2008年国务院大部制改革后划归交通运输部管理的国家局，根据中国《立法法》对行政规章制定主体的明文规定，中国民用航空局现在部委管理的国家局身份不再享有其原有以自己名义制定、发布民用航空部门规章的立法主体身份及立法权力。但在现行有效民用航空规章中，于2008年以后通过并发布的，如2010年《民用航空应急管理规定》、2013年《民用航空气象工作规则》、2015年《民用航空标准化管理规定》等多达二十几个规章仍是以民用航空局为制定主体，以民用航空局令的形式出现。

交通运输部虽然对部分原由民用航空总局制定发布的规章作了修正并以交通运输部令重新发布，如2018年《交通运输部关于修改〈一般运行和飞行规则〉的决定》、2018年《交通运输部关于修改〈公共航空运输企业经营许可规定〉的决定》等。但修正、重新发布的规章为数不多，仍然存在一部分尚未经交通运输部修正。此外，皆于2007年颁布施行的《中国民用航空总局规章制定程序规定》与《中国民用航空总局职能部门规范性文件制定程序规定》分别用以规范民航总局制定部门规章及民航总局各职能厅、室、司、局制定规范性文件的程序，这两部规章并未随着大部制改革而被及时清理、废止，现今仍然有效。这一漏洞为民用航空局2008年后继续制定发布行政规章的违法"立法"行为提供了表象上的"合法"依据。民用航空相关规则的清理、修正没有与时俱进致使立法主体身份及其权力极易被人们所误解，航空立法主体体系框架内部的有序协调将受到极大的破坏。

第二，除特殊的自治地区立法主体及特区立法可以依照本地区事务鲜明的特殊性制定变通性的创造性立法外，一般地方立法主体的立法职权限于贯彻实施上位法主体所制定的规范性法律文件，根据本地方的实际需要在上位法规定事项范围内制定相应的执行性、辅助性细则，使上位法规定具体化，其立法具有明显的从属性。而中国民用航空诸多立法却出现了明显的破格性质，无疑是典型的立法主体越权立法行为，这表现为存在部分地方规章甚至无立法效力的规范性文件对本不属于其规定权限范围的事项加以规定。

例如，2017年四川省人民政府、重庆市人民政府分别制定《四川省民用无人驾驶航空器安全管理暂行规定》与《重庆市民用无人驾驶航空器管理暂行办法》，两部地方性政府规章中均出现了划分本地区民用无人机飞行空域类别的越权创造性条款。空域具有公权属性，由中国军方实施统一管制，地方人民政府无权对空域进行划分。又如：民用航空局下属华北地区管理局2016年发布《民航华北地区管理局行政强制规定》，而依据《行政强制执行法》，[①]行政强制由中国法律、行

① 《行政强制执行法》第十条："行政强制措施由法律设定。尚未制定法律，且属于国务院行政管理职权事项的，行政法规可以设定除本法第九条第一项、第四项和应当由法律规定的行政强制措施以外的其他行政强制措施。尚未制定法律、行政法规，且属于地方性事务的，地方性法规可以设定本法第九条第二项、第三项的行政强制措施。法律、法规以外的其他规范性文件不得设定行政强制措施。"

政法规、地方性法规加以规定，华北地区管理局制定的规范性文件显然无权涉及。现实中民用航空立法主体越权立法行为不在少数，大量越权法规范、无权法规范成为现实中执法、司法的适用依据，对上位立法主体的立法权造成了侵害，严重危害了中国法律的安定性与权威性。

第三，航空法立法主体立法权与立法技术之间严重脱节。与重复立法、越权立法并存的还有立法缺位的现象。中国民用航空立法实践中存在的“强行政、弱人大”的现实困境从权力机关与行政机关所制定法律规范性文件数量对比中可见一斑：现行由中央权力机关颁布的法律规范性文件仅 1 件，地方权力机关颁布的共 14 件；而由中央行政机关发布的法律规范性文件有 155 件，地方行政机关发布的有 36 件。可见，相较于权力机关立法主体，行政机关立法主体往往因能够直接掌握充足的信息和资源而在立法中占据主要地位。然而，由于行政机关立法主体存在部门利益化倾向以及立法技术不成熟，中国民用航空法治发展仍然受到一定的制约。

由于航空法律规范具有极强的专业性、技术性，因而对立法主体所具备的专业水平、独立性有更高的要求。在中央层级颁布的现行有效民用航空法律规范中，多为大部制改革前原民用航空总局所制定。从其原有行政地位考察，原民用航空总局既是民航行政规章的制定主体，又是民航行政规制主体，其身份的二重性难以避免产生部门利益化的倾向，即在制定行政规章过程中倾向于以自身效益及便于行使行政管理职权的目的为立法出发点，缺乏对立法工作全局的综合考量，从而降低了立法的质量。

在地方层级，2015 年《立法法》新修后，地方行政机关的立法积极性更是日趋高涨，在民用航空领域，诸多地方政府纷纷出台相关的法律规范性文件，以拓宽自身立法权限的覆盖面。但由于民用航空法律规范具有极强的专业性、技术性特征，地方行政机关往往缺乏全面系统的专业知识以及科学的立法技术，加之地方政府也同样极易走上以争夺地区利益为工作重心、以谋求部门利益为目标的借法扩权道路，故而通常导致对于技术性要求较强、比较复杂的管理事务，地方行政机关往往鲜有涉及；而对于技术性要求不太高、又“有利可图”的管理事务，地方行政机关便蜂拥而至。譬如中国民用航空地方性法律规范性文件绝大多数都集中于对机场的管理事务，并且这一类地方性法规、规章在实质上既缺乏制度创新性，也缺乏立法质量保障。此种立法主体立法权力高度膨胀与立法技术严重不足双重缺陷，最终不仅将成为更多的低质量立法、重复立法、越权立法衍生的温床，更将降低航空法立法效率，进一步制约了中国法治现代化的发展。

6.3 港澳台地区及美国航空立法主体体系考察

6.3.1 香港特别行政区航空立法主体体系

在“一国两制”的现实国情下，中国香港特别行政区法律制度与中国大陆地区法律制度有着截然不同的立法特色，其总体上沿袭自英国，以判例形式的普通法、衡平法为主要表现形式，兼以诸多本地成文法条例、附属立法作补充。香港特别行政区现行法律包括《香港特别行政区基本法》;《香港特别行政区基本法》附件三所载明有关国防、外交的全国性法律;香港回归以前经全国人大常委会准予保留的原有法律，包括普通法、衡平法、条例、附属立法和习惯法;以及香港特区立法机关自行制定的法律。

普通法与衡平法为香港特别行政区法律制度体系的主干。普通法与衡平法的形成源于法官行使审判权力的过程，依据法官在盈千累万的案例中所作的判词，人们逐步归纳建立起详细的法律原则，在其后作为调整国家与公民、公民与公民之间法律关系的规则。由于香港特别行政区法律制度沿袭普通法与衡平法这一特殊性，香港特别行政区以创制判例法的司法机关为主要的立法主体。而条例、附属立法一类成文法律规范性文件则由本地区享有立法权的立法主体制定。香港特别行政区立法会通过的法律为“条例”，皆汇编于《香港法例》中，每一条例为一章，现行条例共 1182 章。用以执行条例的具体细则称“附属立法”，由香港立法会在条例中明文规定授权香港特别行政区行政机关或行政长官制定。① 此外，为更有效地施行条例，行政长官可以发布关涉行政管理具体事务的行政命令。②

除由司法机关创制的民用航空相关判例法外，立法会出台的香港特别行政区民用航空法律散见于《香港法例》中，有 9 件，包括第 140 章 1983 年《飞机乘客离

---

① 《香港特别行政区基本法》第六十二条:“香港特别行政区政府行使下列职权:(一) 制定并执行政策;(二) 管理各项行政事务;(三) 办理本法规定的中央人民政府授权的对外事务;(四) 编制并提出财政预算、决算;(五) 拟定并提出法案、议案、附属法规;(六) 委派官员列席立法会并代表政府发言。”

② 《香港特别行政区基本法》第四十八条:“香港特别行政区行政长官行使下列职权:(一) 领导香港特别行政区政府;(二) 负责执行本法和依照本法适用于香港特别行政区的其他法律;(三) 签署立法会通过的法案，公布法律;签署立法会通过的财政预算案，将财政预算、决算报中央人民政府备案;(四) 决定政府政策和发布行政命令;(五) 提名并报请中央人民政府任命下列主要官员:各司司长、副司长，各局局长，廉政专员，审计署审计长，警务处处长，入境事务处处长，海关关长;建议中央人民政府免除上述官员职务;(六) 依照法定程序任免各级法院法官;(七) 依照法定程序任免公职人员;(八) 执行中央人民政府就本法规定的有关事务发出的指令;(九) 代表香港特别行政区政府处理中央授权的对外事务和其他事务;(十) 批准向立法会提出有关财政收入或支出的动议;(十一) 根据安全和重大公共利益的考虑，决定政府官员或其他负责政府公务的人员是否向立法会或其属下的委员会作证和提供证据;(十二) 赦免或减轻刑事罪犯的刑罚;(十三) 处理请愿，申诉事项。”

境税条例》、第 173 章 1950 年《民航(生死及失踪者)条例》、第 301 章 1957 年《香港机场(障碍管制)条例》、第 312 章 1987 年《民航(飞机噪音)条例》、第 322 章 1993 年《政府飞行服务队条例》、第 448 章 1994 年《民航条例》、第 483 章 1995 年《机场管理局条例》、第 494 章 1996 年《航空保安条例》、第 500 章 1997 年《航空运输条例》。

此外,由香港特别行政区政府、行政长官根据相应条例转授立法权发布的附属立法达 52 件,有:173A 号 1950 年《民航(生死及失踪者)规例》、448E 号 2005 年《飞航(飞行禁制)令》、483A 号 1998 年《机场管理局附例》等。[①]

中国香港特别行政区特殊的法律制度决定了其民用航空法律多以判例法为主,在适用上具有一定的灵活性。民用航空相关成文法律数量不多,但面面俱到,立法层次井然、规范严格,足以满足香港特别行政区对民用航空事务管理的需求。与中国大陆地区有所不同,香港特别行政区立法权既授予行政机关也授予行政长官个人。个人作为立法主体容易产生立法结果趋向于主观个人主义的弊端。对此,《香港特别行政区基本法》规定行政长官所作决策必须有香港特别行政区行政会议的协助,在一定程度上防止了个人主义在立法活动中的影响。同时,香港特别行政区政府、行政长官的立法权仅源于条例授权,而未设置依职能产生的立法职权。条例并不赋予政府、行政长官一般性授权,而是以明文详尽载列附属立法的具体事项和权限范围,附属立法不得逾越条例规定范围或与条例相抵触。正是由于香港特别行政区立法极为重视条例与附属立法之间的紧密对应关系,条例对附属立法权的严格而明晰的授权限制,故而,在民用航空立法中,香港特别行政区民用航空法律立法主体的立法权受到更加强有力的约束,香港特别行政区民用航空法治建设也提升至更加严谨、细致的高度。

6.3.2 澳门特别行政区航空立法主体体系

中国澳门特别行政区在"一国两制"背景下同样享有高度自治权,由于受葡萄牙的影响,澳门特别行政区保留了以大陆法系为根基的法律制度。全国人民代表大会制定的澳门特别行政区"宪法"《澳门特别行政区基本法》,《澳门特别行政区基本法》附件三载列的全国性法律,澳门回归以前经全国人大常委会准予采纳的法律,澳门特区立法会出台的法律,以及行政长官制定的独立性行政法规和补充性行政法规共同构成了澳门特区现行法律制度体系。

澳门特别行政区立法主体享有的立法权限范围界定在立法会 2009 年出台的《关于订定内部规范的法律制度》中已明确规定,该法第五条规定立法会依《澳门

---

① 电子版香港法例网,载 https://www.elegislation.gov.hk/index/chi/subject?p0=9,2019 年 1 月 27 访问。

特别行政区基本法》赋予最高立法职权，有权对澳门特别行政区任何事宜制定法律，[①]并且，第六条列举了涵盖基本权利保障、居民资格、居留权制度、法典制定等十九项必须由立法会制定法律的事项。[②] 该法第七条对行政长官发布独立行政法规和补充性行政法规作出规制，行政长官可以就本条款所列明的贯彻实施政府规范、管理公共事务、管理组织人事及部门架构、运作行政会、对行政违法行为科处一定额度的罚金以及除法律专属立法事项外的事项予以制定独立行政法规。[③] 行政长官还可以就执行法律具体事务发布相应的补充性行政法规。此外，还存在众多立法会决议，行政长官发布的行政命令、对外规范性批示，政府部门机关、主要官员发布的对外规范性批示等非法律规范性文件对执行澳门特别行政区法律及行政法规的具体事务作一定的指示和补充。

《刑法典》《刑事诉讼法典》《民法典》《民事诉讼法典》《商法典》五大法典是澳门本地立法的基本框架，澳门特别行政区的法律事宜皆由其规制。其中，仅《刑法典》针对民用航空有关事务有所规定，见之于第四章第 275 条（劫持航空器、船舶或火车又或使之偏离路线）、第 276 条（妨害运输安全）、第 277 条（危险驾驶交通工具）、第 280 条（向交通工具投射物体）、第 276 条（罪行加重及减轻）。[④]

除法典外，由澳门特别行政区立法会制定的民用航空法律规范仅 3 件，为 1988 年《赋予澳督立法许可订立澳门国际机场兴建及经营批给的一般制度》和 2013 年《民航意外事故调查及航空安全资料保护法》。由行政长官发布的行政法

---

① 《关于订定内部规范的法律制度》第五条："立法会行使《澳门特别行政区基本法》赋予的职权，有权就澳门特别行政区自治范围内的任何事宜制定、修改、暂停实施和废除法律。"

② 《关于订定内部规范的法律制度》第六条："下列事项须由法律予以规范：（一）《基本法》和其他法律所规定的基本权利和自由及其保障的法律制度；（二）澳门居民资格；（三）澳门居留权制度；（四）选民登记和选举制度；（五）订定犯罪、轻微违反、刑罚、保安处分和有关前提；（六）订定行政违法行为的一般制度、有关程序及处罚，但不妨碍第七条第一款（六）项的规定；（七）立法会议员章程；（八）立法会辅助部门的组织、运作和人员的法律制度；（九）民法典和商法典；（十）行政程序法典；（十一）民事诉讼、刑事诉讼和行政诉讼制度和仲裁制度；（十二）登记法典和公证法典；（十三）规范性文件和其他须正式公布的文件格式；（十四）适用于公共行政工作人员的基本制度；（十五）财政预算和税收；（十六）关于土地、地区整治、城市规划和环境的法律制度；（十七）货币、金融和对外贸易活动的法律制度；（十八）所有权制度、公用征用和征收制度；（十九）《基本法》赋予立法会立法权限的其他事项。"

③ 《关于订定内部规范的法律制度》第七条："一、独立行政法规得就以下事项作出规定：（一）充实、贯彻和执行政府政策的规范；（二）管理各项公共事务的制度和办法；（三）政府的组织、运作及其成员的通则；（四）公共行政当局及其所有的部门及组织单位的架构和组织，包括咨询机关、具法律人格的公共部门、公务法人、公共实体、自治部门及基金组织、公共基金会、其他自治机构及同类性质机构的架构及组织，但不包括属于立法会、法院、检察院、审计署及廉政公署的机构或纳入其职能或组织范围内的机构，以及对基本权利和自由及其保障具有直接介入权限的机构，尤其是刑事调查机关；（五）行政会的组织、运作及其成员的通则；（六）可科处金额不超过澳门币＄500 000.00（五十万元）的行政违法行为及其处罚；（七）不属于本法第六条规定的其他事项。二、补充性行政法规可就具体执行相关法律订定的事宜作出规定。"

④ 澳门法例资料查询系统，载 http://legismac.safp.gov.mo/legismac/main/main.jsf?lang=zh_TW，2019 年 1 月 28 日访问。

规目前也仅仅6件，包括：2003年《订立关于在民用航空器内扰乱秩序、破坏纪律或进行捣乱的乘客实施的违法行为及运输违禁物品行为的处罚制度》、2004年《澳门民用航空活动纲要法规》、2004年《空运人及航空器经营人的民事责任制度》、2012年《机场合格审定》等。[①]

澳门特别行政区立法主体具有鲜明的特色。与香港特别行政区截然不同，澳门特别行政区的行政长官依职权而并非依授权立法，其享有创制性、独立的立法权，即可以对法律专属立法权事项以外的事宜进行立法规定。也就是说，法律上尚未涉及某项民用航空具体事务并不限制澳门特别行政区行政长官对此通过发布独立行政法规加以规制。虽然相较于香港特别行政区的严格条例授权限制，澳门特别行政区行政长官享有的立法权限要广泛得多，但《澳门特别行政区基本法》对于行政长官的立法权仍然附加了一定的必要限制，在这一点上又与香港特别行政区相一致，澳门特别行政区行政长官同样需要在行政会的咨询意见下进行立法。[②] 此外，对于补充性行政法规，《关于订定内部规范的法律制度》进一步强化了对行政立法权的约束，依据本法，行政法官制定补充性行政法规必须明示由其拟规范的具体法律规定。[③]

从整体上看，澳门特别行政区的立法主体层级极为简单，享有法定立法职权的仅立法会与行政长官。与立法主体简单层级相对应的，民用航空法律规范的数量也极少。虽然法律数量少在一定程度上有助于避免规则在实践适用过程中的冲突，但同时也存在不小的弊病。澳门特别行政区民用航空法律规范基本上零零散散地规定在五大法典中，未形成统一完备、层次严密的民航法律制度体系。并且，现行有效法律规定所涉及事项也不够全面，仅涉及民航活动一般原则、航空犯罪、承运人民事责任、违法行为处罚、机场建设制度事项，而对航空人员、航空安保、飞行规则、民航产品等诸多专业性、技术性的事项缺乏针对性的规范。立法系统性和科学性的严重不足将不利于保障航空活动所涉各方主体的合法利益，也将影响澳门特别行政区民用航空事业的发展。

6.3.3 台湾地区航空立法主体体系

中国台湾地区与大陆地区皆为大陆法系，故台湾地区的法律体系和效力位阶与大陆地区大体相同。台湾地区法律至今大体上形成了一个比较完整的法律体系，包括宪制性规定、各种所谓“法律”以及各种行政法规、规章、命令等。中国台

---

① 澳门法例资料查询系统，载 http://legismac.safp.gov.mo/legismac/main/main.jsf?lang=zh_TW，2019年1月28日访问。

② 《澳门特别行政区基本法》第五十六条：“澳门行政会是协助行政长官决策的机构。”

③ 《关于订定内部规范的法律制度》第七条：“二、补充性行政法规可就具体执行相关法律订定的事宜作出规定。三、属上款规定的情况，须明确指出需由行政法规拟规范的法律的规定。”

湾地区民用航空法律体系主要有五个层级的法律规范性文件共同构成，第一层级为台湾地区最高位阶立法机构即“立法院”制定、颁布的民用航空法律；第二层级为台湾地区行政机构“行政院”出台或授权出台的命令及规范；第三层级为“行政院”直属机关依照上位法律、法规制定的规则；第四层级为“交通部”下属机构“民航局”依照交通部授权所而发布的具体办法；第四层级为市级、县级立法机关、行政机构颁布的地方性规范。

台湾地区现行有效民用航空法律规范性文件截至 2019 年共 138 件，其中所谓“中央”民用航空立法 123 件，居于最高效力的位阶的民用航空综合性所谓法律“《民用航空法》”为“立法院”于 1953 年制定，共历经 19 次修正。所谓“中央”民用航空行政法规由“行政院”制定，包括：1999 年《航空客货损害赔偿办法》、2003 年《台湾地区民用航空器空难事件处理原则》、2019 年《国际机场园区发展条例》等。[①] “行政院”二级直属机关“交通部”“国防部”以及消费者保护委员会均依照上位法规范制定了众多民用航空相关规则，其中以“交通部”为最主要制定主体。而用以细化法律法规的具体办法的制定则形成了“行政院”三级直属机关“飞航安全调查委员会”与“交通部”下属机关“民航局”双轨并行制。[②] 在工作职权划分上，“飞安会”仅负责调查飞航事故，事故的处分究责由“民航局”负责。因而由“飞安会”出台其负责事务范围的相应法规，即：2004 年所谓“《飞航事故调查法》”、2012 年《飞航安全调查委员会会议议事要点》等；[③]隶属于“交通部”的民航局则根据“交通部”授权对关于人事组织、空运管理、器材检定、飞航规则等其他事务进行规范，例如：2009 年《模拟机检验作业规定》、2014 年《台湾地区机场航空器起降额度管理办法》、2014 年《飞航规则》等等。所谓“地方”民用航空立法 15 件，由各市级政府及县级政府予以制定，包括：2015 年澎湖县政府制定的《澎湖县航空站回馈金分配及使用办法》、2015 年高雄市政府制定的《高雄市政府高雄国际航空站回馈金分配及使用要点》、2016 年桃园市政府制定的《桃园市桃园国际机场航空噪音防制费发放作业与使用办法》等。[④]

中国台湾地区民用航空立法具备较高的立法技术，其立法大多集中于法律效力层级较高的所谓“中央”立法，所谓“地方”立法数量极少，其立法主体职权划分较为明确，加之 2001 年台湾地区开始施行所谓“《行政程序法》”，[⑤]该法强调法规命令的制定必须明示其法源依据、授权依据，此后台湾地区民用航空立法严格贯

① 法源法律网，载 https://www.lawbank.com.tw/，2019 年 1 月 29 日访问。

② 郝秀辉.海峡两岸航空法之比较研究[M].北京：法律出版社，2013：49.

③ 法源法律网，载 https://www.lawbank.com.tw/，2019 年 1 月 29 日访问。

④ 法源法律网，载 https://www.lawbank.com.tw/，2019 年 1 月 29 日访问。

⑤ 该法第一百五十条：“本法所称法规命令，系指行政机关基于法律授权，对多数不特定人民就一般事项所作抽象之对外发生法律效果之规定。”

行对法源依据的明示这一极具科学性的立法准则。因此，台湾地区民用航空立法进一步增强了立法主体参与立法活动的规范程度，在很大程度上保障了民用航空法律体系内部自上而下的统一性和协调性，大为提升了法律法规在执法、司法实践中的可操作性。

但是，台湾地区民用航空立法中也存在一定的缺陷。台湾地区立法同样呈现出偏重行政机关立法的特点，尤其在所谓“地方”立法中，即使所谓“地方”权力机关享有法律赋予的立法职权，但从现行所谓“地方”性民用航空法律规范性文件来看，其制定主体皆为市级或县级政府。

所谓“中央”行政机关的立法须通过“立法院”“三读”程序严格审议，以保证其合法性、严谨性，所谓“地方”立法由“司法院”进行“违宪”审查，但现实中对于台湾所谓“地方”立法主体的规制仍有所疏漏。由于台湾地区宪制性规定第十章对诸法律规范性文件的制定主体权限作出明确规定，其中“航空”为所谓“中央”立法主体专有立法权事项，[①]故而所谓“地方”立法主体所制定之现行规范通常仅关涉如噪音防制费、机场反馈金一类地区财政事宜。但仍有部分市级、县级行政机关越权出台了关于无人机飞航管理事务的法规，包括：新北市政府发布的《新北市政府办理二〇一七台北世界大学运动会遥控无人机使用管理要点》、桃园市政府发布的《桃园市二〇一七台北世界大学运动会使用遥控无人机注意事项》、嘉义县政府发布的《嘉义县二〇一八年台湾灯会使用遥控无人机注意事项》、苗栗县政府发布的《苗栗县遥控无人机飞航管理办法》、新竹县政府发布的《新竹县政府协办二〇一七台北世界大学运动会使用遥控无人机注意事项》，其虽然在立法形式上归类为交通令，但其实质立法内容并非完全为所谓“地方”立法被允许涉及的交通管理事宜，而是牵扯到了所谓“中央”专属的民用航空管理事务。

6.3.4 美国航空立法主体体系

美国是典型的联邦制国家，基于分权制度和联邦制度，美国构建起了多元立法体制，联邦和各州皆自成完整的法律体系，国会和州议会分别行使联邦立法权和地方立法权。

美国《宪法》第一条赋予国会以联邦立法权，并在第一条第八款明示国会的立法权限，国会针对征税、借款、发行货币、对外贸易、设立法院、国防、外交等 17 类特定事项制定法律。除此明文载列的立法权限外，国会还依据最高法院对《宪法》第一条第八款第十八项的解释行使“默示立法权”，即“国会有权制定为执行以上

---

① 《中华民国宪法》第一百零七条：“左列事项，由中央立法并执行之：一、外交。二、国防与国防军事。三、国籍法及刑事、民事、商事之法律。四、司法制度。五、航空、国道、国有铁路、航政、邮政及电政。六、中央财政与国税。七、国税与省税、县税之划分。八、国营经济事业。九、币制及国家银行。十、度量衡。十一、国际贸易政策。十二、涉外之财政经济事项。十三、其他依本宪法所定关于中央之事项。”

各项权力及依本宪法授予合众国政府或政府中任何机关或官员的一切其他权力所必须的和适当的法律。”[①]

此外，虽然美国奉三权分立制度为其立国根本，原则上行政与立法各行其权，但分权制度对权力制衡的要求在实际上赋予了以总统为代表的行政主体分享一定立法权的权力。总统有权发布具有法律效力的行政命令，并且，总统和行政机构还可在严格的限制条件下依照国会的授权进行立法。

美国各州议会则享有“保留的立法权力”，依据《宪法》第十条修正案规定，对于《宪法》未明文授权的、且未禁止各州政府行使的立法权限由各州保留。[②] 州立法权限范围十分广泛，涵盖了交通、劳工、卫生、婚姻、商贸、教育等与地方居民生活、公共福利密切相关的事项，[③]州政府可以根据宪法、州宪法的规定以及州议会的授权，对州议会立法事宜颁布具体的规则。在效力层级上，联邦立法优先于任何州的地方立法，地方所制定的州宪法、法律、法令均不得与联邦立法相抵触。

美国是目前航空业最为发达的国家，其民用航空立法发展起步早，现已形成十分成熟完备的立法体系。美国民用航空立法按照立法体制可分为两个层次，即联邦一级民用航空立法和州一级民用航空立法。

在联邦一级，早在1925年，美国国会就颁布了民用航空相关立法，即《合同空运邮件法》。随着航空业的快速发展，美国陆续制定了多部航空法，包括1926年《航空商务法》、1938年《民用航空法》、1958年《联邦航空法》、1977年《航空货运放松管制法》、1978年《航空公司放松管制法》、1990年《航空安全及扩容法》、2001年《航空公司旅客公平待遇法案》等，其中以1958年《联邦航空法》为统领。现今美国国会所颁布的联邦民用航空法律皆载于《美国联邦法典》第49编“交通运输”第7部“航空项目”第401章至501章。该部由5个子部分——A部分“航空商务与

---

① 《美利坚合众国宪法》第一条第八款：“国会拥有下列权力：规定和征收直接税、间接税、进口税与货物税，以偿付国债、提供合众国共同防御与公共福利，但所有间接税、进口税与货物税应全国统一；以合众国的名义借贷款项；管理合众国与外国的、各州之间的以及与印第安部落的贸易；制定全国统一的归化条例和破产法；铸造货币，厘定国币和外币的价值，并确定度量衡的标准；制定关于伪造合众国证券和通货的罚则；设立邮局并开辟邮路；保障著作家和发明家对其著作和发明在限定期间内的专利权，以促进科学与实用技艺的发展；设立低于最高法院的各级法院；明确划定并惩罚在公海上所犯的海盗罪与重罪以及违反国际法的犯罪行为；宣战，颁发缉拿敌船许可证和报复性拘捕证，制定关于陆上和水上的拘捕条例；招募陆军并供应给养，但此项用途的拨款期限不得超过两年；装备海军并供应给养；规定征召民兵的组织、装备和纪律，规定可能征召为合众国服务的那部分民兵的管理办法；但民兵军官的任命和按照国会规定纪律训练民兵的权力由各州保留；在任何情况下，对由某些州让与合众国，经国会接受，充作合众国政府所在地的区域(其面积不超过10平方英里)行使专有的立法权；并对经州立法机构同意由合众国在该州购买的一切用于修筑要塞、军火库、兵工厂、船厂及其他必要建筑物的地方行使同样权力。制定为执行以上各项权力和依据本宪法授予合众国政府或政府中任何机关或官员的其他一切权力所必要的和恰当的法律。”

② 周铁群．美国联邦与州立法权限的划分[J]．人大工作通讯，1994(14)：36－38.

③ 胡富生．中美两国地方立法权比较研究[J]．黑龙江省政法管理干部学院学报，2004(02)：101－103.

安全”、B 部分“机场发展与噪音”、C 部分“经费筹措”、D 部分“公共机场”、E 部分“附则”共同构成。[①]

美国法规与法律的编纂方式相似，诸行政机构制定的法规按照其所涉及的调整事项分类统一编入《联邦法规汇编》。联邦政府机构制定的民用航空法规载列于该《联邦法规汇编》第 14 编“航空与航天”，该部分根据不同的行政部门分有五卷共 5 章 1 399 个分部分，第一至三卷第 1 章为联邦航空管理局、交通运输部制定；第四卷第 2 章为运输署秘书办公室制定；第四卷第 3 章为商业太空运输办公室、联邦航空管理局、交通运输部制定；第五卷第 4 章为国家航空航天局制定；第五卷第 5 章为航空运输稳定委员会制定。[②]《联邦航空法》将制定、修改和管理民用航空事务相关法规的职责授予联邦航空管理局和民用航空委员会，1984 年民用航空委员会废止，其职能移交至交通运输部部长办公室。[③] 现民用航空法规文件的制定及管理基本由交通运输部及其下设机构联邦航空管理局负责。交通运输部负责保障交通运输综合体系的运作，改善公共交通服务，并促进经济发展。

因此，交通运输部出台的法规往往与实现公共交通运输的经济发展、环境保护和国防需求相关。交通运输部下设联邦航空管理局，对全国的民用航空活动进行组织管理，其主要任务为保障航空活动的安全、提高航空活动效率，相应地，其所发布法规、条例多以规范飞行安全为重心。

在州一级，在不与联邦立法相斥的条件下，各州议会均享有自行制定用以管理地方民用航空活动事宜的规范的立法权。州民用航空规范形式既有单行法案，如：马萨诸塞州颁布的《与私有公共机场房地产税相关的法案》《与航空交通安全有关的法案》[④]，纽约州颁布的《交通运输法》《导航法》[⑤]；也有相关事项规定以条款形式散见于州统一法案之中，如在宾夕法尼亚州所颁布的《宾夕法尼亚州综合法规》[⑥]中可见。

美国联邦一级民用航空立法在内容的编排上章节、条款十分清晰，井井有条。在立法主体权限的划分上，层次也较为分明：即由国会颁布综合性、基础性的立法，为诸多法规、条例已提供了明确的规范性指引；交通运输部在国会立法的严格授权下出台执行性的法规，以确保民用航空事业遵循国家总体发展路径、满足国家发展需求；而民用航空管理局则主要针对关涉民用航空安全的技术性事务进行专门规范，如适航标准制度、飞行事故调查、飞行情报服务、航空人员执照管理、航

① 美国众议院法律顾问办公室，载 http://uscode.house.gov/，2019 年 2 月 2 日访问。
② 美国众议院法律顾问办公室，载 http://uscode.house.gov/，2019 年 2 月 2 日访问。
③ 言河. 美国联邦航空局与飞行标准[J]. 民航经济与技术，1994(04):41 - 44.
④ 美国国会图书馆，载 https://www.loc.gov/，2019 年 2 月 3 日访问。
⑤ 美国国会图书馆，载 https://www.loc.gov/，2019 年 2 月 3 日访问。
⑥ 美国国会图书馆，载 https://www.loc.gov/，2019 年 2 月 3 日访问。

空设施合格审定、航空运输企业规制等。

在美国特殊的国家政权体制下各州拥有完全的主权,这决定了各州议会的立法权限极为广泛。即使在特定的民用航空相关事项上联邦立法以其绝对性的法律效力排除州议会立法的适用,在一定程度上约束了各州立法权力,譬如,各州立法不得在费率、航班航线服务方面对联邦法授权的任何提供州际运输服务的航空公司实施管制。[①] 但随着民航业的迅速发展和新兴事物的产生,存在于航空领域的一些需要联邦立法进行调整的新型法律关系、法律事务,联邦立法主体尚不能及时颁布综合性的基本法律加以规制,而各州立法在没有联邦法明文限制的情形下抢先对这些事务出台地方规定,越权立法。例如,无人机兴起时,美国联邦还未出台系统成熟的管理规范,各州已纷纷尝试通过立法来管理无人机活动。联邦航空局对此越权立法行为予以谴责,并表示无人机的管理应由联邦统一规制,纷繁杂乱、各不相同的地方立法不仅严重影响联邦航空局对空域的统一管制,也损害了空中飞行的安全与效率。[②]

6.4 优化中国航空立法主体体系有效路径探索

探索优化航空法立法主体体系的有效路径是推动中国民用航空事业繁荣发展的迫切要求,这需要我们立足于航空法立法体系现有弊病,一一予以矫正,切实有效地将航空法立法主体的立法行为引导向规范化、科学化的道路,最终筑成更加严密完备的民用航空法律规范体系。

6.4.1 理顺各层级航空法立法主体权限,有效避免立法权出现重叠混乱

科学的立法主体权限划分是严密、可操作性强的法律规范体系形成的首要条件。在中国民用航空法立法体系中,诸立法主体之间由于缺乏详细的职权分工,立法权重叠混乱,从而造成现实中大量的重复立法衍生,民用航空法律体系的层级严密性、现实可操作性长期以来受到了严重的破坏。解决这一困境,重铸完备严密、可操作性强的民用航空法律规范体系必须遵循理顺从中央至地方各层级立法主体的立法权限这一根本途径。

航空法规范涉及事项十分广泛,既包括空域管理、刑事犯罪、运输安全、行政组织、航空人员资格、空中交通规则、适航标准等关涉国家主权和行政管理的公法

---

① 白婧编译.美国航空法简介——美国与机场相关的法律、法规.载 https://wenku.baidu.com/view/725751e8102de2bd96058863.htm.

② 全球无人机网.美联邦航空局指责州政府立法行为,州政府无权制定无人机法规.载 https://www.81uav.cn/uav-news/201601/26/13652.html,2016 年 1 月 26 日报道,2019 年 2 月 4 日访问。

范围事项，又包括行业服务、企业经营、机场收费标准、消费者利益保护等涉及民商事的私法范围事项。据此，各层级民用航空法立法主体的立法权限可依据规范的事项性质予以划分。公法范围事项关涉国家主权及国家利益，并且通常要求立法主体具备较高的技术性和专业性，此类事项不宜交由地方立法机关进行立法，而应当将立法权上移，由中央立法主体制定高层级的法律规范加以统一规制。而民商事性质的私法范围事项大多与地区之间有所差异的发展水平和地域特征密切联系，对此类事项的立法通常不要求具备高度统一性和高技术性、高专业性，因此可由地方立法主体依据各地方发展特点和实际需要制定相应的立法规则，以保证地方立法主体享有充分发挥制度创新力的空间。

在理顺中央与地方航空法立法主体权限的同时，还应当厘清中央与地方的权力机关及行政机关之间立法职权关系，以形成各司其职、权责明晰的立法权力分野。中国《宪法》和《立法法》即使已对中央与地方的权力机关及行政机关立法的调整对象、调整内容作出粗略的划分，①但仍不能解决现实中二者立法权交叉重叠的现象。基于此，针对权力机关与行政机关二者的立法调整对象、内容等需要法律作出更为细致的区分，并通过对具体事项的明文列举方式加以呈现。在此区分中，除特别事项授权行政机关立法外，原则上适用于全国范围或某一地区的，关涉国家或地区政治、经济、民生发展的，调整民用航空各方主体之间法律关系的重大事项，以及规范行政机关行为活动的准则，应由中央与地方权力机关进行立法规定；而管理行政机关组织内部人员、事务等仅涉及调整行政机关组织内部关系的则可由相应的行政机关制定规则。

6.4.2 重视航空立法法源及明示的授权，保持立法体系统一与协调

完善的法律制度体系是民用航空事业得以快速发展的规范性指引，而保持立法体系内部的统一与协调是完善的民用航空法律制度有效运行的重要前提，这有赖于通过对立法权的约束和限制来实现。中国香港地区、澳门地区、台湾地区“立法”明文规定法律法规的制定必须明示立法法源依据或立法授权，以此对立法权进行强有力的约束和限制。正是由于缺乏对立法法源及立法授权明示的重视，使得目前中国大陆地区各层级立法主体立法权所受约束不足，越权现象频频出现，进而造成立法体系内部紊乱。

因此，在未来中国民用航空立法活动过程中，明晰规范法源，强化对立法权的约束、限制是治理法源不清、越权立法乱象的关键一步。这要求我们借港澳台地区现行立法之先进经验，在厘清各层级法律规范立法主体权限的基础上，本着对

① 刘松山.中国立法问题研究[M].北京：知识产权出版社，2016：6.

立法权施加必要约束的基本理念，为各层级法律规范性文件的出台制定、完善、细化立法标准，此立法标准适用于涵盖航空法在内的所有立法领域。在此标准中应明确规定，立法有据为原则，下位规则的制定必须在文本中释明其依据的上位规范之具体条款或授权，无依据的，不得越权制定规则；同时，适当变通为例外，在特殊情形下，如对于少数民族自治地区事务或某些地区事务的治理具有显著的特色，或地方立法机关需要运用必要的立法规则保障公民权益、促进公共福利等，无法在上位规范中找到对应的具体条款依据或明确授权，则可以予以适当的变通，准予立法主体依据有关的立法原则或立法精神进行立法。

6.4.3 发挥立法机制整体合力，改善航空立法质量

优质的立法能够促进社会的变革与发展，而低质量的立法不仅难以解决社会问题，还会阻滞社会的进步。当前中国民用航空立法仍存在一些部门利益化倾向，缺乏良好的融贯性、全局性、综合性，其质量有待进一步地改善和提升。

持续改善、不断提高中国民用航空立法质量不仅要求立法主体自身必须具备与时俱进的立法技术以及前瞻性的长远目光，更有赖于有效的立法机制在立法活动中发挥合力作用。立法机制的构建既要强调整体上的连续性，又要重视诸方参与主体间的协调性。在民用航空有关立法工作准备前期，应当建立起部门协商平台及公开调研机制，将民用航空立法纳入综合交通运输法律体系的全局视野中加以考量，通过纵向层级、横向部门多方主体间的协助交流积极进行信息交互，为立法活动的开展提供充分翔实的现实依据和合理科学的有效建议，并增进民用航空法律规则体系内部、民用航空法律规范与其他法律规范之间的融合贯通；在立法活动开展过程中，必须贯穿以公众参与机制和立法监督机制，以宪法监督、民主监督、上级部门监督、同级部门监督的约束力量防止民用航空立法主体出现部门利益化倾向，杜绝借法扩权现象，确保民用航空立法部门独立行使立法权，立法主体做到权责统一；在立法规范实施后，应当设定立法评估制度和公众反馈平台，立法主体通过考察评估结果和吸纳专家结论、公众反馈意见对所制定法律规范的实施效果进行分析，从而及时地对规范性文件进行补充、修正、废止，以确保每一民用航空法律规范既具备较高的专业技术水准，又切实符合现实需求。只有将这些立法机制有机结合、环环相扣，有效地最大化发挥整体机制的合力作用，才能够促成优质民用航空立法的产生，铸造起中国完备的航空法立法体系。

6.4.4 及时修正、清理航空法律法规，优化法律规范体系结构

立法应当是随着时代进步而不断发展优化的，优化的标准之一就在于通过协调的规则体系构造，适量的法律规范便足以起到高效解决社会现实矛盾和规范社会主体间法律关系的作用。立法权膨胀、立法主体多元、立法主体之间权限不清

造就了中国现今民用航空法律规范数量过度庞大。法治的现代化评判准则不在于法律规范数量的多少，而在于法律规范的有效性。数量过多、纷繁杂乱的立法不仅浪费了大量的立法资源，而且造成现实民用航空事务管理面临重重困难。因此，及时地对现有大量的立法予以修正、清理，优化法律规范体系结构是实现中国法治现代化进程的必要环节之一。

及时修正、清理民用航空法律法规，提升现有法律规范体系结构的内在协调性需要设定并遵循一系列合理科学的考量指标。在废改规则过程中，对于符合相应指标的规则应予以保留，而对不符合相应指标的规则应尽快加以修正或废止。这些考量指标包括立法主体对于合法性、适时性、审慎性的判断。合法性是立法活动开展须符合的第一标准。民用航空法律法规的出台均必须遵循宪法和法律的严格规定，既要在立法程序上符合法定流程，又要在立法权限上不逾越法定的职权和法定的授权。未遵循合法性的法律规范性文件即存在重大瑕疵，皆应当予以废止。在合法性的基础上，民用航空法律法规是否契合当下国家航空事业的发展路径、是否契合现实航空事务管理需求也是一个重要的考量因素。法律的生命在于实施，民用航空各种规则的功能和目的在于规范航空活动、促进航空事业发展，而明显滞后于现实需要、无法适时解决航空活动中新兴问题的法律规范在功用上存在一定的缺陷，需要及时进行矫正。对于现有规范性文件的修正、清理还必须秉持着审慎的态度，以保障法律的权威性和安定性不因肆意废改而受到破坏。这不仅需要考察该规范与其他规范在文本内容上是否重复，还需要深入挖掘该规范实施过程中的内在价值取向、社会效益和经济成本、现实操作的难度，经过深刻审思之后再对存在瑕疵的规则予以修缮。

第7章　中国航空立法内容完善研究

7.1　中国航空民商事立法内容完善研究

中国航空民商事立法之内容涉及公共航空运输企业[①]、运输凭证、承运人责任及旅客权益保护等相关立法规定。本书主要从以上四个方面内容，以《民用航空法》的修订为基础，提出中国航空立法修订与完善的相关建议对策。

7.1.1　公共航空运输企业立法完善相关建议

7.1.1.1　公共航空运输企业概念界定

有关公共航空运输企业的相关规定在中国《民用航空法》第八章中进行了规制，涉及法条为第九十一条至第一百零五条。内容主要涵盖了公共航空运输企业的定义、公共航空运输企业的经营与运行许可的条件、公共航空运输服务的要求、定期航班运输与不定期航空运输的相关规定、营业的收费项目的确定、公共航空运输的安保要求、危险品航空运输、边防海关检疫检查、第三人责任险等方面的规定。在民航实践活动当中，有关公共航空运输企业的法律规制在一定程度上起到了推动民航发展的作用，通过规范公共航空运输企业的行为，促使民航活动有序健康发展。

在《民用航空法》的相关规定当中，公共航空运输企业是指以营利为目的，使用民用航空器运送旅客、行李、邮件或者货物的企业法人。在这一定义当中，最重要的定性为企业法人。在民商法领域当中，企业是公司的上位概念，企业包括公司、合伙企业、个人独资企业、个体工商户四种类型。[②] 结合公共航空运输企业的要求可以得知，从事公共航空运输活动的准入门槛是比较高的。在实践中从事公共航空运输活动时，所需垫付的资金量较高。从事公共航空运输需要基地机场和相应的专业设备。公共航空运输企业的性质均是以公司的形式存续发展的，合伙企业、个人独资企业以及个体工商户均不能满足中国公共航空运输企业的建立要

---

① 将公共航空运输企业立法完善列入航空民商事立法完善，主要是从文章逻辑框架上加以考虑的，实际上承运人在中国主要就是指公共航空运输企业。本节是按照航空运输法律关系进行框架构建的。在本书第二章中，是将公共航空运输企业列入航空行政发范畴的。

② 万国，赵新华.论商事主体[J].社会科学战线，2006(04):207－210.

求，因此在《民用航空法》的更新与完善中，应当将第九十一条的"企业法人"改为"公司法人"，使得定义外延更为准确。

7.1.1.2 公共航空运输企业的经营与运行许可的条件

由于航空运输业是技术密集型产业，从事公共航空运输企业的经营许可与运行许可是需要严格把控与监督的，经营许可的条件需要法律加以严格规制。目前在中国《民用航空法》当中，企业从事公共航空运输，应当向国务院民用航空主管部门申请领取许可证，有法律条文对取得公共航空运输经营许可的条件做出了具体的规定，如《民用航空法》第八章第九十三条，针对公共航空运输的经营许可应当具备的条件仅从四个方面，即从拥有民用航空器、取得执照的航空人员、公司的注册资本与其他法律规定的条件做出了规定。从形式上看，该项规定不够全面且不够具体。要求具有保证飞行的航空器与拥有执照的航空人员，这的确是从事公共航空运输的企业最鲜明的特点，但是其一般性的许可条件也是和普通经济活动组织的设立条件有所差别的。根据中国交通运输部修改通过的有关该类企业的经营许可的民航规章中关于设立的条件有具体的规定，其企业的法定代表人应为中国籍公民①，这一点应当在《民用航空法》当中体现出来，以体现公共航空运输企业与一般的经济组织在申请设立条件中的不同。同时，公共航空运输企业由于其专业性较强，公司的高级管理人员也应当具备相应的专业知识、管理经验和能力。同时，国务院针对特殊行业公司的注册资本也做出了特别规定。公共航空运输企业作为运输类公司中的典型代表，其注册资本也应有特别的规定，因此在《民用航空法》的完善当中也应当载明不少于国务院民用航空主管部门规定的实缴注册资本。

因此，针对公共航空运输企业经营许可条件的规定，应当从现有不够全面的规定出发，同时与整个民航法律体系相协调适应，详细说明法定代表人的国籍要求、公司高级管理人员的知识技能要求、注册资本的要求等，保留原有的运营所需的基地机场和设备等要求，适当扩充许可条件的规定，让《民用航空法》更具有操作性。同时，在当前国务院全面深化"放管服"改革、转变政府职能的进程当中，中国公共航空运输行业发展迅速，从事公共航空运输企业的数量急剧增加。在这个过程当中，为了保障民用航空活动的安全，维护公共航空运输的市场秩序，国务院民用航空主管部门在推动中国民航业发展的同时，应积极监测行业的运行情况，可以对新设公共航空运输企业与新增运力的审批实行阶段性的暂停，并说明采取该项措施的程序与要求。同时，也应当对公共航空运输企业筹建开业批准的程序

---

① 《公共航空运输企业经营许可规定(2018 修正)》第六条第二款规定：(二) 负责企业全面经营管理的主要负责人应当具备公共航空运输企业管理能力，主管飞行、航空器维修和其他专业技术工作的负责人应当符合涉及民航管理的规章的相应要求，企业法定代表人为中国籍公民。

与时限做出规定，与当前行政机关行政行为的公正与透明化相适应。

7.1.1.3 公共航空运输服务的要求

公共航空运输服务企业在进行运输服务时，应当要保证飞行安全和航班正常，提供良好的服务，采取有效措施提高运输服务的质量。公共航空运输由于其运输的独特性，其运输规范要求较高，对机组人员的操作规范与服务要求也较高，因此对于公共航空运输企业而言，应当注重教育和要求本企业职工严格履行职责，以文明礼貌、热情周到的服务态度，认真做好旅客和货物运输的各项服务工作。现行《民用航空法》第九十五条规定了在旅客运输航班延误的时候，应当在机场内及时通告有关情况。以上规定就其内容而言，是针对民航运输的特殊性而对服务要求进行细化规制。但是就法的特征而言，法是调整规范一定的社会关系与分配权利义务的，在法条当中针对公共航空运输服务的要求，实质上其本身不具有法律的强制规范作用，更多的是一种倡导与商业行为的伦理要求，不应当以强制的法律规范的形式来加以约束。可以考虑通过以民航局发布民航规章或其他规范性文件的形式来对公共航空运输行业的一系列商业行为加以约束和规范。

7.1.1.4 定期航班运输、不定期航空运输以及营业收费项目的相关规定

定期航班运输的批准或备案、航班时刻分配制度目前法律规制较为完善，申请经营定期航班运输的航线，暂停、终止经营的航线，也应当报经国务院民用航空主管部门批准或者按照规定进行备案。针对不定期航空运输的相关规定也应当经国务院民用航空主管部门批准或者按照规定进行备案。公共航空运输企业的营业收费项目，也应当由国务院民用航空主管部门确定。目前有关定期航班运输、不定期航空运输以及营业收费项目的相关规定整体较为完善，无须进一步更新和修订。

7.1.1.5 公共航空运输的安保要求与危险品航空运输活动

针对公共航空运输的安保要求的相关规定，目前现有公共航空运输企业应当依照国务院制定的公共航空运输安全保卫规定，制定安全保卫方案，并报国务院民用航空主管部门备案。但目前中国已出台民航规章《公共航空运输企业航空安全保卫规则》，且经交通运输部 2018 年修订，形成了较为完善与全面的航空安保规则，因此各公共航空运输企业可以按照该规章进行航空安保工作，不需要再另行制定独立的安全保卫方案，此条可以删去。

有关危险品的航空运输，应当将现有《民用航空法》第一百条中规定的禁止旅客随身携带法律、行政法规规定的禁运物品乘坐民用航空器，扩大适用范围，禁止一切在行李、货物或者邮件中运输法律、行政法规规定的禁运物品的行为。同时，在一百零一条中对危险品航空运输也应当建立运输许可制度，采取有限度的危险品航空运输许可制度，在加强管理规范性的同时禁止违反规定将危险品作为行李

运输。针对危险品航空运输活动,采用化繁为简的方式,以禁止与许可的两条线规制危险品的航空运输活动。针对航空运输活动旅客量的急剧增加的状况,应当赋予公共航空运输企业可以拒绝运输可能危及民用航空安全和秩序的旅客的权利,相关的规定也应当在其制定的运输总条件中予以明示,适度扩大公共航空运输企业的自主管理权,促进公共航空运输安全与效率的协同发展。

7.1.1.6 边防海关检疫检查与其他相关制度

边防海关检疫检查,是指公共航空运输企业从事国际航空运输活动时,需要将其所载人员、行李、货物依法接受边防、海关、检疫等主管部门的检查。在国际交流日益增多的如今,各类边防海关的检疫检查日益普遍。但在进行上述检查时应当避免不必要的延误,合理恰当地进行边防检疫检查也是促进公共航空运输活动效率提高的一种方式。还需要注意,禁止人员、行李和货物出入与过境的相关规定与通知,边防海关检疫部门需要及时地通知公共航空运输企业,以免造成不必要的延误。目前,公共航空运输的事故率总体而言是很低的,近五年来中国运输航空百万小时的重大事故率为"0"。[①] 但"马航 370 失联事件"的发生使公众对民航业的信赖有所下降,因此针对航空器跟踪能力要求的相关规定便显得尤为迫切,航空器制造企业和公共航空运输企业应当加强航空器追踪能力建设,保持对所使用的民用航空进行有效追踪,以便在民航客机发生事故以后,能够及时地展开救援与善后工作。其他有关第三人责任险与按照法律法规的规定优先输运邮件的规定应当继续实施与贯彻。

7.1.1.7 公共航空运输企业部分立法完善总结

公共航空运输企业相关法律关系作为公共航空运输法律关系中起着统率作用的部分,对其进行法律规制也应当全面而系统。综观当前中国《民用航空法》中公共航空运输企业章节,可见其呈现出定义不够准确、规制不够详尽的问题。有关公共航空运输企业的定义需要更加明确,需要指出其公司的根本属性。公共航空运输企业的经营许可条件也需要更加详细,具体列出公共航空运输企业同一般经济组织之间的差别之处。同时,针对公共航空运输企业的筹建与开业批准相关规定,也需要在《民用航空法》中得以体现。此外,顺应时代发展的同时,也需要对危险品航空运输、航空器跟踪能力等方面的内容加以完善与修订。具体修订建议及条文见表 7-1"有关公共航空运输企业立法修订相关条文及与原条文对照"。

若另行制定《航空法》,也应将上述建议内容融入其中。

其后,应以修订后的《民用航空法》或另行制定的《航空法》为基础,对现有航空行政法规、部门规章、地方性法规和地方政府规章中有关公共航空运输企业的

---

① 数据来自民航资源网 2017 年报道。网址:http://news.carnoc.com/list/422/422077.html. 2019 年 3 月 15 日访问。

规定进行及时修订。

表 7－1　有关公共航空运输企业立法修订相关条文及与原条文对照

原条文	建议条文
第九十一条　公共航空运输企业，是指以营利为目的，使用民用航空器运送旅客、行李、邮件或者货物的企业法人。	第九十一条　公共航空运输企业，是指以营利为目的，使用民用航空器运送旅客、行李、邮件或者货物的公司法人。
第九十二条　企业从事公共航空运输，应当向国务院民用航空主管部门申请领取经营许可证。	第九十二条　企业从事公共航空运输，应当向国务院民用航空主管部门申请领取经营许可证和运营许可证。
第九十三条　取得公共航空运输经营许可，应当具备下列条件： （一）有符合国家规定的适应保证飞行安全要求的民用航空器； （二）有必需的依法取得执照的航空人员； （三）有不少于国务院规定的最低限额的注册资本； （四）法律、行政法规规定的其他条件。	第九十三条　取得公共航空运输经营许可，应当具备下列条件： （一）法定代表人应当为中华人民共和国公民； （二）公司高级管理人员应当具备相应的专业知识、管理经验和能力； （三）具有运营所需要的基地机场和设备； （四）有不少于国务院民用航空主管部门规定的实缴注册资本； （五）有符合国家规定的适应保证飞行安全要求的民用航空器； （六）有必需的依法取得执照的航空人员； （七）对于所从事的公共航空运输的旅客、行李、货物责任有充分保险的证明； （八）法律、行政法规规定的其他条件。
第一百零一条　公共航空运输企业运输危险品，应当遵守国家有关规定。 禁止以非危险品品名托运危险品。 禁止旅客随身携带危险品乘坐民用航空器。除因执行公务并按照国家规定经过批准外，禁止旅客携带枪支、管制刀具乘坐民用航空器。禁止违反国务院民用航空主管部门的规定将危险品作为行李托运。 危险品品名由国务院民用航空主管部门规定并公布。	第一百零一条　公共航空运输企业运输危险品，应当取得危险品航空运输许可。 禁止以非危险品品名托运危险品或者在普通货物或者邮件中夹带危险品。 禁止违反规定将危险品作为行李运输。 危险品品名由国务院民用航空主管部门规定并公布。

续表 7-1

原条文	建议条文
第一百零二条　公共航空运输企业不得运输拒绝接受安全检查的旅客，不得违反国家规定运输未经安全检查的行李。 公共航空运输企业必须按照国务院民用航空主管部门的规定，对承运的货物进行安全检查或者采取其他保证安全的措施。	第一百零二条　公共航空运输企业不得运输拒绝接受安全检查的旅客，不得违反国家规定运输未经安全检查的行李。 公共航空运输企业必须按照国务院民用航空主管部门的规定，对承运的货物进行安全检查或者采取其他保证安全的措施。 公共航空运输企业可以拒绝运输可能危及民用航空安全和秩序的旅客，相应规则应当在其制定的运输总条件中予以明示。
为预防类似于“马航370”事件的发生，建议增加一条法律条文加以规范。 ×××条　航空器制造企业和公共航空运输企业应当加强对航空器追踪能力建设，保持对所使用的民用航空器进行有效追踪。	

注：表中画线部分内容为本书所建议修订时增加的内容。

表7-1到表7-8的有关建议主要是从中国《民用航空法》修订征求意见稿中摘录，结合本书自身建议而拟定的。

7.1.2　运输凭证相关立法完善措施

运输凭证是承运人运送旅客时应当出具的客票，该客票是旅客乘坐民用航空器应当交验的运输凭证，在《民用航空法》的相关规定当中，有关运输凭证的规定是航空运输法律关系当中的重要一环，需要与时俱进地改进与完善。在现行《民用航空法》中，主要涉及内容为第九章公共航空运输的前两节内容，一般规定与运输凭证，在运输凭证当中又可以细化为运输凭证的形式、性质与法律地位，行李识别标签，货运单的形式与托运人、承运人对航空货运单内容的责任，以及航空货运单和货物收据的性质与双方对货物处置约定的修订几个方面的内容。

7.1.2.1　公共航空运输的一般规定

《民用航空法》在公共航空运输的一般规定当中，明确指出了适用于公共航空运输企业使用民用航空器经营的旅客、行李或者货物的运输，包括公共航空运输企业使用民用航空器办理的免费运输；同时也指出不适用于使用民用航空器办理的邮件运输。此外，在一般规定当中对国内航空运输与国际航空运输做出了相对区分的明确规定，对几个连续的航空运输承运人办理的运输视为一项不可分割的运输。有关公共航空运输的一般规定承接了1999年《蒙特利尔公约》的有关规定，在实践当中运行良好，此部分暂无完善与更新的必要。

7.1.2.2 运输凭证形式的相关规定

运输凭证是承运人运送旅客应当出具的客票，但在实践的不断发展中，客票已经不是唯一的运输凭证，在实践中能够保存《民用航空法》第一百一十条规定的有关客票应当包括的内容的凭证，均可以代替客票。但是需要注意的是采用此种方法的，承运人应当向旅客出具所保存内容的书面凭证。

7.1.2.3 运输凭证的性质和法律地位

目前的规定当中，客票是航空旅客运输合同订立和运输合同条件的初步证据。旅客未能出示客票、客票不符合规定或者客票遗失，不影响运输合同的存在或者有效。由于现在运输凭证的形式不局限于客票，因此应当界定运输凭证的性质和法律地位。同时在实践中，运输凭证仍然是公共运输法律关系的有效证明，有关旅客不经其出票而乘坐民用航空器的情形很难发挥作用，可以删去该部分。

7.1.2.4 行李识别标签与货运单的形式规定

目前有关承运人提供行李识别标签的义务，规定较为烦琐与复杂，但在实际的运行过程中，由于现阶段航空公司提供托运行李限重的不同，各航空公司有关托运行李条件的不一致，制定统一详细的规定反而不利于行李托运识别的规范化，因此可以修订为承运人应当就每一件托运行李向旅客出具行李识别标签，具体的行李的托运规则与条件则交由各公共航空运输企业自行制定。此外有关航空货运合同双方关于货运单方面的权利义务、货运单的效力、货运单的替代情形，需要注意的是货物运输是应当出具航空货运单的，随着经济社会的发展，货物航空运输的需求量急剧增加，在货运单的形式上不应当限定到制定的形式，任何能够保存将要履行的货物运输记录内容的其他方法，均可以用来替代出具航空货运单。

但需要注意的是，采用此种其他方法的，承运人应当应托运人要求，向其出具货物收据，以便识别货物并能获得此种其他方法所保存货物运输记录中的内容。更为宽松的管理模式更有利于航空货物运输的发展。同时，也应当在航空货运单与货物收据当中表明货物品名、重量的表示，以查验与输运。

7.1.2.5 托运人、承运人对航空货运单内容的责任

在实践当中，托运人与承运人有关航空货运单内容责任的分配情形已经不局限于法律规定的托运人与承运人双方。在目前的规定当中，托运人应当对航空货运单上所填关于货物的说明和声明的正确性负责。但是实践中，托运人与承运人之间往往存在代理人，因此以托运人名义行事的人同时也是承运人的代理人，同样也应当对所填关于货物的说明和声明的正确性负责。

在此处，有关航空货运单的货物说明和声明的正确性的义务在托运人一方，故因航空货运单上所填的说明和声明不符合规定、不正确或者不完全，给承运人

或者承运人对之负责的其他人造成损失的，托运人应当承担赔偿责任。同时，还应当在相关法律条文作出排除性的规定，要与侵权责任中的“谁过错，谁承担”一致，对因承运人或者以其名义在货物收据或者其他方法所保存的记录上所载的各项说明和声明不符合规定、不正确或者不完全，给托运人或者托运人对之负责的任何其他人造成的一切损失，承运人应当对托运人承担赔偿责任。

7.1.2.6 航空货运单和货物收据的性质与双方对货物处置约定的修订

航空货运单或者货物收据是航空货物运输合同订立和运输条件以及承运人接收货物的初步证据，其关于货物的重量、尺寸、包装和包装件数的说明具有初步证据的效力。此处加上货物收据既是与前文修改后的规定保持一致，也是对实践当中货物收据的广泛使用与时俱进地规制。此外，有关承运人对于货物托运过程当中对货物的相关处置，在《民用航空法》第一百一十九条至一百二十条中，托运人在履行航空货物运输合同规定的义务的条件下，有权在出发地机场或者目的地机场将货物提回，或者在途中经停时中止运输，或者在目的地点或者途中要求将货物交给非航空货运单上指定的收货人，或者要求将货物运回出发地机场，但是托运人不得因行使此种权利而使承运人或者其他托运人遭受损失，并应当偿付由此产生的费用。同时，托运人的指示不能执行的，承运人应当立即通知托运人。承运人按照托运人的指示处理货物，没有要求托运人出示其所收执的航空货运单或者货物收据，给该航空货运单或者货物收据的合法持有人造成损失的，承运人应当承担责任，但是不妨碍承运人拥有向托运人追偿的权利。在这里需要注意的是，承运人对于上述法律条文规定的变更约定，均需通过航空货运单或者货物收据上的明文约定予以变更，使托运人在与承运人达成合同交易之前能够获知对法律规定的变通。

7.1.2.7 运输凭证部分立法完善总结

运输凭证作为航空民事法律关系当中航空客运、货运的重要凭证，在公共航空运输当中起着调节合同双方当事人权利义务关系的重要作用。随着公共航空运输行业的快速发展，运输凭证的相关规定已经不能适应实践活动当中复杂多样的航空客运运输凭证、货运单与货物收据的发展。因此需要将客票这一概念模糊化，采用运输凭证进行规制，对货运单的形式、托运人与承运人乃至中间代理人之间的关系进行厘清，权利义务与责任进行更为恰当的分配，最终在《民用航空法》的进一步更新与完善当中适应现实的需求与发展。具体修订建议见表7-2“有关航空运输凭证立法修订相关条文及与原条文对照”。

若另行制定《航空法》，也应将上述建议内容融入其中。

其后，应以修订后的《民用航空法》或另行制定的《航空法》为基础，对现有航空行政法规、部门规章、地方性法规和地方政府规章中有关运输凭证的规定进行及时修订。

表 7－2 有关航空运输凭证立法修订相关条文及与原条文对照

原条文	建议条文
第一百零九条　承运人运送旅客，应当出具客票。旅客乘坐民用航空器，应当交验有效客票。 第一百一十条　客票应当包括的内容由国务院民用航空主管部门规定，至少应当包括以下内容： （一）出发地点和目的地点； （二）出发地点和目的地点均在中华人民共和国境内，而在境外有一个或者数个约定的经停地点的，至少注明一个经停地点； （三）旅客航程的最终目的地点、出发地点或者约定的经停地点之一不在中华人民共和国境内，依照所适用的国际航空运输公约的规定，应当在客票上声明此项运输适用该公约的，客票上应当载有该项声明。 第一百一十一条　客票是航空旅客运输合同订立和运输合同条件的初步证据。 旅客未能出示客票、客票不符合规定或者客票遗失，不影响运输合同的存在或者有效。 在国内航空运输中，承运人同意旅客不经其出票而乘坐民用航空器的，承运人无权援用本法第一百二十八条有关赔偿责任限制的规定。 在国际航空运输中，承运人同意旅客不经其出票而乘坐民用航空器的，或者客票上未依照本法第一百一十条第（三）项的规定声明的，承运人无权援用本法第一百二十九条有关赔偿责任限制的规定。 第一百一十二条　承运人载运托运行李时，行李票可以包含在客票之内或者与客票相结合。除本法第一百一十条的规定外，行李票还应当包括下列内容： （一）托运行李的件数和重量； （二）需要声明托运行李在目的地点交付时的利益的，注明声明金额。 行李票是行李托运和运输合同条件的初步证据。 旅客未能出示行李票、行李票不符合规定或者行李票遗失，不影响运输合同的存在或者有效。	第一百零九条　承运人运送旅客，应当出具运输凭证。该运输凭证至少应当载明： （一）出发地点和目的地点； （二）出发地点和目的地点均在中华人民共和国境内，而在境外有一个或数个约定的经停地点的，至少对其中一个此种经停地点的标示。 任何保存第一款内容的其他方法都可以用来代替出具该款中所指的运输凭证。采用此种其他方法的，承运人应当提出向旅客出具一份以此种方法保存的内容的书面陈述。 第一百一十条　承运人应当就每一件托运行李向旅客出具行李识别标签。

续表 7-2

原条文	建议条文
在国内航空运输中，承运人载运托运行李而不出具行李票的，承运人无权援用本法第一百二十八条有关赔偿责任限制的规定。 在国际航空运输中，承运人载运托运行李而不出具行李票的，或者行李票上未依照本法第一百一十条第(三)项的规定声明的，承运人无权援用本法第一百二十九条有关赔偿责任限制的规定。	
第一百一十三条　承运人有权要求托运人填写航空货运单，托运人有权要求承运人接受该航空货运单。托运人未能出示航空货运单、航空货运单不符合规定或者航空货运单遗失，不影响运输合同的存在或者有效。 第一百一十五条　航空货运单应当包括的内容由国务院民用航空主管部门规定，至少应当包括以下内容： (一) 出发地点和目的地点； (二) 出发地点和目的地点均在中华人民共和国境内，而在境外有一个或者数个约定的经停地点的，至少注明一个经停地点； (三) 货物运输的最终目的地点、出发地点或者约定的经停地点之一不在中华人民共和国境内，依照所适用的国际航空运输公约的规定，应当在货运单上声明此项运输适用该公约的，货运单上应当载有该项声明。 第一百一十六条　在国内航空运输中，承运人同意未经填具航空货运单而载运货物的，承运人无权援用本法第一百二十八条有关赔偿责任限制的规定。 在国际航空运输中，承运人同意未经填具航空货运单而载运货物的，或者航空货运单上未依照本法第一百一十五条第(三)项的规定声明的，承运人无权援用本法第一百二十九条有关赔偿责任限制的规定。	第一百一十三条　货物运输应当出具航空货运单。 任何保存将要履行的运输的记录的其他方法都可以用来代替出具航空货运单。采用此种其他方法的，承运人应当应托运人的要求，向托运人出具货物收据，以便识别货物并能获得此种其他方法所保存记录中的内容。 第一百一十五条　航空货运单或者货物收据至少应当包括以下内容： (一) 出发地点和目的地点； (二) 出发地点和目的地点均在中华人民共和国境内，而在境外有一个或者数个约定的经停地点的，至少标示一个经停地点； (三) 货物品名、重量的标示。

注：表中画线部分内容为本书所建议修订时增加的内容。

有关客票、行李票之规定，建议将《民用航空法》第一百零九条到一百一十二条合并为两条即可，与1999年《蒙特利尔公约》的规定保持一致。

7.1.3 承运人责任制度立法完善具体内容

在公共航空运输不断发展的今天，承运人的身份也不断细化。在实践中，可能存在缔约承运人与实际承运人两者分离的状态，针对实际承运人履行航空运输义务时也存在着特殊的规定。总体而言，有关承运人责任因中国加入了1999年《蒙特利尔公约》，需要按照条约进行承运人责任的分配与承担，在《民用航空法》中有关承运人责任的规定主要在于旅客人身伤害、行李与货物损害的赔偿规定、承运人责任的免除或减轻、国内航空运输责任制度、先行付款与诉讼制度、承运人援用责任限额规定的情形以及实际承运人履行航空运输的特别规定等方面。

7.1.3.1 有关旅客人身伤害、行李与货物损害的赔偿规定

在一般承运人的责任相关规定中，首先需要明确的是对于因旅客死亡或者身体伤害而产生的损失，只要造成死亡或者伤害的事故是在上、下航空器的任何操作过程中或者在航空器上发生的，承运人就应当承担责任，同时还应当进行限制，对于旅客的人身伤亡完全是由于旅客本人的健康状况造成的，承运人不承担责任。同时，在行李与货物损害的赔偿规定当中，目前的相关规定对行李与货物损害的责任分配比较完善。因发生在航空运输期间的事件，造成旅客的托运行李毁灭、遗失或者损坏的，承运人应当承担责任。但是托运行李的毁灭、遗失或者损坏完全是由于行李本身的自然属性、质量或者缺陷造成的，承运人在此范围内不承担责任。对非托运行李，包括个人物件，承运人对因自身或者受雇人或者代理人的过错造成的损失承担责任。此外在实践当中，还存在着行李物品承运人因其他原因承认托运行李已经遗失的，或者推定遗失的，应当确立一个时限，即在托运行李在应当到达之日起经过确立的时间段后仍未达到的，旅客即有权向航空承运人行使运输合同所赋予的权利。这样也有利于承运人及时地履行自己的义务，促使公共航空行李与货物运输的健康持续发展。

7.1.3.2 承运人责任的免除或减轻

在旅客、行李运输中，经承运人证明，损失是由索赔人的过错造成或者促成的，应当根据造成或者促成此种损失的过错的程度，相应免除或者减轻承运人的责任。在上述规定中，特殊情形的损失应当免除或者减轻承运人责任，在表述上局限于索赔人作为的过错行为。然而在实践当中主体还应当包括从索赔人处取得权利的人，其行为还应当包括过失或者其他不当行为、不作为造成或者促成的，主体与行为方式需要扩大化。同时，此条有关承运人责任的免除或减轻的相关规定也应当适用于国内航空运输责任制度的规定，以利于国内航空运输责任制度的完善与健全。

7.1.3.3 国内航空运输责任制度

国内航空承运人对旅客损害赔偿责任制度的规定，主要采用1999年《蒙特利

尔公约》的规定完善。首先需要明确构建双梯度责任制,即1999年《蒙特利尔公约》中规定的国际航空承运人对旅客损害赔偿的归责原则,这种责任制度的优点是:一方面能确保国际航空运输旅客的利益,以及在恢复性赔偿原则的基础上提供公平赔偿的必要性;另一方面,能保障国际航空运输运营的有序发展以及实现旅客、行李通畅流动的愿望。[①] 完善到法律制度当中,即航空旅客运输承运人的赔偿责任限额按照下列规定执行:根据本法的相关规定对每位旅客不超过限额的部分,承运人不得免除或者限制其责任。超过限额的部分,承运人证明损失不是由于承运人或者其受雇人、代理人的过错造成的,或者损失完全是由第三人的过错造成的,承运人不应当承担责任。同时,在双梯度赔偿责任制建立后,应根据中国国民经济发展实际水平,由国务院民用航空主管部门确立国内航空承运人对旅客人身损害赔偿的第一梯度责任限额,再以此为基础,建立责任限额复审机制,以实现国内航空运输对旅客损害的公平赔偿。因此,可以考虑在制度的完善中,对相关法律条文所规定的赔偿责任限额和复审机制由国务院民用航空主管部门规定,报国务院批准后公布执行。此外,有关承运人丧失限额规定权利的情形中,若航空运输中的损失是由于承运人或者其受雇人、代理人的故意或者明知可能造成损失而轻率地作为或者不作为造成的,则承运人无权援引此前有关赔偿责任限额的规定,但对航空货物运输的赔偿除外。

7.1.3.4 先行付款制度、诉讼制度

因民用航空器事故造成旅客死亡或者伤害的,在双梯度责任制下,应当建立承运人应当向有权索赔的自然人不延迟地先行付款,这样才有利于因民用航空器事故造成的损害得到及时赔偿,同时要注明的是该先行付款不构成对责任的承认,可以从承运人随后作为损害赔偿金支付的任何数额中扣除。有关诉讼制度的规定则是有关航空运输中发生的损失的诉讼,不论其根据如何,只能依照本法规定的条件和赔偿责任限额提出,但是不妨碍谁有权提起诉讼以及他们各自的权利。

7.1.3.5 承运人援用责任限额规定的情形与其他相关规定

在现行的《民用航空法》中,承运人或其受雇人、代理人援用责任限额的情形,规定较为明确,内容清晰,可以继续在实践当中加以运用。

---

① 贺富永.国内航空承运人对旅客损害赔偿立法走向思考[J].南京航空航天大学学报(社会科学版),2016(01):64-71.

7.1.3.6 有关实际承运人履行航空运输的特别规定

实际承运人从事的运输，实质为旅客、货物在不同承运人之间进行的接替性运输，不过却具有被视为旅客、货物在同一承运人不同运输工具或运输方式进行接替性运输的效果，甚至具有被视为直达运输的效果。承运人与实际承运人之间的合作运输，一方面有助于承运人之间的协同销售、协同运输网络，共享运输设施和服务，从而减少运输成本；另一方面，也使承运人以更低的价格为旅客、托运人提供更完善的服务，符合公共利益。[①] 因此，实际承运人在公共航空运输业中存在的比例不容小视。目前在中国《民用航空法》中有关实际承运人的规定从其定义，作为与不作为及其相应应当承担的责任、索赔的方式、赔偿责任的限额以及诉讼的规定等方面，目前相关规定较为全面，需要随着实践不断发展来进一步完善。

7.1.3.7 承运人责任部分立法完善总结

承运人责任首先应当建立起国内航空运输的双梯度责任制，对搭乘公共航空运输的旅客人身伤害与其货物损失的赔偿进行较为全面的完善，同时针对承运人免除或减轻责任的情形也应当做出相应的规定。从保护弱势的消费者一方的角度出发，还应当建立起先行付款与诉讼制度。针对实践当中缔约承运人与实际承运人不一致的常见情形，还应对实际承运人履行航空运输的相关权利与义务进行分配。具体见表 7－3“有关承运人责任制度修订相关条文及与原条文对照”。

若另行制定《航空法》，也应将上述建议内容融入其中。

其后，应以修订后的《民用航空法》或另行制定的《航空法》为基础，对现有航空行政法规、部门规章、地方性法规和地方政府规章中有关承运人责任制度的规定进行及时修订。

表 7－3 有关承运人责任制度修订相关条文及与原条文对照

原条文	建议条文
第一百二十四条　因发生在民用航空器上或者在旅客上、下民用航空器过程中的事件，造成旅客人身伤亡的，承运人应当承担责任；但是，旅客的人身伤亡完全是由于旅客本人的健康状况造成的，承运人不承担责任。	第一百二十四条　因发生在民用航空器上或者在旅客上、下民用航空器过程中的事故，造成旅客人身伤亡的，承运人应当承担责任。但是，旅客的人身伤亡完全是由于旅客本人的健康状况造成的，承运人不承担责任。

① 刘胜军.论实际承运人的法律地位：从“指导案例 51 号”切入[J].法商研究，2017(05)：131－140.

续表 7-3

原条文	建议条文
第一百二十五条　因发生在民用航空器上或者在旅客上、下民用航空器过程中的事件，造成旅客随身携带物品毁灭、遗失或者损坏的，承运人应当承担责任。因发生在航空运输期间的事件，造成旅客的托运行李毁灭、遗失或者损坏的，承运人应当承担责任。 旅客随身携带物品或者托运行李的毁灭、遗失或者损坏完全是由于行李本身的自然属性、质量或者缺陷造成的，承运人不承担责任。 本章所称行李，包括托运行李和旅客随身携带的物品。 因发生在航空运输期间的事件，造成货物毁灭、遗失或者损坏的，承运人应当承担责任；但是，承运人证明货物的毁灭、遗失或者损坏完全是由于下列原因之一造成的，不承担责任： （一）货物本身的自然属性、质量或者缺陷； （二）承运人或者其受雇人、代理人以外的人包装货物的，货物包装不良； （三）战争或者武装冲突； （四）政府有关部门实施的与货物入境、出境或者过境有关的行为。 本条所称航空运输期间，是指在机场内、民用航空器上或者机场外降落的任何地点，托运行李、货物处于承运人掌管之下的全部期间。 航空运输期间，不包括机场外的任何陆路运输、海上运输、内河运输过程；但是，此种陆路运输、海上运输、内河运输是为了履行航空运输合同而装载、交付或者转运，在没有相反证据的情况下，所发生的损失视为在航空运输期间发生的损失。	第一百二十五条　对于托运行李毁灭、遗失或者损害而产生的损失，只要造成毁灭、遗失或者损坏的是在航空器上或者在托运行李处于承运人掌管之下的任何期间内发生的，承运人就应当承担责任。 承运人承认托运行李已经遗失，或者托运行李在应当到达时间起二十一日内仍未到达的，旅客有权向承运人行使运输合同所赋予的权利。 本章所称行李，包括托运行李和旅客随身携带的物品。 对于因货物毁灭、遗失或者损坏而产生的损失，只要造成损失的事件是在航空运输期间发生的，承运人应当承担责任；但是，承运人证明货物的毁灭、遗失或者损坏完全是由于下列原因之一造成的，不承担责任： （一）货物本身的自然属性、质量或者缺陷； （二）承运人或者其受雇人、代理人以外的人包装货物的，货物包装不良； （三）战争或者武装冲突； （四）政府有关部门实施的与货物入境、出境或者过境有关的行为。 本条所称航空运输期间，是指在机场内、民用航空器上或者机场外降落的任何地点，托运行李、货物处于承运人掌管之下的全部期间。 航空运输期间，不包括机场外的任何陆路运输、海上运输、内河运输过程；但是，此种陆路运输、海上运输、内河运输是为了履行航空运输合同而装载、交付或者转运，在没有相反证据的情况下，所发生的损失视为在航空运输期间发生的损失。

续表 7-3

原条文	建议条文
第一百二十八条　国内航空运输承运人的赔偿责任限额由国务院民用航空主管部门制定，报国务院批准后公布执行。 旅客或者托运人在交运托运行李或者货物时，特别声明在目的地点交付时的利益，并在必要时支付附加费的，除承运人证明旅客或者托运人声明的金额高于托运行李或者货物在目的地点交付时的实际利益外，承运人应当在声明金额范围内承担责任；本法第一百二十九条的其他规定，除赔偿责任限额外，适用于国内航空运输。	第一百二十八条　国内航空运输承运人的赔偿责任限额和复审机制由国务院民用航空主管部门制定，报国务院批准后公布执行。

注：表中画线部分内容为《民用航空法》修订草案中、本书也建议修订时增加的内容。

7.1.4　旅客权益保护相关立法完善路径

在航空旅客运输服务过程中，相对于航空公司、机场经营者而言，航空旅客处于弱势地位，同时相对于其他领域的消费者而言，其弱势性更为凸显。[①] 因此，既是顺应世界航空法倾斜保护旅客这一弱势群体权益的发展趋势，也是推进中国《民用航空法》的现代化进程，倾斜性保护机制是实现航空旅客这一特殊弱势群体权益保护的有效路径。中国《民用航空法》应当秉承“以旅客为本”的理念，从侧重对航空承运人的利益保护转向对航空旅客权益的关注，最大限度地保护处于弱势地位的航空旅客权益，对该部分的内容，着重从一般规定与运输总条件、不正常航班的旅客权益保护、残疾人旅客以及旅客的信息保护方面入手，对相关问题进行全面完善。

7.1.4.1　一般规定与运输总条件

正如上文所言，《民用航空法》的内容完善应当秉承“以旅客为本”的理念，其法律条款的设计当中，应当设立专章规定对旅客权益保护有关的法律制度，以便对下位法的《民用航空法》实施细则以及其他相关民航法规、规章与规范性文件的制定完善起到导航作用。

因此，在第八章的内容中应当增设一节有关旅客权益保护的内容，首先在一般规定中应当明确承运人和运输机场管理机构有义务进行协调管理，以保证飞行

① 张军.《民航法》中旅客权益保护的几个重要问题[J].广西社会科学，2017(09)：127-131.

安全和航班正常、提供良好服务为准则，采取有效措施，提高运输服务质量。

同时，应当针对运输总条件做出规定，目前国务院民用航空主管部门鼓励公共航空运输企业制定相应的运输总条件，将运输总条件进行备案，并在办理购票等环节中明确告知旅客。同时，需要明确的是运输总条件是航空运输合同的组成部分，其内容应当重点涵盖有关旅客权益的内容，即包括不正常航班处置、旅客服务和旅客投诉等内容。

7.1.4.2 不正常航班的旅客权益保护

不正常航班是指航班延误或取消等类似情形。由于民航活动的流量控制、天气不适应飞行等诸多因素，不正常航班的发生是比较常见的情形。在这种情况下，承运人和运输机场管理机构应当以适当的方式及时准确地发布信息通告，并做好旅客的服务工作。

7.1.4.3 有关残疾人旅客的权益保护

目前，全国残疾人人口基础数据库当中持证残疾人已达 3 404.0 万人①，从事公共航空运输服务时，应当考虑社会公益性，对残疾人旅客搭乘航班，承运人和运输机场管理机构应当根据实际情况对残疾人搭乘航班提供便利，在保证飞行安全的前提下，逐步达到无障碍设施的要求。

7.1.4.4 有关旅客的信息保护

旅客在搭乘公共航空运输的同时，需要提交有关的个人信息，在网络信息化不断普及的今天，应当依法加强对收集、使用的旅客个人信息保护，防止旅客个人信息泄露、丢失，不得泄露、出售或者非法向他人提供。同时，未经旅客同意或者请求，或者旅客明确表示拒绝的，不得向其发送商业性信息；在发生或者可能发生信息泄露、丢失的情况时，应当立即采取补救措施，以达到对搭乘公共航空运输的旅客信息的保护。

7.1.4.5 旅客权益保护部分立法完善总结

顺应世界航空法倾斜保护旅客这一弱势群体权益的发展趋势，中国《民用航空法》就航空旅客权益保护的相关规定，应当秉承以旅客为本理念，对航空旅客该类弱势群体进行倾斜性的保护。在《民用航空法》的完善当中，应当鼓励与督促公共航空运输企业建立起行之有效的运输总条件，针对不正常航班情形、残疾人旅客、旅客的信息保护等方面进行特别规制，从旅客权益保护这一小的切入点着手，进而促成中国民航客运业持续、快速、健康发展。② 具体建议见表 7－4“有关旅客

---

① 我国残疾人数据来源参见中国残疾人联合会公告. http://www.cdpf.org.cn/zcwj/zxwj/201804/t20180426_625574.shtml.

② 张小斐. 我国航空旅客权益保护法律制度研究[D]. 南京：南京航空航天大学，2018.

权益保护的相关建议条文”。

若另行制定《航空法》，也应将上述建议内容融入其中。

其后，应以修订后的《民用航空法》或另行制定的《航空法》为基础，对现有航空行政法规、部门规章、地方性法规和地方政府规章中有关旅客权益保护的规定进行及时修订。

表 7-4 有关旅客权益保护的相关建议条文

建议条文
第×××条【对旅客服务一般规定】 承运人应当以保证飞行安全和航班正常、提供良好服务为准则，采取有效措施，提高运输服务质量。
第×××条【运输总条件】 承运人应当公布运输总条件，并在办理购票等环节中明确告知旅客。 运输总条件是航空旅客运输合同的组成部分，应当报国务院民用航空主管部门批准（备案）。
第×××条【航班延误或取消】 航班延误或被取消的，承运人和运输机场管理机构应当及时准确地发布信息通告，做好对旅客的服务工作。
第×××条【旅客信息保护】 任何人、组织不得泄露、出售或者非法向他人提供旅客信息。
第×××条【对残疾旅客、老年旅客、儿童乘客和患病旅客提供的航空运输服务】 残疾旅客、老年旅客、儿童旅客和患病旅客有权获得特殊服务。特殊服务的具体内容由国务院民用航空主管部门规定。
第×××条【旅客投诉】 旅客有投诉的权利。承运人、运输机场管理机构、地面服务代理人、航空销售代理人应当以适当方式向社会公布投诉受理方式等信息，及时受理并处理有关投诉。

7.1.5 中国航空民商事立法完善总结

中国民航立法的内容完善中，有关民法部分的研究其重点是公共航空运输企业、运输凭证、承运人责任、旅客权益保护四个方面的内容。在研究中不难发现，民航立法涉及民商事活动领域方方面面的内容，在公共航空运输企业的相关规定当中，其从定义的更新、企业的经营与运行许可的条件完善、公共航空运输服务所提出的新要求、定期航班运输与不定期航空运输的相关规定的新情况、营业的收费项目的确定、公共航空运输的安保一系列要求，以及对第三人责任险等方面的发展，既是对公共航空运输企业实践活动所提出的新要求的回应，也是对民航活动更加规范与健康的助推力。

在运输凭证的内容研究中，就运输凭证发展的新情况，其不再是单一客票的形式，要对其性质与法律地位进行重新审视与更新。在货运方面，就行李识别标签，货运单的形式，乃至托运人、承运人对航空货运单内容的责任与双方对货物处置约定的有效性，都需要不断完善以应对新情况的产生。与此同时有关承运人责任的内容则主要从旅客人身伤害、行李与货物损害的赔偿规定展开，还要对国内航空运输责任制度与赔偿限额、先行付款与诉讼制度以及实际承运人履行航空运输的特别规定等方面进行追踪与反思。在旅客权益保护制度方面，鼓励与支持公共航空运输企业制定运输总条件，在不正常航班的情况下权益倾斜，对残疾人旅客以及旅客信息安全更加注重，都是顺应时代发展的潮流与趋势，对中国《民用航空法》民法部分相关内容的更新与调整，从而有助于形成具有中国特色的民航法律制度与体系。

7.2 中国航空行政立法完善研究

中国航空立法中，涉及行政法相关部分散见于《民用航空法》的各个章节，整体归纳起来可以分为有关民用航空器、航空人员、民用机场以及空中航行四个大的方面内容，其中民用航空器主要是有关民用航空器国籍与适航管理，航空人员为机组成员的相关规定，民用机场中的有关机场净空保护，机场规划等方面，空中航行主要是有关空域与飞行的管理与保障。由于民航活动是技术密集型活动，因此在民航活动的方方面面都需要加强行政管理，制定严格的飞行标准与进行合格的适航审定，从而使得民航活动更加规范与科学。

7.2.1 民用航空器立法完善建议

有关民用航空器的相关行政法律规制在中国《民用航空法》中为第二章到第四章的部分内容，民用航空器的国籍与其适航管理。其中民用航空器国籍主要为民用航空器的定义与登记范围；民用航空器适航管理主要涉及民用航空器的设计批准、生产与维修许可制度、外国制造人进口认可制度，以及适航审批中航化产品与航空油料的批准、适航条例授权与民航委任代表制度。

7.2.1.1 将第二、三、四章合为一章

从《民用航空法》篇章结构来看，第二章民用航空器国籍，第三章民用航空器权利，第四章民用航空适航管理，这三章内容都是有关民用航空器的具体规定，可合并为一章，即第二章，章名为民用航空器，分三节，第一节民用航空器国籍，第二节民用航空器权利，第三节民用航空器适航管理。

7.2.1.2 有关民用航空器国籍的规定

民用航空器的国籍在现行的《民用航空法》主要采用了排除用于执行军事、海关、警察飞行任务外的航空器以外的方式，在目前的学术研究与实践当中，上述情况的航空器应当属于国家航空器[①]，因此在民航立法的完善中可以将国家航空器的定义写入其中，以完善相关定义的外延。在登记范围中，需要明确的是目前由于通航领域的不断开放，个人拥有民用航空器已经不再是遥不可及的事情，因此在进行民用航空器登记管理的时候，应当增加在中华人民共和国境内有住所的中国公民的民用航空器，也应当纳入登记范围，以更好地适应新的实际情况。

7.2.1.3 有关民用航空器权利

有关民用航空器权利的立法内容不仅要与最新的国际航空公约，即 2001 年《移动设备国际利益公约》及 2001 年《移动设备国际利益公约有关航空器设备特定问题的议定书》保持一致，还应吸收有关国家国内航空立法中有关航空器留置权的规定，还要与《物权法》的规定保持一致。建议在修订《民用航空法》时增加有关航空器留置权的条文，将民用航空器权利登记效力中的“不得对抗第三人”修改为“不得对抗善意第三人”，以保持与《物权法》中的规定一致。

7.2.1.4 民用航空器的设计批准与生产维修许可制度

在立法内容中，民用航空器的设计批准应当采取更为灵活的管理模式。由于中国大力推进国产大飞机的自主设计与制造，因此在管理中应当鼓励与支持相关制造业的发展。在条款中应当积极面对实践中设计更改频繁的情况，增加对已经批准的民用航空器及其发动机、螺旋桨和其他零部件的设计进行更改，应当取得国务院民用航空主管部门的批准，该设计批准证书也可以进行转让，从事设计工作的单位也应当向国务院民用航空主管部门申请设计机构批准。另外，对生产与维修企业应当采用审查批准制，经审查合格的维修机构，发给相应的生产、维修许可证书。

7.2.1.5 外国制造人进口认可制度

在外国制造人进口认可制度中，也应当参照前述的条款完善建议，对已经认可的设计项目可以进行更改，但是应当取得国务院民用航空主管部门的批准或认可，同时经国务院民用航空主管部门批准，设计更改的批准证书可以转让。

7.2.1.6 民用航空器及其相关产品的适航审批

民用航空器的适航审批管理应当属于民航立法当中尤为重要的一环，在现行的相关规定中，针对出口的民用航空器及其发动机、螺旋桨和民用航空器上设备

---

① 黄力华.国家航空器法律问题研究[J].现代法学，2000(06)：146－149.

进行了规制，但需要注意的是，单独交付民用航空发动机、螺旋桨和零部件，也应当向国务院民用航空主管部门申请适航批准，经审查合格的，发给适航批准证书。在实践当中，针对航化产品、航空油料的监管也日趋严格，在民航局航空器适航审定司的部门规章中也进行了详细的规定①，因此在《民用航空法》的修订完善中，应当增加有关条款，针对民用航空化学产品设计、生产，民用航空油料供应、测试的适航，应当按照国家规定向国务院民用航空主管部门申请批准，经审查合格的，发给相应的批准证书。

7.2.1.7 适航条例授权、民航委任代表制度

在民航局"十三五"立法规划当中提出要完善适航法规和适航委任代表制度，相关民航规章也在制定当中，因此中国民航立法也不能缺失相应模块。国务院民用航空主管部门可以根据需要，委托行政机关以外的具备相应能力的单位或者人员从事民用航空器适航管理、民用航空飞行标准管理等工作并签发相关证件。

7.2.1.8 民用航空器部分立法完善总结

有关民用航空器部分的行政立法内容在完善过程中，要注重对民用航空器性质界定等基础问题的研究。当前，更需要深入配合国务院"放管服"改革的趋势，就民用航空器的设计、生产、维修、进出口等各项许可规定，进行贴合实践的法律修订，在简政放权的同时加强对重点领域、重点问题的监管，同时也可通过委托授权的方式，让第三方的资源进入到监管层面中来，进而促使整个民航产业的各项行政审批与监管更加灵活有效。具体建议见表7-5"有关民用航空器立法修订相关主要条文及与原条文对照"。

若另行制定《航空法》，也应将上述建议内容融入其中。

其后，应以修订后的《民用航空法》或另行制定的《航空法》为基础，对现有航空行政法规、部门规章、地方性法规和地方政府规章中有关民用航空器的规定进行及时修订。

表7-5 有关民用航空器立法修订相关主要条文及与原条文对照

原条文	建议条文
第五条 本法所称民用航空器，是指除用于执行军事、海关、警察飞行任务外的航空器。	第五条 本法所称民用航空器，是指除国家航空器之外的航空器。 用于军事、海关和警察部门的航空器，是国家航空器。其他类型的国家航空器由国务院规定。

① 具体参见民航局规章《民用航空用化学产品适航规定》与《民用航空油料适航规定》。

续表 7-5

<table>
<tr><th>原条文</th><th>建议条文</th></tr>
<tr><td>第十一条　民用航空器权利人应当就下列权利分别向国务院民用航空主管部门办理权利登记：
（一）民用航空器所有权；
（二）通过购买行为取得并占有民用航空器的权利；
（三）根据租赁期限为六个月以上的租赁合同占有民用航空器的权利；
（四）民用航空器抵押权。</td><td>第十一条　民用航空器权利人应当就下列权利分别向国务院民用航空主管部门办理权利登记。未经登记的，不得对抗善意第三人。
（一）民用航空器所有权；
（二）通过购买行为取得并占有民用航空器的权利；
（三）根据租赁期限为六个月以上的租赁合同占有民用航空器的权利；
（四）民用航空器抵押权。</td></tr>
<tr><td colspan="2">第××条　民用航空化学产品的设计、生产以及民用航空油料的设计、生产、供应、测试，应当向国务院民用航空主管部门申请批准。经审查合格后，发给相应的批准证书。</td></tr>
<tr><td colspan="2">第××条　债务人不履行到期债务，债权人可以留置已经合法占有的债务人的民用航空器，并有权就该民用航空器优先受偿。</td></tr>
</table>

注：表中画线部分内容为《民用航空法》修订草案中、本书也建议修订时增加的内容。

7.2.2　航空人员立法完善具体内容

航空人员相关的行政立法，主要是有关机组人员的法律制度，涉及航空人员的定义范围、航空人员执照证件管理与携带、航空人员的持续训练和考核、训练机构的相关规定以及空中航行时机组成员的权利与义务，在实践当中针对机组成员的相关规定，均有较大的变化。

7.2.2.1　航空人员的定义和执照证件的管理与携带规定

在航空人员的定义当中，要与时俱进地将航空电台通信员扩展解释为航空电信人员、航空情报员、航空气象人员与机场地面运行指挥员，扩大定义外延以更好地调整相关实践活动。① 另外，有关航空人员执照证件的管理，需要注意的便是乘务员与外国驾驶员等航空人员的相关规定。随着对民航活动规范化要求的不断增强，乘务员也应当接受专门的训练，以取得训练合格证书作为上岗的必备条件。

随着国际航空运输的不断普及，外国驾驶员、飞行机械员等执照持有人，均需经国务院民用航空主管部门认可，取得相关认可之后方可从事民用航空活动。同时，证书携带要求也要加强，应当将规定中的空勤人员详细解释为从事飞行活动

① 唐卫贞.论民航管制员教育培养理念的创新[J].人民论坛，2010(20):278-279.

时的驾驶员、飞行机械人员、航空安全员以及乘务员，他们均应当携带相关执照或训练合格证书以及体格检查合格证书。

7.2.2.2 航空人员的持续训练考核和训练机构的相关规定

在航空人员的持续训练考核中，空勤人员还应当参加定期的紧急程序训练，其中的"应当参加"应修改为"应当完成"。"完成"强调不仅要参加，更重要的是要通过该训练考核，不能够仅是形式上的活动。同时，针对学校或者飞行训练机构也应当做出相应规定，设立从事民用航空器驾驶员、维修人员、飞行签派员训练的学校或者飞行训练机构，应当取得国务院民用航空主管部门的许可，经审查合格，颁发相关许可证书。用于民用航空器驾驶员训练、考试或检查的飞机模拟机、飞行训练器，应当经过国务院民用航空主管部门的鉴定合格批准后，方可投入使用。

7.2.2.3 机组成员中机长的职责与险情的处置

在有关机组部分的规定当中，重点内容在于机长在飞行中履行职责的法定授权。在航空安保的不断发展中，目前在民航飞行过程中机长、乘务员、安全员均要对民用航空器内部的稳定与秩序负责，因此合理地分配相关主体的权利义务，有助于民航飞行过程的稳定与有序。在飞行中，对于任何破坏民用航空器、扰乱民用航空器内秩序、危害民用航空器所载人员或者财产安全以及其他危及飞行安全的行为，在保证安全的前提下，机长有权采取必要的管束措施，以便及时移交机场公安机关或者责令其离开航空器。同时应当明确以机长为核心，机长可以要求或者授权其他机组成员给予协助，并可以请求或者授权旅客协助采取上述措施。在飞行中遇到特殊情况时，为保证民用航空器及其所载人员的安全，机长有权对民用航空器作出处置。① 合理构建以机长为安全指挥核心的机组责任框架，在必须撤离遇险民用航空器的紧急情况下，机长应当采取措施，以有助于保障民航飞行活动的安全。

7.2.2.4 航空人员部分立法完善总结

在航空人员部分行政立法的完善研究中，要注重对航空人员定义的拓展，对有关证书执照的相关规定进行细化规制，同时，也要建立起完善的航空人员的训练考核与训练机构的行政监管体系，注重监管防患于未然。在航空安保形势更加严峻的情况下，合理构建以机长为核心的机组法律框架，从而更好地保障民航飞行活动的安全。具体建议见表 7 - 6"有关航空人员立法修订相关主要条文及与原条文对照"。

若另行制定《航空法》，也应将上述建议内容融入其中。

其后，应以修订后的《民用航空法》或另行制定的《航空法》为基础，对现有航

① 肖易儒.航空人员的法律责任浅析[J].才智，2015(28)：246.

空行政法规、部门规章、地方性法规和地方政府规章中有关航空人员的规定进行及时修订。

表 7-6　有关航空人员立法修订相关主要条文及与原条文对照

原条文	建议条文
第三十九条　本法所称航空人员，是指下列从事民用航空活动的空勤人员和地面人员： （一）空勤人员，包括驾驶员、飞行机械人员、乘务员； （二）地面人员，包括民用航空器维修人员、空中交通管制员、飞行签派员、航空电台通信员。	第三十九条　本法所称航空人员，是指下列从事民用航空活动的空勤人员和地面人员： （一）空勤人员，包括驾驶员、飞行机械人员、乘务员、航空安全员； （二）地面人员，包括民用航空器维修人员、空中交通管制员、飞行签派员、航空电信人员、航空情报员、航空气象人员、机场地面运行指挥员。
第四十条　航空人员应当接受专门训练，经考核合格，取得国务院民用航空主管部门颁发的执照，方可担任其执照载明的工作。 空勤人员和空中交通管制员在取得执照前，还应当接受国务院民用航空主管部门认可的体格检查单位的检查，并取得国务院民用航空主管部门颁发的体格检查合格证书。	第四十条　除乘务员以外的航空人员应当接受专门训练，经考核合格，取得国务院民用航空主管部门颁发的执照，方可担任其执照载明的工作。 空勤人员和空中交通管制员在取得执照前，还应当接受国务院民用航空主管部门认可的体格检查单位的检查，并取得国务院民用航空主管部门颁发的体格检查合格证书。 外国驾驶员、飞行机械员执照持有人，经国务院民用航空主管认可，方可从事民用航空活动。
第四十六条　飞行中，对于任何破坏民用航空器、扰乱民用航空器内秩序、危害民用航空器所载人员或者财产安全以及其他危及飞行安全的行为，在保证安全的前提下，机长有权采取必要的适当措施。 飞行中，遇到特殊情况时，为保证民用航空器及其所载人员的安全，机长有权对民用航空器作出处置。	第四十六条　飞行中，对于任何破坏民用航空器、扰乱民用航空器内秩序、危害民用航空器所载人员或者财产安全以及其他危及飞行安全的行为，在保证安全的前提下，机长有权采取必要的适当措施。 机长可以命令或者授权其他机组人员给予协助，并可请求或者授权旅客协助采取措施。 飞行中，遇到特殊情况时，为保证民用航空器及其所载人员的安全，机长有权对民用航空器作出处置。

注：表中画线部分内容为《民用航空法》修订草案中、本书也建议修订时增加的内容。

7.2.3 民用机场立法完善具体路径

有关民用机场部分的行政法规制，主要分为两大块内容：一是运输机场，二是通用机场。两者由于用途的不同，其行政法律规制的侧重点也有所差别。同时，有关民用机场的相关规定中还涉及机场规划、净空保护等机场配套行政规制内容也需要讨论与完善。

7.2.3.1 民用机场的定义、规划与净空保护

随着中国低空通航领域的不断开放与建设，中国民用航空机场部分实际上正在逐步形成公共航空运输机场与通用航空机场两大块，因此在《民用航空法》的民用机场定义当中应当增加民用机场划分的相关内容，即民用机场分为公共航空运输机场（简称运输机场、含军民合用机场民用部分）和通用航空机场（简称通用机场）。民用机场规划之间应当保持协调，应修改为“民用机场的总体规划和建设规划应当与城乡规划相协调”。此外有关机场的净空保护规定可以提前至机场规划条文之后，同时详细规定在机场净空区域内不得进行的活动应当根据运输机场和通航机场的不同特点相区分，在后续的运输机场与通航机场相关章节中再进行详细规定。

另外，在《民用航空法》中可以规定为民用机场应当按照国家有关规定划定机场净空保护区域，经所在地地区民用航空管理机构审核后报有关地方人民政府，并由地方人民政府向社会公布。县级以上地方人民政府审批机场净空保护区域的建设项目，应当书面征求机场所在地地区民用航空管理机构的意见。同时相关工作也应当纳入安全生产责任考核机制当中，以督促地方政府重视相关工作。

7.2.3.2 机场的使用许可和国际机场相关事项

机场的使用许可应当进行统一规定，即允许公众进入以获取飞行服务或者自行开展飞行活动的民用机场，其应当持有机场使用许可证，方可开放使用；其他的民用机场则按照国务院民用航空主管部门的规定进行备案。整体而言，民用机场的使用许可证由运输机场管理机构或者通用机场运营人按照上述管理机构规定的条件进行申请。在民用机场的一般规定中还应当将第六十四条国际机场的相关规定移至此处，规定为设立国际机场，由机场所在地省级人民政府报请国务院审查批准；同时机场应当具备国际通航条件，设立海关和其他口岸检查机构，其开放使用与机场资料，均由国务院民用航空主管部门对外公布与提供。

7.2.3.3 运输机场的规划与建设事项

有关运输机场建设的原则及其规划，首先要规定运输机场的建设和使用应当统筹安排、合理布局，配套能力充分、衔接顺畅的集疏运体系，提高机场的使用效率，同时按照运输机场规模的大小，分别由国务院民用航空主管部门和省级人民

政府根据布局和建设规划，制定全国运输机场和省级行政区域内的运输机场建设规划。同时，新建、改建和扩建运输机场应当符合中国民用机场的总体规划，符合民用机场标准，并按照国家规定履行报批程序，相关公告也应当在当地主要媒体上刊登，并在拟新建、扩建机场周围地区张贴。

7.2.3.4 运输机场的净空保护相关事项

有关运输机场的净空保护相关规定，可以将《民用航空法》第五十八条移至此处，并根据运输机场的特点，增加不得从事的行为，例如设置吸引鸟类及其他动物的垃圾场、屠宰场或养殖场等，焚烧秸秆、垃圾，燃放烟花、焰火等行为，以保证运输机场的净空安全，促使机场与航空器正常运行。在运输机场建设前的净空处理中，应当依法定程序与方式在规定的期限内清除。任何单位和个人在运输机场新建、扩建的公告发布后，违反相关规定修建、种植或设置影响飞行的障碍物，机场所在地县级以上地方政府有督促清除的责任与义务。此外，还可以增加有关运输机场收费的相关规定，即收取民用航空器使用运输机场及其助航设施所要缴纳的使用费、服务费，其管理办法也应由国务院民用航空主管部门制定。

7.2.3.5 通用机场的相关规定

针对目前中国通用机场发展的态势，可以在《民用航空法》中写入发展导向，各级人民政府应当采取有效措施，支持通用机场的建设和运营，促进通用机场的发展。有关通用机场的规划也应当进行改革，由省级人民政府负责编制辖区内通用机场布局规划，指导通用机场建设，其管理的原则应当由国务院民用航空主管部门根据其业务类型实施分类分级管理，保证通用机场安全、规范和有效运行，同时收费标准也实行市场定价原则，以充分鼓励中国通用航空产业的发展。

7.2.3.6 民用机场部分立法完善总结

在民用机场部分的立法中，主要涵盖了一般规定、运输机场和通用机场三部分。其中，民用机场的定义、规划、净空保护、使用许可以及国际机场的相关事项是一般规定当中的重点。运输机场部分则需要统筹发展规划、建设和净空保护三个重要部分，合理规制促进公共航空运输业的发展，应将《民用航空法》中第五十四条到六十九条中的“民用机场”改为“运输机场”。通用机场部分则应当放开监管，鼓励发展，减少行政约束，促使相关产业发展。具体建议见表 7 - 7“有关民用机场立法修订相关主要条文及与原条文对照”。

若另行制定《航空法》，也应将上述建议内容融入其中。

其后，应以修订后的《民用航空法》或另行制定的《航空法》为基础，对现有航空行政法规、部门规章、地方性法规和地方政府规章中有关民用机场的规定进行及时修订。

表7-7 有关民用机场立法修订相关主要条文及与原条文对照

原条文	建议条文
第五十三条　本法所称民用机场，是指专供民用航空器起飞、降落、滑行、停放以及进行其他活动使用的划定区域，包括附属的建筑物、装置和设施。 本法所称民用机场不包括临时机场。 军民合用机场由国务院、中央军事委员会另行制定管理办法。	第五十三条　本法所称民用机场，是指专供民用航空器起飞、降落、滑行、停放以及进行其他活动使用的划定区域，包括附属的建筑物、装置和设施。 民用机场包括运输机场（含军民合用机场）和通用机场。 本法所称民用机场不包括临时机场。 军民合用机场由国务院、中央军事委员会另行制定管理办法。
第五十四条　民用机场的建设和使用应当统筹安排、合理布局，提高机场的使用效率。 全国民用机场的布局和建设规划，由国务院民用航空主管部门会同国务院其他有关部门制定，并按照国家规定的程序，经批准后组织实施。 省、自治区、直辖市人民政府应当根据全国民用机场的布局和建设规划，制定本行政区域内的民用机场建设规划，并按照国家规定的程序报经批准后，将其纳入本级国民经济和社会发展规划。	第五十四条　民用机场的总体规划和建设规划应当与城乡规划相协调。 地方各级政府应当将所在地民用机场场址和总体规划纳入城乡规划和土地利用规划统筹安排，并根据机场运营和发展的需要，对周边地区的土地利用和建设实行规划控制。
第五十五条　民用机场建设规划应当与城市建设规划相协调。	第五十五条　民用机场应当按照国家规定划定机场净空保护区域，经所在地民用航空管理机构审核后报有关地方人民政府，并由地方人民政府向社会公布。 县级以上地方人民政府审批机场净空保护区域的建设项目，应当书面征求所在地民用航空管理机构的意见。 县级以上地方人民政府应当将民用机场净空和电磁环境保护纳入安全生产责任考核机制。

续表 7-7

原条文	建议条文
第五十八条　禁止在依法划定的民用机场范围内和按照国家规定划定的机场净空保护区域内从事下列活动： （一）修建可能在空中排放大量烟雾、粉尘、火焰、废气而影响飞行安全的建筑物或者设施； （二）修建靶场、强烈爆炸物仓库等影响飞行安全的建筑物或者设施； （三）修建不符合机场净空要求的建筑物或者设施； （四）设置影响机场目视助航设施使用的灯光、标志或者物体； （五）种植影响飞行安全或者影响机场助航设施使用的植物； （六）饲养、放飞影响飞行安全的鸟类动物和其他物体； （七）修建影响机场电磁环境的建筑物或者设施。 禁止在依法划定的民用机场范围内放养牲畜。	第五十八条　禁止在依法划定的民用机场范围内和按照国家规定划定的机场净空保护区域内从事下列活动： （一）修建可能在空中排放大量烟雾、粉尘、火焰、废气而影响飞行安全的建筑物或者设施； （二）修建靶场、强烈爆炸物仓库等影响飞行安全的建筑物或者设施； （三）修建不符合机场净空要求的建筑物或者设施； （四）设置影响机场目视助航设施使用的灯光、标志或者物体； （五）种植影响飞行安全或者影响机场助航设施使用的植物； （六）饲养、放飞影响飞行安全的鸟类动物、无人驾驶航空器以及升空无人驾驶的自由气球、系留气球和其他物体； （七）修建影响机场电磁环境的建筑物或者设施； （八）设置易吸引鸟类及其他动物的露天垃圾场、屠宰场、养殖场等场所； （九）焚烧产生大量烟雾的农作物秸秆、垃圾等物质，或者燃放烟花、焰火； （十）国务院民用航空主管部门规定的其他危及机场、民用航空器正常运行的行为。 禁止在依法划定的民用机场范围内放养牲畜。
第六十四条　设立国际机场，由国务院民用航空主管部门报请国务院审查批准。 国际机场的开放使用，由国务院民用航空主管部门对外公告；国际机场资料由国务院民用航空主管部门统一对外提供。	第六十四条　设立国际机场，由机场所在地省级人民政府报请国务院审查批准。 国际机场应当具备国际通航条件，设立海关和其他口岸检查机构。 国际机场的开放使用，由国务院民用航空主管部门对外公告；国际机场资料由国务院民用航空主管部门统一对外提供。

续表 7-7

<table>
<tr><th>原条文</th><th>建议条文</th></tr>
<tr><td>第六十八条　民用航空器使用民用机场及其助航设施的，应当缴纳使用费、服务费；使用费、服务费的收费标准，由国务院民用航空主管部门制定。</td><td>第六十八条　民用航空器使用民用机场及其助航设施的，应当缴纳使用费、服务费；使用费、服务费的收费标准，由国务院民用航空主管部门制定。<u>使用费、服务费的收取，实行市场定价原则，国务院民用航空主管部门另有规定的，从其规定</u>。</td></tr>
<tr><td colspan="2">将《民用航空法》中第五十四条到六十九条中的“民用机场”改为“运输机场”。</td></tr>
<tr><td colspan="2">第×××条　通用机场的规划、建设按照国家有关规定执行(《民用机场管理条例》第十四条)。
第×××条　通用机场具体管理办法，由国务院民用航空主管部门制定。
第×××条　通用机场的收费实行市场定价原则，国务院民用航空主管部门另有规定的，从其规定。</td></tr>
</table>

注：表中画线部分内容为《民用航空法》修订草案中、本书也建议修订时增加的内容。

7.2.4　空中航行立法完善具体措施

《民用航空法》中有关空中航行部分的规定在第七章，该章节由空域管理、飞行管理、飞行保障及飞行必备文件构成，其中飞行保障章节中有关管制员工作能力的要求、航路的保障设施和设备和机场净空保护区以外障碍物的防范是需要完善与修订的内容。

7.2.4.1　空域管理与飞行管理相关规制

首先应当明确国家对空域实行统一管理，划分空域应当兼顾民用航空和国防安全的需要以及公众的利益，具体办法由国务院、中央军事委员会制定。在飞行管理的相关规定中，可以增加有关民航管制单位运行条件和要求的相关规定，该机构应当在民用机场取得使用许可后或者经国务院民用航空主管部门批准方可运行，相关运行程序应当在运行前按照规定公布。同时也要明确，该机构是全国以及地区的空中交通运行管理单位、空中交通服务报告室、区域管制单位、进近管制单位或机场塔台管制单位等的统称，把此前命名过于多样化的状态进行调整，统一归口为民航管制单位，方便管理与规范运行。

7.2.4.2　飞行保障相关法律规制

空中交通管制单位应当为飞行中的民用航空器提供空中交通服务，包括空中交通管制服务、飞行情报服务和告警服务，多样服务共同构建起了中国民航飞行保障的相关内容。其中，有关管制员工作能力的要求目前仍为空白，应当规定相应的执勤工作时长,受到酒类饮料、麻醉剂或者其他药物的影响,损及工作能力的管制员,不得进行空中管制工作。针对航路的保障设施和设备内容的相关规定,应当明确其包含机场、进近、航路上应当设置必要的通信、导航监视和气象设备这几个方面。由于其直接关系民用航空飞行活动安全,其重要的通信、导航、监视设备应当符合国家规定标准和技术规范,并经国务院民用航空主管部门认定的机构检验合格,方可用于民用航空空中交通管制。此外,相关的设备目录应当由国务院民用航空主管部门制定并公布,按照相关规定需要进行飞行校对验证的通信、导航、监视设备,应当经飞行校对验证合格后方可投入使用。需要注意的是有关机场净空保护区以外障碍物防范的规定内容,在民用机场及其按照国家规定划定的净空保护区域以外,对可能影响飞行安全的高大建筑物、构筑物等设备设施,其所有者也应当按照国家规定设置航空障碍灯、障碍物标志,并使其保持正常状态。此外,空中交通服务收费管理办法由国务院民用航空主管部门制定。

7.2.4.3 空中航行部分立法完善总结

空中航行部分行政相关立法,其重点在于:首先,民航管制单位的名称统一、权责一致、规范运行;其次,有关管制员的工作能力要求、航路的保障设施和设备以及净空保护区以外的障碍物防范,其完善目的均是保障民航飞行活动的安全。通过规范监管与强调防范,推动民航行政法律规制更加科学化与系统化,促进中国民航飞行活动朝着更加健康稳定的方向发展。

7.2.5 中国航空行政立法完善总结

中国现行的民航立法中有关行政法律规制的内容主要涉及民用航空器、航空人员、民用机场和空中航行四个方面,其重点与难点均是如何通过科学的行政监管,促使中国民航事业的又好又快发展。其中,民用航空器的定义与登记范围需要跟上实践的步伐做出调整,适航管理涉及的民用航空器的设计批准、生产与维修许可制度、外国制造人进口认可制度,以及适航审批中航化产品与航空油料的批准、适航条例授权与民航委任代表制度等相关问题也需要适时作出调整与完善。航空人员部分立法主要为机组人员的法律制度的完善,涵盖航空人员的定义范围、航空人员执照证件管理与携带、航空人员的持续训练和考核、训练机构的相关规定以及空中航行时机组成员的权利与义务,在实践当中针对机组成员的相关规定,均有较大的变化,需要在民航立法完善中加以体现。有关民用机场的规定主要分为两大块内容:一是运输机场,二是通用机场。两者由于用途的不同,其行政法律规制的侧重点也有所差别。有关民用机场的相关规定中还涉及机场规划、净空保护等机场配套行政规制内容,需要修订与完善。空中航行的内容由空域管理、飞行管理、飞行保障及飞行必备文件构成,其中飞行保障中有关管制员工作能力的要求、航路的保障设施和设备和机场净空保护区以外障碍物的防范是需要重点完善与修订的内容。上层行政法规的不断完善，可以推动中国民航立法行政的科学与全面发展。

7.3 中国航空安全保卫和刑事责任立法完善研究

随着航空运输业的快速全球化发展，航空运输带给人们方便、快捷、高效的社会要素流动的同时，危害国际航空运输业的恐怖活动也随着上升，在航空运输中发生的刑事犯罪也不断增加，迫切需要各国相互合作，共同打击在国际航空运输中的刑事犯罪活动，国际航空安保公约便应运而生。2010 年制定的《制止与国际民用航空有关的非法行为的公约》(简称 2010 年《北京公约》)和《制止非法劫持航空器公约的补充议定书》(简称 2010 年《北京议定书》)已经正式生效，该公约是国际航空领域航空安保统一立法的重要成果，是各国加强航空安全合作，精准协作打击民航恐怖主义与非法活动的重要准则。值得注意的是，中国民航立法暂无安全保卫相关内容的规定，但是国内民航法需要与上述两个条约进行协调，因此在法律的修订过程中更应当重视对安保条款的增加与完善，以此保证民航活动的安全与健康发展。

7.3.1 中国航空安全保卫立法完善具体内容

7.3.1.1 航空安全保卫职责分工和工作原则

要增加民用航空安全保卫为《民用航空法》的一个独立章节，首先需要制定民航安保的职责分工和工作原则。在工作原则上要明确，履行民用航空安全保卫职责的单位应当密切配合、协调联动，按照职责分工共同维护民用航空安全和秩序。此处涉及的安全保卫职责的机构人员为民用机场公安机关和空中警察两大部分。民用机场公安机关应当依法维护民用机场内的安全和秩序，预防、制止和惩治危害民航运输活动的违法犯罪行为，并对民用航空安全保卫工作实施日常管理、检查和监督。[①] 空中警察应当依法履行职责，制止航空器内威胁民用航空安全和秩序的行为，保护民用航空器及其所载人员和财产的安全。在两者的关系上，明确机场地面公安主要维护民用机场的秩序与安全，重在预防危害民航运输活动的发生，对可疑人员、可疑物品加大排查力度，加强日常监管，把危险遏制在地面。而空中警察则应当将重心放在制止航空器内的危险活动的进行、对突发情况的及时制止并与地面公安协同处理，将保护民用航空器运行过程中的人员与财产的安全作为工作重点。

---

① 夏娜.国际反恐领域预防性刑事法之建构：以国际航空安保公约为例[J].江西社会科学，2017(08)：200-208.

7.3.1.2 航空安全检查要求和开包检查

将安保工作重点放在预防，不让危险随民用航空器升空，应当将登机前的安全检查强化细化，检查一切可疑物品，排除一切危险因素。特别是针对托运人或携带者未在现场的可疑物品的情形，可以采取两人共同开包检查，以录像的方式来保证执法的合法合理性，对危险物品加以处理，结束后以书面的方式告知托运人、携带者具体情况与处理结果。还应当建立安检员职业资格制度，规范化、职业化的安检有助于民航安保预防工作的开展。因此在相关要求中，应当规定旅客、行李、货物和邮件应当接受安全检查机构的安全检查，发现可疑物品的，应当开包检查，在开包检查时可疑物品的托运人或者携带者不在现场的，应当安排两名以上安检人员执行检查，对检查的整个过程进行录像，并妥善保存检查录像和其他相关记录。另外，对检查出来的危险品应该按照规定程序办理，相关检查结果应当书面告知当事人。

7.3.1.3 安保方案的制定、安检设备与安检员的相关法律规定

在安保方案的制定上，公共航空运输企业、运输机场管理机构、民用航空空中交通管制单位等应当依照国家民用航空安全保卫方案并报国务院民用航空主管部门备案。同时，相关主体也应当严格实施有关安全保卫的措施，定期进行安全保卫训练，及时消除危及民用航空安全的隐患，防范扰乱民用航空活动秩序的行为。[①] 此外，安检机构应当使用经国务院民用航空主管部门许可的安全检查仪器设备，从事民用航空安全检查工作的安检员也应当取得国家职业资格证书。

7.3.1.4 航空人员的背景调查与机长等人员在安保中的作用和关系

民航活动的特殊性要求必须注重航空人员背景调查。因此对于进入民航运输控制区域的人员，应当依照规定进行背景调查工作，对有犯罪记录、暴力倾向等的人员采取一票否决制，建立起一支专业水平高、职业道德感强的民航队伍，从民航活动人员抓起，注重内部建设，以防止犯罪行为在内部发生。同时，需再次强调机长等人员在安保中的作用和关系，机长、空中警察和机组其他成员，应当严格履行安全保卫职责，保护民用航空器及其所载人员、财产的安全和秩序。除特别紧急情况外，空中警察应当遵守机长为航空安全而发出的合法指令。同时，机长、空中警察、机组其他成员、乘客、民用航空器所有人或运营人，按照《民用航空法》规定履行安全保卫职责，在必要限度内采取适当措施而造成损失的，不承担法律责任。

---

① 刘晓山，夏娜.《国际航空安保公约》中界定的犯罪及其与我国刑法之衔接[J]. 江西科技师范大学学报，2015(04)：62 - 67.

7.3.1.5 对扰乱行为的列举

应当以列举的方式对扰乱民航活动的行为进行规制，结合航空安保公约的体系的规定，以及2010年《北京公约》中的新内容，重点要涵盖以新兴的技术、材料装置等危及民航运输的活动，将不法行为约束到法律规制的框架内，疏而不漏地打击犯罪活动。①

本书认为，应结合2010年《北京公约》之规定，修订《民用航空法》，在该法中明确禁止以下扰乱民用机场、航空器内和民航运输秩序的行为：

(1) 盗窃、故意损坏、擅自移动航空器设备以及机场内其他航空设施设备，强行打开飞行中航空器应急舱门的；

(2) 破坏用于民用航空用途的信息和通信技术系统及用于空中交通管制设备设施的；

(3) 强占航空器内座位、行李架的，堵塞、强占值机柜台、安检通道及登机口的；

(4) 妨碍机组人员、安检员履行职责或者煽动旅客妨碍机组人员、安检员履行职责的；

(5) 辱骂、殴打机组人员、安检员、机场地面服务工作人员的；

(6) 非法将武器、危险装置或者材料带入航空器、机场或者空中交通管制单位的；

(7) 违反规定使用可能影响民用航空安全的电子设备的；

(8) 在航空器内使用火种、吸烟的；

(9) 非法进入机场防护围界以及损毁安全防护设施的；

(10) 无机场控制区通行证、冒用他人或车辆机场控制区通行证进入机场控制区的；

(11) 非法操纵民用无人机，燃放烟花和焰火，放飞鸟类，升飞无人驾驶的自由气球、系留气球和其他升空物体，或使用激光照射等方式影响民航运行安全与秩序的。②

另外，也应当对通用航空的安全保卫进行规制，具体的安全保卫要求由国务院民用航空主管部门制定。

7.3.1.6 民用航空安全保卫部分立法完善总结

民用航空安保部分的立法完善主要以新增相关章节为重点，围绕民航安保职

---

① 李样举，张君周.《北京公约》对我国民航安保工作的影响[N].民主与法制时报，2018-07-19(007).

② 这11类行为是此次《民用航空法》修订稿第一百六十一条的规定。该条来源主要包括几个方面：一是我国《治安管理处罚法》第23条第三款、第四款的规定；二是来自1944年《芝加哥公约》附件17《航空安全——防止对国际民用航空进行非法干扰行为》的规定。

责的分工和工作原则、民用机场公安机关和空中警察的关系、安检的具体要求、安检设备与安检员、航空人员的背景调查、机长等航空人员在安保中的作用和关系、扰乱行为的规制和通用航空的安全保卫等内容展开。在立法层面上，就民航立法如何与国际航空安保公约体系的更新保持协调发展，增加相应的民航安保章节，将国际安保公约中的新成果内化于国内民航法的制定当中，具有较大的应用意义。具体见表7－8“《民用航空法》修订草案建议稿中有关民用航空安全保卫的规定”。

若另行制定《航空法》，也应将上述建议内容融入其中。

其后，应以修订后的《民用航空法》或另行制定的《航空法》为基础，对现有航空行政法规、部门规章、地方性法规和地方政府规章中有关民用航空安全保卫的规定进行及时修订。

表7－8 《民用航空法》修订草案建议稿中有关民用航空安全保卫的规定

第九章　民用航空安全保卫
第一百五十四条　履行民用航空安全保卫职责的单位应当密切配合、协调联动，按照职责分工共同维护民用航空安全和秩序。
第一百五十五条　民用机场公安机关应当依法维护民用机场内的安全和秩序，预防、制止和惩治危害民航运输活动的违法犯罪行为，并对民用航空安全保卫工作实施日常管理、检查和监督。 空中警察依法履行职责，制止航空器内威胁民用航空安全和秩序的行为，保护民用航空器及其所载人员和财产的安全。
第一百五十六条　旅客、行李、货物和邮件应当接受安全检查机构（以下简称“安检机构”）的安全检查，其他法律行政法规另有规定的除外。 发现可疑物品的，应当开包检查；开包检查时，可疑物品的托运人或者携带者不在现场的，安检机构应当安排两名以上安检人员执行检查，对检查的整个过程进行录像，并妥善保存检查录像和其他相关记录；对检查出来的危险品按照规定程序办理；检查结束后，安检机构应当书面告知当事人。
第一百五十七条　安检机构应当使用经国务院民用航空主管部门许可的安全检查仪器设备。 安检员从事民用航空安全检查工作应当取得国家职业资格证书。
第一百五十八条　公共航空运输企业、运输机场管理机构、民用航空空中交通管制单位等应当依照国家民用航空安全保卫方案制定安全保卫方案并报国务院民用航空主管部门备案。

续表 7-8

第一百五十九条　航空人员以及其他需要进入运输机场控制区的人员，应当依照规定接受背景调查。
第一百六十条　机长、空中警察和机组其他成员，应当严格履行安全保卫职责，保护民用航空器及其所载人员、财产的安全和秩序。 除特别紧急情况外，空中警察应当遵守机长为民用航空安全而发出的指令。 机长、空中警察、机组其他成员、乘客、民用航空器所有人或运营人，按照本法规定履行安全保卫职责，在必要限度内采取适当措施而造成损失的，不承担法律责任。
第一百六十一条　禁止以下扰乱民用机场、航空器内和民航运输秩序的行为： （一）盗窃、故意损坏、擅自移动航空器设备以及机场内其他航空设施设备，强行打开飞行中航空器应急舱门的； （二）破坏用于民用航空用途的信息和通信技术系统及用于空中交通管制设备设施的； （三）强占航空器内座位、行李架的，堵塞、强占值机柜台、安检通道及登机口的； （四）妨碍机组人员、安检员履行职责或者煽动旅客妨碍机组人员、安检员履行职责的； （五）辱骂、殴打机组人员、安检员、机场地面服务工作人员的； （六）非法将武器、危险装置或者材料带入航空器、机场或者空中交通管制单位的； （七）违反规定使用可能影响民用航空安全的电子设备的； （八）在航空器内使用火种、吸烟的； （九）非法进入机场防护围界以及损毁安全防护设施的； （十）无机场控制区通行证、冒用他人或车辆机场控制区通行证进入机场控制区的； （十一）非法操纵民用无人机，燃放烟花和焰火，放飞鸟类，升飞无人驾驶的自由气球、系留气球和其他升空物体，或使用激光照射等方式影响民航运行安全与秩序的。
第一百六十二条　通用航空的安全保卫要求，由国务院民用航空主管部门另行制定。

7.3.2 中国航空刑事法律责任立法完善具体内容

有关刑事法律责任的相关规定，见于《民用航空法》第十五章法律责任当中，其中列举了违反民航安全保卫相关规定应当承担的法律责任。但应当看到，目前航空刑事犯罪大致可以包括以下三种类型：

第一，劫持航空器，即以暴力、胁迫或其他方法劫持航空器的行为。该犯罪行为的对象是航空器，同时要求必须是在飞行中，具体是指航空器已经完成装载相关操作，从已经关闭机舱外部所有门的时刻计起，直到降落后进行卸载操作时，打开任一机门时为止，其间的任何时刻。而如若发生飞机迫降的情况时，状态定义则随之发生改变，原则上是航空器及其所承载人员和载运的财产被主管当局接管之前。

第二，危害航空器正常运行的行为，该行为可能导致人员伤亡或财产损失。

第三，在航空器中实施恐怖主义活动，如爆炸、撞机、操控撞向建筑物等，其危害性较大，对航空运输造成巨大的冲击。

当前，航空刑事犯罪呈现出类型多样化、技术先进化、组织作案化的特点。其具体犯罪类型产生的原因是不相同的，有的是因为国内内部的种族关系、宗教信仰等，有些是因为国与国之间的利益矛盾纷争等。另外，科技的快速发展也为航空刑事犯罪的发生提供了一定的科技条件，造成犯罪分子利用高科技的手段将不允许带入飞机的物体带上飞机，制造飞机爆炸等意外事件。国际航空刑事犯罪活动通常都不是因为个人恩怨而引起的，通常都具有一定的组织性，由一个犯罪的团伙来实施，一般来说该团伙组织比较严谨。因此，在《民用航空法》中将违反相关民航活动安全保卫规定行为的法律责任进行规定，一方面难以应对日趋复杂多样的犯罪活动，难以涵盖相关法律责任的外延；另一方面，刑事法律责任难以与其他刑事法律责任相分离，法律责任的认定需要统筹考虑该行为的综合刑事考量，需要协同其他刑事法律规制进行处理，故建议删去《民用航空法》中有关刑事法律责任的条款，统一到刑法典当中进行合理协调的规制，以增进中国刑事立法的完善性与民航立法的协调性。①

7.3.3 中国航空安全保卫和刑事责任立法完善总结

当前国际形势总体上较为稳定，战争的阴影在不断远去，但不可忽视的是恐怖主义伺机发展，已经成为危害人类社会健康发展的一个重大不稳定因素。民航运输业不断发展壮大以来，犯罪分子开始有针对性进行航空运输违法活动，以达到最大化的伤害性与曝光性，国际航空运输安保问题已成为各国航空运输业发展的痼疾。同时，由于民用航空器在安全防范上的极端脆弱性，民航飞机逐渐成为犯罪分子攻击的重要目标。恐怖分子开始由传统恐怖袭击方式转向袭击航空器或与航空相关的机场设施、人员等，从而使危害国际航空安全犯罪成为最为严重的国际恐怖主义犯罪。但需要注意的是，由于早期缺乏国际相关安保公约的约束，国际航空运输的犯罪得不到有效的打击与遏制，这也是后续国际安保公约签订推动的重要外部因素。近几年来，中国民用航空运输业发展迅猛，极大地拉动了经济的发展，保障了人们的出行，维护民用航空安全的立法和制度也日臻完善。但是也要看到，当前中国关于民用航空安全的立法与实践还是存在许多需要解决的问题，尤其是在立法的完善方面。

综上所述，对于中国民用航空运输业来说，其健康有序的发展关乎全国乃至世界人民的交通出行安全，关乎社会的稳定与经济的发展，更关乎国际政治经济

① 张卫华.对民用航空法修订征求意见稿的若干修改意见：以国际民用航空安保条约为视角[J].北京航空航天大学学报(社会科学版)，2017，30(01)：46－53.

文化的交流与合作。[①] 2010 年《北京公约》与 2010 年《北京议定书》的生效，对中国航空法学理论与实务界而言，既是机遇也是挑战。当前正值中国民航法修订之际，如何与国际航空安保公约体系的更新保持协调发展，增加相应的民航安保章节，明确管辖权的归属，将国际安保公约中的新成果内化于国内民航法的制定当中，完善理论研究，更好地指导实践，均是本书亟待解决的问题。在相关立法完善过程当中，应当注重对航空安保条款的制定，拟定民用航空安全保卫的章节进行规制，同时在法律责任部分删去刑事法律责任的详细规定，交由中国刑法典进行整合与修订，促使中国民航活动朝着健康稳定的方向发展，为中国经济建设发挥出应有的作用。

① 刘晓山. 论《国际航空安保公约》非法运输类犯罪及其与我国刑法之衔接[J]. 武汉大学学报(哲学社会科学版),2015(03):98-103.

参考文献

一、著作

1 ABEYRATNE R. The Future of Air Transport Law[M]. Switzerland: Springer International Publishing, 2016.

2 ABEYRATNE RUWANTISSA. Aviation Law [J]. Springer Heigelberg Dordrecht London New York, 2012.

3 KROELL J. 国际航空公法平时[M]. 徐砥平,译. 上海:上海法学编译社, 1935.

4 ROSSI F, POZZO D. Eu Legal Framework for Safeguarding Air Passenger Rights[M]. Switzerland: Springer International Publishing, 2014.

5 SCHMITT D, GOLLNICK V. The Air Transport System [M]. Springer Vienna, 2015.

6 曹三明,夏兴华. 民用航空法释义[M]. 沈阳:辽宁教育出版社,1996.

7 陈莹冰. 航空警察[M]. 长沙:民治书局,1933.

8 董念清. 航空法:中国的理论与实践[M]. 北京:中国法制出版社,2017.

9 弗斯霍尔. 航空法简介[M]. 赵维田,译. 北京:中国对外翻译出版公司,1987.

10 韩逋仙. 国际空战法规论[M]. 北京:中华书局,1937.

11 郝秀辉. 海峡两岸航空法之比较研究[M]. 北京:法律出版社,2013.

12 郝秀辉. 航空运输合同法[M]. 北京:法律出版社,2016.

13 黄力华. 国际航空运输法律制度研究[M]. 北京:法律出版社,2007.

14 刘伟民. 刘伟民航空法文选[M]. 北京:法律出版社,2016.

15 刘熚元. 民国法规集刊(第 24 集)[M]. 上海:上海民智书局,1931.

16 潘树藩. 航空法大要[M]. 上海:商务印书馆,1934.

17 上海法学编译社. 中华民国政府法令大全 8 交通、建设[M]. 上海:上海会文堂新记书局,1931.

18 陶叔渊. 1930 之中国航空[M]. 上海:飞报社,1931.

19 王瀚,张超汉,孙玉超. 国际航空法专论[M]. 北京:法律出版社,2017.

20 王瀚. 国际航空运输责任法研究[M]. 北京:法律出版社,2012.

21 王瀚. 中国航空法评论(第 2 卷)[M]. 北京:法律出版社,2017.

22 谢振民. 中华民国立法史[M]. 北京:中国政法大学出版社,1999.

23 杨惠，郝秀辉. 航空法通论[M]. 北京：中国政法大学出版社，2009.
24 杨惠，张莉琼. 民航公安刑事执法规范[M]. 北京：中国人民公安大学出版社，2012.
25 杨惠，张莉琼. 我国履行国际民用航空安保公约的立法与实践[M]. 北京：法律出版社，2014.
26 杨惠. 航空法学原理与实例[M]. 2 版. 北京：法律出版社，2017.
27 张超汉. 国际航空产品责任研究[M]. 北京：法律出版社，2017.
28 张文显. 法理学[M]. 4 版. 北京：高等教育出版社，2018.
29 张心澄. 中国现代交通史[M]. 上海：上海书店出版社，1931.
30 赵维田. 国际航空法[M]. 北京：社会科学文献出版社，2000.
31 赵维田. 论三个反劫机公约[M]. 北京：群众出版社，1985.
32 朱力宇. 立法学[M]. 北京：中国人民大学出版社，2015.

二、论文

1 ABEYRATNE R I R. Air Carrier Liability and State Responsibility for the Carriage of Inadmissible Persons and Refugees[J]. Air and Space Law, 1999,24(1).
2 FAHY R J Jr. Regulation and Deregulation After Twenty Years: What Actually Changed? [J]. 24 ASL, 1999(1).
3 HORNIK J. Article 3 of the Chicago Convention[J]. Air and Space Law, 2002,27(3).
4 MOORE S. Closing the Gaps in Air Cargo Security[J]. Journal of Transportation Security, 2015,8(3).
5 P. P. C. 哈纳佩尔. 适用华沙公约的死亡案件的起诉权[J]. 环球法律评论，1982(4)：47－54.
6 R. 波依尔. 华沙(国际航空)公约的过去、现在与未来[J]. 赵维田，译. 国外社会科学，1983(9).
7 SORENSEN F, WEERT W V, Angela. ECJ Ruling on Open Skies Agreements v. Future International Air Transport[J]. Air and Space Law, 2003,28(1).
8 YATES A, SRINIVASAN N. How Civil Aviation Threatens National Security[J]. Journal of Transportation Security, 2014,7(3).
9 蔡斌. 中国民用航空器留置权法律体系构建比较分析[J]. 北京航空航天大学学报(社会科学版)，2013,26(1).
10 曹致中，慕亚平. 论对空中劫持罪的刑事管辖权[J]. 法学评论，1994(2).
11 陈咏兵. 海峡两岸劫机犯罪管辖权之冲突及其解决[J]. 法律适用，1998(6).

12 陈宇.国际航空运输概念界定:兼论1999年《蒙特利尔公约》的适用[J].法学家,2006(3).
13 成建平.国际航空货物运输中的法律问题[J].政治与法律,1987(5).
14 董念清.中国通用航空发展现状、困境及对策探析[J].北京理工大学学报(社会科学版),2014(1).
15 高健.我国低空空域管理制度变迁的动因及模式研究[J].经济问题探索,2012(4).
16 高圣平.中国融资租赁法制:权利再造与制度重塑:以《开普敦公约》及相关议定书为参照[J].中国人民大学学报,2014(1).
17 郭玉军,陆寰.美国民用航空器留置权问题研究[J].华东政法大学学报,2010(6).
18 郝秀辉,王锡柱.航空器所有权"登记对抗效力"的辨析[J].北京航空航天大学学报(社会科学版),2014(6).
19 郝秀辉,杨慧,杨万柳.民航立法发展的回顾、反思与展望[J].社会科学家,2010,158(6).
20 郝秀辉.我国低空空域管理法规体系建构论[J].北京理工大学学报(社会科学版),2012(1).
21 郝秀辉.中国视域下航空法独立性之辩[J].北京理工大学学报(社会科学版),2013,15(3).
22 贺大伟.论公共航空承运人运输总条件的法律属性及其适用困境消解[J].政治与法律,2018(1).
23 贾宇.遏制劫机犯罪的法律对策[J].法学,1994(1).
24 解兴权.航空事故索赔人赔偿诉讼的新途径——《1999年蒙特利尔公约》第五管辖权简介[J].国际航空,2002(6).
25 蓝海昌.空中劫持与国际法[J].法学评论,1984(4).
26 林泉.对中外劫机犯罪的分析与认识[J].云南行政学院学报,2007(6).
27 凌岩.《蒙特利尔公约》补充议定书述略[J].法学杂志,1993(5).
28 刘海安.论机场管理人的注意义务[J].社会科学战线,2012(9).
29 刘伟民.法导民航 蓝天臻祥:纪念《民用航空法》实施6周年[J].中国民用航空,2002(3).
30 刘伟民.论国际航空法中的刑事管辖权(上)[J].法学研究,1983(1).
31 刘伟民.论国际航空法中的刑事管辖权(下)[J].法学研究,1983(2).
32 刘伟民.马航MH17事件与保障民航安全的国家责任[J].北京航空航天大学学报(社会科学版),2015(1).

33 刘晓山.论《国际航空安保公约》非法运输类犯罪及其与我国刑法之衔接[J].武汉大学学报(哲学社会科学版),2015(3).
34 茂名.浅析《国内航空运输旅客身体损害赔偿暂行规定》[J].法学,1990(1).
35 孟繁超,朱彤彤.民用航空器物权体系建构若干问题研究[J].安徽大学学报(哲学社会科学版),2008(1).
36 孟庆芬,严春明.中国民航立法六十年[J].中国民用航空,2009(10).
37 盛红生.论对劫持航空器行为的法律规制[J].法学评论,2014(4).
38 孙建华.《开普敦公约》中的国际利益问题研究[J].武大国际法评论,19(2).
39 施塔克.国际法关于航空器的管辖问题[J].蓝海昌,译.国外法学,1983(5).
40 汪静农.论航空运输中延误的法律责任问题[J].政治与法律,1995(1).
41 王瀚,张超汉.1999 年《蒙特利尔公约》先行付款制度之检讨:以航空旅客运输消费者权益保护为视角[J].时代法学,2011(5).
42 温英民,崔华平.民用航空事业发展的重要法律保障[J].法学杂志,1996(1).
43 邬明安.劫机犯罪的概念、构成特征与刑事责任之比较研究[J].法学评论,1987(3):41.
44 吴正与.修改我国航空事故赔偿制度的建议(上)[J].中国法学,1989(3).
45 吴正与.修改我国航空事故赔偿制度的建议(下)[J].中国法学,1989(5).
46 吴正与.修改我国航空事故赔偿制度的建议(中)[J].中国法学,1989(4).
47 夏梓耀,黄锡生.中国机场噪声污染防治立法问题研究[J].北京航空航天大学学报(社会科学版),2011(2).
48 熊小勇.我国空域资源管理相关法律问题分析[J].中国民用航空,2012(10).
49 徐振翼.关于航空法的几个主要问题[J].上海科学院学术季刊,1988(2).
50 许洁凌,刁伟民.重大飞行事故罪的立法缺陷及其完善[J].北京理工大学学报(社会科学版),2015(6).
51 杨惠,高乐鑫.论通用航空安全监管法律体系的构建[J].太平洋学报,2014(6).
52 杨万柳.和谐视域中的中国民用航空法观照:以民航法律体系的完善为视角[J].北京航空航天大学学报(社会科学版),2011(5).
53 姚莉莉.民用航空器留置权法律问题探悉[J].政法学刊,2014(5).
54 于丹.中国民用航空器物权登记制度:成就、问题与完善[J].北京理工大学学报(社会科学版),2014(2).
55 袁发强,瞿佳琪.论我国航空法律体系的科学化[J].南京航空航天大学学报(社会科学版),2017,19(1).
56 张超汉.国际航空运输事故承运人先行付款制度研究:以 1999 年《蒙特利尔公约》第 28 条为分析文本[J].西北政法大学学报,2016(6).

57 张超汉. 航空产品责任案件管辖权的确定:美国实践及其启示[J]. 现代法学,2017(5).

58 张超汉. 航空产品责任论要[J]. 甘肃社会科学,2016(4).

59 张军.《民航法》中旅客权益保护的几个重要问题[J]. 广西社会科学,2017(9).

60 张君周. 论客舱执法中的权力配置与冲突应对[J]. 甘肃政法学院学报,2010(5).

61 张千帆,龙卫球,董杜娇,等. 建立统一的中国航空法体系——理论初探与立法建议[J]. 北京航空航天大学学报(社会科学版),2008,21(2).

62 张望平. 论民航机长的权力[J]. 北京理工大学学报(社会科学版),2017(3).

63 张宪初. 从国际公约看国际航空承运人对旅客的责任[J]. 政法论坛,1985(1).

64 张裕. 论非法劫持民用航空器罪应适用普遍管辖原则[J]. 法学评论,1989(1).

65 赵理海. 因美机侵犯苏联领空——谈谈苏联航空法[J]. 世界知识,1950(19).

66 赵维田. 国际航空运输责任规则的发展与现状[J]. 法学研究,1984(3).

67 赵维田. 论对袭击民航恐怖行为的惩治(上)[J]. 中国法学,1988(3).

68 赵维田. 论对袭击民航恐怖行为的惩治(下)[J]. 中国法学,1988(5).

69 赵维田. 论对袭击民航恐怖行为的惩治(中)[J]. 中国法学,1988(4).

70 中国民航大学法学院课题组. 新中国民航立法回顾与展望[J]. 法学杂志,2010,31(4).

71 朱奇武. 加快制定航空法,促进航空发展,保证飞行安全[J]. 中国政法大学学报,1993(2).

72 朱子勤,冯舸. 航空产品责任诉讼初探:以美国立法与司法实践为视角[J]. 北京航空航天大学学报(社会科学版),2014(5).